全国高等教育自学考试指定教材

会计专业（独立本科段）

审　计　学

（附:审计学自学考试大纲）

（2009 年版）

全国高等教育自学考试指导委员会　组编

主编　丁瑞玲

审稿　王素荣　奚淑琴　邢俊英

中国财政经济出版社

图书在版编目（CIP）数据

审计学：2009 年版：附审计学自学考试大纲/丁瑞玲主编；全国高等教育自学考试指导委员会组编．—北京：中国财政经济出版社，2009.8

全国高等教育自学考试指定教材．会计专业．独立本科段

ISBN 978－7－5095－1715－4

Ⅰ．审…　Ⅱ．①丁…②全…　Ⅲ．审计学－高等教育－自学考试－教材　Ⅳ．F239.0

中国版本图书馆 CIP 数据核字（2009）第 121230 号

责任编辑：郭慧珍　　　　责任校对：王　英

版式设计：汤广才

扫描微信二维码

关注自考教材服务

中国财政经济出版社出版

URL：http：//www.cfeph.cn

E－mail：cfeph @ cfeph.cn

社址：北京市海淀区阜成路甲 28 号　邮政编码：100142

营销中心电话：010－88191537　编辑部门电话：010－88190639

固安华明印业有限公司印刷

787×1092 毫米　16 开　18.75 印张　452 000 字

2009 年 9 月第 1 版　2020 年 10 月河北第 28 次印刷

定价：40.00 元

ISBN 978－7－5095－1715－4/F·1466

（图书出现印装问题，本社负责调换）

本社质量投诉电话：010－88190744

打击盗版举报热线：010－88191661　QQ：2242791300

组编前言

ZU BIAN QIAN YAN

21世纪是一个变幻难测的世纪，是一个催人奋进的时代。科学技术飞速发展，知识更替日新月异。希望、困惑、机遇、挑战，随时随地都有可能出现在每一个社会成员的生活之中。抓住机遇，寻求发展，迎接挑战，适应变化的制胜法宝就是学习——依靠自己学习，终生学习。

作为我国高等教育组成部分的自学考试，其职责就是在高等教育这个水平上倡导自学、鼓励自学、帮助自学、推动自学，为每一个自学者铺就成才之路。组织编写供读者学习的教材就是履行这个职责的重要环节。毫无疑问，这种教材应当适合自学，应当有利于学习者掌握、了解新知识、新信息，有利于学习者增强创新意识、培养实践能力、形成自学能力，也有利于学习者学以致用，解决实际工作中所遇到的问题。具有如此特点的书，我们虽然沿用了“教材”这个概念，但它与那种仅供教师讲、学生听，教师不讲、学生不懂，以“教”为中心的教科书相比，已经在内容安排、形式体例、行文风格等方面都大不相同了。希望读者对此有所了解，以便从一开始就树立起依靠自己学习的坚定信念，不断探索适合自己的学习方法，充分利用已有的知识基础和实际工作经验，最大限度地发挥自己的潜能，达到学习的目标。

欢迎读者提出意见和建议。

祝每一位读者自学成功。

全国高等教育自学考试指导委员会

2009年6月

目录

MU LU

全国高等教育自学考试经济管理类专业

审计学自学考试大纲

全国高等教育自学考试指导委员会　制定

大 纲 前 言

为了适应社会主义现代化建设事业的需要，鼓励自学成才，我国在20世纪80年代初建立了高等教育自学考试制度。高等教育自学考试是个人自学、社会助学和国家考试相结合的一种高等教育形式。应考者通过规定的专业课程考试并经思想品德鉴定达到毕业要求的，可获得毕业证书；国家承认学历并按照规定享有与普通高等学校毕业生同等的有关待遇。经过近30年的发展，高等教育自学考试为国家培养造就了大批专门人才。

课程自学考试大纲是国家规范自学者学习范围、要求和考试标准的文件。它是按照专业考试计划的要求，具体指导个人自学、社会助学、国家考试、编写教材及自学辅导书的依据。

为更新教育观念，深化教学内容方式、考试制度、质量评价制度改革，更好地提高自学考试人才培养的质量，全国考委各专业委员会按照专业考试计划的要求，组织编写了课程自学考试大纲。

新编写的大纲，在层次上，专科参照一般普通高校专科或高职院校的水平，本科参照一般普通高校本科水平；在内容上，力图反映学科的发展变化以及自然科学和社会科学近年来研究的成果。

全国考委经济管理类专业委员会参照普通高等学校《审计学》课程的教学基本要求，结合自学考试会计专业、企业财务管理专业的实际情况，组织编写的《审计学自学考试大纲》，经教育部批准，现颁发施行。各地教育部门、考试机构应认真贯彻执行。

全国高等教育自学考试指导委员会

2009年6月

大 纲 目 录

I 课程性质与设置目的

《审计学》课程是全国高等教育自学考试会计专业、企业财务管理专业开设的一门专业课。学习本课程的目的主要是：明确审计的意义和目的，掌握审计的基本原理和基本方法，认识在我国实行审计的重要性和必要性，为完善我国的审计监督体系，充分发挥审计在社会主义市场经济中的作用创造条件。

《审计学》是一门较高层次的课程。学习本课程必须具备比较扎实的会计基础知识。所以，应考者选学本课程，应当按照专业计划，循序渐进，只有这样，才会取得比较好的学习效果。

本课程内容由 12 章组成，比较全面、系统地阐述了审计的基本理论与实务。

本课程的基本理论部分包括审计的定义、分类和方法、审计的职能，注册会计师的职业道德，注册会计师执业准则体系与法律责任，审计目标与计划审计工作，审计证据与审计工作底稿，重大错报风险的评估和应对等。本部分的内容重在理解，尤其是职业道德的要求、执业准则的框架和结构、目标的设定、审计证据的特点。难点是重大错报风险的评估和应对，本章内容较多，应重点掌握评估的内容、方法以及具体的应对措施。

本课程的实务部分包括销售与收款循环审计、采购与付款循环审计、生产与存货循环审计、筹资与投资循环审计、货币资金审计和审计报告。这部分是审计的难点，要求考生应在掌握会计知识的基础上，结合审计方法加以运用。每章的实务内容分为两部分，一部分是主要账户的审计，也是每一章的重点，重在考核考生对会计知识的掌握程度；另一部分是其他相关账户的审计，应了解实质性程序的基本内容。而审计报告是审计知识的综合体现，必须掌握标准审计报告和各种非标准审计报告的条件和写作格式的要求，并能在掌握审计重要性和审计证据知识的基础上写出审计报告。

总之，《审计学》课程是一门业务技术性比较强的课程，应理论联系实际地说明问题和分析问题。在注重对审计的基本理念、原则、规范体系、流程以及程序理解的基础上，要求学生对上述方面形成比较系统的认识，并能够适当应用于现实问题和实务分析；在学习中还要紧密结合我国的审计准则和企业会计准则，不断充实所学内容。学习过程中，除了必须弄懂弄通教材的内容以外，还必须进行很好的作业练习，以巩固所学内容，掌握从事审计工作应有的本领。

II 课程内容与考核目标

第一章 审计概论

一、学习目的与要求

通过本章的学习，应掌握审计的定义和特征，了解政府审计、内部审计的产生与发展，理解注册会计师审计的产生和发展，掌握注册会计师审计与其他审计之间的关系，了解审计的职能、作用和审计方法。本章重点是掌握三种审计的关系和特点。

二、课程内容

第一节 审计的定义和特征

（一）审计的定义

可从以下方面理解审计的定义：主体、授权者或委托者、客体、审计依据、目的、本质等。

（二）审计的特征

独立性；权威性。

第二节 审计的产生和发展

（一）政府审计的产生和发展

我国政府审计的产生和发展；国外政府审计的产生和发展。

（二）内部审计的产生和发展

我国内部审计的产生和发展；国外内部审计的产生和发展。

（三）注册会计师审计的产生和发展

我国注册会计师审计的产生和发展；国外注册会计师审计的产生和发展。

第三节 审计的分类和审计方法

（一）审计的分类

按照审计主体、目的和内容分类；按审计实施的时间、执行地点、审计所依据的基础和使用的技术等的分类。

（二）审计的方法

审查书面资料的方法；证实客观事物的方法。

第四节 审计的职能和作用

（一）审计的职能

经济监督；经济评价；经济鉴证。

（二）审计的作用

制约；促进；证明。

三、考核知识点

（一）审计的定义和特征

（二）审计的产生和发展

（三）审计的分类和审计方法

（四）审计的职能和作用

四、考核要求

（一）审计的定义和特征

1. 识记：（1）审计定义包含的内容；（2）独立性和权威性的含义。

2. 领会：（1）审计的定义；（2）审计的特征。

（二）审计的产生和发展

1. 识记：（1）政府审计；（2）内部审计；（3）注册会计师审计。

2. 领会：（1）政府审计的产生与发展；（2）内部审计的产生和发展；（3）注册会计师审计的产生和发展。

（三）审计的分类和审计方法

1. 识记：（1）按照审计主体、内容和目标的分类；（2）按审计实施的时间、执行地点的分类；（3）顺查法和逆查法；详查法和抽查法；审阅法、核对法、分析法、复算法；（4）盘点法、调节法、观察法、查询法和鉴定法。

2. 领会：（1）审计的分类；（2）审查书面资料的方法；（3）证实客观事物的方法。

（四）审计的职能和作用

1. 识记：（1）审计的职能；（2）审计的作用。

2. 领会：（1）审计的三种职能；（2）审计的三种作用。

第二章　注册会计师职业道德

一、学习目的与要求

通过本章的学习，要求了解注册会计师职业道德规范包含的基本内容。掌握注册会计师职业道德的基本原则，专业胜任能力、保密、收费和佣金等规范的基本含义。重点理解独立、客观和公正原则的具体内容。

二、课程内容

第一节　注册会计师职业道德规范及其基本原则

（一）注册会计师职业道德规范

注册会计师职业道德的定义；职业道德规范的重要性；注册会计师职业道德规范；中国注册会计师职业道德规范。

（二）注册会计师职业道德的基本原则

独立、客观、公正；专业胜任能力和应有的关注；保密；职业行为；对社会公众的责任；对客户的责任；对同行的责任；其他责任；技术准则。

第二节 独立性

（一）独立性的含义

实质上的独立；形式上的独立。

（二）威胁独立性的情形

经济利益、自我评价、关联关系和外界压力等。

（三）防范措施

由职业、法律或规章产生的防范措施；鉴证客户内部的防范措施；会计师事务所自身制度和程序中的防范措施。

（四）业务期间

业务期间的含义。

（五）特定情况下对独立性原则的运用

经济利益；贷款和担保；与鉴证客户存在密切的经营关系；家庭和个人关系；与鉴证客户发生雇佣关系；最近曾在鉴证客户中工作；作为鉴证客户的经理或董事等。

第三节 专业胜任能力与保密

（一）专业胜任能力

专业胜任能力的两个阶段；利用其他专家的工作。

（二）保密

保密义务；保密义务的豁免。

第四节 收费、佣金及业务招揽

（一）收费

收费考虑的因素；或有收费。

（二）佣金

（三）业务招揽

广告、业务招揽和宣传的含义；广告；业务招揽；宣传。

第五节 其他职业道德

（一）与执行鉴证业务不相容的工作

注册会计师不得同时从事与提供专业服务不相容的业务、职业或活动。

（二）接任前任注册会计师的审计业务

前后任注册会计师的含义；客户更换会计师事务所的原因；接受委托前的沟通；接受委托后的沟通。

三、考核知识点

（一）注册会计师职业道德规范及其基本原则

（二）独立性

（三）专业胜任能力与保密

（四）收费、佣金及业务招揽

（五）其他职业道德

四、考核要求

（一）注册会计师职业道德规范及基本原则

1. 识记：（1）职业道德的概念；（2）基本原则：独立、客观、公正。

2. 领会：（1）独立、客观、公正的基本含义；（2）专业胜任能力和应有关注的具体内容；（3）保密及其例外事项。

（二）独立性

1. 识记：（1）独立性的含义；（2）实质上独立和形式上独立的含义；（3）业务期间的含义和作用。

2. 领会：（1）可能威胁独立性的情形；（2）特定情况下对独立性原则的运用；（3）防范措施。

3. 应用：独立性及其考虑的因素。

（三）专业胜任能力与保密

1. 识记：（1）专业胜任能力的含义；（2）保密的含义。

2. 领会：（1）专业胜任能力的两个阶段；（2）利用其他专家的工作；（3）保密的要求及其例外情况。

（四）收费、佣金及业务招揽

1. 识记：按标准收费、或有收费。

2. 领会：（1）收费需考虑的因素；（2）或有收费的情况；（3）广告、业务招揽和宣传的要求和形式。

（五）其他职业道德

1. 识记：（1）不相容职务；（2）前后任注册会计师的含义。

2. 领会：（1）与执行鉴证业务不相容的工作；（2）会计师事务所变更的情形；（3）接受委托前后的沟通及沟通的要求。

第三章　注册会计师执业准则体系与法律责任

一、学习目的与要求

通过本章的学习，要求了解注册会计师执业准则体系的构成，掌握注册会计师业务准则的具体内容，审计质量控制准则的基本要求，掌握注册会计师法律责任形成的原因，本章的重点是执业准则体系的构成、注册会计师的业务范围。

二、课程内容

第一节　中国注册会计师执业准则体系

(一) 审计准则的含义、目标和作用
执业准则的含义；执业准则的作用。
(二) 中国注册会计师执业准则体系的演进
制定执业规则阶段；建立准则体系阶段；完善与提高阶段。
(三) 中国注册会计师执业准则体系的框架结构
执业准则体系的框架结构；业务准则的主要内容。
第二节 注册会计师业务准则
(一) 鉴证业务
鉴证业务的要素；鉴证业务的基本分类；鉴证业务的其他分类。
(二) 相关服务
代编财务信息、对财务信息执行商定程序、对客户提供税务咨询、管理咨询等。
第三节 审计质量控制准则
(一) 质量控制制度的目的和要素
质量控制制度的目的；质量控制制度的要素。
(二) 对业务质量承担的领导责任
(三) 职业道德规范
(四) 客户关系和具体业务的接受与保持
(五) 人力资源
(六) 业务执行
(七) 业务工作底稿
(八) 监控
第四节 注册会计师的法律责任
(一) 注册会计师的法律责任概述
表现形式；成因；种类。
(二) 我国注册会计师的法律责任
发展进程；法律责任规范。
(三) 注册会计师法律责任的防范。

三、考核知识点

(一) 中国注册会计师执业准则体系
(二) 注册会计师业务准则
(三) 审计质量控制准则
(四) 注册会计师的法律责任

四、考核要求

(一) 中国注册会计师执业准则体系
1. 识记：(1) 执业准则的含义；(2) 业务准则的含义。
2. 领会：执业准则体系的框架结构。
(二) 注册会计师业务准则

1. 识记：（1）鉴证业务；（2）合理保证与有限保证。

2. 领会：（1）鉴证业务的要素；（2）鉴证业务的特点；（3）鉴证业务的类别；（4）相关服务。

（三）审计质量控制准则

1. 识记：（1）审计质量；（2）审计质量控制。

2. 领会：（1）质量控制制度的要素；（2）职业道德规范；（3）客户关系和具体业务的接受与保持；（4）人力资源政策；（5）业务执行和业务工作底稿；（6）监控。

（四）注册会计师的法律责任

1. 识记：（1）注册会计师的法律责任；（2）注册会计师法律责任的种类。

2. 领会：（1）被审计单位方面的责任；（2）注册会计师方面的责任；（3）注册会计师避免诉讼的措施。

第四章　审计目标与计划审计工作

一、学习目的与要求

通过本章的学习，要求了解我国财务报表审计的目标，了解被审计单位管理层对财务报表的认定；掌握管理层的认定和审计目标的确定；掌握审计业务约定书的含义、了解审计业务约定书的意义和内容；掌握审计重要性的确定和应用；掌握审计计划的步骤和要求，熟悉审计计划的内容。

二、课程内容

第一节　财务报表审计的目标与实现

（一）我国财务报表审计的总目标

合法性；公允性。

（二）审计具体目标

审计具体目标的含义；与总目标的关系。

（三）审计程序与审计目标的实现

审计程序包括：接受业务委托、计划审计工作、实施风险评估程序、实施控制测试和实质性程序及完成审计工作和编制审计报告。

第二节　审计业务约定书

（一）审计业务约定书的含义

审计业务约定书的定义；作用。

（二）审计业务约定书的内容

审计业务约定书的必备条款；应当考虑增加的其他条款；实施集团财务报表审计时的特殊考虑。

（三）连续审计业务中的考虑

应当考虑是否需要根据具体情况修改业务约定的条款；是否需要提醒被审计单位注意现

有的业务约定条款。

第三节 审计重要性

（一）对审计重要性的理解

重要性的定义；对重要性的理解。

（二）计划阶段确定重要性水平

从数量方面考虑重要性；从性质方面考虑重要性。

（三）重要性与审计风险

重要性与审计风险之间呈反向关系。

（四）评价错报的影响

在审计结束阶段，需要汇总尚未更正的错报；评价尚未更正错报的汇总数对财务报表的影响。

第四节 计划审计工作

（一）计划审计工作的总体要求

制定审计计划的意义；总体要求。

（二）初步业务活动

针对保持客户关系和具体审计业务实施相应的质量控制程序；评价遵守职业道德规范的情况；及时签订或修改审计业务约定书。

（三）总体审计策略

总体审计策略的含义；应考虑的因素。

（四）具体审计计划

具体审计计划的含义；与总体审计策略的关系。

（五）其他相关要求

包括审计过程中对计划的更改、指导、监督与复核，对计划审计工作的记录、与治理层和管理层的沟通等。

三、考核知识点

（一）财务报表审计的目标与实现

（二）审计业务约定书

（三）审计重要性

（四）计划审计工作

四、考核要求

（一）财务报表审计的目标与实现

1. 识记：（1）合法性、公允性；（2）认定。

2. 领会：（1）认定与审计目标的关系；（2）审计程序。

（二）审计业务约定书

1. 识记：审计业务约定书的含义。

2. 领会：（1）审计业务约定书的内容与作用；（2）条款特征。

（三）审计重要性

1. 识记：重要性的概念。

2. 领会：（1）重要性在财务报表中的作用；（2）重要性与审计风险的关系。

（四）计划审计工作

1. 识记：（1）实施控制测试和实质性程序；（2）总体审计策略。

2. 领会：（1）计划审计工作的程序；（2）总体审计策略的内容。

第五章　审计证据与审计工作底稿

一、学习目的与要求

通过本章的学习，要求掌握审计证据的含义及来源；理解审计证据的数量和质量特征；理解获取审计证据的审计程序；掌握审计工作底稿的含义和性质、编制审计工作底稿的目的和控制程序；了解审计工作底稿的格式、内容和范围及归档。本章的重点是审计证据及其特征。

二、课程内容

第一节　审计证据

（一）审计证据的含义及来源

审计证据的含义；审计证据的分类。

（二）认定与审计证据

认定的含义；获取审计证据时对认定的运用。

（三）审计证据的数量与质量特征

数量特征是充分性；质量特征是适当性。

（四）获取审计证据的审计程序

风险评估程序；控制程序；实质性程序。

第二节　审计工作底稿

（一）审计工作底稿的含义和目的

审计工作底稿的含义；编制审计工作底稿的目的。

（二）编制审计工作底稿使用的文字和控制程序

编制审计工作底稿的文字应当使用中文。少数民族自治地区可以同时使用少数民族文字。

（三）审计工作底稿的存在形式与基本内容

审计工作底稿存在的形式；审计工作底稿的基本内容。

（四）审计工作底稿的格式、内容和范围

在确定审计工作底稿的格式、内容和范围时，注册会计师应当考虑实施审计程序的性质等因素。

（五）审计工作底稿的归档

永久性档案；当期档案。

三、考核知识点

（一）审计证据
（二）审计工作底稿

四、考核要求

（一）审计证据

1. 识记：（1）审计证据；（2）认定与审计证据；（3）审计证据的充分性；（4）审计证据的适当性。

2. 领会：（1）审计证据的来源；（2）获取审计证据的途径；（3）审计证据的充分性与适当性之间的关系。

（二）审计工作底稿

1. 识记：审计工作底稿的概念。

2. 领会：（1）审计工作底稿的要素；（2）审计工作底稿与审计报告的关系；（3）审计工作底稿的归档。

第六章　重大错报风险的评估与应对

一、学习目的与要求

通过本章的学习，要求了解被审计单位及其环境的重要性，掌握具体了解途径；掌握内部控制及相关要素的含义；掌握报表层次和认定层次重大错报风险的含义；了解与被审计单位管理层及治理层的沟通的主要内容；掌握针对财务报表层次重大错报风险采取的总体应对措施；掌握针对认定层次重大错报风险采取的进一步审计程序的含义、性质、时间和范围；掌握控制测试和实质性程序的含义、性质、时间和范围。本章的重点是内部控制，难点是重大错报风险的评估和应对。

二、课程内容

第一节　了解被审计单位及其环境

（一）了解被审计单位及其环境的目的及风险评估程序

了解被审计单位及其环境的目的；风险评估程序。

（二）了解被审计单位及其环境

注册会计师应当从行业状况、法律环境、被审计单位性质等方面了解被审计单位及其环境。

（三）了解被审计单位的内部控制

1. 内部控制的含义和要素

内部控制的含义；内部控制的要素：控制环境、风险评估过程、信息系统与沟通、控制活动和对控制的监督。

2. 对内部控制了解的深度

评价控制的设计，并确定其是否得到执行。

3. 内部控制的局限性

第二节 评估重大错报风险

（一）识别和评估财务报表层次以及认定层次的重大错报风险

识别和评估重大错报风险的审计程序；可能表明被审计单位存在重大错报风险的事项和情况；识别两个层次的重大错报风险；控制环境对评估财务报表层次重大错报风险的影响；控制对评估认定层次重大错报风险的影响；考虑财务报表的可审计性。

（二）特别风险

特别风险的含义；非常规交易和判断事项导致的特别风险；考虑与特别风险相关的控制。

（三）仅通过实质性程序无法应对的重大错报风险

（四）沟通

注册会计师应当就内部控制重大缺陷与被审计单位的治理层和管理层沟通；就重大错报风险的控制与治理层沟通。

第三节 针对重大错报风险的应对措施

（一）针对财务报表层次重大错报风险的总体应对措施

向项目组强调在收集和评价审计证据过程中保持职业怀疑态度的必要性；分派更有经验或具有特殊技能的审计人员，或利用专家的工作；提供更多的督导；在选择进一步审计程序时，应当注意使某些程序不被管理层预见或事先了解；对拟实施审计程序的性质、时间和范围作出总体修改。

（二）针对认定层次重大错报风险的进一步审计程序

进一步审计程序的总体要求：包括控制测试和实质性程序；性质；时间；范围。

（三）控制测试

控制测试的含义和要求；控制测试的性质；控制测试的时间；控制测试的范围。

（四）实质性程序

实质性程序的含义和要求；实质性程序的性质；实质性程序的时间；实质性程序的范围。

（五）审计证据的评价与记录

评价列报的适当性；完成审计工作前对进一步审计程序所获取审计证据的评价；形成审计意见时对审计证据的综合评价；审计工作记录。

三、考核知识点

（一）了解被审计单位及其环境

（二）评估重大错报风险

（三）针对重大错报风险的应对措施

四、考核要求

（一）了解被审计单位及其环境

1. 识记：(1) 内部控制；(2) 控制环境；(3) 控制活动；(4) 风险评估。

2. 领会：(1) 了解被审计单位及其环境的目的和程序；(2) 实施风险评估程序的作用；(3) 内部控制的要素；(4) 内部控制的目标；(5) 内部控制的固有局限性；(6) 控制环境对重大错报风险的评估的影响。

3. 应用：内部控制的应用（包括健全性和合理性等)；

(二) 评估重大错报风险

1. 识记：(1) 特别风险；(2) 非常规交易。

2. 领会：(1) 识别和评估重大错报风险的审计程序；(2) 识别两个层次的重大错报风险；(3) 仅通过实质性程序无法应对的重大错报风险。

(三) 针对重大错报风险的应对措施

1. 识记：(1) 控制测试；(2) 实质性程序；(3) 进一步审计程序。

2. 领会：(1) 控制测试的要求、性质、时间和范围；(2) 针对特别风险实施的实质性程序；(3) 实质性程序的性质、时间和范围；(4) 形成审计意见时对审计证据的综合评价。

第七章　销售与收款循环审计

一、学习目的与要求

通过本章的学习，了解销售与收款循环的主要业务活动及其涉及的主要凭证和记录；掌握销售与收款的内部控制及控制测试；掌握营业收入、应收账款和坏账准备的实质性程序，了解销售与收款循环审计相关账户的实质性程序。本章的重点内容是营业收入、应收账款和坏账准备，应掌握它们之间的关系及会计处理要求，在此基础上，结合审计方法，指出业务中存在的问题，以及审计的调整建议。

二、课程内容

第一节　销售与收款循环的特性

(一) 销售与收款循环涉及的主要业务活动

接受顾客订单；批准赊销信用；按销售单供货；按销售单装运货物；向顾客开具账单；办理和记录现金、银行存款收入；办理和记录销售退回、销售折扣与折让；提取和注销坏账等。

(二) 销售与收款循环涉及的主要凭证和会计记录

顾客订货单；销售单；发运凭证；销售发票；商品价目表；贷项通知单；应收账款、主营业务收入、折扣与折让明细账、现金和银行存款、日记账等。

第二节　销售与收款循环内部控制测试

(一) 销售交易的内部控制和控制测试

适当的职责分离；正确的授权审批；充分的凭证和记录；凭证的预先编号；按月寄出对账单；内部核查程序。

(二) 收款交易的内部控制和控制测试

按规定及时办理收款业务；及时入账，不得账外设账，不得擅自坐支现金；建立应收账款账龄分析制度和逾期应收账款催收制度；按客户设置应收账款台账；对于坏账应按规定进行处理；单位应当定期与往来客户通过函证等方式核对应收账款、应收票据、预收款项等往来款项等。

第三节 销售与收款循环主要账户的审计

（一）营业收入的审计

1. 营业收入的审计目标。确定利润表中记录的营业收入是否已发生，且与被审计单位有关；确定所有应当记录的营业收入均已记录；确定与营业收入有关的金额及其他数据是否已恰当记录。

2. 营业收入的实质性程序。取得或编制营业收入明细表；查明营业收入的确认条件、方法；实施实质性分析程序；售价是否符合定价政策；检查开票、记账、发货日期是否相符；选择主要客户函证；销售的截止测试；检查销货退回；检查销售折扣与折让；检查有无特殊的销售行为；调查向关联方销售的情况等。

（二）应收账款的审计

1. 应收账款的审计目标。确定应收账款是否已存在；所有应当记录的应收账款是否均已记录；确定应收账款是否可回收，坏账准备的计提方法和比例是否恰当，计提是否充分等。

2. 应收账款的实质性程序。取得或编制应收账款明细表；检查相关财务指标；检查应收账款账龄分析是否正确；向债务人函证应收账款；确定已收回的应收账款金额；对未函证应收账款实施替代审计程序等。

（三）坏账准备的审计

取得或编制坏账准备明细表，复核加计正确，与坏账准备总账数、明细账合计数核对相符；将应收账款坏账准备本期计提数与资产减值损失相应明细项目的发生额核对相符；检查应收账款坏账准备计提和核销的批准程序，评价坏账准备所依据的资料、假设及计提方法等。

第四节 销售与收款循环其他相关账户的审计

（一）应收票据的审计

应收票据的审计必须结合赊销业务一起进行。

（二）预收款项的审计

注册会计师应结合企业销售交易对预收款项进行审计。

（三）营业税金及附加的审计

应结合“营业税金及附加”总账、明细账与有关原始凭证，以及与该账户对应的“应交税费”等账户实施，必要时，应向有关部门、单位和人员进行查询。

（四）销售费用的审计

三、考核知识点

（一）销售与收款循环的特性

（二）销售与收款循环内部控制测试

（三）销售与收款循环主要账户的审计

（四）销售与收款循环其他相关账户的审计

四、考核要求

（一）销售与收款循环的特性

1. 识记：涉及的主要业务活动。

2. 领会：（1）涉及的主要凭证和会计记录；（2）审计程序。

（二）销售与收款循环内部控制测试

1. 识记：（1）销售交易的内部控制目标；（2）内部控制测试。

2. 应用：销售交易的内部控制测试。

（三）销售与收款循环主要账户的审计

1. 识记：（1）营业收入的审计目标；（2）应收账款的审计目标；（3）坏账准备的审计目标。

2. 应用：（1）营业收入的实质性程序；（2）应收账款的实质性程序；（3）坏账准备的实质性程序。

（四）销售与收款循环其他相关账户的审计

1. 识记：（1）应收票据的审计目标；（2）预收款项的审计目标；（3）营业税金及附加的审计目标；（4）销售费用审计的目标。

2. 应用：（1）应收票据的实质性程序；（2）预收款项的实质性程序；（3）营业税金及附加的实质性程序；（4）销售费用的实质性程序。

第八章　采购与付款循环审计

一、学习目的与要求

通过本章的学习，了解采购与付款循环的主要业务活动及其涉及的主要凭证和记录；掌握采购与付款的内部控制及控制测试；掌握该循环中的主要账户的实质性程序，了解该循环审计的相关账户的实质性程序。学习本章内容时，尤其应掌握有关应付账款、固定资产以及累计折旧的会计处理要求，在此基础上，结合审计方法，指出业务中存在的问题，以及审计的调整建议。

二、课程内容

第一节　采购与付款循环的特性

（一）采购与付款循环的主要业务活动

请购商品和劳务；订购商品；验收商品；储存已验收的商品存货；付款；记录。

（二）采购与付款循环的主要凭证和会计记录

请购单；订购单；验收单；入库单；付款凭单；明细账和总账；付款证明；对账单等。

第二节　采购与付款循环的内部控制测试

（一）采购与付款循环业务的内部控制

适当的职责划分；建立采购申请制度；预算管理；授权制度和审核批准制度；付款业务；采购与验收环节的管理制度等。

（二）固定资产的内部控制

预算制度；授权批准制度；账簿记录制度；职责分工制度；资本性支出和收益性支出的区分制度；固定资产的处置制度；固定资产的定期盘点制度；固定资产的维护保养制度等。

（三）采购与付款循环的内部控制测试

检查业务分工是否合理；检查采购单价是否授权批准；检查采购制度是否得到了执行；检查订货单和验收单是否都已经预先编号；检查相应的记账凭证；检查存货和应付账款的明细账；检查原始凭证、记账凭证和明细账的日期；获取卖方对账单；检查有无独立审核程序；检查有无内部审计制度等。

第三节 采购与付款循环主要账户的审计

（一）应付账款的审计

1. 应付账款的审计目标。确定应付账款的真实性；确定应付账款的发生和偿还记录是否完整；确定应付账款是否应由被审计单位承担；确定应付账款期末余额是否正确；确定应付账款在会计报表上的披露是否恰当。

2. 应付账款的实质性程序。获取或编制应付账款明细表；对应付账款进行分析性复核；函证应付账款；查找未入账的应付账款；检查每笔业务的入账金额；检查应付账款是否存在借方余额；检查应付账款长期挂账的原因；关注是否存在应付关联方账款；验明应付账款在资产负债表上的披露是否恰当。

（二）固定资产的审计

1. 固定资产的审计目标。确定固定资产是否存在；确定固定资产是否完整；确定固定资产是否归被审单位所有；确定计价是否恰当；确定其期末余额是否正确；确定在会计报表上的披露是否恰当。

2. 固定资产的实质性程序。获取或编制固定资产及累计折旧分类汇总表；分析性复核；检查固定资产的增加；检查固定资产的减少；检查固定资产的所有权；对其进行实地观察；检查固定资产的租赁；检查固定资产的抵押、担保情况；检查有无与关联方之间的固定资产购售活动；检查是否已在资产负债表上恰当披露。

（三）累计折旧的审计

1. 累计折旧的审计目标。确定折旧政策和方法是否符合国家有关的财务会计制度，是否一贯遵循；确定累计折旧增减变动的记录是否完整；确定折旧费用的计算、分摊是否正确、合理和一贯；确定累计折旧的期末余额是否正确；确定累计折旧在会计报表上的披露是否恰当。

2. 累计折旧的实质性程序。获取或编制固定资产及累计折旧分类汇总表；检查折旧政策和方法是否符合国家有关规定，确定折旧方法前后期是否一致；对累计折旧进行分析性复核；检查折旧的计提和分配；结合固定资产审计；检查累计折旧的披露是否恰当等。

第四节 采购与付款循环其他相关账户的审计

（一）预付账款的审计

1. 预付账款的审计目标。确定预付账款是否存在；确定是否归被审单位所有；确定增减变动的记录是否完整；确定期末余额是否正确；确定在会计报表上的披露是否恰当。

2. 预付账款的实质性程序。获取或编制预付账款明细表；进行分析性复核；分析预付账款账龄及余额构成，函证其余额是否正确；结合应付账款明细账进行审计；检查预付账款长期挂账的原因；关注是否存在预付关联方账款；检查是否已在资产负债表上恰当披露。

（二）固定资产减值准备的审计

1. 固定资产减值准备的审计目标。确定计提固定资产减值准备的方法是否恰当，计提是否充分；确定增减变动的记录是否完整；确定期末余额是否正确；确定披露是否恰当。

2. 固定资产减值准备的实质性程序。获取或编制固定资产减值准备明细表；检查计提的批准程序；运用分析性复核的方法；检查实际发生固定资产损失时，相应固定资产减值准备的转销是否符合有关规定，会计处理是否正确；确定披露是否恰当。

（三）在建工程的审计

1. 在建工程的审计目标。确定在建工程是否存在；确定在建工程的所有权；确定其增减变动的记录是否完整；确定计提的方法和比例是否恰当，减值准备的计提是否充分；确定其期末余额是否正确；确定在会计报表上的披露是否恰当。

2. 在建工程的实质性程序。获取或编制在建工程明细表；检查本期在建工程的增加数；检查本期在建工程的减少数；检查期末余额的构成内容；结合银行借款等进行检查；确定在资产负债表上的披露是否恰当。

（四）固定资产清理的审计

1. 固定资产清理的审计目标。确定固定资产清理的记录是否完整；确定反映的内容是否正确；确定期末余额是否正确；确定在会计报表上的披露是否恰当。

2. 固定资产清理的实质性程序。获取或编制固定资产清理明细表；检查发生理由是否正当；检查是否长期挂账；检查是否已在资产负债表上恰当披露。

三、考核知识点

（一）采购与付款循环的特性

（二）采购与付款循环的内部控制测试

（三）采购与付款循环主要账户的审计

（四）采购与付款循环其他相关账户的审计

四、考核要求

（一）采购与付款循环的特性

1. 识记：涉及的主要业务活动。

2. 领会：（1）涉及的主要凭证和会计记录；（2）审计程序。

（二）采购与付款循环的内部控制测试

1. 识记：（1）销售交易的内部控制目标；（2）内部控制测试。

2. 应用：采购与付款的内部控制测试。

（三）采购与付款循环主要账户的审计

1. 识记：（1）应付账款的审计目标；（2）固定资产的审计目标；（3）累计折旧的审计目标。

2. 应用：（1）应付账款的实质性程序；（2）固定资产的实质性程序；（3）累计折旧的

实质性程序。

（四）采购与付款循环其他相关账户的审计

1. 识记：（1）预付账款的审计目标；（2）在建工程的审计目标；（3）固定资产减值准备的审计目标；（4）固定资产清理的审计目标。

2. 应用：（1）预付账款的实质性程序；（2）在建工程的实质性程序；（3）固定资产减值准备的实质性程序；（4）固定资产清理的实质性程序。

第九章 生产与存货循环审计

一、学习目的与要求

通过本章的学习，了解生产与存货循环的主要业务活动及其涉及的主要凭证和记录；掌握生产与存货的内部控制及控制测试；掌握该循环中的主要账户的实质性程序，了解该循环审计的相关账户的实质性程序。学习本章内容时，应掌握有关存货业务、营业成本以及职工薪酬业务的会计处理要求，在此基础上，结合审计方法，指出业务中存在的问题，以及审计的调整建议。

二、课程内容

第一节 生产与存货循环的特性

（一）生产与存货循环涉及的主要业务活动

计划和安排生产；发出原材料；生产产品；核算产品成本；储存产成品；核算产品成本；发出产成品等。

（二）生产与存货循环涉及的主要凭证和会计记录

生产指令；领发料凭证；产量和工时记录；工薪汇总表及工薪费用分配表；材料费用分配表；制造费用分配汇总表；成本计算单；存货明细账等。

第二节 生产与存货循环的内部控制测试

（一）生产与存货循环的内部控制

1. 存货的内部控制：购货、验收、仓储、生产、销货等职能。

2. 工薪的内部控制：雇佣员工；授权变动工资；编制出勤和计时资料；编制工资计算表；支付工资和保管未领工资；填写个人所得税申报表；记录工资等。

3. 成本会计制度的内部控制：成本费用管理控制；成本费用会计控制。

（二）生产与存货循环的内部控制测试

了解和描述生产和存货循环内部控制；实施简易抽查；工薪的内部控制测试；成本会计制度的内部控制测试；评价生产和存货循环内部控制。

第三节 生产与存货循环主要账户的审计

（一）存货审计

1. 存货的审计目标。审查和评价存货的内部控制制度是否健全，且一贯有效执行；确定存货是否存在，是否归被审计单位所拥有；确定增减变动的记录是否正确，计量和计价方法是否恰当；存货入库与发出的手续是否齐全；存货期末余额是否正确；确定在资产负债表上的披露是否恰当。

2. 存货的实质性程序。

（1）审查存货余额：核对各存货项目明细账与总账、报表数是否相符；进行分析性复核；存货监盘；存货的计价测试；审查存货所有权等。

（2）存货主要账户的审计：获取或编制存货各具体账户明细表，核对账账、账表是否相符；审查存货的会计记录是否合规；审查存货跌价准备；审查存货在会计报表上的披露是否恰当等。

（二）营业成本的审计

1. 直接材料成本的审计。进行分析性复核；检查直接材料耗用数量的真实性；抽查材料发出及领用的原始凭证；抽查产品成本计算单等。

2. 直接人工成本的审计。进行分析性复核；抽查产品成本计算单，检查直接人工成本的计算是否正确；结合应付职工薪酬的检查，抽查人工费用会计记录及会计处理是否正确等。

3. 制造费用的审计。进行分析性复核；审阅制造费用明细账，检查其核算内容及范围是否正确；检查制造费用的分配是否合理等。

4. 主营业务成本的审计。获取或编制主营业务成本明细表，与明细账和总账核对相符；进行分析性复核；编制生产成本及主营业务成本倒轧表，与总账核对等；结合生产成本的审计，抽查结转数额的正确性，并检查其是否与主营业务收入相配比；检查该账户中重大调整事项（如销售退回等）是否有其充分理由；确定其在利润表中是否已恰当披露。

第四节 生产与存货循环其他相关账户的审计

（一）应付职工薪酬的审计

1. 应付职工薪酬的审计目标。确定期末应付职工薪酬是否存在，是否为被审计单位应履行的支付业务；确定其计提和支出是否合理，记录是否完整；确定期末余额是否正确；确定应付职工薪酬的披露是否恰当。

2. 应付职工薪酬的实质性程序。获取或编制应付职工薪酬明细表；进行分析性复核；抽查应付职工工薪酬的支付凭证；确定其在资产负债表上的披露是否恰当。

（二）管理费用的审计

1. 管理费用的审计目标。确定管理费用的记录是否完整；确定管理费用的计算是否正确；确定管理费用在会计报表上的披露是否恰当。

2. 管理费用的实质性程序。获取或编制管理费用明细表，与报表数、总账数和明细账合计数核对一致；检查其明细项目的设置是否符合规定的核算内容与范围；进行分析性复核；审查发生额是否真实、正确；确认在会计报表上的披露是否恰当。

三、考核知识点

（一）生产与存货循环的特性

（二）生产与存货循环的内部控制测试

（三）生产与存货循环主要账户的审计

（四）生产与存货循环其他相关账户的审计

四、考核要求

（一）生产与存货循环的特性

1. 识记：涉及的主要业务活动。

2. 领会：涉及的主要凭证和会计记录。

（二）生产与存货循环的内部控制测试

1. 识记：（1）生产与存货的内部控制；（2）内部控制测试。

2. 应用：生产与存货的内部控制测试。

（三）生产与存货循环主要账户的审计

1. 识记：（1）存货的审计目标；（2）直接生产成本的审计目标；（3）制造费用的审计目标；（4）主营业务成本的审计目标。

2. 应用：（1）存货的实质性程序；（2）直接生产成本的实质性程序；（3）制造费用的实质性程序；（4）主营业务成本的实质性程序。

（四）生产与存货循环其他相关账户的审计

1. 识记：（1）应付职工薪酬的审计目标；（2）管理费用的审计目标。

2. 应用：（1）应付职工薪酬的实质性程序；（2）管理费用的实质性程序。

第十章　筹资与投资循环审计

一、学习目的与要求

通过本章的学习，了解筹资与投资循环的主要业务活动及其涉及的主要凭证和记录；掌握筹资与投资的内部控制及控制测试；掌握筹资与投资循环主要账户的实质性程序，了解筹资与投资循环审计相关账户的实质性程序。学习本章内容时，应掌握有关借款业务、所有者权益业务以及具体投资业务的会计处理要求，在此基础上，结合审计方法，指出业务中存在的问题，以及审计的调整建议。

二、课程内容

第一节　筹资与投资循环的特性

（一）筹资与投资循环涉及的主要业务活动

1. 筹资涉及的主要业务活动。筹资的审批授权；签订合同或协议；取得资金；计算利息或股息；偿还本息或发放股利。

2. 投资涉及的主要业务活动。投资的审批授权；取得投资；取得投资收益；转让债券或其他投资等。

（二）筹资与投资循环涉及的主要凭证和会计记录

1. 筹资活动涉及的主要凭证和会计记录。债券；股票；债券契约；股东名册；公司债券存根簿；承销或包销协议；借款合同或协议；有关的记账凭证；有关会计科目的会计账簿等。

2. 投资活动涉及的主要凭证和会计记录。股票或债券；经纪人通知书；债券契约；被投资企业的章程及有关投资协议；股票或债券登记簿；有关的记账凭证；有关会计科目涉及的会计账簿等。

第二节 筹资与投资循环的内部控制测试

（一）筹资业务的内部控制

筹资的授权审批控制；职责分离控制；会计控制；实物保管的控制；筹资业务在资产负债表上能够得到恰当的披露等。

（二）投资业务的内部控制

合理的职责分工；健全的资产保管制度；详尽的会计核算制度；严格的记名登记制度；完善的定期盘点制度等。

（三）筹资与投资业务的内部控制测试

1. 筹资业务的内部控制测试。了解筹资循环的内部控制；抽查有关的会计记录；审查筹资业务中实物资产的保管情况；评价筹资活动的内部控制等。

2. 投资业务的内部控制测试。了解投资循环的内部控制；抽取与投资业务有关的会计记录；审阅内部审计人员或其他被授权人员的定期盘核报告；分析投资业务管理报告；评价投资循环的内部控制等。

第三节 筹资与投资循环主要账户的审计

（一）筹资业务主要账户的审计

筹资业务的审计目标：确认被审计单位所记录的各项筹资业务是否确实存在，记录金额是否正确；审查所有与筹资有关的业务是否全部得到记录，入账是否及时；确认负债是否为被审计单位所承担，出资者的投资是否为被审计单位所拥有；审查负债的核算和计价是否正确；审查筹资业务在资产负债表中是否得到恰当的披露。

1. 银行借款的实质性程序。获取或编制银行借款明细表；执行分析性复核；审查借款业务的合法性；审查银行借款的真实性；审查银行存款账户记录的真实性、及时性及准确性；审查在资产负债表中的披露是否恰当等。

2. 应付债券的实质性程序。取得或编制应付债券明细表；审查应付债券业务的合法性；审查应付债券业务的真实性；审查会计处理的及时性、完整性；审查在资产负债表中是否得到恰当的披露等。

3. 所有者权益的实质性程序。

（1）实收资本（或股本）的实质性程序：获取或编制实收资本（或股本）增减变动情况明细表；索取被审计单位合同、章程、营业执照及有关董事会会议记录；审查出资期限、出资方式、出资数额和出资比例；审查投入资本（或股本）的真实性；检查实收资本（或股本）的增减变动；检查外币出资时的核算；审查是否已在资产负债表上作了恰当的披露。

（2）资本公积的实质性程序：获取或编制资本公积明细表；索取被审计单位合同、章程、营业执照及有关董事会会议记录；审查资本公积形成的正确性；审查资本公积应用的合法性；审查在资产负债表上是否得到恰当的披露等。

（3）盈余公积的实质性程序：获取或编制盈余公积明细表；审查盈余公积的提取；审查使用的合法性；审查是否在资产负债表上得到恰当的披露。

（4）未分配利润的实质性程序：获取或编制利润分配明细表；检查未分配利润期初数与

上期审定数是否相符；收集和检查与利润分配有关的董事会会议纪要、股东（大）会决议、政府部门批文及有关合同、协议、公司章程等文件资料；检查会计记录是否正确；了解本年利润弥补以前年度亏损的情况；结合以前年度损益调整科目的审计；确定是否已在资产负债表上恰当披露。

（二）投资业务主要账户的审计

投资业务的审计目标：确认投资业务是否存在；确认投资是否归被审计单位所拥有；确认投资的增减变动及其收益（或损失）的记录是否完整；确认投资的计价方法（采用成本法或权益法）是否正确；确认投资的年末余额是否正确；确认投资在会计报表上的披露是否恰当。

1. 交易性金融资产的实质性程序。对期末结存的相关交易性金融资产，向被审计单位核实其持有目的；获取股票、债券及基金等交易流水单及被审计单位证券投资部门的交易记录；监盘库存交易性金融资产，并与相关账户余额进行核对；向相关金融机构发函询证交易性金融资产期末数量以及是否存在变现限制（与存出投资款一并函证）；复核与交易性金融资产相关的损益计算是否准确，并与公允价值变动损益及投资收益等有关数据核对；复核其期末公允价值是否合理，相关会计处理是否正确。

2. 可供出售金融资产的实质性程序。获取可供出售金融资产对账单，与明细账核对；检查库存可供出售金融资产；向相关金融机构发函询证；对期末结存的可供出售金融资产，向被审计单位核实其持有目的；复核期末公允价值是否合理；检查被审计单位是否计提资产减值准备，计提金额和相关会计处理是否正确；复核可供出售金融资产划转为持有至到期投资的依据是否充分，会计处理是否正确等。

3. 持有至到期投资的实质性程序。获取持有至到期投资明细表；获取持有至到期投资对账单，与明细账核对；检查库存持有至到期投资，并与账面余额进行核对；向相关金融机构发函询证期末数量；对期末结存的持有至到期投资资产，核实被审计单位持有的目的和能力；抽取持有至到期投资增加的记账凭证；复核计算利息采用的利率是否恰当，相关会计处理是否正确；检查当持有目的改变时，持有至到期投资划转为可供出售金融资产的会计处理是否正确。

4. 长期股权投资的实质性程序。获取或编制长期股权投资明细表；检查股权投资核算方法是否正确；对于重大投资，应函证投资额、持股比例及被投资单位发放的股利等情况；对于应采用权益法核算的长期股权投资，获取被投资单位已经注册会计师审计的年度财务报表；对于采用成本法核算的长期股权投资，检查股利分配的原始凭证及分配决议等；对于成本法和权益法相互转换的，检查其投资成本的确定是否正确；确定长期股权投资的增减变动的记录是否完整；确定是否已经发生减值：确定在资产负债表上已恰当列报。

5. 投资收益的实质性程序。获取或编制投资收益明细表；分析是否存在异常现象；验证记录是否正确；确定是否恰当列报。

第四节　筹资与投资循环其他相关账户的审计

（一）其他应收款的审计

1. 其他应收款的审计目标。确定其是否存在；确定应列示的其他应收款是否均已列示；确定其所有权或控制权；确定是否恰当披露等。

2. 其他应收款的实质性程序。获取或编制明细表；选择金额大、账龄长或异常的项目进行函证；检查资产负债表日后的收款事项；检查转作坏账损失的项目；检查其是否恰当列报。

（二）其他应付款的审计

1. 其他应付款的审计目标。确定其是否存在；确定应列示的其他应付款是否均已列示；确定其是否为被审计单位履行的现时义务；确定是否恰当披露等。

2. 其他应付款的实质性程序。获取或编制明细表；选择金额大或异常的项目进行函证；检查资产负债表日后的付款事项；检查长期未结的项目；检查关联方的余额是否正常；确定其是否恰当列报。

（三）长期应付款的审计

1. 长期应付款的审计目标。确定其是否存在；确定应列示的长期应付款是否均已列示；确定其是否为被审计单位履行的现时义务；确定是否恰当披露等。

2. 长期应付款的实质性程序。获取或编制明细表；检查各项长期应付款相关的契约、有无抵押；选择重大的进行函证；检查本息的计算；确定其是否恰当列报。

（四）所得税费用的审计

1. 所得税费用的审计目标。确定其是否已发生，且与被审计单位有关；确定所有应当记录的是否均已记录；确定与所得税费用有关的金额及其他数据是否已恰当记录；确定其是否已记录于正确的会计期间；确定其是否已记录于恰当的账户；确定其是否已恰当列报。

2. 所得税费用的实质性程序。获取或编制所得税费用明细表、递延所得税资产明细表、递延所得税负债明细表；确定应纳税所得额，计算当期所得税费用；计算递延所得税资产、递延所得税负债期末应有余额，并根据递延所得税资产、递延所得税负债期初余额，倒轧出递延所得税费用（收益）；将当期所得税费用与递延所得税费用之和与利润表上的“所得税”项目金额相核对；确定其是否已在财务报表中恰当列报。

（五）递延所得税资产的审计

1. 递延所得税资产的审计目标。确定其是否存在；确定应列示的递延所得税资产是否均已列示；确定其所有权或控制权；确定是否恰当披露等。

2. 递延所得税资产的实质性程序。获取或编制明细表；检查会计政策的恰当性和一贯性；检查税率是否正确；检查增减变动记录是否合规；检查被审计单位在资产负债表日是否对其账面价值进行复核；税率变化时是否重新计算；确定其是否恰当列报。

（六）递延所得税负债的审计

1. 递延所得税负债的审计目标。确定其是否存在；确定应列示的递延所得税负债是否均已列示；确定其是否为被审单位的现时义务；确定是否恰当披露等。

2. 递延所得税负债的实质性程序。获取或编制明细表；检查会计政策的恰当性和一贯性；检查税率是否正确；检查增减变动记录是否合规；检查被审计单位在资产负债表日是否对其账面价值进行复核；税率变化时是否重新计算；确定其是否恰当列报。

（七）资产减值损失的审计

1. 资产减值损失的审计目标。确定其是否已发生；确定其应当反映的均已反映；确定其金额是否已恰当记录；会计期间是否正确；账户是否正确；确定其是否恰当列报。

2. 资产减值损失的实质性程序。获取或编制明细表；检查核算内容是否合规；检查其增减变动情况；确定其是否恰当列报。

（八）营业外收入的审计

1. 营业外收入的审计目标。确定其是否已发生；确定其应当列示的均已列示；确定其金额是否已恰当记录；会计期间是否正确；账户是否正确；确定其是否恰当列报。

2. 营业外收入的实质性程序。获取或编制明细表；检查核算内容是否合规；抽查金额较大或性质特殊的项目；检查相关账户记录；确定其是否恰当列报。

（九）营业外支出的审计

1. 营业外支出的审计目标。确定其是否已发生；确定其应当列示的均已列示；确定其金额是否已恰当记录；会计期间是否正确；账户是否正确；确定其是否恰当列报。

2. 营业外支出的实质性程序。获取或编制明细表；检查核算内容是否合规；检查各项目的相关账户记录；检查是否存在非公益性捐赠、税收滞纳金、罚款等；详细检查非常损失；确定其是否恰当列报。

三、考核知识点

（一）筹资与投资循环的特性

（二）筹资与投资循环的内部控制测试

（三）筹资与投资循环主要账户的审计

（四）筹资与投资循环其他相关账户的审计

四、考核要求

（一）筹资与投资循环的特性

1. 识记：涉及的主要业务活动。

2. 领会：涉及的主要凭证和会计记录。

（二）筹资与投资循环的内部控制测试

1. 识记：（1）筹资与投资的内部控制；（2）内部控制测试。

2. 应用：筹资与投资的内部控制测试。

（三）筹资与投资循环主要账户的审计

1. 识记：（1）银行借款的审计目标；（2）应付债券的审计目标；（3）所有者权益的审计目标；（4）交易性金融资产的审计目标；（5）可供出售金融资产的审计目标；（6）持有至到期投资的审计目标；（7）长期股权投资的审计目标。

2. 应用：（1）银行借款的实质性程序；（2）应付债券的实质性程序；（3）实收资本（或股本）的实质性程序；（4）资本公积的实质性程序；（5）盈余公积的实质性程序；（6）未分配利润的实质性程序；（7）交易性金融资产的实质性程序；（8）可供出售金融资产的实质性程序；（9）持有至到期投资的实质性程序；（10）长期股权投资的实质性程序。

（四）筹资与投资循环其他相关账户的审计

1. 识记：（1）其他应收款的审计目标；（2）其他应付款的审计目标；（3）长期应付款的审计目标；（4）所得税费用的审计目标；（5）递延所得税资产的审计目标；（6）递延所得税负债的审计目标；（7）资产减值损失的审计目标；（8）营业外收入的审计目标；（9）营业外支出的审计目标。

2. 应用：（1）其他应收款的实质性程序；（2）其他应付款的实质性程序；（3）长期应

付款的实质性程序；（4）所得税费用的实质性程序；（5）递延所得税资产的实质性程序；（6）递延所得税负债的实质性程序；（7）资产减值损失的实质性程序；（8）营业外收入的实质性程序；（9）营业外支出的实质性程序。

第十一章 货币资金审计

一、学习目的与要求

通过本章的学习，了解货币资金与各业务循环的关系，了解货币资金审计的范围；掌握货币资金的审计目标；了解货币资金的内部控制及控制测试；掌握库存现金和银行存款实质性程序的具体运用。

二、课程内容

第一节 货币资金审计概述

（一）货币资金与各业务循环的关系

货币资金与各交易循环均直接相关。

（二）货币资金的审计范围

内部控制制度的健全性及有效性；证实收入与支出活动的合规性、合法性及其余额的真实性、正确性。

第二节 货币资金的内部控制测试

（一）货币资金的内部控制

职责分工；授权批准；凭证和记录；定期盘点与核对。

（二）货币资金的内部控制测试

了解货币资金内部控制；对内部控制的初步评价；抽取并检查收款凭证，检查相关会计记录；抽取并审查付款凭证，检查相关会计记录；抽取一定期间的现金、银行存款日记账与总账核对；抽取一定期间银行存款余额调节表，查验其是否按月正确编制并经复核；检查外币资金的折算方法是否符合有关规定，是否与上年度一致，评价货币资金的内部控制等。

第三节 货币资金的实质性程序

（一）库存现金的实质性程序

1. 库存现金的审计目标。确定货币资金项目中的库存现金在资产负债表日是否确实存在；确定在特定期间发生的现金收支是否均已记录；确定其余额是否正确；确定是否已在财务报表中恰当列报等。

2. 库存现金的实质性程序。核对库存现金日记账与总账的余额；监盘库存现金；抽查大额现金收支事项；检查现金收支的正确截止；检查外币现金的折算是否正确；确定在资产负债表上的披露是否恰当。

（二）银行存款的实质性程序

1. 银行存款的审计目标。确定货币资金项目中的银行存款在资产负债表日是否确实存在；确定在特定期间发生的银行存款收支是否均已记录；确定其余额是否正确；确定是否已在财务报表中恰当列报等。

2. 银行存款的实质性程序。核对银行存款日记账与总账的余额；实施分析性程序；取得并检查银行存款余额调节表；函证银行存款余额；抽查大额银行存款收支的原始凭证；检查银行存款收支的正确截止；确定在资产负债表上的披露是否恰当等。

（三）其他货币资金的实质性程序

1. 其他货币资金的审计目标。确定其他货币资金在会计报表日是否确实存在，是否为被审计单位所拥有；确定在特定期间内发生的其他货币资金收支业务是否均已记录；确定其余额是否正确；确定其在会计报表上的披露是否恰当。

2. 其他货币资金的实质性程序。核对明细账期末合计数与总账数是否相符；函证外埠存款户、银行汇票存款户、银行本票存款户期末余额；对于外币其他货币资金，检查其折算汇率是否正确；抽查一定数量的原始凭证作为样本进行测试；抽取资产负债表日后的大额收支凭证进行截止测试；确定其披露是否恰当。

三、考核知识点

（一）货币资金审计概述

（二）货币资金的内部控制测试

（三）货币资金的实质性程序

四、考核要求

（一）货币资金审计概述

1. 识记：货币资金与其他循环的关系。

2. 领会：货币资金的审计范围。

（二）货币资金的内部控制测试

1. 识记：货币资金的内部控制。

2. 领会：货币资金的内部控制测试。

（三）货币资金的实质性程序

1. 识记：（1）库存现金的审计目标；（2）银行存款的审计目标；（3）其他货币资金的审计目标。

2. 应用：（1）库存现金的实质性程序；（2）银行存款的实质性程序；（3）其他货币资金的实质性程序。

第十二章 审 计 报 告

一、学习目的与要求

通过本章的学习，应了解审计报告的概念、作用。掌握审计报告的基本要素，掌握标准审计报告和非标审计报告出具的条件和格式。要求在分析相应案例的基础上判断审计报告的类型并写出审计报告。

二、课程内容

第一节 审计报告概述

（一）审计报告的含义和作用

审计报告的含义；审计报告的作用。

（二）审计意见的形成

审计意见形成的要求；审计结论：评价财务报表的合法性和公允性。

（三）审计报告的类型

按照性质分类；按照使用目的分类；按照详略程度分类。

第二节 审计报告的基本要素

不论是何种类型的审计报告都应当包括下列要素：

标题；收件人；引言段；管理层对财务报表的责任段；注册会计师的责任段；审计意见段；注册会计师的签名和盖章；会计师事务所的名称、地址及盖章；报告日期。

第三节 标准审计报告

（一）出具标准审计报告的条件

出具无保留意见的审计报告的条件。

（二）标准审计报告的格式

第四节 非标准审计报告

（一）带强调事项段的无保留意见的审计报告

强调事项段的定义；出具的条件。

（二）非无保留意见审计报告

出具非无保留意见的审计报告的条件；保留意见的含义和条件；否定意见的含义和条件；无法表示意见的含义和条件。

三、考核知识点

（一）审计报告概述

（二）审计报告的基本要素

（三）标准审计报告

（四）非标准审计报告

四、考核要求

（一）审计报告概述

1. 识记：（1）审计报告的含义；（2）合法性；（3）公允性。

2. 领会：（1）审计报告的作用；（2）审计报告的特征。

（二）审计报告的基本要素

1. 识记：（1）审计报告的类别；（2）无保留意见的审计报告；（3）非无保留意见的审计报告。

2. 领会：审计报告的要素及内容。

（三）标准审计报告

1. 识记：标准审计报告。

2. 领会：（1）出具标准审计报告的条件；（2）标准审计报告的格式。

3. 应用：标准审计报告的条件。

（四）非标准审计报告

1. 识记：非标准审计报告。

2. 领会：（1）出具非标准审计报告的条件；（2）非标准审计报告的格式。

3. 应用：（1）带强调事项段的无保留意见的审计报告；（2）保留意见的审计报告；（3）否定意见的审计报告；（4）无法表示意见的审计报告。

III 有关说明与实施要求

为了使本大纲的规定在个人自学、社会助学和考试命题中得到贯彻和落实，兹对有关问题作如下说明，并进而提出具体实施要求。

一、有关考核目标的说明

为使考试内容具体化和考试要求标准化，本大纲在列出考试内容的基础上，对各章规定了考核目标，包括考核知识点和考试要求。明确考核目标，使自学应考者能够进一步明确考试内容和要求，更有目的地系统学习教材；使考试命题能够更加明确命题范围，更准确地安排试题的知识能力层次和难易度。

本大纲在考核要求中，按照识记、领会、应用三个层次规定其应达到的能力层次要求。三个能力层次是递进等级关系。各能力层次的含义如下：

识记：本层次要求考生知道本课程中涉及的审计专业名词、审计基本原则、审计基本原理等基本知识的含义，并能正确认识或识别。例如：注册会计师职业道德、独立性、专业胜任能力的含义；执业准则、审计质量及控制、错误、舞弊、欺诈、过失的含义；审计目标、审计业务约定书、审计重要性的含义；审计证据和审计工作底稿的含义；重大错报风险、内部控制、控制测试和实质性程序的含义以及审计报告的含义等。

领会：本层次要求考生在识记的基础上，能够理解和把握本课程中涉及的审计的基本内容和基本方法，掌握有关审计基本概念、基本原理和基本方法之间的关系。例如：注册会计师审计与内部审计、政府审计的关系；违反职业道德的情形、影响独立性的情形；执业准则的构成；质量控制的基本要求；制定审计计划时对认定的考虑；审计证据数量和质量的要求；评估和应对重大错报风险的程序、内部控制的构成等。

应用：本层次要求考生在领会的基础上，运用本课程涉及的审计基本原理和审计基本方法，分析和解决审计中的实务问题。例如：利用审计职业道德的要求分析注册会计师是否具有独立性、会计师事务所能否接受审计业务的委托；在了解被审计单位的情况时能分清哪些属于重大错报风险，如何应对；企业的内部控制是否健全等，这部分涉及的知识点相对较少，属于简单应用的内容。而第七章至第十二章，则要求学生必须掌握会计核算知识基础上加以运用，例如能够分析销售与收款循环、采购与付款循环、生产与存货循环、筹资与投资循环以及货币资金核算中存在的错弊形态，应提出如何处理的意见，包括编制调整分录等；在此基础上，结合审计重要性，指出应出具何种类型的审计报告，并要求能够写出审计报告，这部分涉及的知识点较多，属于综合应用的内容。

二、关于自学教材

指定教材：《审计学》，全国高等教育自学考试指导委员会组编，丁瑞玲主编，中国财政经济出版社 2009 年出版。

三、自学方法指导

1. 在全面系统学习的基础上，掌握基本理论、基本知识和基本方法。本课程内容涉及审计学的各个方面，知识范围广泛，各章内容之间既有联系又存在区别，有的章节还有较大的独立性。自学应考者首先应全面系统地学习各章内容，即以应当识记的基本概念、名词为基础，深入理解基本理论，弄懂基本方法的内涵。其次要认识各章之间的联系，注意区分相近的概念和类似的问题，并掌握它们之间的联系。最后在全面系统的学习基础上应掌握重点，有目的地深入学习重点章节，但切忌在没有全面系统学习教材的情况下孤立地去抓重点。

2. 把学习审计理论和应用审计方法结合起来。本课程的内容既有审计理论又涉及具体的审计方法，自学应考者应在学习审计理论的同时掌握审计方法，即应在弄懂各种方法的基本概念和内容的基础上，学会正确地应用这些方法去分析和解决有关的审计问题。

3. 重视理论联系实际，结合审计实践进行学习。本课程阐述的内容来源于社会实践，自学应考者在学习中应把课程的内容同我国的审计实践联系起来，进行对照比较，分析研究，以增强感性认识，更深刻地领会教材的内容，将知识转化为能力，提高自己分析问题和解决问题的能力。

4. 重视会计知识的把握。本课程的内容，尤其是实务部分，同会计知识密切相关。因此，自学应考者应在熟悉 2006 年 2 月 15 日颁布的《企业会计准则》的内容、在掌握会计知识的基础上，针对被审计单位的会计处理等，指出其存在的问题，并提出相应的审计处理意见。

四、对社会助学的要求

1. 社会助学者应根据本大纲规定的考试内容和考核目标，认真钻研指定教材，明确本课程与其他课程间不同的特点和要求，对自学应考者进行切实有效的辅导，防止自学中的各种偏向，把握社会助学的正确方向。

2. 要正确处理基础知识和应用能力的关系，努力引导自学应考者将识记、领会同应用联系起来，把审计基础知识同理论转化为应用能力，在全面辅导的基础上，着重培养和提高自学应考者分析问题和解决问题的能力。

3. 要正确处理重点和一般的关系。本教材的课程内容有重点与一般之分，但考试内容是全面的，而且重点和一般是相互联系的。因此，社会助学者应指导自学应考者全面系统地学习教材，掌握全部考试内容和考核知识点，在此基础上再突出重点。切勿孤立地找重点，把自学应考者引向猜题押题的路上去。

4. 要正确处理会计知识与审计理论、审计方法的关系。在审计实务部分，会涉及大量的会计知识，考试中应用部分所占比例也较大。因此，社会助学者应首先了解自学应考者会计知识掌握的程度，在此基础上，再结合审计理论和审计方法进行讲解，这样会取得更好的效果。

五、关于命题考试的若干要求

1. 本课程的命题考试，应根据本大纲所规定的考试内容和考核目标来确定考试范围和考核要求。不要任意地扩大或缩小考试范围，提高或降低考试要求。考试中命题应覆盖到各章，并适当地突出重点章节，体现出本课程的重点内容。

2. 本课程在试题中对不同能力层次要求的分数比例，一般为：识记占 20%；领会占 30%；应用占 50%。

3. 试题要合理安排难度结构。试题中难易度可分为易、较易、较难、难四个等级。每份试卷中，不同难易度试题的分数比例为：易占 20%；较易占 30%；较难占 30%；难占 20%。必须注意，试题的难易度与能力层次不是一个概念，在各能力层次中都会存在不同难度的问题，切勿混淆。

4. 本课程考试试卷采用的题型，一般有：单项选择题、多项选择题、名词解释题、简答题、分析题和业务题等。各种题型的具体形式可参见本大纲附录。

5. 本课程考试为闭卷笔试。满分 100 分，60 分及格。考试时间为 150 分钟。考生在考试时可携带无存储记忆功能的计算器。

附录：题 型 举 例

一、单项选择题

在每小题列出的四个备选项中只有一个是符合题目要求的，请将其代码填写在题后的括号内。错选、多选或未选均无分。

1. 审计按其主体进行分类，可分为（　　）。

A. 全部审计和局部审计

B. 财政财务审计、财经法纪审计和经济效益审计

C. 国家审计、内部审计和注册会计师审计

D. 详细审计和抽样审计

2. 下列业务中，不属于注册会计师鉴证业务的是（　　）。

A. 验证企业资本，出具验资报告

B. 办理企业合并的审计业务，出具相关报告

C. 预测性财务信息的审核

D. 对财务信息执行商定程序

二、多项选择题

在每小题列出的五个备选项中至少有两个是符合题目要求的，请将其代码填写在题后的括号内。错选、多选、少选或未选均无分。

1. 下列审计方法中，属于审查书面资料的方法有（　　）。

A. 盘点法　　B. 顺查法和逆查法

C. 观察法　　D. 核对法

E. 调节法

2. 下列执业准则中，属于注册会计师业务准则范围的有（　　）。

A. 审计准则　　B. 审阅准则

C. 相关服务准则　　D. 会计师事务所质量控制准则

E. 培训财会人员

三、名词解释题

1. 注册会计师职业道德

2. 内部控制

四、简答题

1. 简述注册会计师审计与内部审计的区别。
2. 何谓审计重要性，在审计中如何利用重要性？

五、分析题

资料：时代公司拟申请公开发行股票，委托A会计师事务所对其2006年度、2007年度和2008年度财务报表进行审计，双方于2008年底签订审计业务约定书。假定A会计师事务所及其审计小组成员与时代公司存在以下情况：

1. A会计师事务所与时代公司签订的审计业务约定书约定：审计费用为1000000元，时代公司在A会计师事务所提交审计报告时支付50%的审计费用，剩余50%视股票能否发行上市决定是否支付；

2. 审计小组成员张磊注册会计师自2006年以来一直协助时代公司编制会计报表。

要求：请根据上述情况，判断A会计师事务所或相关注册会计师的独立性是否会受到损害，并简要说明理由。

六、业务题

资料：某会计师事务所对W股份有限公司2007年度财务报表进行审计时发现，2007年10月20日W公司对确实无法支付的应付账款50万元进行了处理，会计分录为：

借：应付账款　　　　500000
　　贷：资本公积　　　　500000

要求：根据上述资料，指出注册会计师应提出何种审计处理意见，若需要提出调整建议的，请列示调整分录。

后　　记

2008年7月由教育部全国高等教育自学考试办公室召开了全国高等教育自学考试课程大纲、教材编前会，会上确定了《审计学》课程大纲编写的指导思想、基本原则和要求。

本大纲由中央财经大学的丁瑞玲教授负责编写，大纲写成后，由对外经济贸易大学的王素荣教授、中央财经大学的奚淑琴教授和邢俊英教授审稿。在此一并表示感谢。

全国高等教育自学考试指导委员会
经济管理类专业委员会
2009年4月

第一章 DI YI ZHANG

审计概论

本章要点

- 掌握审计的定义和特征
- 了解政府审计、内部审计的产生和发展
- 熟悉注册会计师审计的产生和发展
- 掌握注册会计师审计与其他审计之间的关系
- 熟悉审计的方法与分类
- 了解审计的职能

DIYIJIE 第一节 审计的定义和特征

一、审计的定义

审计是由国家授权或接受委托的专职机构和人员，依照国家法规、审计准则和会计理论，运用专门的方法，对被审计单位的财政、财务收支、经营管理活动及其相关资料的真实性、正确性、合规性、合法性、效益性进行审查和监督，评价经济责任，鉴证经济业务，用以维护财经法纪、改善经营管理、提高经济效益的一项独立性的经济监督活动。它可以从以下几个方面理解：

（一）审计的主体

审计主体，就是审计的执行者，即审计的专职机构和专职人员。这里的专职机构是指以审计为专门职务的单位，包括国家审计机关、部门、单位内部审计机构和社会审计组织。专职人员是指专门从事国家审计的人员、部门和单位内部审计人员和依法批准的执业注册会计师。

（二）审计的授权者（或委托者）

审计的授权者泛指国家审计机关、政府有关部门领导的授权，单位主管机构和相关领导的授权，它是针对国家审计和内部审计而言的。审计的委托者是针对社会审计而言的，我国注册会计师的审计业务都是接受被审计单位的委托，签订审计业务约定书后进行的。确认审计业务的委托和受托关系，明确委托目的、审计范围及双方的责任、义务等事项，目的是为了保护双方的合法权益、督促双方共同遵守约定事项并加强合作。

（三）审计的客体（对象）

审计的客体（对象）是被审计单位在一定时期内能够用财务报表及有关资料表现的全部或一部分经济活动。

由于审计主体不同，审计对象也不完全相同。政府审计的对象为国务院各部门和地方各级政府的财政收支、国家财政金融机构和国有企业、事业组织的财务收支。内部审计的对象为本部门、本单位的财务收支以及其他有关的经济活动。社会审计的对象是委托人指定的被审单位的财务收支及其有关的经营管理活动。

（四）审计依据

审计依据是审计人员在审计过程中用来评价和判断被审计单位经济活动真实性、合法性、合规性和效益性，据以提出审计意见、作出审计结论的客观标准。审计依据主要包括国家相关的法律、法规；企业会计准则、会计制度，注册会计师执业准则；企业内部的预算、计划、经济合同等。

（五）审计的目的

审计的目的，就是审计工作预期要达到的目标。审计的目的取决于审计的职能和审计授权人或委托人对审计工作的要求，本教材是以社会审计为主，其审计的目的就是对被审计单位的财务报表及相关资料的合法性和公允性发表审计意见。

（六）审计的本质

审计的本质应概括为具有独立性的经济监督、评价、鉴证活动。独立性是审计的重要特征，有了独立性，才能做到客观公正，实事求是。为了充分体现审计的本质属性，在审计机构设置和实施审计过程中，必须遵循独立性原则。

二、审计的特征

审计的特征是指审计区别于其他管理活动的独特之处。如上所述，审计是一种独立的经济监督、评价和鉴证活动。它的特征集中体现在独立性和权威性方面。

（一）独立性

我国宪法规定，审计机关在国务院总理的领导下，依照法律规定独立行使审计监督权，不受其他行政机关、社会团体和个人的干涉。我国颁布的审计法规和注册会计师法规，都对各审计机构、人员的独立性给予了明确的说明，审计的独立性主要表现在三个方面：

第一，机构独立。机构独立是指审计机构不能受制于其他部门和单位，尤其是不能成为国家财政部门和各机构财务部门的下属机构，否则，对财政、财务收支进行审计就失去了意义。机构独立还表现在审计机构应独立于被审计单位之外，与被审计单位没有任何组织上的行政隶属关系。机构独立是保证审计工作独立性的关键。第二，业务工作独立。业务工作独立首先是指审计工作不能受任何部门、单位和个人的干涉，应独立地对被审查的事项作出评价和鉴定；其次又指审计人员要保持精神上的独立，自觉抵制干扰，对审计事项作出客观公正的结论。第三，经济独立。经济独立是保证机构独立和业务工作独立的物质基础。如果审计机构没有一定的经费或收入，其业务活动就无法开展；如果其经费或收入受制于被审计单位或与其相关的其他单位，审计的独立性就无法保证。

（二）权威性

审计组织的权威性是审计监督正常发挥作用的主要保证。审计机构的独立性决定了它的权威性。审计机构或人员以独立于被审计者的身份进行工作，在审计的过程中恪守独立、客观、公正的原则，按照有关法律、法规，根据一定的准则、原则、程序进行，因此，审计人员出具的审计报告具有一定的社会权威性。

DIERJIE 第二节　审计的产生和发展

一、政府审计的产生和发展

（一）我国政府审计的产生和发展

据史料记载，早在西周时期就有了审计萌芽的思想。周王朝对财政收支有“以参互考日成，以月要考月成，以岁会考岁成”的要求，即按日、按月、按年考核、审查经营成果，并定期向周王报告，周王也可以亲自听审，这种做法当时称为“受计”，后来将其形成制度，叫做“上计”制度，这一制度对以后历代王朝产生了深远的影响，可以说是审计制度的雏形，在世界发展史上具有领先地位。

秦汉时期是我国审计的确立阶段，主要表现在三个方面：一是初步形成了统一的审计模式。秦朝，中央设“三公”、“九卿”辅佐政务。御史大夫为“三公”之一，执掌弹劾、纠察之权，专司监察全国的民政、财政以及财务审计事项，并协助丞相处理政事。汉承秦制，西汉初中央仍设“三公”、“九卿”，仍由御史大夫执掌监督审计大权。二是“上计”制度日趋完善。“上计”制度始于周朝，秦朝继承了“上计”制度，到了汉朝，汉武帝在原来“上计”制度的基础上制定了“上计律”，使审计与法律联系起来，成为我国审计立法的开端。三是审计地位提高，职权扩大。御史制度是秦汉时代审计建制的重要组成部分，秦汉时代的御史大夫不仅行使政治、军事的监察之权，还行使经济的监督之权，控制和监督财政收支活动，勾稽总考财政收入情况。由此可见，秦汉时期的审计工作比西周时期进步了，但这个时期仍然属于审计初步发展时期。

隋唐及宋，中央集权不断加强，官僚系统进一步完善，审计制度也随之健全。宋代设立“审计司”和“审计院”，是我国审计定名之始。

元明清各朝代，君主专制日益强化，审计工作没有专门机构和专职人员管理，审计有所削弱。

辛亥革命后，北洋政府于1912年在国务院下设审计处，到1914年，将审计处改为审计院，同年颁布了《审计法》。1920年南京的国民政府设立审计院，后改为隶属于监察部的审计部。

中华人民共和国成立以后，在较长一段时期内未设专职的审计机构，对财政、财务收支的经济监督由财政、税务、银行等部门通过其业务在一定范围内进行。1982年12月4日第五届全国人民代表大会第五次全体会议通过的新宪法，明确规定了设立审计机关，实施审计监督。1983年9月正式成立了中华人民共和国审计署，全国各省设立了审计局，配备了专职审计人员，还陆续颁布了相关的法规：1985年8月颁布了《国务院关于审计工作的暂行规定》；1988 年 11 月颁布了《中华人民共和国审计条例》；1995 年 1 月 1 日开始实施《中华人民共和国审计法》，这就从法律上进一步确立了政府审计的地位，为政府审计的振兴发展奠定了良好的基础。

（二）国外政府审计的产生和发展

国外政府审计的产生和发展同样有着悠久的历史。据考证，早在奴隶制度下的古罗马、古埃及、古希腊时代，已经有了官厅审计机构，但是就当时所处时代和经济发展状况来看，无论是审计组织机构的设置、人员的配备，还是审计方法的选用，都处于很不完善的阶段。

随着经济的发展和资产阶级国家政权组织形式的完善，国家审计日趋健全、科学和规范化。目前世界上已有 160 多个国家建立了适应各自国情的国家审计机构，其隶属关系大体可以分为三种类型：第一，隶属于议会，即隶属于立法机构，由议会直接授权，如美国、英国、加拿大、西班牙、澳大利亚等国家均属此类型。这种类型的审计机构有很强的独立性和权威性。第二，隶属于政府，即隶属于行政机构，由政府直接授权领导，如罗马尼亚、菲律宾等国家均属此类型。这些国家的审计机构是依照国家赋予的权限，对各级政府机关、企事业单位的财政、财务收支及有关经济活动进行审计监督，它必须向政府负责，并且汇报工作。这种类型的审计机构有一定的独立性和权威性。第三，隶属于财政部，由财政部直接领导，如瑞典的政府审计就属于此种类型。这种类型的审计机构是依照国家的政策、法规和财经制度，对各部门、各单位的财政、财务收支及其有关经济活动进行审计监督，这种类型的审计机构与其他类型审计机构相比，其独立性和权威性较小。

二、内部审计的产生和发展

（一）我国内部审计的产生和发展

随着政府审计的产生和发展，内部审计也随之形成。据史料记载，早在西周时期就有了内部审计的雏形，当时设置的“司会”一职，除了负责财政经济的全面核算以外，还同时行使内部审计之权，对王朝内的财务收支要按日、按月、按年考核，监督王朝财务在各部门、各环节的动态，并定期向周王报告，以维护统治阶级的利益。这种做法可称之为原始意义上的内部审计，在审计范围、方法和人员配备上只处于起步阶段，谈不上系统的审计理论和完善的审计制度。

我国现在的内部审计是伴随政府审计的恢复和重建而产生和发展的。

党的十一届三中全会以后，为了适应社会主义市场经济的新形势，强化各部门、各单位内部控制及管理，完善审计监督体系，中华人民共和国审计署于 1984 年提出在部门、单位内部成立专职的审计机构、配备专职的审计人员实施内部审计。1985 年 10 月国家审计署颁布了《审计署关于内部审计工作的若干规定》，随后陆续颁布了相关法规。随着内部审计的重要性逐步被社会所认识，我国很多大型企业都设置内部审计机构，制定了有关内部审计的规定、制度。所有这些，都对我国内部审计的发展产生了巨大的影响，为内部审计的进一步完善创造了条件。

（二）国外内部审计的产生和发展

国外内部审计产生和发展的历史源远流长，在内部审计发展的初期阶段，它主要进行一些有关会计和管理程序方面的遵循性审查工作，以揭露舞弊、保护财产、防止差错。所以，它的审查范围主要是在现金交易、支付工资和盘点资产方面。

随着西方国家经济的日益发展，企业生产规模日益扩大，管理机构和层次的增多，为了保证经营方针和管理制度的贯彻执行，保护财产的安全完整，实现经营目标，内部审计随之获得了发展的契机并逐步健全完善。德国的克虏伯公司早于1875年就实行了内部审计制度；美国的铁道部门也在19世纪初期开始了对铁路系统的内部财务和经营进行审计。20世纪初期，由于对内部审计的呼声的日益强烈，美国最早建立了“内部审计师协会”，内部审计师协会的成立，标志着内部审计作为一项独立的职业开始确立。与此同时，布瑞克出版了《内部审计——它的性质、职能程序方法》一书，奠定了内部审计理论的基础。1947年，《内部审计师责任的意见书》指出，内部审计是通过判断和评价其他管理的有效性发挥作用。此后，内部审计逐渐成为旨在审计会计、财务和其他业务活动的经营组织内部的一项独立的评价活动。

在内部审计的发展中，国际内部审计师协会发挥了巨大的推动作用。国际内部审计师协会的章程指出：它是一个从事内部审计发展和实践的国际性组织。现在，它是惟一的一个专门致力于推进内部审计工作和发展的内部审计职业的国际性组织，它的任务是对内部审计的实践提供全面的开发活动和标准，对包括内部控制和有关事项在内的内部审计知识和信息进行研究，充分传播并促进提高。

从内部审计机构的设置和隶属关系来看，国际上常采用的模式有：一是内部审计隶属于董事会，直接由董事会领导，向董事会报告工作，在这种设置方式下的内部审计具有很高的独立性和权威性。二是内部审计隶属于董事会下面的监事会或相关类似委员会（如审计委员会）的领导，通过监事会向董事会或股东代表大会汇报工作，也具有较高的独立性和权威性。三是内部审计隶属于总经理，接受总经理的领导，并定期向总经理报告工作，可以代表总经理对下属的各生产经营单位和各管理部门进行经常性的审计监督，在这种设置方式下的内部审计具有一定的独立性和权威性。四是内部审计隶属于财会部门，由财会部门的主要负责人领导并向其汇报工作。审计对象主要是会计凭证、账簿和报表等相关资料，在这种设置方式下的内部审计对于财务控制系统具有较强的监督作用，有助于财务核算的规范化，其不足之处是影响了内部审计人员作用的全面发挥，削弱了内部审计的独立性和权威性。

三、注册会计师审计的产生和发展

（一）我国注册会计师审计的产生和发展

注册会计师审计又称社会审计、民间审计。我国注册会计师审计起步较晚。1918年9月7日，北洋政府农商部颁布了《会计师暂行章程》。同年，谢霖领取了第一号会计师证书，并在北京创办了我国第一家会计师事务所——正则会计师事务所，这标志着我国注册会计师制度正式诞生。1930年后，国民政府又颁布了《会计师条例》，确立了会计师的法律地位。

新中国成立后，国民经济中还存在着多种经济成分，与之相适应的注册会计师行业也被保留下来。1951年，中央人民政府政务院财政经济委员会以《中央人民政府政务院财政经济委员会函》〔（51）财经私人字第29号〕，专门就会计师的资格、执业范围、执业要求、收费以及职业责任问题作出了原则规定。到1957年，随着对资本主义工商业的社会主义改造基本完成，我国开始实行高度集中的计划经济，注册会计师失去了服务对象，而且会计师事务所本身也是私有经济，被列入了改造对象，从此注册会计师行业悄然退出了历史舞台。

党的十一届三中全会以后，商品经济得到迅速发展，为注册会计师制度的恢复重建创造了客观条件。1980 年财政部印发了《关于成立会计顾问处的暂行规定》，标志着我国注册会计师制度开始恢复，中国注册会计师重新登上历史舞台。1986 年 7 月，国务院颁布了《中华人民共和国注册会计师条例》，第一次确定了注册会计师的法律地位，使注册会计师行业建设进入了一个新时期。1993 年 10 月颁布了《中华人民共和国注册会计师法》，1995 年 2 月财政部又发布了《中国注册会计师独立审计准则》等一系列法律、法规和制度，注册会计师审计逐渐得到各级政府和社会各界人士的重视和关注。为了加速我国注册会计师行业的发展和与国际同行交流与合作，1996 年 10 月中国注册会计师协会加入亚太会计师联合会，1997 年 5 月又加入国际会计师联合会，这标志着我国注册会计师行业开始走上国际舞台，1997 年 7 月开展了全行业清理整顿工作，1998 年开始全面推行事务所脱钩改制工作，2006 年注册会计师协会公布了《中国注册会计师执业准则》，这一系列工作的实施，为我国注册会计师行业冲出亚洲、走向世界奠定了良好的基础。

（二）国外注册会计师审计的产生和发展

国外社会审计起源较早，并随着资本主义商品经济的兴起得到了迅速的发展。其发展过程大体可以分为四个阶段：

1. 详细审计阶段

注册会计师审计起源于 16 世纪的意大利合伙企业制度。1581 年的威尼斯会计协会是世界上第一个会计职业团体。16 世纪末期，地中海沿岸国家的商品贸易得到了发展，出现了为筹集大量资金进行贸易活动的合伙经营方式。在这种情况下，财产的所有权与经营权开始分离，出现了考核经营管理者受托责任履行情况的要求，这是早期的、处于萌芽状态的社会审计。18 世纪初期到 19 世纪中叶，工业革命的完成推动了资本主义商品经济大发展，相继出现了以发行股票筹集资金为特征的股份公司，股份公司这一企业形式的出现，对注册会计师审计的产生和发展起到很大的促进作用。1721 年英国的“南海公司事件”是注册会计师审计产生的催化剂。当时的“南海公司”以虚假的会计信息诱骗投资人上当，其股票价格一时扶摇直上。但好景不长，“南海公司”最终没能逃脱破产倒闭的厄运，使股东和债权人损失惨重。英国议会聘请会计师查尔斯・斯奈尔对“南海公司”进行审计，斯奈尔以“会计师”的名义提出了“查账报告书”，从而宣告了独立会计师——注册会计师的诞生。1853 年在苏格兰的爱丁堡成立了“爱丁堡会计师协会”，这是世界上第一个职业会计师的专业团体。尔后，英国各地职业会计师协会相继成立。1880 年，英格兰和威尔士地区的各会计师协会得到英国政府的特许，联合成立了“英格兰・威尔士特许会计师协会”，成为英国最大的职业会计师专业团体，民间审计队伍迅速扩大。

这一阶段注册会计师审计的特点是：注册会计师审计的法律地位得到了法律确认；审计的目的主要是查错防弊，保证企业资产的安全完整；审计报告的使用人主要为企业股东；审计的方法是对会计账目进行详细审计，即对有关的凭证、账簿、会计报表等资料进行周密、详尽地逐笔审查与稽核。由于详细审计产生于英国，所以又称为英国式审计。

2. 资产负债表审计阶段

19 世纪末 20 世纪初，美国的社会审计得到了迅猛发展。为了保护投资者和债权人的经济利益，英国的执业会计师远涉重洋来到美国开展社会审计业务，同时，美国自身也很快地建立了社会审计组织。1887 年美国会计师公会成立，1916 年该会改组为美国会计师协会，后来发展为美国注册会计师协会（AICPA），成为世界上最大的社会审计专业团体。20世纪初，美国的短期信用发达，大部分企业依靠银行贷款从事生产经营活动，而银行为了分析、判断企业的偿债能力，把资产负债表当做了解和调查企业信用状况的主要依据，由此，一种为了帮助贷款人和债权人正确评价被审计单位信用状况的资产负债表审计诞生了。

这一阶段注册会计师审计的特点是：审计对象从会计账目扩大到资产负债表；审计的主要目标是通过对资产负债表数据的检查，判断企业信用状况；审计方法从详细审计初步转向抽样审计；审计报告使用人除企业股东外，扩大到了债权人。由于资产负债表审计是美国首先实施的，所以又称为美国式审计。

3. 会计报表审计阶段

20世纪30年代左右，随着资金市场的逐步完善，证券交易的业务量和规模都了较大的发展，仅对资产负债表审计，已经不能满足证券市场和社会各方面的需要，此时，美国又率先进入了会计报表审计时代。美国政府为了加强对资金市场的管制，在1933年颁布的《证券法》规定，在证券交易所上市的企业的财务报表必须接受注册会计师审计，向社会公众公布注册会计师出具的审计报告。因此，审计报告的使用人扩大到整个社会公众。

这一阶段注册会计师审计的主要特点：审计对象转为以资产负债表和利润表为中心的全部财务报表及相关财务资料；审计的主要目的是对财务报表发表审计意见，以确定财务报表的可信性，查错防弊转为次要目的；审计的范围已扩大到测试相关的内部控制，并以控制测试为基础进行抽样审计；审计报告的使用人扩大到股东、债权人、证券交易机构、税务、金融机构及潜在投资者；审计准则开始拟定，审计工作向标准化、规范化过渡；注册会计师资格考试制度广泛推行，注册会计师专业素质普遍提高。

4. 现代审计阶段

第二次世界大战以后，国际资本的流动带动了注册会计师审计的跨国界发展，形成了一批国际会计师事务所，时至今日尚存“四大”国际会计师事务所，即普华永道（PricewaterhouseCoopers）、安永（Ernst & Young）、毕马威（KPMG）、德勤（Deloitte Touche Tohmatsu）。

这一阶段注册会计师审计的特点是：审计组织机构不断地发展壮大，开始呈现出集中化的趋势；审计技术不断完善，抽样审计方法得到普遍运用，风险导向审计方法得到推广，计算机辅助审计技术在审计中已被广泛采用。

（三）注册会计师审计发展历程的启示

从注册会计师审计的历史发展来看，我们可以得出的启示有三个方面：

1. 注册会计师审计产生的直接原因是财产所有权与经营权的分离

注册会计师审计是商品经济发展到一定阶段的产物，其产生的直接原因是财产所有权与经营权的分离。尤其是公司成为商品社会的重要经济组织后，由于所有者主要根据经营者提交的财务报表了解企业的经营情况，因此需要来自企业外部的独立的第三方对企业财务报表的公正性与合法性作出判断。

2. 注册会计师审计随着商品经济的发展而发展

随着商品经济的发展，公司的规模越来越大，业务活动越来越复杂，与之相适应，注册会计师审计也由初期的以账项为基础的详细审计发展为对财务报表的抽样审计，注册会计师的审计职责也从对企业的所有者负责发展到对社会公众负责。

3. 注册会计师审计具有客观、独立、公正的特征

这种特征一方面保证了注册会计师审计具有鉴证职能，另一方面也使其在社会上享有较高的权威性。

DISANJIE 第三节 审计的分类和审计方法

一、审计的分类

（一）按审计的主体分类

审计主体，即审计的执行者，按审计主体分类，可以将审计分为政府审计、内部审计和注册会计师审计三类。

1. 政府审计

政府审计又称为国家审计，是指国家审计机关依法所进行的审计，是国家审计机关代表政府依法对国务院各部门、地方各级政府、财政、金融机构和企事业组织等的财政和财务收支进行审计监督，在独立行使审计监督权的过程中，不受其他行政机关、社会团体和个人的干涉。我国国家审计机关分为中央和地方两级，中央审计机关为中华人民共和国审计署，是我国最高的审计机关，在国务院总理领导下，主管全国的审计工作；地方审计机关为县级以上的地方各级人民政府设立的审计机关，在地方人民政府和上一级审计机关的领导下，负责本行政区域内的审计工作，对本级人民政府和上一级审计机关负责并报告工作。政府审计是一种法定审计，是对被审计单位实施的主动强制审计，审计机关作出的审计结论和决定，被审计单位和有关人员必须照办执行，审计结论和决定涉及到其他相关单位的，其他相关单位也应协助执行。

2. 内部审计

内部审计是指组织内部专职审计机构或人员实施的审计，是组织内部的一种独立客观的监督和评价活动，它通过审查和评价经营活动及其内部控制的适当性、合法性和有效性来促进组织目标的实现。内部审计的主体是组织内部专职的审计机构或人员。国家机关、金融机构、企事业组织、社会团体及其他单位，应当按照国家规定设立专职的内部审计机构。内部审计的范围是组织的经营活动和内部控制，审计的目的是监督和评价本单位及所属单位的财政收支、财务收支及经济活动的真实性、合法性和效益性，内部控制及风险管理的有效性。

3. 注册会计师审计

注册会计师审计又称民间审计、社会审计，是指由中国注册会计师协会审核批准成立的会计师事务所进行的审计。会计师事务所可以接受政府审计机关、国家行政机关、企事业单位和个人等有关方面的委托，依法对被审计单位的财务收支活动、经营管理活动及经济效益进行审计；可以接受委托、承办注册资本验证、资产评估、经济案件鉴定、管理咨询服务等项业务。

在审计监督体系中，注册会计师审计、内部审计和政府审计各司其职、各自在不同领域发挥作用，不存在主导与服从关系，不能相互代替。

注册会计师审计和政府审计、内部审计的区别如表 1－1、表 1－2 所示。

表 1-1　　注册会计师审计与政府审计的区别

项目＼类别	注册会计师审计	政府审计
审计方式	受托审计	强制审计
审计目标	对财务报表的合法性和公允性发表审计意见	对各级政府及其部门的财政收支情况及公共资金的收支、运用情况进行审计
审计监督的性质	根据审计结论发表独立、客观、公正的审计意见，以合理保证审计报告使用人确定已审计的被审计单位财务报表的可靠程度	根据审计结果发表审计处理意见，如被审计单位拒不采纳，政府审计部门可以依法强制执行
审计实施的手段	由中介组织——会计师事务所进行的，是有偿审计	行政监督，政府行为，无偿审计
审计的独立性	双向独立，既独立于第三关系人（审计委托人），又独立于第二关系人（被审计单位）	政府审计机构隶属国务院和各级人民政府领导，因此在独立性上体现为单向独立，即仅独立于审计第二关系人（被审计单位）
审计标准	《注册会计师法》和中国注册会计师协会制定的中国注册会计师执业准则	《中华人民共和国审计法》和审计署制定的国家审计准则

表 1-2　　注册会计师审计与内部审计的区别

项目＼类别	注册会计师审计	内部审计
审计方式	受托进行	根据本部门、本单位经营管理的需要自行安排施行
审计的独立性	双向独立	受本部门、本单位直接领导，仅强调与所审的其他职能部门相对独立
审计目标	主要围绕财务报表进行，是对财务报表的合法性、公允性发表审计意见	主要是检查各项内部控制的执行情况等，提出各项改进措施
审计职责和作用	需要对投资者、债权人及社会公众负责，对外出具的审计报告具有鉴证作用	只对本部门、本单位负责，只能作为本部门、本单位改进管理的参考，对外不起鉴证作用，并对外界保密
审计标准	《注册会计师法》和中国注册会计师协会制定的中国注册会计师执业准则	内部审计准则

注册会计师审计与内部审计虽然存在很大的区别，但是注册会计师在对一个单位进行审计时，都要对其内部审计的情况进行了解并考虑是否利用其工作成果。这是由于：第一，内部审计是单位内部控制的一个重要组成部分。外部审计人员在对被审计单位进行审计时，要对内控制度进行测评，就须了解其内部审计的设置和工作情况。第二，内部审计在审计内容、审计依据、审计方法等方面都和外部审计有一致之处。第三，利用内部审计工作成果可以提高工作效率，节约审计费用。

（二）按审计目的和内容分类

按审计的目的和内容分类,可以将审计分为财务报表审计、经营审计、合规性审计三类。

1. 财务报表审计

财务报表审计的目标是注册会计师通过执行审计工作，对财务报表是否按照规定的标准编制发表审计意见。规定的标准通常是企业会计准则和相关会计制度。当然，对按照计税基础、收付实现制基础或监管机构的报告要求编制的财务报表，注册会计师进行审计也较普遍。财务报表通常包括资产负债表、利润表、现金流量表、所有者权益（或股东权益）变动表以及财务报表附注。

2. 经营审计

经营审计是注册会计师为了评价被审计单位经营活动的效果和效率，而对其经营程序和方法进行的评价。在经营审计结束后，注册会计师一般要向被审计单位管理层提出经营管理的建议，在经营审计中，审计对象不限于会计，还包括组织机构、计算机系统、生产方法、市场营销以及注册会计师能够胜任的领域。在某种意义上，经营审计更像是管理咨询。

3. 合规性审计

合规性审计的目的是确定被审计单位是否遵循了特定的程序、规则或条例。例如，确定会计人员是否遵循了财务规定的手续，检查工资额是否符合工资法规定的最低限额，或者审查与银行签订的合同，以确信被审计单位遵守了法定要求。合规性审计的结果通常报送被审计单位管理层或外部特定使用者。

（三）按审计实施的时间分类

按审计与被审计单位经济业务发生的时间之间的关系，可以将审计分为事前审计、事中审计和事后审计三类。

1. 事前审计

事前审计是指审计机构的专职人员在被审计单位的财政、财务收支活动及其他经济活动发生之前所进行的审计。其内容包括预测、决策方案、目标、计划预算等审计，如投资方案、固定资产更新改造方案、财务成本计划等的审计。进行事前审计的目的是加强预算、计划、预测和决策的准确性、合理性和可行性，可以防止错误和舞弊，起到防患于未然的作用，避免被审计单位出现重大的决策失误。

2. 事中审计

事中审计是指被审计单位经济业务执行过程中进行的审计。通常是指对工期较长的基建项目和承包合同期中执行情况等进行的审计。通过对被审计单位的费用预算、费用开支标准、材料消耗定额等执行过程中有关经济业务进行事中审计，有利于及时发现并纠正偏差，保证经济活动的合法性、合理性和有效性。

3. 事后审计

事后审计是指在被审计单位经济业务完成以后所进行的审计。事后审计的范围非常广泛，财务活动的合法性、合规性、公允性，一般于事后才能进行检查、鉴证和评价。其主要目的是监督和评价被审计单位的财务收支及有关经济活动、会计资料和内部控制制度是否符合国家财经法规和财务会计制度的规定，是否符合会计准则的要求，从而确定或解除被审计单位的受托经济责任。政府审计和社会审计一般都是事后审计，内部审计也经常进行事后审计。

另外，按是否规定所审时间可以分为定期审计和不定期审计。定期审计是指按照事先规定的时间进行的审计。比如，年度终了后对被审计单位会计报表的审计就属于定期审计。不定期审计是指审计机构根据具体情况而随时安排的审计，比如，经济犯罪案件的审计、经济合同纠纷审计就属于不定期审计。

（四）按审计执行的地点分类

按执行的地点分类，可以将审计分为报送审计和就地审计两类。

1. 报送审计

报送审计又称送达审计，是指被审计单位按照审计机关的要求，将需要审查的全部资料送到审计机关所在地进行的审计。它是政府审计机关进行审计的重要方式。这种审计方法的优点是省时、省力；缺点是不易发现被审计单位的实际问题，不便于用观察的方法或盘点的方法进一步审查取证，从而使审计的质量受到一定的影响。

2. 就地审计

就地审计又称现场审计，是审计机构派出审计小组和专职人员到被审计单位现场进行的审计。它是国家审计机关、民间审计组织和内部审计部门进行审计的主要类型。

（五）按照审计所依据的基础和使用的技术分类

按照审计所依据的基础和使用的技术分类，审计可分为账项基础审计、制度基础审计、风险导向审计三类。

1. 账项基础审计

账项基础审计又称详细审计，是在被审计单位规模较小、业务较少、账目数量不多以及审计技术和方法不发达的特定审计环境下产生的，在审计发展的早期（19 世纪以前）应用的非常普遍。注册会计师审计的重点是资产负债表，旨在发现、防止错误和舞弊，审计人员将大部分精力投向会计凭证和账簿的详细检查。账项基础审计不对内部控制的存在和有效性进行了解和测试，只是围绕账表事项进行详细审查，费力、耗时，且无法验证账项、交易的完整性，很难得出可靠的审计意见，审计结论存在很大的局限性。

2. 制度基础审计

19 世纪末 20 世纪初，由于企业规模的扩大，经济活动与交易事项的内容不断丰富、复杂，审计工作量迅猛增大、审计技术日益复杂，使得详细审计难以实施，职业界逐渐认识到，设计合理并有效执行的内部控制可以保证财务报表的可靠性，防止重大错误和舞弊的发生，因而从 20 世纪 50 年代起，以控制、测试为基础的抽样审计在西方国家得到广泛应用。

3. 风险导向审计

审计风险既受到企业固有风险因素的影响，如管理人员的品行和能力、行业所处环境、业务性质、容易产生错报的财务报表项目、容易受到损失或被挪用的资产等；又受到内部控制风险因素的影响，即账户余额或各类交易存在错报，内部控制未能防止或发现并纠正的风险；此外，还受到注册会计师实施审计程序未能发现账户余额或各类交易存在错报风险的影响。基于这样的认识，审计职业界很快发展了审计风险模型。审计风险模型的出现，从理论上解决了注册会计师以制度为基础采用抽样审计的随意性，又解决了审计资源的分配问题，要求注册会计师将审计资源分配到财务报表最容易出现错报的领域。从方法论的角度，注册会计师以审计风险模型为基础进行的审计，称为风险导向审计。

上述审计分类是从多角度、多方位对审计进行的揭示和认识。各种审计类型之间不是孤立的，而是依据不同的审计主体相互交叉、相互结合在同一审计项目中。如上市公司委托会计师事务所审计年度会计报表，这一审计事项就是注册会计师审计、外部审计、财务报表审计的结合，进一步又是事后审计、就地审计、全部审计的结合。

二、审计的方法

审计方法是审计人员检查和分析审计对象、收集审计证据，并依据审计证据形成审计结论和意见，从而实现审计目标的各种专门手段的总称。审计方法是沟通审计主体和审计客体的桥梁，是审计主体实现审计目标，完成审计工作的工具。

我国的审计方法体系由两大部分组成，即审查书面资料的方法和证实客观事物的方法，下面分述各种方法的内容。

（一）审查书面资料的方法

审查书面资料的方法种类繁多，各种方法都有特定的使用范围，都是达到审计目标的手段，为了便于学习和掌握各种审计方法，可将其按不同标准划分成若干类别。

1. 按审查书面资料的顺序划分，可分为顺查法和逆查法

（1）顺查法是按照会计核算的处理顺序依次进行检查核对的一种方法。会计核算处理一般是按下列顺序进行的：

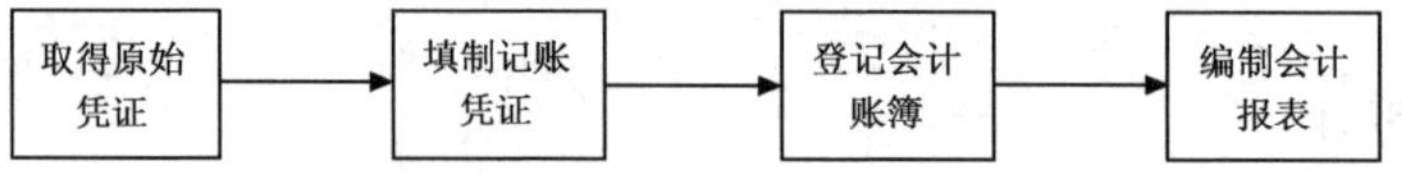

顺差法的审查顺序和会计核算的顺序完全一致，审计时首先要审查原始凭证，着重审查和分析经济业务是否真实、正确、合法、合规，核对证证是否相符；其次是审查和分析记账凭证，查明会计科目处理和数据计算是否正确、合规；最后审查各类会计账簿的记账和过账是否正确、完整、合规，核对账表、表表是否相符。

顺查法的优点在于：方法比较简单，并且由于从原始凭证入手，审查的内容系统全面，不易造成重大疏漏；其缺点是：工作量大、烦琐，审查时不易抓住重点。因此，顺查法主要适用于规模较小，业务量较少或内部控制制度较差的单位。

（2）逆查法又称倒查法，是指按照与会计核算程序相反的顺序依次进行审计的方法。采用逆查法时，审计人员首先审查和分析会计报表，从中找出增减变化异常或数额较大或容易出现错弊的项目，从而确定下一步审计的重点项目和线索；其次按照所确定的重点和可疑账项，运用审阅法和核对法追溯审查会计账簿，进行账表、账账核对，发现可能存在的问题；最后通过审查凭证来确定被审计事项的真相。

逆查法的优点在于：从被审计对象的总体着眼，在进行全面观察、综合分析的基础上，抓住疑点或重点进行深入审查，可以相对减少工作量，节约人力和时间，提高审计功效；其缺点是：审查不够系统、全面，容易遗漏问题。因此，对于规模较大、业务量繁多或内部控制制度较健全的单位，都可以采用这种方法。

2. 按审查书面资料的数量和范围划分，可分为详查法和抽查法

（1）详查法是审计产生发展初期普遍采用的方法。它是通过对原始凭证、记账凭证、账簿、会计报表逐一进行全面、详细的审查而达到审计目的的一种方法。这种方法的优点是能够全面查清被审计单位存在的问题，特别是对弄虚作假、营私舞弊等违反财经法纪行为，

一般不易疏漏，审计风险较小，审计工作质量较高；其缺点是工作量大，费时费力，审计成本较高。详查法适用于经济业务相对比较简单的小型企业和行政事业单位，或是经济问题非常严重的专题审计。在现代审计中，较少采用详查法，而大部分采用抽查法。

（2）抽查法是指从被审计单位一定时期内的全部会计资料中，选择其中某一部分或某段时期的会计资料进行审查的一种方法。抽查法的优点是审计成本较低，能明确审查重点，审计效率较高；其缺点是审计结果过分依赖所审查部分的情况，如果所审查的部分不合理或缺乏代表性，抽查结果往往不能发现问题，甚至以偏概全，作出错误的审计结论。因此抽查法仅适用于规模较大、业务较复杂、内部控制健全和会计基础较好的单位。

3. 按审查书面资料的技术内容划分，可分为审阅法、核对法、分析法、复算法等

（1）审阅法就是审计人员认真阅读和审查凭证、账簿、会计报表及计划、预算、经济合同等书面资料，借以查明财务收支和各项经济活动的合规性、合法性、真实性和正确性，是审计工作中常用的一种方法，也是最基本的取证方法。

（2）核对法是指对被审计单位的书面资料按照其内在联系相互对照检查，从中获取审计证据的方法，其主要内容包括证证核对、账证核对、账账核对、账表核对和账实核对。核对法可以比较容易地发现存在的问题，而且取得的审计证据也较为可信，因此，是现代审计的常用方法之一。

（3）分析法是指通过对会计资料有关指标的观察、推理、分解和综合以揭示其本质和了解其构成要素的相互关系的审计方法。分析法在审计中的应用非常广泛。审计分析方法按分析技术可以分为比较分析法、比率分析法、因素分析法等。

（4）复算法（又称验算法），是审计人员对被审计单位的书面资料的有关数据进行重新计算，用来验证原计算结果是否正确的一种方法。复算法可以取得书面证据，是审计中常用的方法。

（二）证实客观事物的方法

证实客观事物的方法是审计方法体系中的一个重要组成部分，主要用于证实客观事物形态、性能、数量和价值的方法。目前，审计中常用的有盘点法、调节法、观察法、查询法和鉴定法。

1. 盘点法

盘点法又称盘存法，是根据账簿记录对各项财产物资进行实地清查盘点，以确定账存与实存是否相符的一种方法。

盘点法可分为直接盘点和监督盘点两种。直接盘点是指审计人员亲临现场组织实施盘点，并要求被审计单位有关人员协同执行。这种方法常用于对库存现金、有价证券、贵重物品的盘存。直接盘点可以采取预先不告知有关人员盘点的方法以突击的方式进行，以防有关人员对弊端进行掩饰。

监督盘点又称监盘。是指由被审计单位的财产保管人员及其他有关人员进行实物盘点，审计人员亲临现场监督盘点的方式，如发现疑点可要求复盘核实。这种方法常用于盘存数量较大的实物，如大宗的产品、原材料等。

实物盘存按其范围，可以分为全面盘存和局部盘存两种方式，具体盘存范围应根据财物的品种、数量和内部控制的强弱等条件而定。库存现金、有价证券应采用全面盘存法。对数量、品种多的财物可以采用局部盘存法。

2. 调节法

调节法是指在审查某个项目时，通过调节有关数据，证实所需证明数据正确性的一种方法。例如：使用调节法来调节未达账项，可以证实被审计单位银行存款账户的余额与银行对账单余额是否相符。

3. 观察法

观察法是指审计人员通过对被审计单位的实地观察来取得书面资料以外的审计证据的方法。运用观察法时，审计人员应深入基层，到被审计单位的仓库、车间、工地、科室等现场对内部控制的执行情况、财产物资的保管和利用情况等进行直接观察，从中发现薄弱环节和存在的问题。

运用观察法时应与查询法等其他审计方法结合起来，才能取得更好的效果。必要时可视具体情况和要求，对现场进行摄影和拍照，作为审计记录。

4. 查询法

查询法是审计人员对审计过程中的疑点和问题，通过向有关人员询问和质疑等方式来证实客观事实或书面资料，取得审计证据的一种审计方法。查询法有面询和函询两种。面询是审计人员向被审计单位内外的有关人员当面询问意见，核实情况。函询是指通过向有关单位发函来了解情况取得审计证据的一种方法，一般用于往来款项的查证。

函证工作应由审计人员直接办理，函件应由审计人员直接寄发和收取，不得委托被审计单位代办。询证函内容应简明扼要，便于对方答复。

5. 鉴定法

鉴定法是指运用化验分析、物理检验等专门技术对书面资料的真伪、实物的质量等进行分析、鉴别，获取审计证据的一种检查方法。例如，确定某项基建工程的质量时，可请基建方面的专家进行鉴定等。

进行质量鉴定需要专门知识和鉴别技能，往往超出一般审计人员的能力，因此需要配备或聘请有关专业人员进行鉴定检查，鉴定人员必须提供鉴定结论，鉴定结论必须具体、客观、准确，并作为独立的审计证据，详细记入工作底稿。

以上各种审计方法构成一个较为完整的方法体系。在一项审计中，可以运用一种专门方法，也可以选择多种方法综合地加以运用。审计方法的选用是否得当，对整个审计工作进程和审计结论的正确性有十分重要的影响。审计方法选择得当，审计工作的效率便能得到提高；反之，则会浪费人力、物力，并可能导致错误的审计意见和结论。

审计人员在选择审计方法时，应注意三点：第一，审计方法要适应审计的目的。第二，审计方法要适合审计方式。第三，审计方法要结合被审计单位的实际。

DISIJIE 第四节 审计的职能和作用

一、审计的职能

审计职能是指审计本身固有的内在功能。它是由审计本身的特征和地位所决定的，是审计本质的客观反映，是不受人们主观意志支配的，但是，它也不是一成不变的，随着社会的进步、审计的发展，人们对审计职能的认识将会日益深化。目前，理论界对审计职能的论述多种多样，见解各异，通过总结历史和现代的审计实践，多数人认为审计具有经济监督的职能、经济评价的职能和经济鉴证的职能。

(一) 经济监督职能

监督是监察和督促的统称。经济监督是指有制约力的单位或机构监察和督促其他经济单位，使其全部或部分经济活动符合一定的标准和要求，按照预定的方向合理运行。经济监督是审计最基本的职能。

从政府审计的情况看,其审计活动就是国家各级政府对所属单位经济活动的综合监督。具体来说,就是对国家的财政收支和国有企业、事业单位的财政、财务收支以及相关的经营管理活动的合法性、合规性和效益性及其记录资料的真实性和公允性进行监督,并通过审查揭示错弊、督促被审计单位遵守国家的法律、法规,履行经济责任,使经济活动更加合法、有效。

从内部审计的情况看，内部审计的主要职责同样是依照国家法律、法规和本单位的经营目标和管理规定，对本部门、本单位的经济活动进行监察和督促，以保证对被审计单位的有效管理，完成既定的管理目标。

注册会计师审计是通过对被审计单位的经济活动进行审查、鉴证来实现审计委托者对被审计单位的经济监督。

注册会计师审计的经济监督职能在地位和监督的实现方式上和前两者都有很大的区别。政府审计和内部审计是代表所有者和授权者对被审计单位的直接监督，而注册会计师审计则是通过接受委托这种间接的方式实现委托者对被审计单位进行经济监督的目的的。

(二) 经济评价职能

经济评价就是通过审核检查，评定被审计单位财政、财务收支及其经济活动是否合理、合法；计划、预算、决策、方案是否先进、可行；内部控制制度是否健全、有效；经济效益是优、是劣，并在此基础上，有针对性地提出意见和建议，促使被审计单位改善经营管理，提高经济效益。

经济评价是审计的另一个重要职能，是政府审计、内部审计和社会审计共同要实现的功能，在现代审计中，经济评价职能越来越重要。

(三) 经济鉴证职能

审计的经济鉴证职能是指审计人员对被审计单位的各项经济活动及会计报表等相关资料进行审查和验证后，取得确凿的证据，客观、公正地作出审计结论，并出具可以信赖的审计报告，从而取得审计委托人或授权人的信任。经济鉴证是注册会计师审计的主要职能。一般情况下，公司的会计报表只有经过注册会计师审查鉴定后才能获得社会的承认。

审计的职能客观地存在于审计之中，但审计职能的实现是有条件的：第一，取决于审计单位的工作效率；第二，取决于审计人员的政治素质和业务素质；第三，取决于社会各界人士支持和重视的程度；第四，取决于审计工作条件的保证。

二、审计的作用

审计作用是指根据自身的功能去完成审计任务所产生的客观效果，就此而论，审计的作用和审计的职能是紧密相连的，是实现审计职能而取得的审计效果。审计实践证明，审计具有制约、促进和证明的作用。

(一) 制约作用

审计的制约作用，就是通过被审计单位的财务收支活动及经营管理活动的审核检查，进行经济监督和鉴证，揭发贪污舞弊、弄虚作假、损失浪费的不良行为，保证国家的各项方针、政策和法规贯彻执行，保证被审计单位报出的各种信息资料正确、可靠，保护国家财产的安全与完整；制约被审计单位的经济活动向歧途发展，维护社会主义经济秩序、确保市场经济正常运转。审计的制约作用具体体现在两个方面：第一，揭示差错和弊端。通过审查和取证来揭示被审计单位的差错和弊端，不仅可以提高会计核算工作质量，还可以保护财产安全完整、堵塞漏洞、减少损失。第二，维护财经法纪。在审查和取证、揭示各种违法行为的基础上，对过失人或犯罪进行查处，并提交司法、监察部门进行处理，有助于纠正错误，制止违纪行为，维护财经法纪。

(二) 促进作用

审计的促进作用，就是通过对被审计单位的审核检查，做出客观、公正的评价，指出合理的方面，继续实施和推广，对于不合理的方面，提出意见和切实可行的建议，促进和提高经济效益和社会效益。审计的促进作用具体表现为三个方面：第一，改善经营管理。通过审查取证，评价和揭示被审计单位经营管理中的问题和内部控制制度的薄弱环节，提出改进建议，促使被审计单位改善经营管理。第二，提高经济效益。通过对被审计单位财务收支及其有关经营管理活动效益性的测试，评价受托经济责任，总结经验，找出经济效益低下的原因，改进生产和经营管理的方法，挖掘一切潜力，促进提高经济效益。第三，加强宏观调控。通过对财政、金融等综合经济部门的财政、财务收支及其有关经营管理活动的真实性、合法性、效益性的审查评价、揭示宏观调控方面存在的问题，促进国民经济的综合平衡。通过对企、事业单位的财务收支及其有关经营管理活动的审查监督，揭示违法乱纪行为，运用科学的方法，解决带有普遍性的问题，提高社会生产力和社会效益，促使各单位按照宏观调控的要求进行运转。

(三) 证明作用

证明作用是指通过审计，证明被审计单位报出的各种信息资料的合法性、公允性，从而提高会计信息资料的真实性和可靠性。需要注意的是，审计对被审计单位会计信息的真实、可靠有保证作用，但并不等于审计就是被审计单位会计信息的保证人，而是强调审计要以其经济监督和经济鉴证职能的发挥达到使被审计单位信息资料真实可靠的目的。

本章小结

本章首先讲述了审计的定义与特征，并以此为基础，对审计的产生和发展、审计的分类和方法、审计的职能和作用作了较为全面的介绍。本章的重点内容是审计的定义及其特征、注册会计师审计的产生和发展、审计的分类。本章的难点是注册会计师审计与内部审计、政府审计的关系。

审计是由国家授权或接受委托的专职机构和人员，依照国家法规、审计准则和会计理论，运用专门的方法，对被审计单位的财政、财务收支、经营管理活动及其相关资料的真实性、正确性、合规性、合法性、效益性进行审查和监督，评价经济责任，鉴证经济业务，用以维护财经法纪、改善经营管理、提高经济效益的一项独立性的经济监督活动。理解审计的定义应当从审计的主体、审计的客体、审计的依据、审计的目的、审计的本质等几个方面着手。

审计的特征在于它的独立性和权威性。

对于审计的产生和发展,应重点掌握注册会计师的产生与发展。根据本章讲述的注册会计师审计的历史沿革,可以得出的启示有三点:第一,注册会计师审计是商品经济发展到一定阶段的产物,其产生的直接原因是财产所有权与经营权的分离。第二,注册会计师审计随着商品经济的发展而发展。第三,注册会计师审计具有客观、独立、公正的特征——这种特征一方面保证了注册会计师审计具有鉴证职能,另一方面也使其在社会上享有较高的权威性。

审计分类是按照不同的标志,将审计分为不同的类型。按照审计主体,审计可分为政府审计、社会审计和内部审计三类。按审计内容和审计目的,可以将审计分为财务报表审计、经营审计和合规性审计。这两种分类方法是审计最基本的分类。

审计方法是审计人员为获取充分、适当的审计证据,与审计评价标准进行对比,形成审计结论、实现审计目标的一切手段。常用的审计方法主要有顺查法和逆查法、详查法和抽查法、审阅法、核对法、查询法、盘点法等。各种审计方法都有其适用性,审计人员在选择审计方法时应注意三点:第一,审计方法要适应审计的目的。第二,审计方法要适合审计方式。第三,审计方法要结合被审计单位的实际。

审计的职能主要是经济监督、经济评价和经济鉴证;审计的作用则包括证明作用、促进作用和制约作用。

审计

注册会计师审计

审计职能

审计作用

审计方法

问答题

1. 如何理解审计的含义?
2. 试述注册会计师发展的启示。
3. 简述政府审计和注册会计师审计的区别。
4. 简述内部审计和注册会计师审计的区别。
5. 简述审计的职能和作用。

第二章 DI ER ZHANG

注册会计师职业道德

本章要点

- 掌握注册会计师职业道德的概念
- 掌握注册会计师职业道德的基本原则
- 掌握注册会计师独立性的要求及特点
- 熟悉专业胜任能力与保密的基本要求
- 了解收费、佣金和业务招揽的规定
- 了解其他职业道德的基本内容

DIYIJIE 第一节 注册会计师职业道德规范及其基本原则

一、注册会计师职业道德规范

（一）注册会计师职业道德的含义

职业道德是某一职业组织以公约、守则等形式公布的，其会员自愿接受的职业行为标准。所谓注册会计师职业道德，是指注册会计师职业品德、职业纪律、专业胜任能力及职业责任等的总称。

由于注册会计师能够站在独立的立场对企业管理层编制的财务报表进行审计，并提出客观、公正的审计意见，作为企业会计信息外部使用人（社会公众）进行决策的依据，所以，注册会计师的职业性质决定了其对社会公众应承担的责任。注册会计师尽管接受被审计单位的委托并向其收取费用，但从本质上讲，服务的对象却是社会公众，这就决定了注册会计师从诞生的那一天起就承担了对社会公众的责任。

注册会计师的道德水平如何关系到整个行业能否生存和发展。为使注册会计师切实担负起神圣的职责，为社会公众提供高质量的、可信赖的专业服务，在社会公众中树立良好的职业形象和职业信誉，就必须大力加强对注册会计师的职业道德教育，强化道德意识，提高道德水准。尤其在我国，注册会计师事业恢复与重建的历史只有20多年，注册会计师尚未普遍树立起强烈的风险意识、责任意识和道德意识。在推进社会主义市场经济建设中，强调注册会计师的职业道德，更有其深刻的现实意义和深远的历史意义。

（二）注册会计师职业道德规范

从世界各国来看，凡是建立注册会计师制度的国家，都制定了相应的注册会计师职业道德规范，以昭示注册会计师应达到的道德水准。

1. 国际会计师联合会职业道德规范

国际会计师联合会为了协调国际间职业道德规范，制定和颁布了《职业会计师道德守则》。该守则包括三部分：第一部分适用于所有职业会计师。第二部分适用于执行公共业务的职业会计师。第三部分适用于受雇的职业会计师，适当时也可适用于执行公共业务的职业会计师。

2. 美国注册会计师协会职业道德规范

美国注册会计师协会专门设立了职业道德部，负责职业道德规范的制定和发布。美国注册会计师协会的职业道德规范由职业道德原则、行为规则、行为规则解释和道德裁决四部分组成。

（1）职业道德原则是对注册会计师应当具备的品质作出的一般性规定，包括责任、公众利益、正直、客观和独立、应有的谨慎、服务的范围和性质。

（2）行为规则。美国注册会计师协会的章程要求，会员应当遵守《职业道德守则》中的规则，并对偏离规则的行为作出合理的解释。如果说职业道德原则是注册会计师的理想行为，则行为规则就是注册会计师行为的最低标准，具有强制性。

（3）行为规则解释。由于经常有会员就某一具体规则提出问题，因而有必要对行为规则做出公开解释。虽然解释不具有强制性，但会员要在纪律检查听证会上证明背离解释的正当理由。

（4）道德裁决是美国注册会计师协会职业道德部执行委员会根据一些具体的实际情况作出的解释，也是行为规则及其解释在具体情况和案件的应用。同行为规则解释一样，道德裁决也不具有强制性，但要求会员说明背离的理由。

3. 中国注册会计师职业道德规范

中国注册会计师协会自 1988 年成立以来，一直非常重视注册会计师职业规范建设。1992 年发布了《中国注册会计师职业道德守则（试行）》；1996 年 12 月 26 日，经财政部批准发布了《中国注册会计师职业道德基本准则》，2002 年 6 月 25 日，为解决注册会计师职业中违反职业道德的现象，发布了《中国注册会计师职业道德规范指导意见》，于 2002 年 7 月 1 日起施行。

《中国注册会计师职业道德规范指导意见》分为两个层次，一是基本原则；二是具体要求。

基本原则包括注册会计师履行社会责任，恪守独立、客观、公正的原则，保持应有的职业谨慎，保持和提高专业胜任能力，遵守审计等职业规范，履行对客户的责任以及对同行的责任等。

具体要求包括 7 个具体方面：独立；专业胜任能力；保密；收费与佣金；与执行鉴证业务不相容的工作；承接注册会计师的审计业务；广告、业务招揽和宣传等。

二、注册会计师职业道德的基本原则

注册会计师为实现执业目标，必须遵守一系列前提或基本原则。这些基本原则包括独立、客观、公正，专业胜任能力和应有关注，保密，职业行为，技术准则。

（一）独立、客观、公正

独立、客观、公正是注册会计师职业道德中的三个重要的概念，也是注册会计师职业道德的基本要求。

1. 独立

独立性是注册会计师执行鉴证业务的灵魂，如果注册会计师与客户之间不能保持独立，存在经济利益、关联关系，或屈从外界压力，就很难取信于社会公众。所谓独立性，是指实质上的独立和形式上的独立。实质上的独立，是指注册会计师在发表意见时其职业判断不受影响，公正执业，保持客观和职业怀疑；形式上的独立，是指会计师事务所或鉴证小组避免出现这样重大的情形，使得拥有充分相关信息的理性第三方推断其公正性、客观性或职业怀疑态度受到损害。

关于独立性的概念，较早给出权威解释的是美国注册会计师协会。美国注册会计师协会在1947年发布的《审计暂行标准》（The Tentative Statement of Auditing Standards）中指出："独立性的含义相当于完全诚实、公正无私、无偏见、客观认识事实、不偏袒。"传统观点认为，注册会计师的独立性包括两个方面——实质上的独立和形式上的独立。国际会计师联合会职业道德守则也要求执行公共业务的职业会计师（执业注册会计师）保持实质上的独立和形式上的独立。

2. 客观

注册会计师应当力求公平，不因成见或偏见、利益冲突和他人影响而损害其客观性。注册会计师在许多领域提供专业服务，在不同情况下均应表现出其客观性。在确定哪些情况和业务尤其需要遵循客观性的职业道德规范时应当充分考虑的因素有五点：第一，注册会计师可能被施加压力，这些压力可能损害其客观性；第二，在制定准则以识别实质上或形式上可能影响注册会计师客观性的关系时，应体现合理性：第三，应避免那些导致偏见或受到他人影响，从而损害客观性的关系；第四，注册会计师有义务确保参与专业服务的人员遵守客观性原则；第五，注册会计师既不得接受，也不得提供可被合理认为对其职业判断或对其业务交往对象产生重大不当影响的礼品或款待，尽量避免使自己专业声誉受损的情况。

3. 公正

注册会计师在提供专业服务时，应当坦率、诚实，保证公正。公正不仅仅指诚实，还有公平交易和真实的含义。无论提供何种服务，担任何种职务，注册会计师都应维护其专业服务的公正性，并在判断中保持客观。

（二）专业胜任能力和应有关注

1. 专业胜任能力

注册会计师应当具有专业知识、技能或经验，能够胜任承接的工作。专业胜任能力既要求注册会计师具有专业知识、技能和经验，又要求其经济、有效地完成客户委托的业务。

资本市场的发展和完善，为注册会计师提供了广阔的发展机会。注册会计师如果不能保持和提高专业胜任能力，就难以完成客户委托的业务。事实上，如果注册会计师缺乏足够的知识、技能和经验提供专业服务,就构成了一种欺诈。当然,注册会计师依法取得了执业证书,就表明在该领域具备了一定的知识,但能否保持专业胜任能力只有自己才清楚。这意味着一个合格的注册会计师,不仅要充分认识自己的能力,对自己充满信心,更重要的是,必须清醒地认识到自己在专业胜任能力方面的不足,不承接自己不能胜任的业务。如果注册会计师不能认识到这一点,承接了难以胜任的业务,就可能给客户乃至社会公众带来危害。注册会计师作为专业人士,在许多方面都要履行相应的责任,保持和提高专业胜任能力就是其中之一。

2. 应有关注

应有关注要求注册会计师在执业过程中保持职业谨慎，以质疑的思维方式评价所获取证据的有效性，并对产生怀疑的证据保持警觉。

注册会计师提供专业服务时，应保持应有的职业关注、专业胜任能力和勤勉，并且随着业务、法规和技术的不断发展，应使自己的专业知识和技能保持在一定水平之上，以确保客户能够享受到高水平的专业服务。

(三) 保密

注册会计师与客户的沟通，必须建立在为客户信息保密的基础上。因此，注册会计师在签订业务约定书时，应当书面承诺对在执行业务过程中获知的客户信息保密。这里所说的客户信息，通常是指商业秘密。一旦商业秘密被泄露或被利用，往往给客户造成损失。因此，许多国家规定，在公众领域执业的注册会计师，不能在没有取得客户同意的情况下泄露任何客户的商业秘密。

(四) 职业行为

注册会计师的行为应符合本职业的良好声誉，不得有任何损害职业形象的行为。这一义务要求注册会计师履行对社会公众、客户和同行的责任。

1. 对社会公众的责任

注册会计师行业的一个显著标志是对社会公众承担责任。所以，注册会计师应当遵守职业道德准则，履行相应的社会责任，维护社会公众利益。社会公众利益是指注册会计师为之服务的人士和机构组成的整体的共同利益。注册会计师行业作为一个肩负重大社会责任的行业，应以维护社会公众利益为根本目标。

2. 对客户的责任

注册会计师对社会公众履行责任的同时，也对客户承担着特殊责任，包括：第一，注册会计师应当在维护社会公众利益的前提下，竭诚为客户服务。第二，注册会计师应当按照业务约定履行对客户的责任。第三，注册会计师应当对执行业务过程中知悉的商业秘密保密，并不得利用其为自己或他人谋取利益。第四，除有关法规允许的情形外，会计师事务所不得以或有收费形式为客户提供鉴证服务。

3. 对同行的责任

对同行的责任是指会计师事务所、注册会计师在处理与其他会计师事务所、注册会计师相互关系中所应遵循的道德标准，包括：第一，注册会计师应当与同行保持良好的工作关系，配合同行工作。第二，注册会计师不得诋毁同行，不得损害同行利益。第三，会计师事务所不得雇用正在其他会计师事务所执业的注册会计师。注册会计师不得以个人名义同时在两家或两家以上的会计师事务所执业。第四，会计师事务所不得以不正当手段与同行争揽业务。

4. 其他责任

能否争取到业务、拥有较多的客户，关系到一家会计师事务所的生存和发展。因而在业务承接环节也最易发生败坏职业声誉的行为。因此，注册会计师应当维护职业形象，不得有损害职业形象的行为，包括：第一，注册会计师应当维护职业形象，不得有可能损害职业形象的行为。第二，注册会计师及其所在会计师事务所不得采用强迫、欺诈、利诱等方式招揽业务。第三，注册会计师及其所在会计师事务所不得对其能力进行广告宣传以招揽业务。第四，注册会计师及其所在会计师事务所不得以向他人支付佣金等不正当方式招揽业务，也不得向客户或通过客户获取服务费之外的任何利益。第五，会计师事务所、注册会计师不得允许他人以本所或本人的名义承办业务。

（五）技术准则

注册会计师应当遵照相关的技术准则提供专业服务。注册会计师有责任在执业时保持应有关注和专业胜任能力，并在遵守公正性、客观性要求的限度内为客户提供优质服务；在执行审计、审阅和其他鉴证业务时，还应遵守独立性的要求。注册会计师应当遵守的技术准则有：第一，中国注册会计师执业准则。第二，企业会计准则。第三，与执业相关的其他法律、法规和规章。

DIERJIE 第二节 独 立 性

一、独立性的含义

独立性是注册会计师的精髓，独立性要求注册会计师在执业过程中做到实质上的独立和形式上的独立。注册会计师保持实质上的独立性，这种心态能使审计意见不受有损于职业判断的任何因素的影响，做到公正行事，保持客观和职业谨慎。注册会计师保持形式上的独立性，避免出现重大的事实和情况，致使拥有充分相关信息的理性第三方合理推定会计师事务所或鉴证小组成员的公正性、客观性或职业谨慎性受到威胁。

鉴证业务包括审计业务和非审计业务，由于各种鉴证业务的性质不同，相应地可能存在不同的威胁，对独立性威胁的性质以及用以消除威胁或将威胁降至可接受水平所必需的适当防范措施也存在差别，在鉴证业务为非审计业务的情况下，差别取决于报告的目的、对象和预期使用者。为了保持注册会计师的独立性，按照独立性规范的要求，会计师事务所、鉴证小组成员有义务识别和评价可能对独立性产生威胁的各种环境及关系，并采取适当行动消除这些威胁或运用防范措施将其降至可接受水平。除了识别和评价会计师事务所、鉴证小组的关系以外，还应当考虑鉴证小组以外的人员与鉴证客户之间的关系是否会对独立性产生威胁。

审计业务向范围很广的潜在使用者提供保证。除了实质上的独立性以外，形式上的独立性也很重要。对于向审计客户提供的鉴证业务，要求会计师事务所、鉴证小组成员独立于该客户；对于向非审计客户提供的鉴证业务，如果报告没有明确限定于指定的使用者使用，则要求会计师事务所和鉴证小组成员独立于该客户；对于向非审计客户提供鉴证业务，如果报告明确限定于指定的使用者使用，则要求鉴证小组成员独立于该客户，并且会计师事务所不应当在该客户内有重大的直接或间接经济利益。

二、威胁独立性的情形

可能威胁独立性的情形包括经济利益、自我评价、关联关系和外界压力等。

（一）经济利益

会计师事务所和注册会计师应当考虑经济利益对独立性的威胁，可能威胁独立性的情形主要包括六个方面：第一，与鉴证客户存在专业服务收费以外的直接经济利益或重大的间接经济利益。第二，收费主要来源于某一鉴证客户。第三，过分担心失去某项业务。第四，与鉴证客户存在密切的经营关系。第五，对鉴证业务采取或有收费的方式。第六，可能与鉴证客户发生雇佣关系。

（二）自我评价

会计师事务所和注册会计师应当考虑自我评价对独立性的威胁。可能威胁独立性的情形主要包括三个方面：第一，鉴证小组成员曾是鉴证客户的董事、经理、其他关键管理人员或能够对鉴证业务产生直接重大影响的员工。第二，为鉴证客户提供直接影响鉴证业务对象的其他服务。第三，为鉴证客户编制属于鉴证业务对象的数据或其他记录。

（三）关联关系

会计师事务所和注册会计师应当考虑关联关系对独立性的威胁。可能威胁独立性的情形主要包括四个方面：第一，与鉴证小组成员关系密切的家庭成员是鉴证客户的董事、经理、其他关键管理人员或能够对鉴证业务产生直接重大影响的员工。第二，鉴证客户的董事、经理、其他关键管理人员或能够对鉴证业务产生直接重大影响的员工是会计师事务所的前高级管理人员。第三，会计师事务所的高级管理人员或签字注册会计师与鉴证客户长期交往。第四，接受鉴证客户或其董事、经理、其他关键管理人员或能够对鉴证业务产生直接重大影响的员工的贵重礼品或超出社会礼仪的款待。

（四）外界压力

会计师事务所和注册会计师应当考虑外界压力对独立性的威胁。可能威胁独立性的情形主要包括三个方面：第一，在重大会计、审计等问题上，与鉴证客户存在意见分歧而受到解聘威胁。第二，受到有关单位或个人不恰当的干预。第三，受到鉴证客户降低收费的压力而不恰当地缩小工作范围。

三、防范措施

会计师事务所和鉴证小组成员有责任考虑执业环境、对独立性的威胁和能够消除威胁或将其降至可接受水平的防范措施，以消除那些对独立性并非明显不重要的威胁，或将其降至可接受水平。这一决策过程应当做出书面文件记录。防范措施可以分为三类，包括：由职业、法律或规章产生的防范措施；鉴证客户内部的防范措施；会计师事务所自身制度和程序中的防范措施。

（一）职业、法律或规章产生的防范措施

职业、法律或规章产生的防范措施包括五个方面：第一，进入该职业的教育、培训和经验要求。第二，继续教育与要求。第三，执业准则和监督、惩戒程序。第四，会计师事务所质量控制制度的外部复核。第五，有关会计师事务所独立性要求的法律。

(二) 鉴证客户内部的防范措施

鉴证客户内部的防范措施包括五个方面：第一，在鉴证客户的管理层委托会计师事务所时，由管理层以外的人员批准或同意这一委托。第二，鉴证客户内部有能够胜任管理决策的员工。第三，强调鉴证客户对财务报告公允性的承诺的政策和程序。第四，能够确保在对非鉴证业务进行委托时作出客观选择的内部程序。第五，为会计师事务所的服务提供适当监督与沟通的公司治理结构，例如审计委员会。

(三) 会计师事务所防范措施

会计师事务所自身制度和程序中的防范措施可能包括总体上的防范措施。维护独立性的总体防范措施主要包括五个方面：第一，会计师事务所的高级管理人员重视独立性，并要求鉴证小组成员保持独立性。第二，制定有关独立性的政策和程序，包括识别威胁独立性的因素、评价威胁的严重程度以及采取相应的维护措施。第三，建立必要的监督及惩戒机制以促使有关政策和程序得到遵循。第四，及时向所有高级管理人员和员工传达有关政策和程序及其变化。第五，制定能使员工向更高级别人员反映独立性问题的政策和程序。

在承办具体鉴证业务时，会计师事务所应当维护其独立性。维护独立性的具体防范措施主要包括六个方面：第一，安排鉴证小组以外的注册会计师进行复核。第二，定期轮换项目负责人及签字注册会计师。第三，与鉴证客户的审计委员会或监事会讨论独立性问题。第四，向鉴证客户的审计委员会或监事会告知服务性质和收费范围。第五，制定确保鉴证小组成员不代替鉴证客户行使管理决策或承担相应责任的政策和程序。第六，将独立性受到威胁的鉴证小组成员调离鉴证小组。

当维护措施不足以消除威胁独立性因素的影响或将其降至可接受水平时，会计师事务所应当拒绝承接业务或解除业务约定。

四、业务期间

会计师事务所和鉴证小组应当在鉴证业务期间独立于鉴证客户。业务期间自鉴证小组开始执行鉴证业务之日起，至出具鉴证报告之日止，除非预期鉴证业务会再度发生。如果鉴证业务会再度发生，鉴证业务期间的结束应以其中一方通知解除专业关系和出具最终鉴证报告二者之中时间孰晚为准。

在审计业务中，业务期间包括会计师事务所对其出具报告的财务报表的期间。如果一个单位在会计师事务所即将对其出具报告的财务报表所覆盖的期间之内或之后成为审计客户，那么会计师事务所应当考虑有两个因素是否对独立性产生威胁：一是在财务报表覆盖期间之内或之后，但在接受业务之前存在的与审计客户的经济或经营关系。二是以前向审计客户提供的各类服务。

如果鉴证业务是非审计业务，会计师事务所同样应当考虑经济或经营关系、或以前向其提供的各类服务是否会对独立性产生威胁。

如果在财务报表覆盖的期间之内或之后、与审计有关的专业服务开始之前向审计客户提供非鉴证服务，而且这些服务在审计业务期间将会被禁止，就应当考虑这些服务对独立性产生的威胁。如果这些威胁并非明显不重要，就有必要考虑和运用防范措施将威胁降至可接受水平。这样的措施包括四个方面：第一，与客户的审计委员会等治理层讨论与提供非鉴证业务有关的独立性问题。第二，获得审计客户对非鉴证服务的结果承担责任的承诺。第三，不允许提供非鉴证服务的人员参与审计业务。第四，聘请另一会计师事务所复核非鉴证服务的结果，或请另一会计师事务所在必要范围内重新执行非鉴证服务，使其能够对这些服务承担责任。

向非上市公司提供非鉴证服务，在该客户成为上市公司时不会损害会计师事务所的独立性，只要符合这样三个要求：第一，对于非上市的审计客户，以前提供的非鉴证服务是允许的。第二，如果这种服务对于上市公司审计客户是不允许的，则在该客户成为上市公司后的一个合理期限内将会终止服务。第三，会计师事务所已经实施了适当的防范措施，以消除以前服务所产生的威胁，或将其降至可接受水平。

五、特定情况下对独立性原则的运用

（一） 经济利益

在鉴证客户内的经济利益可能产生经济利益威胁。在评价威胁的重要性以及用以消除威胁或将其降至可接受水平的适当防范措施时，有必要检查经济利益的性质。这包括评价拥有经济利益人员的角色、经济利益的重大性和经济利益的类型（直接或间接）。当存在控制时，经济利益应被认为是直接的，相反，当经济利益的拥有者不能实施这样的控制时，经济利益应被认为是间接的。

如果鉴证小组成员或其直系亲属在鉴证客户内拥有直接经济利益或重大的间接经济利益，所产生的经济利益威胁就会非常重要，以致只能采取这样三条防范措施才能消除这些威胁或将其降至可接受水平：第一，在该人员成为鉴证小组成员之前将直接的经济利益处置。第二，在该人员成为鉴证小组成员之前将间接的经济利益全部处置，或将其中的足够数量处置，使剩余利益不再重大。第三，将该鉴证小组成员调离鉴证业务。

（二） 贷款和担保

会计师事务所从银行或类似机构等鉴证客户取得贷款，或由这些客户作为会计师事务所的贷款担保人的情况下，如果贷款对于鉴证客户或会计师事务所是重大的，则需要采取防范措施将所产生的经济利益威胁降至可接受水平。这样的防范措施可能包括请会计师事务所以外的其他注册会计师复核已做的工作。

鉴证小组成员或其直系亲属从银行或类似机构等鉴证客户取得贷款，或由这些客户作为其贷款担保人时，只要贷款是按照正常的贷款程序、条件和要求进行的，就不会对独立性产生威胁。这类贷款的例子包括房屋抵押贷款、银行透支、汽车贷款和信用卡余额。

（三） 与鉴证客户存在密切的经营关系

会计师事务所或鉴证小组成员与鉴证客户或其管理层之间存在密切的经营关系，或会计师事务所与审计客户之间存在密切的经营关系，会带来商业的或共同的经济利益，并产生经济利益威胁和外界压力威胁。

（四） 家庭和个人关系

鉴证小组成员与鉴证客户的董事、经理或某些特定角色的员工之间存在家庭和个人关系，可能产生经济利益、关联关系或外界压力威胁。重要性将取决于诸多因素，包括相应人员在鉴证小组内的职责、关系的密切程度以及相应家庭和个人关系等。因此，需要对一个较大范围的环境进行评价，并采取防范措施将威胁降至可接受水平。

（五）与鉴证客户发生雇佣关系

如果鉴证客户的董事、经理或所处职位能够对鉴证业务的对象产生直接重大影响的员工，曾经是鉴证小组的成员或会计师事务所的合伙人，那么会计师事务所或鉴证小组成员的独立性可能受到威胁。此类情况可能产生经济利益、关联关系和外界压力威胁，尤其是在该人员与其以前的会计师事务所仍然保持着重要联系时。同样，如果参与鉴证业务的人员有理由相信其会或可能会在未来某一时间加入鉴证客户，那么鉴证小组成员的独立性也会受到威胁。

（六）最近曾在鉴证客户中工作

鉴证客户以前的经理、董事或员工成为鉴证小组的成员，可能会产生经济利益、自我评价和关联关系威胁。在鉴证小组成员需要对其在鉴证客户工作期间编制的对象或估价的财务报表要素出具报告的情况下，尤其如此。

（七）作为鉴证客户的经理或董事

如果会计师事务所的合伙人或员工成为鉴证客户的经理或董事，所产生的自我评价、经济利益威胁就会非常重大，以致没有防范措施能够将其降至可接受水平。

如果会计师事务所的合伙人或员工成为审计客户的公司秘书，所产生的自我评价和关联关系威胁就会非常重大，以致没有防范措施可以将其降至可接受水平。

为支持公司秘书性职能而提供的常规行政服务或有关公司秘书性行政问题的咨询工作，通常不会被认为有损独立性，只要所有的相关决策是由客户的管理层做出的。

（八）高级职员与鉴证客户之间的长期联系

在一项鉴证业务中长期委派同一名高级职员，可能产生关联关系威胁。会计师事务所和注册会计师应当对威胁的重要性进行评价，如果威胁并非明显不重要，就应当考虑并采取防范措施将威胁降至可接受水平。这些防范措施可能包括：第一，轮换鉴证小组的高级职员。第二，请鉴证小组成员以外的其他注册会计师复核该高级职员所做的工作，或在必要时提供建议。第三，进行独立的内部质量复核。

（九）向鉴证客户提供非鉴证业务

会计师事务所可以向鉴证客户提供与其技能和专长相符的一系列非鉴证业务。提供这种非鉴证业务通常可以使鉴证小组获取有关鉴证客户业务或经营的信息，这些信息对于鉴证业务会有帮助。但是，提供非鉴证业务可能对会计师事务所或鉴证小组成员的独立性产生威胁，尤其是对独立性的潜在威胁。因此，有必要对提供这种服务所产生的威胁的重要性进行评价。在一些情况下，通过采取防范措施将所产生的威胁消除或降低是可能的。在其他情况下，没有防范措施能够将威胁降至可接受水平。

有这样三种活动通常可能产生重大的经济利益或自我评价威胁，只有避免这些活动或拒绝执行该鉴证业务才能将威胁降至可接受水平：第一，授权、执行或完成一项交易，或代表鉴证客户进行授权或得到授权。第二，确定应当实施会计师事务所的哪个建议。第三，以管理层的角色向负责公司治理的部门进行报告。

对独立性的潜在威胁最常出现在向审计客户提供非鉴证业务时，单位的财务报表提供了与影响该单位的大量交易和事项有关的财务信息，而其他鉴证业务的对象可能在性质上受到限制。对独立性的威胁还可能出现在会计师事务所提供与非审计鉴证业务的对象有关的非鉴证业务时。在这种情况下，应当考虑会计师事务所参与非审计鉴证业务的对象的重要性，是否产生自我评价威胁，是否可以通过采取防范措施将对独立性的威胁降至可接受水平，或非鉴证业务是否应予以拒绝。如果非鉴证业务与非审计鉴证业务的对象无关，对独立性的威胁通常是明显不重要的。

在会计师事务所接受向鉴证客户提供给鉴证业务的委托之前，应当考虑提供这一服务是否会对独立性产生威胁。在所产生的威胁并非明显不重要的情况下，应当拒绝接受该非鉴证业务，除非能够采取适当的防范措施消除威胁或将其降至可接受水平。

DISANJIE 第三节　专业胜任能力与保密

一、专业胜任能力

（一）专业胜任能力的两个阶段

注册会计师应当具有专业知识、技能或经验，能够胜任承接的工作。因此，注册会计师不能宣称自己拥有本不具备的专业知识或经验。

专业胜任能力可分为两个独立的阶段：一是专业胜任能力的获取。获取专业胜任能力首先需要高水平的普通教育，以及与专业相关学科的专门教育、培训和考试，而且，无论是否有明确规定，一般都要求有一段时间的工作经验，这是培养注册会计师的一般模式。二是专业胜任能力的保持。保持专业胜任能力需要不断了解注册会计师职业，包括会计准则、审计准则以及其他相关法律、法规的要求。为保持专业服务符合有关规定，会计师事务所应当引入质量控制政策和制度。

（二）利用其他专家的工作

注册会计师不应提供本不能胜任的专业服务，除非获得适当的建议和帮助使其能够满意地提供这些服务。如果注册会计师没有能力提供专业服务的某特定部分，可以向其他注册会计师、律师、精算师、工程师、地质专家、评估师等专家寻求技术建议。

在这种情况下，虽然注册会计师依赖专家的技术能力，但不能自动假定这些专家了解道德要求。既然注册会计师对专业服务负有最终责任，就应当确保道德行为的要求得到遵守。

当利用其他注册会计师以外的专家时，注册会计师就必须采取措施确保这些专家了解相应的道德要求。对专家的监督和指导的程度取决于参与的人员和业务的性质。这些监督和指导可能包括：第一，要求这些人员阅读适当的道德规范。第二，要求这些人员对道德规范的理解提供书面确认。第三，在出现潜在冲突时提供咨询。

注册会计师还应当对具体的独立性要求或业务中所蕴含的其他风险保持警惕。任何情况下，如果适当的道德行为不能得到遵守或保证，那么注册会计师就不能接受业务。如果业务已经开始执行，则应予以终止。

二、保密

（一）保密义务

注册会计师有义务对其在专业服务过程中获得的有关客户的信息予以保密。这一保密责任甚至在注册会计师与客户的关系终止后仍应继续坚持。因此，注册会计师应当始终遵守保密原则，除非有专门的信息披露授权，或具有法定或专业的披露责任。

保密不仅仅涉及信息披露，还要求注册会计师不能出于个人或第三方的利益使用或被合理认为使用了执业过程中获得的信息。注册会计师可以接触到很多有关客户不欲向公众披露的信息。因此，注册会计师应使客户相信自己，不会向其他人员做未经授权的披露。但这不适用于为免除注册会计师的责任而根据职业道德规范要求对此类信息进行披露的情形。

（二）保密义务的豁免

尽管在通常情况下，注册会计师应当对执业过程中获知的客户信息保密，但是也有例外。由于注册会计师承担着维护社会公众的责任，如果客户存在违法行为，注册会计师将面临着法规强制注册会计师披露客户信息的要求。例如，美国在1995年对《证券法案》的修正案中，要求注册会计师如果发现客户的违法行为或可能存在的违法行为，应当：第一，告知适当的管理层，并向董事会或其审计委员会报告。第二，如果管理层或董事会不采取适当行动加以改正，而因此影响审计报告的质量，注册会计师应立即如实告知董事会。第三，董事会应在得知情况的1个工作日内，报告证券交易管理委员会，并向注册会计师提供向证券交易管理委员会报告的复印件。第四，如果注册会计师在1个工作日内没有拿到董事会向证券交易管理委员会报告的复印件，就必须解除业务或直接向证券交易管理委员会报告。第五，解除业务的注册会计师仍有必要向证券交易管理委员会递交一份给董事会报告的复印件。

注册会计师在三种情况下可以披露客户的有关信息：第一，取得客户的授权。第二，根据法规要求，为法律诉讼准备文件或提供证据，以及向监管机构报告发现的违反法规行为。第三，接受同业复核以及注册会计师协会和监管机构依法进行的质量检查。

在决定披露客户的有关信息时，注册会计师应当考虑的因素有：第一，是否了解和证实了所有相关信息。如果还存在未经证实的事实或意见，在决定披露时应当运用职业判断。第二，信息披露的方式和对象。尤其是，注册会计师应当确定沟通对象是适当的接受者，并有责任采取适当行动。第三，可能承担的法律责任和后果。注册会计师是否会因信息披露而招致法律责任，其后果是什么。

在所有情况下，注册会计师都应当考虑是否需要向法律顾问和职业组织进行咨询。

DISIJIE 第四节 收费、佣金及业务招揽

注册会计师在为客户提供专业服务时，有责任保持客观、公正的原则，并遵守适当的技术准则。为履行这一责任，注册会计师应当运用专业技能和知识。对于所提供的服务，会计师事务所有权获得报酬。

一、收费

（一）收费考虑的因素

在确定收费时，会计师事务所应当考虑这样四个因素，以客观反映为客户提供专业服务的价值：第一，专业服务所需的知识和技能。第二，所需专业人员的水平和经验。第三，每

一专业人员提供服务所需的时间。第四，提供专业服务所需承担的责任。

收费通常以每一专业人员适当的小时费用率或日费用率为基础，按照实施专业服务的每个人员所耗用的时间来计算。这些费用率的前提是，注册会计师的组织行为以及为客户提供的服务得到了良好的计划、控制和管理。

如果收费报价明显低于前任注册会计师或其他会计师事务所的相应报价，会计师事务所应当确保：一是在提供专业服务时，工作质量不会受到威胁，并保持应有的职业谨慎，遵守执业准则和质量控制程序；二是客户了解专业服务的范围和收费基础。

（二）或有收费

除法规允许外，会计师事务所不得以或有收费方式提供鉴证服务，收费与否或多少不得以鉴证工作结果或实现特定目的为条件。

或有收费是指收费与否或收费多少以鉴证工作结果或实现特定目的为条件。如果是经法院或其他公共管理机构确定的收费，则不应视为或有收费。除得到法律认可或作为某种专业服务的公认做法而被职业组织认可外，按照百分比或其他类似基础收取费用应被视为或有收费。

二、佣金

会计师事务所和注册会计师不得为招揽客户而向推荐方支付佣金，也不得因向第三方推荐客户而收取佣金。会计师事务所和注册会计师不得因宣传他人的产品或服务而收取佣金。

佣金也是影响注册会计师服务质量和行业形象的一个重要因素。一方面，如果会计师事务所和注册会计师为了招揽业务而向推荐方支付佣金，或因向第三方推荐客户而收取佣金，就相当于支付佣金的一方的业务收费降低，从而影响执业质量；另一方面，如果会计师事务所和注册会计师因宣传他人的产品或服务而收取佣金，很容易导致形式上的不独立，降低行业在社会公众中的形象。

三、业务招揽

（一）广告、业务招揽和宣传的含义

这里所说的广告，是指为招揽业务，会计师事务所将其服务和技能等方面的信息向社会公众进行传播；业务招揽，是指会计师事务所和注册会计师与非客户接触以争取业务；宣传，是指会计师事务所和注册会计师向社会公众告知有关事实，其目的不是抬高自己。

在许多国家，尚不允许会计师事务所通过刊登广告招揽业务；而在一些国家，开始允许会计师事务所刊登广告，在超级球赛、印刷品中做广告宣传已不少见。根据《注册会计师法》的规定，我国会计师事务所和注册会计师不得对其能力进行广告宣传以招揽业务。会计师事务所和注册会计师不得刊登广告，主要有三条理由：第一，注册会计师的服务质量及能力无法由广告内容加以评估；第二，广告可能威胁专业服务的精神；第三，广告可能导致同行之间的不正当竞争。

（二）广告

注册会计师应当维护职业形象，在向社会公众传递信息时，应当客观、真实、得体。会计师事务所不得利用新闻媒体对其能力进行广告宣传，但刊登设立、合并、分立、解散、迁址、名称变更、招聘员工等信息以及注册会计师协会为会员所做的统一宣传不在此限。

在跨国执行业务时，在允许做广告的国家执行业务的注册会计师，不应该在禁止做广告的国家通过出版或散发的报纸或杂志做广告来谋求优势。同样，在禁止做广告的国家执行业务的注册会计师，也不应在允许做广告的国家出版的报纸或杂志上做广告。

（三）业务招揽

会计师事务所和注册会计师不得采用强迫、欺诈、利诱或骚扰等方式招揽业务等。会计师事务所和注册会计师在招揽业务时不得有这样五个方面的行为：第一，暗示有能力影响法院、监管机构或类似机构及其官员。第二，作出自我标榜的陈述，且陈述无法予以证实。第三，与其他注册会计师进行比较。第四，不恰当地声明自己是某一特定领域的专家。第五，作出其他欺骗性的或可能导致误解的声明。

（四）宣传

在不允许做广告的情况下，会计师事务所和注册会计师所做的宣传如果符合下列条件，则是可以接受的：第一，其目的是向公众或有关部门告知事实，且这种告知没有采取错误、误导或欺骗的方式。第二，具有高品位。第三，维护了职业尊严。第四，避免经常重复或不恰当地突出执行业务的注册会计师的姓名。

1. 委托和奖励

国家或地方政府有关部门对会计师事务所和注册会计师的任何委托或其他活动，或者对会计师事务所和注册会计师的特别奖励应予以公布，而且其职业组织的会员身份也应被提及，这符合公众利益。然而，注册会计师不得利用政府委托或特别奖励牟取不正当利益。

2. 寻求业务合作

会计师事务所和注册会计师可以通过媒体告知感兴趣的各方，正在寻求业务合作。但是，会计师事务所和注册会计师不应以一种可能被视为寻求业务合作的方式公开寻求转包工作。

3. 名录

会计师事务所和注册会计师可以被列入名录，只要名录本身或收录的内容不会合理地被认为是对名录上所列人员的推崇性广告。收录的内容应仅限于名称、地址、电话号码、职业以及其他必要的联系信息。

4. 书籍、文章、演讲、广播和电视

注册会计师就专业问题编著书籍或撰写文章，可以列示其姓名、职业资格及所在组织的名称，但不得提及与会计师事务所服务内容有关的信息。注册会计师就专业问题参与演讲、访谈或广播、电视节目，也应遵守同样的要求。注册会计师所说所写，不应抬高自己及其会计师事务所，而应就所谈论的问题发表客观的专业看法。注册会计师有责任尽最大努力确保其在公众面前的表现符合这些要求。

5. 培训课程、研讨会

会计师事务所和注册会计师可能邀请客户、员工参加旨在提供帮助的培训课程或研讨会。不应邀请其他人员参加这些培训课程，除非他们主动要求参加。这一要求并不禁止注册会计师在协会或教育机构为会员或公众开设的课程中提供培训服务，但不应在为此发放的手册和文件中不当地突出注册会计师的姓名。

6. 含有技术信息的手册和文件

为帮助员工和客户，会计师事务所和注册会计师可以将含有技术信息并标有会计师事务所名称的手册和其他文件发放给员工和客户。但不得向其他人员发放这些手册和文件，除非他们主动索取。

7. 员工招聘

在员工出现空缺时，会计师事务所可以通过招聘信息告知公众，在工作描述中，允许就提供的服务进行必要的描述，但不应包含任何抬高的成分。不应暗示其提供的服务由于规模或其他原因优于其他会计师事务所。在一些宣传品中，如专门向学校和其他教育机构直接发放的向学生和毕业生介绍就业机会的宣传中，可以描述向公众提供的服务。

8. 手册和会计师事务所简介

会计师事务所可以将印制的手册向客户发放，也可以应非客户的要求向非客户发放，但手册的内容应当真实、客观。

9. 信纸和名片

当会计师事务所将其姓名、地址、电话号码以及其他必要的联系信息载入电话簿、信纸或其他载体时，不得含有自我标榜的措辞。

注册会计师在名片上可以印有姓名、专业资格、职务及其会计师事务所的地址和标识等，但不得印有社会职务、专家称谓以及所获荣誉等。

DIWUJIE 第五节 其他职业道德

一、与执行鉴证业务不相容的工作

注册会计师不得同时从事与提供专业服务不相容的业务、职业或活动，注册会计师应当就其向鉴证客户提供的非鉴证服务与鉴证服务是否相容作出评价。注册会计师执行的鉴证业务维系着社会公众利益。如果注册会计师正在或将要提供的服务与其提供鉴证服务所需要的独立性发生冲突，就产生了不相容的工作，就会产生自我评价威胁，可能影响其独立性。注册会计师承接上述服务时，应当谨慎行事，通过采取防范措施将影响降至最低，否则，就不应接受此类业务。

会计师事务所不得为上市公司同时提供编制财务报表和审计服务。会计师事务所的高级管理人员或员工不得担任鉴证客户的董事（包括独立董事）、经理以及其他关键管理职务。目前，我国不允许会计师事务所为同一家上市公司提供资产评估和审计服务，提供其他服务尚未受到限制。但会计师事务所为上市公司代编财务报表，或会计师事务所的高级管理人员或员工成为鉴证客户的高级管理人员，所产生的自我评价、经济利益威胁就会非常重大，以至于没有任何防范措施能够将其降至可接受水平。

二、接任前任注册会计师的审计业务

（一）前后任注册会计师的含义

根据《中国注册会计师审计准则第 1152 号——前后任注册会计师的沟通》的规定：前任注册会计师，是指代表会计师事务所对最近期间财务报表出具了审计报告或接受委托但未

完成审计工作，已经或可能与委托人解除业务约定的注册会计师。后任注册会计师，是指代表会计师事务所正在考虑接受委托，接替前任注册会计师执行财务报表审计业务的注册会计师。

会计师事务所的变更，涉及前后任注册会计师。前后任注册会计师的关系，仅限于审计业务，而其他鉴证业务如盈利预测审核、财务报表审阅等业务不包括在内。此外，如果客户委托注册会计师对已审的财务报表进行重新审计，接受委托的注册会计师应视为后任注册会计师，而之前已发表审计意见的注册会计师则视为前任注册会计师。

（二）客户更换会计师事务所的原因

客户更换会计师事务所的原因很多，但有两种原因很可能不利于行业的发展和市场的正常秩序。一种原因是会计师事务所之间为争揽业务而进行恶性竞争；另一种原因则是注册会计师可能与客户在重大会计、审计问题上存在分歧，客户不认可注册会计师的立场。在一些情况下，如果注册会计师拒绝出具客户希望得到的意见，客户就可能通过更换会计师事务所实现其目的，这种情况构成了购买审计意见。

为了弄清上市公司更换会计师事务所的原因，不论是美国证券交易管理委员会还是中国证监会都分别制定监管要求，对上市公司更换会计师事务所作出规范，旨在抑制上市公司潜在的购买审计意见行为。

（三）接受委托前的沟通

在接受委托前，后任注册会计师应当与前任注册会计师进行必要沟通，并对沟通结果进行评价，以确定是否接受委托。后任注册会计师向前任注册会计师询问的内容应当合理、具体，包括：第一，是否发现被审计单位管理层存在诚信方面的问题。第二，前任注册会计师与管理层在重大会计、审计等问题上存在的意见分歧。第三，前任注册会计师曾与被审计单位治理层（如监事会、审计委员会或其他类似机构）沟通过的关于管理层舞弊、违反法规行为以及内部控制的重大缺陷等问题。第四，前任注册会计师认为导致被审计单位变更会计师事务所的原因。

（四）接受委托后的沟通

1. 查阅前任注册会计师工作底稿的前提

接受委托后，如果需要查阅前任注册会计师的工作底稿，后任注册会计师应当征得被审计单位同意，并与前任注册会计师进行沟通。这实际上是强调后任注册会计师如果需要查阅前任注册会计师的工作底稿，应当在征得被审计单位同意的基础上进行。

接受委托后的沟通与接受委托前有所不同，它不是必要程序，而是由后任注册会计师根据审计工作需要自行决定的。这一阶段的沟通主要包括查阅前任注册会计师的工作底稿及询问有关事项等。沟通可以采用电话询问、举行会谈、致送审计问卷等方式，但最有效、最常用的方式是查阅前任注册会计师的工作底稿。

2. 查阅相关工作底稿及其内容

根据《会计师事务所质量控制准则第 5101 号——业务质量控制》的规定，审计工作底稿的所有权属于会计师事务所。前任注册会计师所在的会计师事务所可自主决定是否允许后任注册会计师获取工作底稿部分内容，或摘录部分工作底稿。在收到后任注册会计师查阅工作底稿的请求并征得被审计单位同意后，前任注册会计师可根据情况确定是否允许后任注册会计师查阅相关工作底稿以及确定查阅的内容。

如果前任注册会计师决定向后任注册会计师提供工作底稿，一般可考虑进一步从被审计单位（前审计客户）处获取一份确认函，以便降低在与后任注册会计师进行沟通时发生误解的可能性。

本章小结

本章主要阐述了注册会计师职业道德的基本内容。

注册会计师职业道德，是指注册会计师职业品德、职业纪律、专业胜任能力及职业责任等的总称。注册会计师职业道德的基本要求包括独立原则、客观原则、公正原则三个方面。独立性是注册会计师执行鉴证业务的灵魂，在执行审计业务、出具审计报告时注册会计师应当在实质上和形式上独立于委托单位和其他机构。可能威胁独立性的情形包括经济利益、自我评价、关联关系和外界压力等。注册会计师应当注意特定情况下对独立性原则的运用原则。

客观是指注册会计师应当力求公平，不因成见或偏见、利益冲突和他人影响而损害其客观性；公正是指注册会计师在提供专业服务时，应当坦率、诚实，保证公正。

专业胜任能力要求注册会计师应当具有专业知识、技能或经验，能够胜任承接的工作。如果注册会计师没有能力提供专业服务的某些特定部分，可以向其他注册会计师、律师、精算师、工程师、地质专家、评估师等专家寻求技术建议。应有关注要求注册会计师在执业过程中保持职业谨慎，以质疑的思维方式评价所获取证据的有效性，并对产生怀疑的证据保持警觉。保密原则要求注册会计师与客户的沟通，必须建立在为客户信息保密的基础上。

注册会计师的行为应符合本职业的良好声誉，不得有任何损害职业形象的行为。这一义务要求注册会计师履行对社会公众、客户和同行的责任，并遵照相关的技术准则提供专业服务。

会计师事务所和注册会计师应当按照规定收费，不得为招揽客户而向推荐方支付佣金，同时要求遵循业务招揽等方面的规定。

本章的重点是要求学生掌握注册会计师职业道德中应遵守的独立原则、客观原则、公正原则等基本要求。

注册会计师职业道德

独立

客观

公正

专业胜任能力

业务招揽

或有收费

问答题

1. 什么是注册会计师职业道德，加强注册会计师职业道德教育的意义是什么？
2. 简述审计独立、客观、公正的经济意义。
3. 简述中国注册会计师职业道德基本原则的基本内容。
4. 一般情况下，威胁独立性的情形有哪些具体情况？
5. 面对独立性的威胁，注册会计师应采取什么应对措施加以防范？
6. 注册会计师职业道德规范对注册会计师专业胜任能力的基本要求是什么？
7. 简述注册会计师保密原则豁免的条件。

第三章

DI SAN ZHANG

注册会计师执业准则体系与法律责任

本章要点

- ■ 掌握我国注册会计师审计准则的概念、框架结构、主要内容
- ■ 了解审计准则的作用
- ■ 掌握质量控制准则的基本内容
- ■ 了解注册会计师法律责任相关的法律规定
- ■ 熟悉注册会计师法律责任的种类及其法律责任的成因
- ■ 掌握注册会计师防范法律诉讼的具体方法

DIYIJIE 第一节 中国注册会计师执业准则体系

注册会计师执行审计业务必须遵循职业规范。注册会计师的职业规范体系包括四个部分，即：执业准则、质量控制准则、职业道德准则和职业后续教育准则。执业准则是中国注册会计师职业规范体系的核心部分。本章主要介绍执业准则和质量控制准则。

一、审计准则的含义、目标和作用

审计准则是用来规范审计人员执行审计业务，获取审计证据，形成审计结论，出具审计报告的专业标准。它是审计人员在执行审计业务时必须遵循的行为规范和指南，同时也是衡量审计工作质量的尺度和标准。

审计准则包括政府审计准则、内部审计准则和注册会计师执业准则。其中，政府审计准则是指由政府审计部门根据政府审计的工作性质和工作范围等特点而制定的，用以对政府审计人员执业行为进行规范的审计准则；内部审计准则是指由各内部审计组织制定的，用以规范内部审计人员执业行为的审计准则；注册会计师执业准则是指由中国注册会计师协会制定的，用以规范注册会计师执业行为的审计准则。本章第一、二节重点介绍注册会计师执业准则。

（一）注册会计师执业准则的含义和目标

1. 注册会计师执业准则的含义

注册会计师执业准则是用来规范注册会计师执行审计业务，获取审计证据，形成审计结论，出具审计报告的专业标准。它是注册会计师职业规范体系的重要组成部分，是注册会计师在执行独立审计业务过程中必须遵循的行为准则，也是衡量注册会计师审计工作质量的权威性标准。只要注册会计师执行审计业务是以发表审计意见为目的，均应遵照执行。注册会计师执行其他相关业务可以参照执行。

通过实施执业准则，可以使各会计信息使用者了解注册会计师审计工作的基本情况，帮助审计报告使用人判断审计报告的质量。

2. 注册会计师执业准则的目标

我国制定注册会计师执业准则，应该达到的目标主要有：第一，建立执行独立审计业务的权威性标准，规范注册会计师的执业行为，促使注册会计师恪守独立、客观、公正的基本原则，有效地发挥注册会计师的鉴证和服务作用。第二，促使各会计师事务所和注册会计师按照统一执业准则执行审计业务，提高审计工作质量，提高业务素质和执业水平。第三，明确注册会计师的执业责任，维护社会公众利益，保护投资者和其他利害关系人的合法权益，促进社会主义市场经济的健康发展。第四，建立与国际审计准则相衔接的中国注册会计师执业准则。

我国的注册会计师执业准则既对注册会计师的业务素质提出了要求，同时也向社会提供了审计质量保证。注册会计师执业准则是通过注册会计师执行审计程序体现出来的。因此，在注册会计师执业准则中，对注册会计师及其他从业人员的业务素质、业务能力、工作操守和执业态度都进行了严格的规定。

国外的注册会计师执业准则是20世纪40年代开始出现的。美国在1947年就开始研究和制定审计准则。日本于1964年制定了审计准则。国际会计师联合会下属的国际审计实务委员会于1980年制定和颁布了《国际审计准则》。澳大利亚、加拿大、英国等国家目前也已经基本形成了各自独立的注册会计师执业准则体系。

（二）注册会计师执业准则的作用

注册会计师执业准则的实施，使注册会计师及其他从业人员在执行审计业务时有了规范和指南，便于考核审计工作质量，对推动审计事业的发展起着重要的作用。具体表现在以下几个方面：

1. 可以指导注册会计师的工作，使审计工作规范化

执业准则确立了注册会计师审计工作的规范，使注册会计师在执业过程中有章可循，减少了不必要的审计失误和无效的重复劳动，也为注册会计师审计取信于社会提供了保证。

2. 可以提高注册会计师的审计工作质量

执业准则对注册会计师及其他从业人员的任职条件、业务能力、审计工作的基本程序和方法及审计报告的撰写方式和要求等都做了详细规定，这就要求注册会计师及其从业人员应依法执业，谨慎工作，充分考虑审计风险，从而提高审计工作的质量。

3. 可以维护会计师事务所和注册会计师的合法权益

执业准则规定了注册会计师的工作范围和规则，注册会计师只要能严格按照执业准则的要求执业，就可最大限度地降低审计风险。当审计委托人与注册会计师发生纠纷并诉求法律时，执业准则就成为判明是非、划清责任界限的重要依据。

4. 可以促进国际间审计经验的交流

执业准则是注册会计师审计实践经验的总结和升华，是审计理论的重要组成部分。执业准则的科学与完善，已成为各国职业会计组织竞相追求的目标，成为各国注册会计师审计事业发展水平的重要标志。通过各国执业准则的协调，便于推动各国审计经验的交流，从而促进全球经济的共同繁荣和发展。

二、中国注册会计师执业准则体系的演进

中国注册会计师执业准则的建设主要经历了以下三个阶段：

（一）制定执业规则阶段（1991~1993年）

中国注册会计师协会自1991年开始到1993年止，先后发布了《注册会计师检查验证财务报表规则（试行）》等7个执业规则，这些执业规则对我国注册会计师行业走向正规化、法制化和专业化起到了积极作用。但由于当时处于行业发展初期，对执业准则与规则仍处于探索阶段，因此这7个规则是零散的、不成体系的，只是为了满足行业的急需而出台的，但还是起到了一定的作用。

（二）建立准则体系阶段（1994~2003年）

1993年10月31日，第八届全国人民代表大会常务委员会第四次会议通过《中华人民共和国注册会计师法》，规定注册会计师协会依法拟订执业准则、规则，报国务院财政部门批准后施行。经财政部批准同意，注册会计师协会自1994年5月开始起草独立审计准则，并于1995年形成了独立审计准则征求意见稿，年底正式颁布施行。从1995年到2003年，中国注册会计师协会先后制定了6批独立审计准则，包括1个准则序言、1个独立审计基本准则、28个独立审计具体准则、10个独立审计实务公告和5个执业规范指南，此外，还包括3个相关基本准则（职业道德基本准则、质量控制基本准则和后续教育基本准则），共计48个项目。

（三）完善与提高阶段（2004年以后）

随着独立审计准则体系的基本建立，制定工作转向完善独立审计准则体系与提高准则质量并重。特别是自2005年以来，在财政部的领导部署下，中国注册会计师协会根据变化的审计环境、国际审计准则的最新发展和注册会计师执业的需要，有计划、有步骤地制定和修订审计准则，并于2006年2月15日颁布了中国注册会计师执业准则体系。

三、中国注册会计师执业准则体系的框架结构

（一）执业准则体系的框架结构

中国注册会计师执业准则与注册会计师执业道德准则并列，执业准则体系包括注册会计师鉴证业务准则、相关服务准则和会计师事务所质量控制准则。鉴证业务准则是注册会计师执行各类业务所应遵循的标准；相关服务准则是用以规范注册会计师执行除鉴证业务以外的其他相关服务业务所应遵循的标准；质量控制准则是会计师事务所为了保证各类业务的质量以及明确会计师事务所及其人员在保证质量中的责任应当遵循的标准。

注册会计师执业准则体系参见图3-1。

（二）注册会计师执业准则的主要内容

我国的注册会计师执业准则，是用来规范注册会计师执行审计业务，获取审计证据，形成审计结论，出具审计报告的专业标准，又称《中国注册会计师执业准则》，2007年1月1

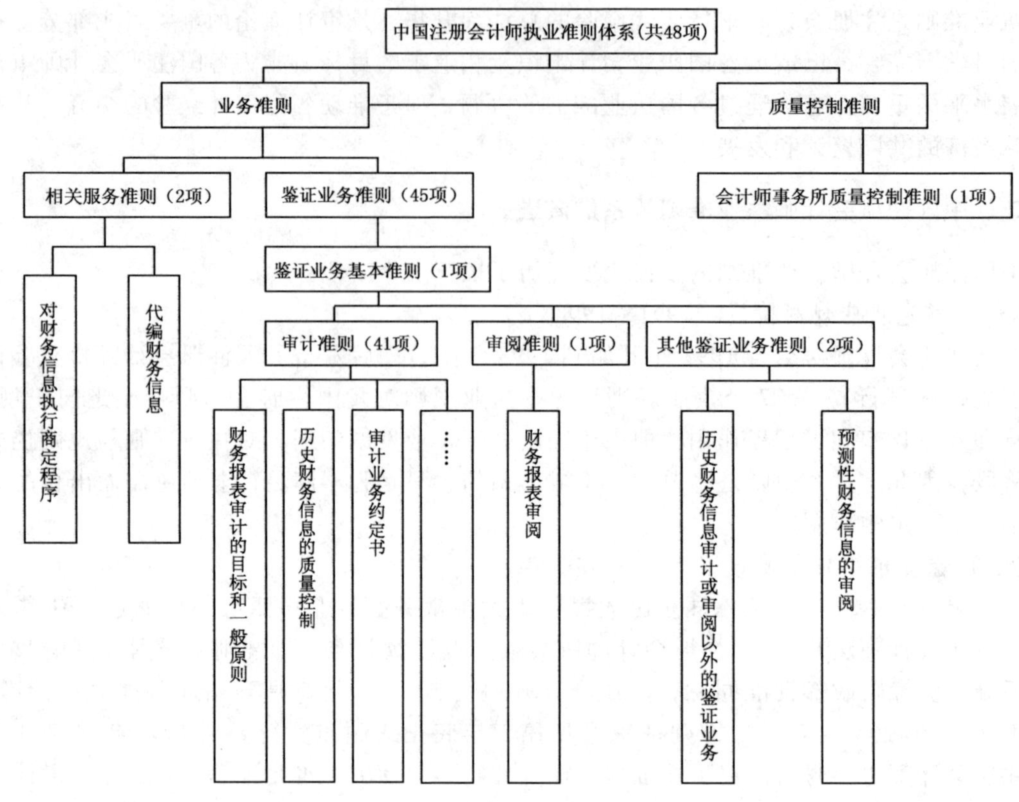

图 3－1　中国注册会计师执业准则体系图

日起实施。主要包括注册会计师业务准则和会计师事务所质量控制准则。

1．注册会计师业务准则

注册会计师业务准则包括鉴证业务准则和相关服务准则。

（1）鉴证业务准则是为确定审计准则、审阅准则、其他鉴证业务准则适用的业务类型而做的规范。它由鉴证业务基本准则统领，根据鉴证业务提供的保证程度和鉴证对象不同，分为审计准则、审阅准则、其他鉴证业务准则。其中，审计准则是整个业务准则体系的核心。

①鉴证业务基本准则。《中国注册会计师鉴证业务基本准则》共 9 章 60 条，分别从鉴证业务的定义、要素和目标，业务承接，鉴证业务的三方关系，鉴证对象，标准，证据及鉴证报告这 7 个方面给出了注册会计师执行鉴证业务的基本原则、态度和规范。注册会计师执行历史财务信息审计业务、历史财务信息审阅业务和其他鉴证业务时，应当遵守该准则及依据该准则制定的审计准则、审阅准则和其他鉴证业务准则。如果一项鉴证业务只是某项综合业务的构成部分，该准则仅适用于该业务中与鉴证业务相关的部分。

注册会计师执行司法诉讼中涉及会计、审计、税务或其他事项的鉴定业务时，除有特定要求者外，应当参照该准则办理。

②审计准则是用以规范注册会计师执行历史财务信息的审计业务。在提供审计服务时，注册会计师对所审计信息是否不存在重大错报提供合理保证，并以积极方式提出结论。审计准则共 41 个，即 1101 号～1633 号，涉及审计业务的一般原则与责任、风险评估与应对、

审计证据、利用其他主体的工作、审计结论与报告、特殊领域6个方面。主要包括：

一般原则与责任：规范审计业务的一般原则与责任的准则共有8项，具体包括：《中国注册会计师审计准则第1101号——财务报表审计的目标和一般原则》；《中国注册会计师审计准则第1111号——审计业务约定书》；《中国注册会计师审计准则第1121号——历史财务信息审计的质量控制》；《中国注册会计师审计准则第1131号——审计工作底稿》；《中国注册会计师审计准则第1141号——财务报表审计对舞弊的考虑》；《中国注册会计师审计准则第1142号——财务报表审计对法律法规的考虑》；《中国注册会计师审计准则第1151号——与治理层的沟通》；《中国注册会计师审计准则第1152号——前后任注册会计师的沟通》。

风险评估与应对：对风险评估与应对进行规范的审计准则共有5项，具体包括：《中国注册会计师审计准则第1201号——计划审计工作》；《中国注册会计师审计准则第1211号——了解被审计单位及其环境并评估重大错报风险》；《中国注册会计师审计准则第1212号——对被审计单位使用服务机构的考虑》；《中国注册会计师审计准则第1221号——重要性》；《中国注册会计师审计准则第1231号——针对评估的重大错报风险实施的程序》。

审计证据：审计证据是注册会计师发表审计意见的基础。与审计证据有关的审计准则共有12项，具体包括：《中国注册会计师审计准则第1301号——审计证据》；《中国注册会计师审计准则第1311号——存货监盘》；《中国注册会计师审计准则第1312号——函证》；《中国注册会计师审计准则第1313号——分析程序》；《中国注册会计师审计准则第1314号——审计抽样和其他选取测试项目的方法》；《中国注册会计师审计准则第1321号——会计估计的审计》；《中国注册会计师审计准则第1322号——公允价值计量和披露的审计》；《中国注册会计师审计准则第1323号——关联方》；《中国注册会计师审计准则第1324号——持续经营》；《中国注册会计师审计准则第1331号——首次接受委托时对期初余额的审计》；《中国注册会计师审计准则第1332号——期后事项》；《中国注册会计师审计准则第1341号——管理层声明》。

利用其他主体的工作：涉及利用其他主体的工作的审计准则共有3项，具体包括：《中国注册会计师审计准则第1401号——利用其他注册会计师的工作》；《中国注册会计师审计准则第1411号——考虑内部审计工作》；《中国注册会计师审计准则第1421号——利用专家的工作》。

审计结论与报告：涉及审计结论与报告的审计准则共有4项，具体包括：《中国注册会计师审计准则第1501号——审计报告》；《中国注册会计师审计准则第1502号——非标准审计报告》；《中国注册会计师审计准则第1511号——比较数据》；《中国注册会计师审计准则第1521号——含有已审计财务报表的文件中的其他信息》。

特殊领域：与特殊领域有关的审计准则共有9项，具体包括：《中国注册会计师审计准则第1601号——对特殊目的审计业务出具审计报告》；《中国注册会计师审计准则第1602号——验资》；《中国注册会计师审计准则第1611号——商业银行财务报表审计》；《中国注册会计师审计准则第1612号——银行间函证程序》；《中国注册会计师审计准则第1613号——与银行监管机构的关系》；《中国注册会计师审计准则第1621号——对小型被审计单位的特殊考虑》；《中国注册会计师审计准则第1631号——财务报表审计对环境事项的考虑》；《中国注册会计师审计准则第1632号——衍生金融工具的审计》；《中国注册会计师审计准则第1633号——电子商务对财务报表审计的影响》。

③审阅准则是用以规范注册会计师执行历史财务信息的审阅业务。在提供审阅服务时，注册会计师对所审阅信息是否不存在重大错报提供有限保证，并以消极方式提出结论。目前执业体系中只有 1 项审阅准则，即《中国注册会计师审阅准则第 2101 号——财务报表审阅》准则。该准则对审阅范围和保证程度、业务约定书、审阅计划、审阅程序和审阅证据、结论和报告等进行了重点说明，明确了审阅报告应包括的要素，规定审阅报告的结论包括无保留结论、保留结论、否定结论和无法提供任何保证几种类型，并说明了每种结论的适用情况。

④其他鉴证业务准则是用以规范注册会计师执行历史财务信息审计或审阅以外的其他鉴证业务，根据鉴证业务的性质和业务约定的要求，提供有限保证或合理保证。它主要包括：《中国注册会计师其他鉴证业务准则 3101 号——历史财务信息审计或审阅以外的鉴证业务》和《中国注册会计师其他鉴证业务准则 3111 号——预测性财务信息的审核》。

（2）相关服务准则是用以规范注册会计师执行除鉴证业务以外的其他相关服务业务，主要包括代编财务信息、执行商定程序，提供税务咨询、管理咨询等其他业务。在提供相关服务时，注册会计师不提供任何程度的保证。它主要包括：《中国注册会计师相关服务准则 4101 号——对财务信息执行商定程序》和《中国注册会计师相关服务准则 4102 号——代编财务信息》。

2. 会计师事务所质量控制准则

会计师事务所质量控制准则是用以规范会计师事务所在执行各类业务时应当遵守的质量控制政策和程序，是对会计师事务所质量控制提出的制度要求。主要有：《会计师事务所质量控制准则第 5101 号——业务质量控制》和《中国注册会计师审计准则第 1121 号——历史财务信息审计的质量控制》。前者从会计师事务所层面上进行规范，适用于包括历史财务信息审计业务在内的各项业务；后者从执行审计项目的负责人层面上进行规范，仅适用于历史财务信息审计业务。这两项准则联系紧密，前者是后者的制定依据。

DIERJIE 第二节 注册会计师业务准则

一、鉴证业务

鉴证业务是指注册会计师对鉴证对象信息提出结论，以增强除责任方之外的预期使用者对鉴证对象信息信任程度的业务。它主要包括审计业务、审阅业务与其他鉴证业务等。

（一）鉴证业务的要素

鉴证业务要素是指鉴证业务的三方关系、鉴证对象、标准、证据和鉴证报告。

1. 三方关系

三方关系分别是注册会计师、责任方和预期使用者。注册会计师指的是取得注册会计师证书，并且在会计师事务所工作的个人，但有时也指会计师事务所。预期使用者指预期需要阅读或使用鉴证报告的个人或组织。责任方可能是鉴证报告的预期使用者之一，但不是惟一的预期使用者。责任方和预期使用者可能是同一方，也可能不是同一方。三方之间的关系是：注册会计师对由责任方负责的鉴证对象或鉴证对象信息提出结论，以增强责任方之外的预期使用者对鉴证对象信息的信任程度。

需要注意的是，委托人不是单独存在的一方，委托人通常是预期使用者之一，委托人也可能由责任方担任。

2. 鉴证对象与鉴证对象信息

鉴证对象信息是按照标准对鉴证对象进行评价和计量的结果。如责任方按照会计准则和相关会计制度（标准）对其财务状况、经营成果和现金流量（鉴证对象）进行确认、计量和列报而形成的财务报表（鉴证对象信息）。举例说明如下：

（1）鉴证对象可以是财务业绩或状况，此时，鉴证对象信息是财务报表。

（2）鉴证对象可以是非财务业绩或状况，此时，鉴证对象信息可能是反映效率的关键指标（如某个报社的营运情况为鉴证对象时，鉴证对象信息可能是反映营运情况效率的关键指标，如报纸的发行量、广告收入等）。

（3）鉴证对象可以是物理特征，此时，鉴证对象信息可能是有关鉴证对象物理特征的说明文件（如一辆汽车的耗油量、某一矿山矿产资源的储量）。

（4）鉴证对象可以是某种系统和过程，如内部控制系统、IT 系统、EDP 系统、ERP 系统、安全系统等，此时，鉴证对象信息可能是关于其有效性的认定。

（5）鉴证对象可以是一种行为，如道德行为、法律遵守行为、合同遵守行为等，此时，鉴证对象信息可能是对法律法规遵守情况或执行效果的声明。

3. 标准

标准是指用于评价或计量鉴证对象的基准，当涉及列报时，还包括列报的基准。标准分为正式的规定与非正式的规定，正式的规定是由法律法规规定的，或由政府主管部门或国家认可的专业团体依照公开、适当的程序发布的，例如《企业会计准则》、《企业会计制度》等。非正式的规定通常是一些“专门制定的”标准，是针对具体的业务项目“量身定做”的。

适当的标准应当具备如下特征：

（1）相关性：有助于得出结论，便于预期使用者作出决策。

（2）完整性：不应忽略业务环境中可能影响得出结论的相关因素；当涉及列报时，还应包括列报的基准。

（3）可靠性：能够使能力相近的注册会计师在相似的业务环境中，对鉴证对象作出合理一致的评价或计量。

（4）中立性：有助于得出无偏向的结论，不应使某一利益集团受益，而使另一利益集团受损。

（5）可理解性：有助于得出清晰、易于理解、不会产生重大歧义的结论。

注册会计师基于自身的预期、判断和个人经验对鉴证对象进行评价和计量，不构成适当的标准。

4. 证据

注册会计师从事鉴证业务，提出鉴证结论，必须以充分、适当的证据为基础。充分适当是对证据的数量和质量的衡量，注册会计师在收集、评价和利用证据的过程中，应该考虑重要性、鉴证业务风险以及可获取的证据的数量和质量，保持应有的职业怀疑。

5. 鉴证报告

注册会计师应当以书面形式提出鉴证报告，在鉴证报告中应当清楚地表达其鉴证结论，对鉴证对象信息是否不存在重大错报提供一定程度的保证。常见的保证程度有合理保证与有限保证。

合理保证要求注册会计师通过不断修正的、系统的执业过程，获取充分、适当的证据，对鉴证对象信息整体提出结论，提供一种高水平但非百分之百的保证。有限保证在证据收集程序的性质、时间、范围等方面受到有意识的限制，它提供的是一种适度水平的保证。

（二）鉴证业务的基本分类

鉴证业务分为审计业务、审阅业务与其他鉴证业务。

1. 审计业务

审计业务是由独立的专门机构或人员接受委托或根据授权，对国家行政、事业单位和企业单位及其他经济组织的财务报表和其他资料及其所反映的经济活动进行审查并发表意见。其特点是：第一，审计对象是历史财务信息。第二，为了获取充分、适当的审计证据，注册会计师单独或综合地运用各种程序，包括检查记录或文件、检查实物资产、观察、函证、重新计算、重新执行等。第三，得出的结论是合理保证，即在提供审计服务时，注册会计师对所审计信息是否不存在重大错报提供合理保证。第四，表达意见与结论的方式是肯定式的，如审计报告的表述。

2. 审阅业务

审阅业务是注册会计师在实施审阅程序的基础上，说明是否注意到某些事项，使其相信财务报表没有按照适用的会计准则和相关会计制度的规定编制，未能在所有重大方面公允反映被审阅单位的财务状况、经营成果和现金流量。其特点是：第一，针对历史财务信息。第二，使用的程序是有限的，主要使用询问与分析程序。第三，得出的结论是有限保证的，因为注册会计师使用的程序是有限的，不能指望通过有限程序来发现财务报表存在的重大错报，因此是有限保证。第四，提出结论的方式是消极式的，不从正面来回应鉴证的财务信息有无重大错报。一般审阅报告的结论段是这样表述的：根据我们的审阅，我们没有注意到（或发现）财务报表没有按照企业会计准则和相关会计制度的规范编制，未能在所有重大方面公允地反映企业的财务状况、经营成果和现金流量。

3. 其他鉴证业务

其他鉴证业务是指除历史财务信息审计及审阅业务外的鉴证业务，其特点是：第一，针对非历史财务信息。例如对内部控制进行鉴证，被审计单位的内部控制就是非历史财务信息。第二，其他鉴证业务使用的程序根据准则的制定情况、客户的要求不同而不同。如果其他鉴证业务提供的是合理保证，其程序是单独或综合审计程序；如果是有限保证，其程序是有限的。第三，保证程度也因准则、与客户约定不同而不同。第四，表达方式依保证程度不同而不同。如果是合理保证，应为积极式；如果是有限保证，应为消极式。如《预测性财务信息的审核》就提供了两种保证的规定：针对被审核单位在进行盈利预测审核时使用的假设是否合理，要求注册会计师提供有限保证，因为假设是主观判断；针对在编制预测性财务信息时是否按照既定的会计政策、编制过程是否符合标准，要求提供合理保证。

（三）鉴证业务的其他分类

1. 按鉴证业务的目标分为合理保证的鉴证业务和有限保证的鉴证业务

合理保证的鉴证业务主要涉及审计准则中的一般原则与责任、风险评估与应对、审计证据、利用其他主体的工作、审计结论与报告、特殊领域6个方面的内容。

有限保证的鉴证业务主要指财务报表审阅。

注册会计师执行其他鉴证业务则可以提供有限保证或合理保证。如执行历史财务信息审计或审阅以外的鉴证业务、预测性财务信息的审核鉴证业务。

2. 按照责任方认定能否为预期使用者直接获取，可以把鉴证业务分为两类：基于责任方认定的业务和直接报告业务

（1）在基于责任方认定的业务中，责任方对鉴证对象进行评价或计量，鉴证对象信息以责任方认定的形式被预期使用者获取。例如，财务报表审计，其财务报表能够为预期使用者所获取；其他还有财务报表审阅、盈利预测审核等传统的业务，多数都是属于基于责任方认定的业务。

（2）在直接报告业务中，注册会计师直接对鉴证对象进行评价或计量，或者从责任方获取对鉴证对象评价或计量的认定，而该认定无法被预期使用者获取，预期使用者只能通过阅读鉴证报告获取鉴证对象信息。例如：在验资业务中，被审验单位的管理层可能并没有对实收资本、注册资本的到位情况进行计量或评价，即使他已经作了这种计量和评价，预期使用者也不能从管理层获得计量或评价的结果，而只能通过阅读注册会计师的审验报告才能知道鉴证对象信息。

3. 按照提供的保证程度和提出结论的对象分为三类：历史财务信息审计业务——针对历史财务信息的合理保证的业务，历史财务信息审阅业务——针对历史财务信息的有限保证的业务，其他鉴证业务——鉴证对象不是历史财务信息的其他鉴证业务。

比如鉴证对象是预测性的财务信息，预测性财务信息审核就属于其他鉴证业务。再比如鉴证对象是内部控制，内部控制鉴证、风险评估鉴证、养老金鉴证、网域认证、IT系统鉴证、安全系统鉴证、公司治理行为鉴证，还有企业的道德能力鉴证等，都属于其他鉴证业务。

二、相关服务

相关服务主要包括代编财务信息、对财务信息执行商定程序、对客户提供税务咨询、管理咨询等。代编财务信息是指注册会计师运用会计而非审计的专业知识和技能，代客户编制一套完整或非完整的财务报表，或代为收集、分类和汇总其他财务信息。注册会计师执行代编财务信息使用的程序并不旨在、也不能对财务信息提出任何鉴证结论。对财务信息执行商定程序是指注册会计师对特定财务数据、单一财务报表或整套财务报表等财务信息执行与特定主体商定的具有审计性质的程序，并就执行的商定程序及其结果出具报告等。

DISANJIE 第三节　审计质量控制准则

审计质量是指审计工作及其结果的优劣程度。审计质量控制是指会计师事务所为了确保审计工作质量符合注册会计师执业准则的要求对审计的各种业务活动或行为进行有计划的监督、综合和协调的一种活动或行为。它是会计师事务所管理活动的重要组成部分，也是会计

师事务所内部控制的核心，其根本目的在于保证审计质量符合注册会计师执业准则的要求。质量控制制度是由会计师事务所依据注册会计师协会制定的质量控制准则而制定的质量控制政策和质量控制程序。

2006 年 2 月财政部发布的中国注册会计师执业准则体系中，有两项准则专门针对会计师事务所的质量控制进行了规范，分别是《会计师事务所质量控制准则第 5101 号——业务质量控制》和《中国注册会计师审计准则第 1121 号——历史财务信息审计的质量控制》。前者从会计师事务所层面上进行规范，适用于包括历史财务信息审计业务在内的各项业务；后者从执行审计项目的负责人层面上进行规范，仅适用于历史财务信息审计业务。这两项准则联系紧密，前者是后者的制定依据。

一、质量控制制度的目的和要素

（一）质量控制制度的目的

会计师事务所进行质量控制的目的在于：合理保证会计师事务所及其人员遵守法律法规及中国注册会计师职业道德规范、审计准则、审阅准则、其他鉴证业务准则和相关服务准则的规定；合理保证会计师事务所和项目负责人根据具体情况出具恰当的报告。项目负责人是指会计师事务所中负责某项业务及其执行，并代表会计师事务所在业务报告中签字的主任会计师或经授权签字的注册会计师。

（二）质量控制制度的要素

会计师事务所的质量控制制度应当包括针对下列要素而制定的政策和程序：对业务质量承担的领导责任、职业道德规范、客户关系和具体业务的接受与保持、人力资源、业务执行、业务工作底稿、监控。

会计师事务所的质量控制制度是由上述 7 个要素构成的一个完整的质量控制体系。在实务中，会计师事务所应当围绕上述 7 个方面制定质量控制制度，并针对每个方面制定具体的质量控制政策和程序。

二、对业务质量承担的领导责任

（一）对主任会计师的总体要求

会计师事务所应当制定政策和程序，培育以质量为导向的内部文化。这些政策和程序应当要求会计师事务所主任会计师对质量控制制度承担最终责任。明确质量控制制度的最终责任人，对会计师事务所的业务质量控制起着决定性作用。

在审计实务中，主任会计师对质量控制制度承担最终责任，这在制度上保证了质量控制制度的地位和执行力。

（二）行动示范和信息传达

会计师事务所培育以质量为导向的内部文化，就是要在会计师事务所内形成和传播质量至上的内部文化。内部质量文化能否形成，有赖于会计师事务所各级管理层的努力。会计师事务所的领导层及其作出的示范对会计师事务所的内部文化有重大影响。会计师事务所各级管理层应当通过清晰、一致及经常的行动示范和信息传达，强调质量控制政策和程序的重要性及下列要求：按照法律法规、职业道德规范和业务准则的规定执行工作；根据具体情况出具恰当的报告。

（三）树立质量至上的意识

会计师事务所的领导层应当树立质量至上的意识。会计师事务所为实现质量控制的目标而应当采取的措施有：第一，合理确定管理责任，以避免重商业利益、轻业务质量。第二，建立以质量为导向的业绩评价、薪酬及晋升的政策和程序。第三，投入足够的资源以制定和执行质量控制政策和程序，并形成相关文件记录。

此外，主任会计师通常应委派专门人员负责质量控制制度的具体运作。这些受委派承担质量控制制度运作责任的人员，应当具有足够、适当的经验和能力及必要的权限以履行其责任，但这不能减轻或替代主任会计师对质量控制制度承担的最终责任。

三、职业道德规范

会计师事务所应当制定政策和程序，以合理保证会计师事务所及其人员遵守职业道德规范。会计师事务所如不能合理保证职业道德规范得到遵守，就无法保证业务质量。遵守职业道德规范包括如下措施。

（一）会计师事务所领导层的示范

领导层应在会计师事务所内形成重视职业道德规范的氛围，并将相关政策和程序传达给会计师事务所员工。例如，领导层可通过电子邮件、信件和记录等，在专业发展会议上或在客户关系和具体业务的接受与续约，以及业务执行过程中，强调客观、公正等职业道德基本原则。

（二）教育和培训

会计师事务所应向所有人员提供适用的专业文献和法律文献，并告知希望他们熟悉这些文献。会计师事务所还应要求所有人员定期接受职业道德培训，这种培训既可涵盖会计师事务所有关职业道德规范的政策和程序，也可涵盖所有适用的法律法规中有关职业道德的要求。

（三）监控

会计师事务所可以通过定期检查，监督会计师事务所有关职业道德规范的政策和程序设计是否合理、运行是否有效，并采取适当行动，改进其设计和解决运行中存在的问题。

（四）对违反职业道德规范行为的处理

会计师事务所应当制定处理违反职业道德规范行为的政策和程序，指出违反职业道德规范的后果，并据此对违反职业道德规范的个人及时进行处理。会计师事务所可以为每位员工建立职业道德档案，记录个人违反职业道德规范的行为及处理结果。

四、客户关系和具体业务的接受与保持

会计师事务所应当制定有关客户关系和具体业务接受与保持的政策和程序，以合理保证只有在下列情况下，才能接受或保持客户关系和具体业务：已考虑客户的诚信，没有信息表明客户缺乏诚信；具有执行业务必要的素质、专业胜任能力、时间和资源；能够遵守职业道德规范。

（一）考虑客户的诚信

针对有关客户的诚信，会计师事务所应当考虑的主要事项有：第一，客户主要股东、关键管理人员、关联方及治理层的身份和商业信誉。第二，客户的经营性质。第三，客户主要

股东、关键管理人员及治理层对内部控制环境和会计准则等的态度。第四，客户是否过分考虑将会计师事务所的收费维持在尽可能低的水平。第五，工作范围受到不适当限制的迹象。第六，客户可能涉嫌洗钱或其他刑事犯罪行为的迹象。第七，变更会计师事务所的原因。

（二）考虑执行业务的必要条件

在确定是否具有接受新业务所需的必要素质、专业胜任能力、时间和资源时，会计师事务所应当考虑下列事项，以评价新业务的特定要求和所有相关级别的现有人员的基本情况：

（1）会计师事务所人员是否熟悉相关行业或业务对象。

（2）会计师事务所人员是否具有执行类似业务的经验，或是否具备有效获取必要技能和知识的能力。

（3）会计师事务所是否拥有足够的具有必要素质和专业胜任能力的人员。

（4）在需要时，是否能够得到专家的帮助。

（5）如果需要项目质量控制复核，是否具备符合标准和资格要求的项目质量控制复核人员。

（6）会计师事务所是否能够在提交报告的最后期限内完成业务。

（三）客户关系的终止与业务约定的解除

在确定是否接受新业务时，会计师事务所还应当考虑接受该业务是否会导致现实或潜在的利益冲突。在确定是否保持客户关系时，会计师事务所应当考虑在本期或以前业务执行过程中发现的重大事项及其对保持客户关系可能造成的影响。

如果在本期或以前业务执行过程中发现客户守法经营意识淡薄或内部控制环境恶劣，或者对业务范围施加重大限制，或者存在其他严重影响业务执行的情形等，会计师事务所应当考虑其对保持客户关系可能造成的影响；必要时，可终止与该客户关系。此外，由于受到时间等因素的限制，会计师事务所在作出承接客户和业务决策时往往难以全面了解和掌握客户的情况；但会计师事务所在接受业务后可能获知了某项信息，而该信息若在接受业务前获知，可能导致会计师事务所拒绝该项业务。

在考虑解除业务约定或同时解除业务约定及其客户关系时，会计师事务所应当制定的政策和程序包括这样四点要求：第一，与客户适当级别的管理层和治理层讨论会计师事务所根据有关事实和情况可能采取的适当行动。第二，如果确定解除业务约定或同时解除业务约定及其客户关系是适当的，会计师事务所应当就解除的情况及原因，与客户适当级别的管理层和治理层讨论。第三，考虑是否存在法律法规的规定，要求会计师事务所应当保持现有的客户关系，向监管机构报告解除的情况及原因。第四，记录重大事项及其咨询情况、咨询结论和得出结论的依据。

五、人力资源

会计师事务所应当制定政策和程序，合理保证拥有足够的具有必要素质和专业胜任能力并遵守职业道德规范的人员，以使会计师事务所和项目负责人能够按照法律法规、职业道德规范和业务准则的规定执行业务，并根据具体情况出具恰当的报告。

会计师事务所制定的人力资源政策和程序应当解决的人事问题主要包括：招聘；业绩评价；人员素质；专业胜任能力；职业发展；晋升；薪酬；人员需求预测。招聘是人力资源管理的首要环节。

（一）人员素质、专业胜任能力和职业发展

由于执业环境和工作要求在不断地发生变化，会计师事务所应当采取措施保证人员保持必要的素质和专业胜任能力。会计师事务所提高人员素质和专业胜任能力的途径包括：职业教育；职业发展（包括培训）；实务工作经验；由经验更丰富的员工提供辅导等。会计师事务所应当在人力资源政策和程序中强调对各级别人员进行继续培训的重要性，并提供必要的培训资源和帮助，以使人员能够发展和保持必要的素质和专业胜任能力。

（二）业绩评价、薪酬和晋升

会计师事务所应当制定业绩评价、薪酬及晋升程序，对发展和保持专业胜任能力并遵守职业道德规范的人员给予应有的肯定和奖励。业绩评价、薪酬及晋升程序应当强调：使人员知晓会计师事务所对业绩和遵守职业道德规范的期望；向人员提供业绩、工作进步及职业发展方面的评价和咨询；帮助人员了解提高业务质量及遵守职业道德规范是晋升更高职位的主要途径，而不遵守会计师事务所的政策和程序可能招致惩戒。

（三）项目组的工作委派

会计师事务所应当制定政策和程序，监控项目负责人的工作负荷及可供调配的项目负责人数量，以使项目负责人有足够的时间履行职责。会计师事务所应当委派具有必要素质、专业胜任能力和时间的员工，按照法律法规、职业道德规范和业务准则的规定执行业务，以使会计师事务所和项目负责人能够根据具体情况出具恰当的报告。

六、业务执行

（一）指导、监督与复核

1. 指导

会计师事务所在制定指导、监督与复核政策和程序时，应当考虑的事项包括：如何将业务情况简要告知项目组，使项目组了解工作目标；保证适用的业务准则得以遵守的程序；业务监督、员工培训和辅导的程序；对已实施的工作、作出的重大判断以及拟出具的报告进行复核的方法；对已实施的工作及其复核的时间和范围作出适当记录；保证所有的政策和程序是合时宜的。

会计师事务所通常使用书面或电子手册、软件工具、标准化底稿及行业和特定业务对象的指南性材料等文件，记录和传达其制定的政策和程序，以使全体人员了解、掌握和贯彻执行这些政策和程序。

项目组的所有成员应当了解拟执行工作的目标。项目负责人应当通过适当的团队工作和培训，使经验较少的项目组成员清楚地了解所分派工作的目标。

2. 监督

项目负责人对业务的监督包括：追踪业务进程；考虑项目组各成员的素质和专业胜任能力，以及是否有足够的时间执行工作、是否理解工作指令、是否按照计划的方案执行工作；解决在执行业务过程中发现的重大问题，考虑其重要程度并适当修改原计划的方案；识别在执行业务过程中需要咨询的事项或需要由经验较丰富的项目组成员考虑的事项。

3. 复核

复核范围可能随业务的不同而不同。例如，执行高风险的业务、对金融机构执行的业务和为重要客户执行的业务可能需要进行更详细的复核。确定复核人员的原则是：由项目组内经验较多的人员复核经验较少的人员执行的工作。在复核项目组成员已执行的工作时，复核人员应当考虑：工作是否已按照法律法规、职业道德规范和业务准则的规定执行；重大事项是否已提请进一步考虑；相关事项是否已进行适当咨询，由此形成的结论是否得到记录和执行；是否需要修改已执行工作的性质、时间和范围；已执行的工作是否支持形成的结论，并得以适当记录；获取的证据是否充分、适当；业务程序的目标是否已经实现。

（二）咨询

项目组在业务执行中时常会遇到各种各样的疑难问题或者争议事项，当这些问题和事项在项目组内不能得到解决时，有必要向项目组之外的适当人员咨询。因此，会计师事务所应当建立政策和程序以合理保证：就疑难问题或争议事项进行适当咨询；可获取充分的资源进行适当咨询；咨询的性质和范围得以记录；咨询形成的结论得到记录和执行。

对咨询的具体要求包括五个方面：第一，形成良好的咨询文化。会计师事务所应当形成一种良好的咨询氛围，鼓励会计师事务所人员就疑难问题或争议事项进行咨询。第二，合理确定咨询事项，适当确定被咨询者。项目组应当考虑就重大的技术、职业道德及其他事项，向会计师事务所内部或在适当情况下向会计师事务所外部具备适当知识、资历和经验的其他专业人士咨询，并适当记录和执行咨询形成的结论。第三，充分提供相关事实。项目组在向会计师事务所内部或外部其他专业人士咨询时，应当提供所有相关事实，以使其能够对咨询的事项提出有见地的意见。第四，考虑利用外部咨询。第五，完整记录咨询情况并得到认可。咨询形成的记录应当完整、详细，包括寻求咨询的事项和咨询的结果，包括作出的决策、决策依据及决策的执行情况。项目组就疑难问题或争议事项向其他专业人士咨询所形成的记录应当经被咨询者认可。

（三）意见分歧

会计师事务所应当制定政策和程序，以处理和解决项目组内部、项目组与被咨询者之间及项目负责人与项目质量控制复核人员之间的意见分歧，所形成的结论应当得以记录和执行。只有意见分歧问题得到解决，项目负责人才能出具报告。

（四）项目质量控制复核

项目质量控制复核是指在出具报告前，对项目组作出的重大判断和在准备报告时形成的结论作出客观评价的过程。会计师事务所应当制定政策和程序，要求对特定业务实施项目质量控制复核，以客观评价项目组作出的重大判断及在准备报告时得出的结论。

这些政策和程序应当包括三个方面要求：第一，对所有上市公司财务报表审计实施项目质量控制复核。第二，规定适当的标准，据此评价上市公司财务报表审计以外的历史财务信息审计和审阅、其他鉴证业务及相关服务业务，以确定是否应当实施项目质量控制复核。第三，对符合适当标准的所有业务实施项目质量控制复核。项目质量控制复核通常包括：与项目负责人进行讨论；复核财务报表或其他业务对象信息及报告，尤其考虑报告是否适当；选取与项目组作出重大判断及形成结论有关的工作底稿进行复核。

在确定项目质量控制复核人员时，会计师事务所应当避免的情形为：复核人员由项目负责人挑选、复核人员在复核期间以其他方式参与该业务、复核人员代替项目组进行决策。在业务执行过程中，项目负责人可以向项目质量控制复核人员进行咨询。当咨询问题的性质和范围十分重大时，项目组的复核人员应当谨慎从事，以使复核人员保持客观性。如果复核人员不能保持客观性，会计师事务所应当委派其他人员或聘请具有适当资格的外部人员，担当项目质量控制复核人员或该项业务的被咨询者。

七、业务工作底稿

（一）业务工作底稿的归档要求与保存期限

会计师事务所应当制定政策和程序，以使项目组在出具业务报告后及时将工作底稿归整为最终业务档案。会计师事务所应当根据业务的具体情况，确定适当的业务工作底稿归档期限。对历史财务信息审计、审阅业务和其他鉴证业务，业务工作底稿的归档期限为业务报告日后60天内。如果针对客户的同一财务信息执行不同的委托业务，出具两个或多个不同的报告，会计师事务所应当将其视为不同的业务，根据制定的政策和程序，在规定的归档期限内分别将业务工作底稿归整为最终业务档案。

对鉴证业务包括历史财务信息审计和审阅业务、其他鉴证业务，会计师事务所应当自业务报告日起，对业务工作底稿至少保存10年。

（二）业务工作底稿的管理要求

会计师事务所应当制定政策和程序，以安全保管业务工作底稿并对业务工作底稿保密；保证业务工作底稿的完整性；便于使用和检索业务工作底稿；按照规定的期限保存业务工作底稿。

除下列情况外，会计师事务所应当对业务工作底稿包含的信息予以保密：取得客户的授权；根据法律法规的规定，会计师事务所为法律诉讼准备文件或提供证据，以及向监管机构报告发现的违反法规行为；接受注册会计师协会和监管机构依法进行的质量检查。

无论业务工作底稿存在于纸质、电子还是其他介质，会计师事务所都应当针对业务工作底稿设计和实施适当的控制，以实现下列目的：使业务工作底稿清晰地显示其生成、修改及复核的时间和人员；在业务的所有阶段，尤其是在项目组成员共享信息或通过互联网将信息专递给其他人员时，保护信息的完整性；防止未经授权改动业务工作底稿；允许项目组和其经授权的人员为适当履行职责而接触业务工作底稿。

（三）业务工作底稿的所有权

业务工作底稿的所有权属于会计师事务所。会计师事务所可自主决定允许客户获取业务工作底稿部分内容或摘录部分工作底稿，但披露这些信息不得损害会计师事务所执行业务的有效性。对鉴证业务，披露这些信息不得损害会计师事务所及其人员的独立性。

在实务中，客户基于某种考虑和需要可能向会计师事务所提出获取业务工作底稿部分内容或摘录部分工作底稿的要求。会计师事务所应当在确保遵守职业道德规范、业务准则和质量控制制度规定的前提下，考虑具体业务的特点和分析客户要求的合理性，谨慎决定是否满足客户的要求。如果披露这些信息损害会计师事务所执行业务的有效性，就不应当满足客户的要求。尤其要注意的是，如果披露这些信息损害会计师事务所及其人员的独立性，就不得向客户提供相关工作底稿信息。

八、监控

会计师事务所应当制定监控政策和程序，以合理保证质量控制制度中的政策和程序是相关、适当的，并正在有效运行。这些监控政策和程序应当包括持续考虑和评价会计师事务所的质量控制制度，如定期选取已完成的业务进行检查。

对会计师事务所质量控制制度的监控应当由具有专业胜任能力的人员实施，监控内容包括质量控制制度设计的适当性和运行的有效性。会计师事务所可以委派主任会计师、副主任会计师或具有足够、适当经验和权限的其他人员履行监控责任。会计师事务所应当从下列方面对质量控制制度进行持续考虑和评价。

（1）确定质量控制制度的完善措施，包括要求对有关教育与培训的政策和程序提供反馈意见。

（2）与会计师事务所适当人员沟通已识别的质量控制制度在设计、理解或执行方面存在的缺陷。

（3）由会计师事务所适当人员采取追踪措施，以对质量控制政策和程序及时作出必要的修正。

（4）分析法律法规、职业道德规范和业务准则的新变化，以及会计师事务所的政策和程序如何适当反映这些变化。

（5）有关独立性政策和程序遵守情况的书面确认函。

（6）分析职业发展（包括培训）情况。

（7）分析与接受和保持客户关系及具体业务相关的决策。

会计师事务所应当周期性地选取已完成的业务进行检查，周期最长不得超过 3 年。在每个周期内，应对每个项目负责人的业务至少选取 1 项进行检查。

会计师事务所应当每年至少 1 次将质量控制制度的监控结果，传达给项目负责人及会计师事务所内部的其他适当人员，以使会计师事务所及其相关人员能够在其职责范围内及时采取适当的行动。传达的信息应当包括已实施的监控程序、实施监控程序得出的结论，以及系统性的、重复出现的或其他重大的缺陷及其整改措施。

DISIJIE 第四节 注册会计师的法律责任

注册会计师的法律责任，是指社会审计人员因违约、过失或欺诈对审计委托人、被审计单位或其他有利益关系的第三人造成损害，按照相关法律规定而应承担的法律后果。

一、注册会计师的法律责任概述

（一）注册会计师法律责任的表现形式

随着企业规模的扩大和企业经营管理过程的复杂化，信息使用者对会计信息可靠性的依赖性的增强，注册会计师的法律责任也正在逐步扩展，主要表现在：

1. 诉讼爆炸

近 10 多年来，企业经营失败造成的破产案件剧增，投资者和贷款人蒙受重大损失，因而就出现了指控注册会计师未能及时揭示或报告这些问题，并要求其赔偿有关损失的诉讼事件。从信息的使用者角度来看，注册会计师似乎成为他们花钱雇来的“经济警察”，他们当然希望能用钱换来他们具以决策的会计信息的可靠性。随着信息使用者对被审计单位控制权的弱化及因此而引起的风险增加，他们开始把注册会计师当做风险的分摊者，从而将自己的风险转嫁于注册会计师。西方学者将此形象的称为“深口袋”理论。具体讲，信息使用者期望注册会计师通过预防、查证和纠正公司中财务和会计中的舞弊问题，并保证财务报告的准确性，只要发现自己因使用不正确的会计信息误导而利益受损时，他们往往将注册会计师推上被告席。迫于社会的压力，许多国家的法院判决逐渐倾向于增加注册会计师的法律责任。

注册会计师法律责任不断扩大，履行责任的对象随之拓宽，这些都使得注册会计师很容易被指控为民事侵权，“诉讼爆炸”（litigation explosion）也由此产生。

2. 保险危机

伴随着诉讼迅速增长的趋势，出现了职业过失保险赔付急剧增长的现象，而保险赔付的增加又不可避免地导致保险费用的攀升。例如，在美国，在对执业不当的审判中，凡涉及到大额赔付的，陪审团裁决的基础就是认为赔偿金额通常由保险公司而非被告承担。陪审团的裁决表明他们已先入为主地认为被告都事先投了保。很明显，在陪审团眼中，保险金额的支付就像天上掉下来的馅饼。

早期的司法制度倾向于限定注册会计师对第三方的法律责任，但自20世纪70年代末以来，不少法官已放弃上述判例原则，转而规定注册会计师对已知的第三方使用者或财务报表的特定用途必须承担法律责任。当注册会计师涉及民事侵权的案件时，诉讼带来的直接后果就是赔偿金额的持续上涨。这又导致注册会计师由于支付高额保险费用而引发提供的服务价格持续上涨。

（二）注册会计师法律责任的成因

目前，注册会计师涉及法律诉讼的数量和金额呈上升趋势，其原因是多方面的，有被审计单位方面的责任，也有注册会计师方面的责任，有的是双方的责任，还有的是因为使用者的误解。其中，被审计单位方面的责任和注册会计师方面的责任是最重要的。

1. 被审计单位方面的责任

（1）错误、舞弊与违法行为。被审计单位存在错误、舞弊与违法行为是形成注册会计师法律责任的前提条件。因为，如果被审计单位不存在错误、舞弊与违法行为，则注册会计师就没有对其进行审计的必要，注册会计师的法律责任也就无从谈起。

被审计单位发生严重的错误、舞弊与违法行为而注册会计师未能查出，往往给他人造成损失，注册会计师可能遭受到委托单位及有关方面的控告。对于被审计单位的错误、舞弊与违法行为，被审计单位理应承担直接的会计责任，而注册会计师对由此而带来的法律责任主要是指承担审计责任。

（2）经营失败。经营失败是指被审计单位发生债务危机、甚至破产清算，无法持续经营的情况。被审计单位发生经营失败，会使其债权人和投资者蒙受损失。他们为了使损失得到补偿，往往会指责注册会计师有过失或欺诈行为。被审计单位在经营失败时，也可能会连累注册会计师。很多会计和法律专业人员认为，财务报表使用者控告会计师事务所的主要原因之一，是不理解经营失败和审计失败之间的差别。审计失败是指注册会计师在审计过程中有过失甚至欺诈行为，被揭发后需要承担法律责任的情形。审计历史表明，绝大部分审计失败集中发生在宣告破产的被审计单位。因此，被审计单位的经营失败是导致审计诉讼、发生审计失败的主要导火线。被审计单位的经营失败还可能加重注册会计师的法律责任。审计总存在一定水平的审计风险，如果被审计单位发生经营失败，则这些审计风险就有可能显化为审计失败，使注册会计师承担一般情况下不会承担的法律责任。另一方面，可能发生经营失败的被审计单位，其固有风险和控制风险通常也较高，注册会计师发生过失的可能性也较高，因而发生审计失败，承担法律责任的可能性也较高。

2. 注册会计师方面的责任

导致注册会计师承担法律责任的根本原因是注册会计师自身的违约、过失与欺诈行为。

（1）违约。注册会计师的违约，是指注册会计师在执业过程中未能达到审计业务约定书的要求，如未能按时提交审计报告，违反了与被审计单位订立的保密协议等，审计人员应负违约责任。

（2）过失。过失是指在一定条件下，注册会计师在执业时因缺少其应有的职业谨慎而导致审计失败的行为。过失的基本特征是非故意的。当过失给他人造成损害时，注册会计师应承担过失责任。评价注册会计师的过失，是以其他合格注册会计师在相同条件下可保持的谨慎为标准的。过失分为普通过失和重大过失。

普通过失即一般过失，是指没有保持职业上应有的合理的谨慎，没有完全遵循专业准则的要求而导致审计失败。如未能查出隐蔽较强的错漏等。

重大过失是指连起码的职业谨慎都没有保持，对业务或事项不加考虑，满不在乎，根本没有遵守专业标准或严重违背审计准则而导致审计失败。例如，注册会计师在执行审计业务时，根本没有遵循执业准则的要求，即为重大过失。如未发现审查样本中明显涂改的错漏等。

另外，还有一种过失叫“共同过失”，是指因注册会计师和客户双方共同的责任而导致的审计失败，即对他人过失，受害者自己未能保持合理的谨慎因而蒙受损失。比如，被审计单位未能向注册会计师提供编制纳税申报表所必要的信息，后来又指控注册会计师未能妥当地编制纳税申报表。在这种情况下，法律可能判定被审计单位有共同过失。

（3）欺诈。欺诈是指以欺骗或坑害他人为目的的一种故意的错误行为，是注册会计师为了达到欺骗他人的目的，明知委托单位的财务报表有重大错报，却加以虚伪陈述，出具无保留意见的审计报告行为。与欺诈相关的另一个概念是“推定欺诈”，是指虽无故意欺诈或坑害他人的动机，但却存在极端或异常的过失。推定欺诈和重大过失这两个概念往往很难界定，美国许多法院曾经将注册会计师的重大过失解释为推定欺诈，注册会计师的法律责任进一步加大。

注册会计师过失程度的大小并没有特别严格的界限，在实务中也往往难以界定。前面提到了它们之间的主要区别，具体到每一个案例则由法院根据具体情况给予解释。

（三）注册会计师法律责任的种类

注册会计师承担的法律责任有民事责任、行政责任和刑事责任。民事责任是指赔偿受害者损失。行政责任是指行政处罚，对注册会计师个人来说，包括警告、暂停执业、吊销注册会计师证书；对会计师事务所而言，包括警告、没收违法所得、罚款、暂停执业、撤销等。刑事责任是指按照有关法律程序判处责任人一定的徒刑。一般来说，违约和过失可能使注册会计师负民事责任和行政责任，欺诈可能会使注册会计师负民事责任和刑事责任。这三种责任可以单处，也可并处。

二、我国注册会计师的法律责任

(一) 我国注册会计师的法律责任发展进程

我国的注册会计师行业自20世纪80年代恢复以来，在社会主义市场经济建设中发挥了其他行业不可替代的作用。注册会计师法律责任的发展过程大致可分为以下三个阶段。

1. 第一阶段——无责阶段

1981年上海会计师事务所成立，标志着我国注册会计师行业得以恢复建立。1981年~1991年10年间，注册会计师行业可谓生活在“世外桃源”之中，客户几乎没有就审计业务与审计职业界发生法律纠纷，而作为主管该行业的财政部门也从未因注册会计师工作过失对他们进行过任何处罚，这一段时期可以称为我国注册会计师法律责任的无责阶段。在该阶段，我国注册会计师行业发展表面上较为顺利，没有任何法律诉讼；但实际上，随着环境的改变，社会正在酝酿着产生注册会计师法律责任的各种条件。

2. 第二阶段——法律责任的爆发阶段

1992年~1995年间，由于宽松的经济环境和对商品经济发展的强烈要求，多种经济类型的企业几乎是以指数的速度诞生，这些企业的创办为注册会计师行业提供了大量的验资业务与审计业务，为处于成长状态的注册会计师行业奠定了坚实的物质基础，保证了其生存和发展。但与此同时，随着市场经济体系的建立，企业、社会各界的风险意识也逐渐加强，开始出现了对注册会计师行业的法律诉讼案件。1992年、1993年深圳原野公司案和北京长城公司案引发了人们对深圳特区会计师事务所和北京中诚会计师事务所法律责任的关注，由此揭开了我国对注册会计师法律责任的序幕。这一阶段，我国注册会计师行业主管部门对有重大社会影响的3大审计案件：即深圳原野公司、北京长城公司和海南中水集团公司案中的有关注册会计师进行了严厉的行政处罚，经办会计师事务所被解散。从而开创了我国对注册会计师追究法律责任的先河。

3. 第三阶段——纵深发展阶段

上述三大审计案件为注册会计师职业敲响了警钟，推动了注册会计师法律责任向深层次发展。1996年1月1日《中国注册会计师独立审计准则》的实施和1996年4月4日最高人民法院法函［1996］56号复函规定揭开了注册会计师法律责任向纵深发展的序幕。2003年1月9日，最高人民法院公布了《关于审理证券市场因虚假陈述引发的民事赔偿案件的若干规定》，重点解决立案依据、管辖级别、归责原则、因果关系、举证责任、损失认定等具体问题，其中明确规定“专业中介服务机构及其直接责任人违反证券法第161条和第202条的规定虚假陈述，给投资人造成损失的，就其负有责任的部分承担赔偿责任”。

在该阶段，1997年起又爆出琼民源、红光实业、东方锅炉新3大案。在红光事件中，先后有股民向上海和成都的地方法院提起诉讼。2001年以来，随着一系列案件如黎明股份、东方电子、银广夏、麦科特、科龙电器等上市公司虚假陈述案的曝光，湖北立华、深圳中天勤、华鹏、华伦、德勤等会计师事务所及注册会计师的丑闻也不断传出，国内注册会计师一度成为社会各界指责的焦点。证监会等监管部门对违规注册会计师及会计师事务所的处罚力度逐步加大，由1998年以前的警告和通报批评为主转向罚款、没收违法收入和暂停执业资格，乃至追究民事责任与刑事责任等法律责任，会计职业界开始广泛讨论法律风险和法律责任问题。

（二）我国注册会计师的法律责任规范

随着社会主义市场经济体制在我国的建立和发展，注册会计师在社会经济生活中的地位越来越重要，发挥的作用越来越大，我国有关部门已充分认识到强化注册会计师的责任意识，严格注册会计师的法律责任，以保证其职业道德和执业质量的重要意义。因此，我国近年来颁布的不少重要的经济法规中，都有专门规定注册会计师和会计师事务所所负法律责任的条款。其中比较重要的有：《中华人民共和国注册会计师法》、《中华人民共和国公司法》、《中华人民共和国审计法》、《关于惩治违反公司法的犯罪的决定》、《中华人民共和国证券法》及《中华人民共和国刑法》等。

1. 民事责任

我国《注册会计师法》第42条规定，会计师事务所违反本法规定，给委托人、其他利害关系人造成损失的，应当依法承担赔偿责任。

我国《证券法》第202条规定，为证券的发行、上市或者证券交易活动出具审计报告、资产评估报告或者法律意见书等文件的专业机构，就其所应负责的内容弄虚作假，造成损失的，承担连带赔偿责任。

2. 行政责任

我国《注册会计师法》第39条规定，会计师事务所违反本法第20条、第21条关于会计师事务所从事审计业务的禁止性规定时，由省级以上人民政府的财政部门给予警告，没收违法所得，可以并处违法所得1倍以上5倍以下的罚款；情节严重的，可以由省级以上人民政府的财政部门暂停其经营业务或者予以撤销。注册会计师违反本法第20条、第21条关于注册会计师从事审计业务的禁止性规定时，由省级以上人民政府财政部门给予警告，情节严重的，可以由省级以上人民政府财政部门暂停其执行业务或者吊销注册会计师证书。

我国《注册会计师法》第40条规定，对未经批准承办本法第14条规定的注册会计师业务的单位，由省级以上财政部门责令其停止违法活动，没收违法所得，可以并处违法所得1倍以上5倍以下的罚款。

我国《公司法》第208条第1款规定，承担资产评估、验资或者验证的机构提供虚假材料的，由公司登记机关没收违法所得，处以违法所得1倍以上5倍以下的罚款，并可以由有关主管部门依法责令该机构停业，吊销直接责任人员的资格证书、吊销营业执照。该条第2款规定，承担资产评估、验资或者验证的机构因过失提供有重大遗漏的报告的，由公司登记机关责令改正，情节较重的，处以所得收入1倍以上5倍以下的罚款，并可由有关主管部门依法责令该机构停业，吊销直接责任人员的资格证书、吊销营业执照。该条第3款规定，承担资产评估、验资或者验证的机构因其出具的评估结果、验资或者验证证明不实，给公司债权人造成损失的，除能够证明自己没有过错外，在其评估或者证明不实的金额范围内承担赔偿责任。

我国《证券法》第182条规定，为股票的发行或者上市出具审计报告、资产评估报告或者法律意见书等文件的专业机构和人员，违反本法第39条的规定买卖股票的，责令依法处理非法获得的股票，没收违法所得，并处以所买卖的股票等值以下的罚款。

我国《证券法》第183条规定，证券交易内幕信息的知情人员，在涉及证券的发行、交易或者其他对证券的价格有重大影响的信息尚未公开前买入或者卖出该证券，或者泄露该信息或者建议他人买卖该证券的，责令依法处理非法获得的证券，没收违法所得，并处以违法所得1倍以上5倍以下或者非法买卖的证券等值以下的罚款。

我国《证券法》第202条规定，为证券的发行、上市或者证券交易活动出具审计报告、资产评估报告或者法律意见书等文件的专业机构，就其所应负责的内容弄虚作假的，没收违法所得，并处以违法所得1倍以上5倍以下的罚款，由有关部门责令该机构停业，吊销直接责任人员的资格证书。

3. 刑事责任

我国《注册会计师法》第39条第3款规定，会计师事务所、注册会计师违反本法第20条、第21条的规定，故意出具虚假的审计报告、验资报告，构成犯罪的，依法追究刑事责任。

我国《证券法》第183条规定，证券交易内幕信息的知情人员，在涉及证券的发行、交易或者其他对证券的价格有重大影响的信息尚未公开前，买入或者卖出该证券，或者泄露该信息或者建议他人买卖该证券构成犯罪的，依法追究刑事责任。

我国《证券法》第202条规定，为证券的发行、上市或者证券交易活动出具审计报告、资产评估报告或者法律意见书等文件的专业机构，就其所应负责的内容弄虚作假，构成犯罪的，依法追究刑事责任。

我国《刑法》第229条第1款规定，承担资产评估、验资、验证、会计、审计、法律服务等职责的中介组织的人员有意提供虚假证明文件，情节严重的，处5年以下有期徒刑或者拘役，并处罚金。该条第2款规定，前款规定的人员，索取他人财物或者非法收受他人财物，犯前款罪的，处5年以上10年以下有期徒刑，并处罚金。该条第3款规定，第1款规定的人员，严重不负责任，出具的证明文件有重大失实，造成严重后果的，处3年以下有期徒刑或者拘役，并处或者单处罚金。

我国《审计法》第44条的规定，注册会计师滥用职权、徇私舞弊、玩忽职守，构成犯罪的，依法追究刑事责任；不构成犯罪的，给予行政处分。

我国《证券法》第189条规定，证券交易所……社会中介机构及其从业人员……在证券交易活动中作出虚假陈述或信息误导的，责令改正，处以3万元以上20万元以下的罚款……构成犯罪的，依法追究刑事责任。

三、注册会计师法律责任的防范

随着我国政府和广大社会公众对注册会计师责任及作用的深入了解，追诉注册会计师的案件时有发生。如何避免法律诉讼，已成为我国注册会计师非常关注的问题。

（一）完善我国目前现有的法律法规

协调《注册会计师法》、《公司法》、《证券法》、《刑法》等法律规定对注册会计师法律责任的不同规定，尽可能使之趋同。如为使注册会计师合理承担刑事责任，建议最高检察院和公安部修改《最高人民检察院公安部关于经济犯罪案件追诉标准的规定》时在损失绝对数额的基础上增加相对比例数，损失的相对比例数应考虑企业的资产总额或营业收入等数据。

（二）严格遵循职业道德和专业标准的要求

注册会计师是否要承担法律责任，关键在于注册会计师是否有过失或欺诈行为。而判别注册会计师是否具有过失的关键在于注册会计师是否遵循专业标准的要求执业。因此，保持良好的职业道德，严格遵循专业标准的要求执行业务，出具报告，对于避免法律诉讼或在已提起的法律诉讼中保护注册会计师是非常重要的。首先要加强职业道德教育，注册会计师协会应定期考核、评估以督促各事务所和注册会计师加强对自身职业道德的培养和提高，事务所也应定期组织相关培训和教育，不断强化相关人员的法律意识、责任意识和风险意识，具有强烈的敬业精神，不能只顾增加事务所的经济收入而忽视社会效益，给事务所带来巨大的审计风险；其次必须把执业质量放在事务所工作的首位，执业质量关系到社会审计事业的兴衰成败，绝不可掉以轻心，一定要按照市场规则独立、客观、公正地从事各项审计业务，坚决反对弄虚作假的行为。

（三）建立健全会计师事务所质量控制制度

质量控制是会计师事务所各项管理工作的核心和关键。因此，会计师事务应建立健全一套严密、科学的内部质量控制制度，并把这套制度推行到每一个人、每一部门和每一项业务中，严格要求注册会计师按照专业标准规范执业，保证整个会计师事务所的质量。包括建立客户风险等级评价和管理制度；建立充分了解和评价被审计单位的制度；建立例外事项或重大事项的请示报告制度；建立质量考核评价与奖惩制度；落实复核制度；严格注册会计师签名制度；建立技术支持与咨询制度，等等。

（四）审慎选择被审计单位

注册会计师如欲避免法律诉讼，必须慎重地选择被审计单位。一是要选择正直的被审计单位。如果被审计单位对其顾客、职工、政府部门或其他方面没有正直的品格，也必然会蒙骗注册会计师，使注册会计师受到陷害。二是要特别注意陷入法律和财务困境的被审计单位。周转不灵或面临破产的公司的股东或债权人总想为他们的损失寻找“替罪羊”。因此，对那些已经陷入财务困境的被审计单位要特别注意。

（五）深入了解被审计单位的业务

在众多诉讼中，注册会计师之所以未能发现错误，一个重要的原因就是他们不了解被审计单位所在行业的情况，即被审计单位的业务。会计是经济活动的综合反映，不熟悉被审计单位的经济业务和生产经营事务，仅局限于有关的会计资料，就有可能发现不了某些错误。

（六）提取风险基金或购买责任保险

投保充分的责任保险是会计师事务所一项极为重要的保护措施，尽管保险不能免除可能受到的法律诉讼，但这一措施能帮助注册会计师转嫁风险，避免遭受毁灭性的损失，同时，还能够使会计师事务所受到保险公司的监督。我国《注册会计师法》也规定了会计师事务所应当按规定建立职业风险基金，办理职业保险。随着我国改革开放的不断深入，要求注册会计师为国内外客户提供高质量、全方位的服务，也将使注册会计师、事务所面临的风险在范围上、深度上都不可与以往同日而语。为了更好地服务于国内外客户，会计师事务所必须以更高的执业质量和更有保障的资信条件来迎接新的挑战，而通过提取风险基金和投保的方式可以提高事务所的赔偿能力，从而取信于国内外客户，并提高社会信誉。

（七）聘请熟悉注册会计师法律责任的律师

会计师事务所应尽可能聘请熟悉相关法规及注册会计师法律责任的律师。在执业过程中，如遇重大法律问题，注册会计师应同本所的律师或外聘律师详细讨论所有潜在的危险情况并仔细考虑律师的建议。一旦发生法律诉讼，也应请有经验的律师参与诉讼。

本章小结

本章主要阐述了注册会计师的执业准则体系和法律责任。

注册会计师执业准则是用来规范注册会计师执行审计业务，获取审计证据，形成审计结论，出具审计报告的专业标准。注册会计师执业准则的作用具体表现在：可以指导注册会计师的工作，使审计工作规范化；提高注册会计师的审计工作质量；维护会计师事务所和注册会计师的合法权益；促进国际间审计经验的交流。

注册会计师执业准则体系由业务准则和质量控制准则组成。其中业务准则包括鉴证业务准则和相关服务准则。

鉴证业务准则是为确定审计准则、审阅准则、其他鉴证业务准则适用的业务类型而做的规范。它由鉴证业务基本准则统领，根据鉴证业务提供的保证程度和鉴证对象不同，分为审计准则、审阅准则、其他鉴证业务准则。其中，审计准则是整个业务准则体系的核心。审计准则用以规范注册会计师执行历史财务信息的审计业务，在提供审计业务时，注册会计师对所审计信息是否不存在重大错报提供合理保证，并以积极方式提出结论。

相关服务准则用以规范注册会计师代编财务信息、执行商定程序、提供管理咨询等其他服务。

质量控制准则用以规范注册会计师在执行各类业务时应当遵守的质量控制政策和程序。

会计师事务所应当围绕对业务质量承担的领导责任、职业道德规范、客户关系和具体业务的接受与保持、人力资源、业务执行、业务工作底稿、监控 7 个方面制定一套完整的质量控制体系，并针对某个方面制定具体的质量控制政策和程序。

注册会计师的法律责任，是指社会审计人员因违约、过失与欺诈对审计委托人、被审计单位或其他有利益关系的第三人造成损害，按照相关法律规定而应承担的法律后果。其成因主要来自于被审计单位和注册会计师两方面，其中，被审计单位的责任主要有错误、舞弊、违法行为和经营失败；注册会计师的责任主要有违约、过失、欺诈。在我国，审计人员因过失或欺诈承担的法律责任包括民事责任、行政责任和刑事责任，这些责任可以单处，也可以并处。

注册会计师法律责任的防范措施主要有：完善我国目前现有的法律法规；严格遵循职业道德和专业标准的要求；建立健全会计师事务所质量控制制度；审慎选择被审计单位；深入了解被审计单位的业务；提取风险基金或购买责任保险；聘请熟悉注册会计师法律责任的律师等。

本章的重点是要求学生掌握注册会计师执业准则体系的框架结构、法律责任的成因及其防范。

中国注册会计师执业准则

鉴证业务准则
相关服务准则
会计师事务所质量控制准则
注册会计师的法律责任

问答题

1. 简述中国注册会计师执业准则体系的框架结构和内容？
2. 简述鉴证业务的五要素。
3. 简述鉴证业务三方关系人及其关系。
4. 注册会计师涉及法律诉讼呈上升趋势的原因有哪些？
5. 注册会计师的违约、过失与欺诈会使其承担什么法律责任？
6. 如何防范注册会计师的法律责任？

第四章

DI SI ZHANG

审计目标与计划审计工作

本章要点

- 掌握管理当局的认定和审计目标的确定
- 掌握审计重要性的确定和应用
- 掌握审计计划的步骤和要求
- 熟悉审计计划的内容
- 了解审计业务约定书的意义和内容

计划审计工作是审计工作的起点，也是审计工作中最重要的环节，计划审计工作的结果直接影响审计工作的实施效率及效果。注册会计师在这个审计环节中，应严格按照审计准则的要求，明确财务报表的审计目标、与被审计单位签定审计业务约定书、进行风险评估、确定重要性水平、制定总体审计策略和具体审计计划。

DIYIJIE 第一节 财务报表审计的目标与实现

审计目标是指在一定的历史环境下，人们通过审计实践活动所期望达到的理想境地或最终结果。它包括财务报表审计的总目标以及各类交易、账户余额、列报相关的具体审计目标两个层次。审计目标的界定对注册会计师的审计工作发挥着导向作用。它界定了注册会计师的责任范围，直接影响注册会计师计划和实施审计程序的性质、时间和范围，决定了注册会计师如何发表审计意见。因此，必须要对审计目标有清晰的认识。

一、我国财务报表审计的总目标

审计总目标是将审计作为一项系统工作或活动所期望实现的目标。从发展的历史看，审计经历了由弊端审计向财务审计，又由财务审计向效益审计的历史变迁。所以，审计总目标也经历了不断演变的过程。尽管审计形式经历了由弊端审计向财务审计，又由财务审计向效益审计的转变，但其审计对象都离不开反映财务状况、经营成果和现金流量情况的财务报表，审计总目标也总是围绕财务报表审计而界定的。尤其是注册会计师审计，始终将财务报表审计作为其主要职责，财务报表审计是审计业务的基础。

《中国注册会计师审计准则第 1101 号——财务报表审计的目标和一般原则》规定，财务报表审计的目标是注册会计师通过执行审计工作，对财务报表的合法性、公允性发表审计意见。“合法性”是指被审计单位的财务报表是否按照适用的会计准则和相关会计制度的规定编制，“公允性”是指财务报表是否在所有重大方面公允反映了被审计单位的财务状况、经营成果和现金流量。

评价财务报表的合法性时，注册会计师应考虑：被审计单位选择和运用会计政策是否符合适用的会计准则和相关的会计制度，并适合于被审计单位的具体情况；管理层作出的会计估计是否合理；财务报表反映的信息是否具有相关性、可靠性和合理性；财务报表是否作出充分披露，使财务报表的使用者能够理解重大交易和事项对被审计单位财务状况、经营成果和现金流量的影响。

评价财务报表的公允性时，注册会计师应考虑：经管理层调整后的财务报表是否与注册会计师对被审计单位及其环境的了解一致；财务报表的列报、结构和内容是否合理；财务报表是否真实地反映了交易和事项的经济实质。

财务报表审计属于鉴证业务。注册会计师作为独立第三方，运用专业知识、技能和经验对财务报表进行审计并发表审计意见，旨在提高财务报表的可信赖程度。由于审计存在固有限制，审计工作不能对财务报表整体不存在重大错报提供绝对保证。虽然财务报表使用者可以根据财务报表和审计意见对被审计单位未来生存能力或管理层的经营效率、经营效果作出某种判断，但审计意见本身并不是对被审计单位未来生存能力或管理层经营效率、经营效果提供的保证。

二、审计具体目标

审计具体目标是在审计总目标的基础上，对具体的审计项目所期望达到的目的或期望取得的最终结果，它是对审计总目标的具体化。审计具体目标是根据被审计单位管理当局的认定和审计总目标来确定的。

（一）被审计单位管理当局对财务报表的认定

这里的认定是指被审计单位管理层对财务报表中的各种业务和相关账户所作的陈述或声明。认定与审计目标密切相关，注册会计师的基本职责就是确定被审计单位管理层对其财务报表的认定是否恰当。管理层在财务报表上的认定有些是明确表达的，有些则是隐含表达的。例如，管理层在资产负债表中列报应收账款，意味着作出了两种明确的认定：第一，记录的应收账款是存在的。第二，应收账款以恰当的金额包括在财务报表中，与之相关的计价或分摊调整已恰当记录。同时，管理层也作出两种隐含的认定：第一，所有应当记录的应收账款均已记录。第二，记录的应收账款由被审计单位拥有。

管理层对财务报表各组成要素均作出了认定，注册会计师的审计工作就是要通过审查工作来确定管理层的认定是否恰当。管理当局的认定包含以下三类：

1. 与各类交易和事项相关的认定

注册会计师对所审计期间的各类交易和事项运用的认定主要有下列类别：

（1）发生。记录的交易和事项已发生，且与被审计单位有关。

（2）完整性。所有应当记录的交易和事项均已记录。

（3）准确性。与交易和事项有关的金额及其他数据已恰当记录。

（4）截止。交易和事项已记录于正确的会计期间。

（5）分类。交易和事项已记录于恰当的账户。

2. 与期末账户余额相关的认定

注册会计师对期末账户余额运用的认定主要有下列类别：

（1）存在。存在的认定是指包含在资产负债表内的资产、负债和所有者权益在资产负债表日确实存在。

（2）权利和义务。权利与义务的认定是指在某一特定日期，各项资产确属被审计单位的权利，各项负债确属被审计单位的义务。权利与义务认定只与资产负债表的构成要素有关。

（3）完整性。所有应当记录的资产、负债和所有者权益均已记录。

（4）计价和分摊。资产、负债和所有者权益以恰当的金额包括在财务报表中，与之相关的计价或分摊调整已恰当记录。

3. 与列报相关的认定

注册会计师对列报运用的认定主要有下列类别：

（1）发生及权利和义务：披露的交易、事项和其他情况已发生，且与被审计单位有关。

（2）完整性：所有应当包括在财务报表中的披露均已包括。

（3）分类和可理解性：财务信息已被恰当地列报和描述，且披露内容表述清楚。

（4）准确性和计价：财务信息和其他信息已公允披露，且金额恰当。

（二）具体审计目标

根据审计的总目标和被审计单位管理当局的上述认定，就可得出审计具体目标。审计具体目标包括一般审计目标和项目审计目标。一般审计目标是进行所有项目审计均须达到的目标，项目审计目标则是按每个项目分别确定的目标。具体审计目标的确定，有助于注册会计师按照审计准则的要求收集充分、适当的审计证据，并根据项目的实际情况确定收集证据。注册会计师了解了认定，就很容易确定每个项目的具体审计目标，并以此作为评估重大错报风险以及设计和实施进一步审计程序的基础。

1. 与各类交易和事项相关的审计目标

（1）发生。由发生认定推导的审计目标是确认已记录的交易是真实的。例如，如果没有发生销售交易，但在销售日记账中记录了一笔销售，则违反了该目标。

发生认定所要解决的问题是管理层是否把那些不曾发生的项目列入财务报表，它主要与财务报表组成要素的高估有关。

（2）完整性。由完整性认定推导的审计目标是确认已发生的交易确实已经记录。例如，如果发生了销售交易，但没有在销售明细账和总账中记录，则违反了该目标。

完整性认定与发生认定处理的是相反的事项。发生目标针对潜在的高估；而完整性目标则针对漏记交易（低估），它主要与财务报表要素的低估有关。

（3）准确性。由准确性认定推导出的审计目标是确认已记录的交易是按正确金额反映的。例如，如果在销售交易中，发出商品的数量与账单上的数量不符，或是开账单时使用了错误的销售价格，或是账单中的乘积或加总有误，或是在销售明细账中记录了错误的金额，则违反了该目标。

（4）截止。由截止认定推导出的审计目标是确认接近于资产负债表日的交易记录于恰当的期间。例如，如果本期交易推到下期，或下期交易提到本期，均违反了截止目标。

（5）分类。由分类认定推导出的审计目标是确认被审计单位记录的交易经过适当分类。例如，如果将现销记录为赊销，将出售经营性固定资产所得的收入记录为营业收入，则导致交易分类的错误，违反了分类的目标。

2. 与期末账户余额相关的审计目标

（1）存在。由存在认定推导的审计目标是确认记录的金额确实存在。例如，如果不存在某顾客的应收账款，在应收账款明细表中却列入了对该顾客的应收账款，则违反了存在性目标。

（2）权利和义务。由权利和义务认定推导的审计目标是确认资产归属于被审计单位，负债属于被审计单位的义务。例如，将他人寄售商品列入被审计单位的存货中，违反了权利目标；将不属于被审计单位的债务记入账内，违反了义务目标。

（3）完整性。由完整性认定推导的审计目标是确认已存在的金额均已记录。例如，如果存在某顾客的应收账款，在应收账款明细表中却没有列入对该顾客的应收账款，则违反了完整性目标。

（4）计价和分摊。资产、负债和所有者权益以恰当的金额包括在财务报表中，与之相关的计价或分摊调整已恰当记录。

3. 与列报相关的审计目标

各类交易和账户余额的认定正确只是为列报正确打下了必要的基础。财务报表还可能因被审计单位误解有关列报的规定或舞弊等而产生错报。另外，还可能因被审计单位没有遵守一些专门的披露要求而导致财务报表错报。因此，即使注册会计师审计了各类交易和账户余额的认定，实现了各类交易和账户余额的具体审计目标，也不意味着获取了足以对财务报表发表审计意见的充分、适当的审计证据。因此，注册会计师还应当对各类交易、账户余额及相关事项在财务报表中列报的正确性实施审计。

（1）发生及权利和义务。将没有发生的交易、事项，或与被审计单位无关的交易和事项包括在财务报表中，则违反该目标。例如，复核董事会会议记录中是否记载了固定资产抵押等事项，询问管理层固定资产是否被抵押。即是对列报的权利认定的运用。如果抵押固定资产则需要在财务报表中列报，说明其权利受到限制。

（2）完整性。如果应当披露的事项没有包括在财务报表中，则违反该目标。例如，检查关联方和关联交易，以验证其在财务报表中是否得到充分披露，即是对列报的完整性认定的运用。

（3）分类和可理解性。财务信息已被恰当地列报和描述，且披露内容表述清楚。例如，检查存货的主要类别是否已披露，是否将一年内到期的长期负债列为流动负债，即是对列报的分类和可理解性认定的运用。

（4）准确性和计价。财务信息和其他信息已公允披露，且金额恰当。例如，检查财务报表附注是否分别对原材料、产成品和在产品等存货成本核算方法做了恰当说明，即是对列报的准确性和计价认定的运用。

三、审计程序与审计目标的实现

审计程序是指审计工作从开始到结束的整个过程。审计活动是一项有目的、有组织的活动，为了最大限度地实现既定的审计目的，保证工作质量，降低审计风险，审计工作必须遵循一定的标准和规范进行。审计程序的主要内容包括接受业务委托、计划审计工作、实施风险评估程序、实施控制测试和实质性程序及完成审计工作和编制审计报告。

（一）接受业务委托

会计师事务所应当按照执业准则的规定，谨慎决策是否接受或保持某客户关系和具体审计业务。在接受委托前，注册会计师应当初步了解审计业务环境：包括业务约定事项、审计对象特征、使用的标准、预期使用者的需求、责任方及其环境的相关特征，以及可能对审计业务产生重大影响的事项、交易、条件和惯例等其他事项。

只有在了解后认为符合胜任能力、独立性和应有关注等职业道德要求，并且拟承接的业务具备下列所有特征时，注册会计师才能将其作为审计业务予以承接：

（1）审计对象适当。

（2）使用的标准适当且预期使用者能够获取该标准。

（3）注册会计师能够获取充分、适当的证据以支持其结论。

（4）注册会计师的结论以书面报告形式表述，且表述形式与所提供的保证程度相适应。

（5）该业务具有合理的目的。如果审计业务的工作范围受到重大限制，或委托人试图将注册会计师的名字和审计对象不适当地联系在一起，则该业务可能不具有合理的目的。

接受业务委托阶段的主要工作包括：了解和评价审计对象的可审性；决策是否考虑接受委托；商定业务约定条款；签订审计业务约定书等。

（二）计划审计工作

计划审计工作是整个审计工作的起点。为了保证审计目标的实现，注册会计师必须在具体执行审计程序前，制定审计计划，对审计工作进行科学、合理的计划与安排，使审计业务以有效的方式得到执行。一般来说，计划审计工作主要包括：在本期审计业务开始时开展的初步业务活动；制定总体审计策略；制定具体审计计划等。计划审计工作不是审计业务的一个孤立阶段，而是一个持续的、不断修正的过程，贯穿于整个审计过程的始终。

（三）实施风险评估程序

为了解被审计单位及其环境而实施的程序称为“风险评估程序”。注册会计师应当依据实施这些程序所获取的信息，评估重大错报风险。风险评估程序为注册会计师确定重要性水平，识别需要特别考虑的领域、设计和实施进一步审计程序等工作提供了重要基础。

一般来说，实施风险评估程序的主要工作包括：了解被审计单位及其环境；识别和评估财务报表层次以及各类交易、账户余额、列报认定层次的重大错报风险，包括确定需要特别考虑的重大错报风险（即特别风险）以及仅通过实施实质性程序无法应对的重大错报风险等。

（四）实施控制测试和实质性程序

控制测试是在了解内部控制的基础上，为了确定内部控制政策和程序的设计与执行是否有效而实施的审计程序，其目的是测试内部控制在防止、发现并纠正认定层次重大错报方面的运行有效性，从而支持或修正重大错报风险的评估结果，据以确定实质性程序的性质、时间和范围。有两种情况应当实施控制测试：一是在评估认定层次重大错报风险时，预期控制的运行是有效的，注册会计师应当实施控制测试以支持评估结果；二是仅实施实质性程序不足以提供认定层次充分、适当的审计证据，注册会计师应当实施控制测试，以获取内部控制运行有效性的审计证据。

实质性程序是指注册会计师针对评估的重大错报风险实施的直接用以发现认定层次重大错报的审计程序。它包括对各类交易、账户余额、列报的细节测试以及实质性分析程序。无论评估的重大错报风险结果如何，注册会计师均应当针对所有重大的各类交易、账户余额、列报实施实质性程序，以获取充分、适当的审计证据。

由此可见，风险评估程序和实质性程序是每次财务报表审计都应实施的必要程序，而控制测试则不是。在财务报表审计业务中，注册会计师必须通过实施风险评估程序、控制测试（必要时或决定测试时）和实质性程序，才能获取充分、适当的审计证据，得出合理的审计结论，作为形成审计意见的基础。

（五）完成审计工作和编制审计报告

注册会计师在完成财务报表所有循环的进一步审计程序后，还应当按照有关审计准则的规定做好审计完成阶段的工作，并根据所获取的各种证据，合理运用专业判断，形成适当的审计意见。本阶段主要工作有：审计期初余额、比较数据、期后事项和或有事项；考虑持续经营问题和获取管理层声明；汇总审计差异，并提请被审计单位调整或披露；复核审计工作底稿和财务报表；与管理层和治理层沟通；评价所有审计证据，形成审计意见；编制审计报告等。

DIERJIE 第二节 审计业务约定书

一、审计业务约定书的含义

审计业务约定书是指会计师事务所与被审计单位签订的，用以记录和确认审计业务的委托与受托关系、审计目标和范围、双方的责任以及报告的格式等事项的书面协议。签订审计业务约定书的目的是为了明确约定各方的权利和责任义务，最大限度地消除签约各方在以后工作中产生的误解，促使各方遵守约定事项并加强合作，保护签约各方的正当利益。在注册会计师的审计实践中，审计业务约定书具有十分重要的作用。

会计师事务所承接任何审计业务，都应当与被审计单位签订审计业务约定书。根据《中国注册会计师审计准则第 1111 号——审计业务约定书》第 4 条的规定，注册会计师应当在审计业务开始前，与被审计单位就业务约定条款达成一致意见，并签订审计业务约定书，以避免双方对审计业务的理解产生分歧。

审计业务约定书具有经济合同的性质，一经约定各方签字认可，即成为法律上生效的契约，对各方均具有法定约束力。

二、审计业务约定书的内容

审计业务约定书作为约束签约各方履行义务的合法依据，必须有完善的内容和周密的考虑，任何一点疏忽和纰漏都可能导致难以预计的后果。签订完整而严密的审计业务约定书，有助于审计工作的顺利进行。审计业务约定书的内容包括审计业务约定书的必备条款、应当考虑增加的其他条款，以及实施集团财务报表审计时的特殊考虑。

（一）审计业务约定书的必备条款

根据《中国注册会计师审计准则第 1111 号——审计业务约定书》第 5 条的规定，审计业务约定书的具体内容可能因被审计单位的不同而存在差异，但应当包括下列主要方面：

（1）财务报表审计的目标。财务报表审计的目标是注册会计师通过执行审计工作，对财务报表是否按照适用的会计准则和相关会计制度的规定编制，是否在所有重大方面公允反映被审计单位的财务状况、经营成果和现金流量发表审计意见。

（2）管理层对财务报表的责任。在被审计单位治理层的监督下，按照适用的会计准则和相关会计制度的规定编制财务报表是被审计单位管理层的责任。

（3）管理层编制财务报表采用的会计准则和相关会计制度。

（4）审计范围，包括指明在执行财务报表审计业务时遵守的中国注册会计师审计准则。审计范围是指为实现财务报表审计目标，注册会计师根据审计准则和职业判断实施的恰当的审计程序的总和。

（5）执行审计工作的安排，包括出具审计报告的时间要求。

（6）审计报告格式和对审计结果的其他沟通形式。

（7）由于测试的性质和审计的其他固有限制，以及内部控制的固有局限性，不可避免地存在着某些重大错报可能仍然未被发现的风险。

（8）管理层为注册会计师提供必要的工作条件和协助。

（9）注册会计师不受限制地接触任何与审计有关的记录、文件和所需要的其他信息。

（10）管理层对其作出的与审计有关的声明予以书面确认。

（11）注册会计师对执业过程中获知的信息保密。

（12）审计收费，包括收费的计算基础和收费安排。在签订审计业务约定书前，注册会计师应当与委托人商定审计收费。在确定收费时，注册会计师应当考虑以下因素：审计服务所需的知识和技能；所需专业人员的数量、水平和经验；每一专业人员提供服务所需的时间；提供审计服务所需承担的责任；各地有关审计收费标准的规定。

（13）违约责任。

（14）解决争议的方法。

（15）签约双方法定代表人或其授权代表的签字盖章，以及签约双方加盖的公章。

上述条款都是审计业务约定书的必备条款。之所以将这些条款作为审计业务约定书的必备条款，主要是由于审计工作专业性强，而委托人可能混淆被审计单位管理层与注册会计师的责任，或不了解审计的固有限制而对审计有不恰当的预期。在这种情况下，在审计业务约定书中明确上述条款，有助于避免委托人对审计业务的目标和作用等产生误解。

（二）在需要时应考虑增加的业务约定条款

根据《中国注册会计师审计准则第 1111 号——审计业务约定书》第 6 条的规定，如果情况需要，注册会计师应当考虑在审计业务约定书中列明下列内容：

（1）在某些方面对利用其他注册会计师和专家工作的安排。

（2）与审计涉及的内部审计人员和被审计单位其他员工工作的协调。

(3) 预期向被审计单位提交的其他函件或报告。
(4) 与治理层整体直接沟通。
(5) 在首次接受审计委托时，对与前任注册会计师沟通的安排。
(6) 注册会计师与被审计单位之间需要达成进一步协议的事项。

三、连续审计业务中的考虑

根据《中国注册会计师审计准则第 1111 号——审计业务约定书》第 8 条和第 9 条的规定，对于连续审计，注册会计师应当考虑是否需要根据具体情况修改业务约定的条款，以及是否需要提醒被审计单位注意现有的业务约定条款。

会计师事务所或被审计单位（或委托人）如需修改、补充审计业务的约定内容，应当以适当的方式获得对方的确认。

注册会计师可以与被审计单位签订长期审计业务约定书，但如果出现下列情况，应当考虑重新签订审计业务约定书：

(1) 有迹象表明被审计单位误解审计目标和范围。
(2) 需要修改约定条款或增加特别条款。
(3) 高级管理人员、董事会或所有权结构近期发生变动。
(4) 被审计单位业务的性质或规模发生重大变化。
(5) 法律法规的规定。
(6) 管理层编制财务报表采用的会计准则和相关会计制度发生变化。

出现上述第（2）种情况时，注册会计师也可以与被审计单位签订补充协议，原审计业务约定书继续有效。

DISANJIE 第三节 审计重要性

一、对审计重要性的理解

（一）重要性的定义

审计准则规定：如果一项错报单独或连同其他错报可能影响财务报表使用者依据财务报表作出的经济决策，则该项错报是重大的。重要性是指被审计单位会计报表中错报或漏报的严重程度，这一程度在特定环境下可能影响会计报表使用者的判断或决策。理解这一定义，必须注意以下几点：

1. 重要性概念中的错报包含漏报

判断一项业务重要与否，应视其在会计报表中的错报或漏报对会计报表使用者所做决策的影响程度而定。若一项业务在报表中的错报或漏报足以改变或影响报表使用者的判断，则该项业务就是重要的，否则就是不重要的。

2. 重要性概念必须从会计报表使用者的角度来考察，因为会计报表是为了满足会计报表使用者的信息需求而编制的

会计报表的使用者包括企业的投资者、债权人、政府、社会公众等，他们需要利用会计

报表提供的信息作出各种经济决策。这里，会计报表使用者是指具有一定的理解能力并能够理性地作出判断和决策的使用者。

3. 重要性包括对数量和性质两个方面的考虑

所谓数量方面是指错报的金额大小，性质方面则指错报的性质。一般来说，金额大的错报比金额小的错报重要。但在某些情况下，有些错报从金额上来看并不重要，但从性质上来看则是重要的，如某些舞弊形成的错报。

4. 重要性的判断离不开特定的环境

不同企业面临不同的环境，因而判断重要性的标准也不相同。例如，某一金额对某个企业的会计报表来说是重要的，而对另一个具有不同规模、不同性质的企业的会计报表来说，可能并不重要。即使是对某一特定企业而言，重要性也会因时间的不同而改变。

5. 对重要性的评估需要运用职业判断

审计重要性实质上是注册会计师所审计的会计报表中存在的差错对会计报表使用者进行决策判断产生影响的最高界限。由于会计报表使用者决策时，对会计报表的依赖程度不同，我们也不难看出这个差错的“最高界限”对不同的会计报表使用者（或同一个决策者不同决策时间）的决策来说是不可能永远恒定不变的。所以，审计重要性水平的高低，很大程度上取决于决策者的主观判断。为了提高审计效率、保证审计质量，在审计过程中注册会计师要充分运用重要性原则，必须对重要性作出谨慎的判断。

（二）审计重要性运用的情形

注册会计师在审计过程中，需要运用重要性原则的情形有二：一是在审计计划阶段，确定审计程序的性质、时间和范围时，此时，重要性被看做是审计所允许的可能或潜在的未发现错报或漏报的限度，即注册会计师在运用审计程序以检查会计报表的错报或漏报时所允许的误差范围；二是评价审计结果时，此时，重要性被看做是某一错报或漏报或汇总的错报或漏报是否影响到会计报表使用者的判断和决策的标志。

二、计划阶段确定重要性水平

在确定计划的重要性水平时，注册会计师应了解被审计单位及其环境，明确审计目标和特定的报告要求，了解财务报表各项目的性质及相互联系，并研究报表项目的金额及波动情况。

（一）从数量方面考虑重要性

审计准则要求注册会计师在运用重要性原则时，应当从金额和性质两方面来考虑重要性。因此，首先需要从数量方面来考虑重要性。重要性水平是一个经验值，在审计中，注册会计师应当从财务报表层次和各类交易、账户余额、列报层次确定重要性水平。

1. 财务报表层次的重要性水平

由于审计的目的是对财务报表的合法性、公允性发表意见，因此，注册会计师必须考虑财务报表层次的重要性，只有这样，才能形成对财务报表整体的意见。

在确定报表层次的重要性水平时，通常需要确定判断基础和计算比率。重要性水平的判断基础主要有资产总额、净资产、营业收入、费用总额、毛利、净利润等汇总财务指标，注册会计师应当合理选用。例如：被审计单位净利润接近于零时，不应将净利润作为重要性水平的判断基础；被审计单位净利润波动幅度较大时，不应将当年的净利润作为重要性水平的判断基础，而应选择近年的平均净利润；被审计单位属于劳动密集型企业时，不应将资产总额、净资产作为重要性水平的判断基础。计算重要性主要采用固定比率，但这个百分比是多少，世界各国的审计准则和会计准则都没有作出规定，也无法作出规定。以下是审计准则中例示的一些指南：

（1）对以盈利为目的的企业，可以采用来自经常性业务的税前利润或税后净利润的5%，或总收入的0.5%。

（2）对非盈利组织，可以采用费用总额或总收入的0.5%。

（3）对共同基金公司，可以采用净资产的0.5%。

在确定会计报表层次的重要性水平时，注册会计师应当先对每张会计报表确定一个重要性水平。例如，将损益表的重要性水平确定为100万元，将资产负债表的重要性水平确定为200万元。但由于会计报表彼此相互关联，并且许多审计程序经常涉及到两个以上的报表，比如，用以确定年底赊销是否正确记录在适当期间的审计程序，不仅为资产负债表上的应收账款提供审计证据，而且还为损益表上的销售提供审计证据。因此，在编制审计计划时，应使用被认为对任何一张会计报表都重要的最小的错报或漏报总体水平，也就是说，注册会计师应当选择最低的重要性水平作为会计报表层次的重要性水平。

2. 各类交易、账户余额、列报认定层次的重要性水平

由于财务报表提供的信息由各类交易、账户余额、列报认定层次的信息汇集加工而成，注册会计师只有通过对各类交易、账户余额、列报认定层次实施审计，才能得出财务报表是否公允反映的结论。因此，注册会计师还应当考虑各类交易、账户余额、列报认定层次的重要性。

各类交易、账户余额、列报认定层次的重要性水平称为“可容忍错报”。可容忍错报的确定以注册会计师对财务报表层次重要性水平的初步评估为基础。它是在不导致财务报表存在重大错报的情况下，注册会计师对各类交易、账户余额、列报确定的可接受的最大错报。

在确定各类交易、账户余额、列报认定层次的重要性水平时，注册会计师应当考虑的主要因素有两点：第一，各类交易、账户余额、列报的性质及错报的可能性。第二，各类交易、账户余额、列报的重要性水平与财务报表层次重要性水平的关系。由于为各类交易、账户余额、列报确定的重要性水平即可容忍错报，对审计证据数量有直接的影响，因此，注册会计师应当合理确定可容忍错报。

需要强调的是，在制定总体审计策略时，注册会计师应当对那些金额本身就低于所确定的财务报表层次重要性水平的特定项目作额外的考虑。注册会计师应当根据被审计单位的具体情况，运用职业判断，考虑是否能够合理地预计这些项目的错报将影响使用者依据财务报表作出的经济决策（如有这种情况的话）。注册会计师在作出这一判断时，应当考虑的因素包括：第一，会计准则、法律法规是否影响财务报表使用者对特定项目计量和披露的预期（如关联方交易、管理层及治理层的报酬）。第二，与被审计单位所处行业及其环境相关的关键性披露（如制药业的研究与开发成本）。第三，财务报表使用者是否特别关注财务报表中单独披露的特定业务分部（如新近购买的业务）的财务业绩。

了解治理层和管理层对上述问题的看法和预期，可能有助于注册会计师根据被审计单位的具体情况作出这一判断。

（二）从性质方面考虑重要性

金额不重要的错报从性质上看有可能是重要的。注册会计师在判断错报的性质是否重要时应该考虑的具体情况包括以下内容：

（1）错报对遵守法律法规要求的影响程度。

（2）错报对遵守债务契约或其他合同要求的影响程度。

（3）错报掩盖收益或其他趋势变化的程度（尤其在联系宏观经济背景和行业状况进行考虑时）。

（4）错报对用于评价被审计单位财务状况、经营成果或现金流量的有关比率的影响程度。

（5）错报对财务报表中列报的分部信息的影响程度。例如，错报事项对分部或被审计单位其他经营部分的重要程度，而这些分部或经营部分对被审计单位的经营或盈利有重大影响。

（6）错报对增加管理层报酬的影响程度。例如，管理层通过错报来达到有关奖金或其他激励政策规定的要求，从而增加其报酬。

（7）错报对某些账户余额之间错误分类的影响程度，这些错误分类影响到财务报表中应单独披露的项目。例如，经营收益和非经营收益之间的错误分类，非盈利单位的受到限制资源和非限制资源的错误分类。

（8）相对于注册会计师所了解的以前向报表使用者传达的信息（例如，盈利预测）而言，错报的重大程度。

（9）错报是否与涉及特定方的项目相关。例如，与被审计单位发生交易的外部单位是否与被审计单位管理层的成员有关联。

（10）错报对信息漏报的影响程度。在有些情况下，适用的会计准则和相关会计制度并未对该信息作出具体要求，但是注册会计师运用职业判断，认为该信息对财务报表使用者了解被审计单位的财务状况、经营成果或现金流量很重要。

（11）错报对与已审计财务报表一同披露的其他信息的影响程度，该影响程度能被合理预期将对财务报表使用者作出经济决策产生影响。

需要指出的是，这些因素只是举例，不可能包括所有情况，也并非所有审计都会出现上述全部因素。注册会计师不能以存在这些因素为由而必然认为错报是重大的。这些因素仅供注册会计师参考。

三、重要性与审计风险

（一）重要性与审计风险的关系

重要性与审计风险之间呈反向关系。也就是说，重要性水平越高，审计风险越低；反之，重要性水平越低，审计风险越高。这里，重要性水平的高低指的是金额的高低，一般地，400 元的重要性水平比 200 元的重要性水平高。在理解两者之间的关系时，必须注意，重要性水平是注册会计师从会计报表使用者的角度进行判断的结果。如果重要性水平是 400 元，则意味着低于 400 元的错报与漏报不会影响到会计报表使用者的判断与决策，注册会计师仅仅需要通过执行有关审计程序查出高于 400 元的错报或漏报；如果重要性水平是 200 元，则金额在 200 ~ 400 元之间的错报或漏报仍然会影响到会计报表使用者的判断与决策，注册会计师需要通过执行有关审计程序查出金额在200～400元之间的错报与漏报。显然，重要性水平为400元时的审计风险要比重要性水平为200元时的审计风险低。审计风险越高，越要求注册会计师收集更多更有效的审计证据，以将审计风险降至可接受的低水平。因此，重要性和审计证据之间也是反向变动关系。

值得注意的是，注册会计师不能通过不合理地人为调高重要性水平，降低审计风险。因为重要性是依据重要性概念中所述的判断标准确定的，而不是由主观期望的审计风险水平决定。

由于重要性和审计风险存在上述反向关系，而且这种关系对注册会计师将要执行的审计程序的性质、时间和范围有直接的影响，因此，注册会计师应当综合考虑各种因素，合理确定重要性水平。

（二）考虑重要性与审计风险的关系对审计程序的影响

注册会计师对重要性及其与审计风险的关系的考虑贯穿于注册会计师审计工作的全过程。在不同的审计阶段，重要性与审计风险的关系都会对审计程序产生影响。

1. 在审计计划阶段

在审计计划阶段，注册会计师在确定审计程序的性质、时间和范围时，需要考虑计划的重要性水平。在计划审计工作时，注册会计师应当考虑导致财务报表发生重大错报的原因，并应当在了解被审计单位及其环境的基础上，确定一个可接受的重要性水平，即首先为财务报表层次确定重要性水平，以发现在金额上重大的错报。同时，注册会计师还应当评估各类交易、账户余额及列报认定层次的重要性，以便确定进一步审计程序的性质、时间和范围，将审计风险降至可接受的低水平。注册会计师在确定审计程序的性质、时间和范围时应当考虑重要性与审计风险之间的反向关系。

2. 在审计执行阶段

在审计执行阶段，随着审计过程的推进，注册会计师应当及时评价计划阶段确定的重要性水平是否仍然合理，并根据具体环境的变化或在审计执行过程中进一步获取的信息，修正计划的重要性水平，进而修改进一步审计程序的性质、时间和范围。例如，随着审计证据的累积，注册会计师可能认为初始选用的重要性基准并不恰当，需要选用其他的基准来计算重要性水平。在确定审计程序后，如果注册会计师决定接受更低的重要性水平，审计风险将增加。为将审计风险降至可接受的低水平，注册会计师应当选用的方法：第一，如有可能，通过扩大控制测试范围或实施追加的控制测试，降低评估的重大错报风险，并支持降低后的重大错报风险水平。第二，通过修改计划实施的实质性程序的性质、时间和范围，降低检查风险。

3. 在评价审计程序结果阶段

在评价审计程序结果时，注册会计师确定的重要性和审计风险，可能与计划审计工作时评估的重要性和审计风险存在差异。在这种情况下，注册会计师应当重新确定重要性和审计风险，并考虑实施的审计程序是否充分。

四、评价错报的影响

在审计结束阶段，注册会计师需要汇总尚未更正的错报，并评价尚未更正错报的汇总数对财务报表的影响。

（一）尚未更正错报的汇总数

尚未更正错报的汇总数包括已经识别的具体错报和推断误差。

1. 已经识别的具体错报

已经识别的具体错报是指注册会计师在审计过程中发现的，能够准确计量的错报，包括下列两类：

（1）对事实的错报。这类错报产生于被审计单位收集和处理数据的错误，对事实的忽略或误解，或故意舞弊行为。例如，注册会计师在实施细节测试时发现最近购入原材料的实际价值为12000元，但账面记录的金额却为10000元。因此，存货和应付账款分别被低估了2000元，这里被低估的2000元就是已识别的对事实的具体错报。

（2）涉及主观决策的错报。这类错报产生于两种情况：一是管理层和注册会计师对会计估计值的判断差异，例如，由于包含在财务报表中的管理层作出的估计值超出了注册会计师确定的一个合理范围，导致出现判断差异；二是管理层和注册会计师对选择和运用会计政策的判断差异，由于注册会计师认为管理层选用会计政策造成错报，管理层却认为选用会计政策适当，导致出现判断差异。

2. 推断误差

推断误差也称“可能误差”，是注册会计师对不能明确、具体地识别的其他错报的最佳估计数。推断误差通常包括：

（1）通过测试样本估计出的总体的错报减去在测试中发现的已经识别的具体错报。例如，应收账款年末余额为2000万元，注册会计师抽查样本发现金额有100万元的高估，高估部分为账面金额的20%，据此注册会计师推断总体的错报金额为400万元（即2000×20%），那么上述100万元就是已识别的具体错报，其余300万元即推断误差。

（2）通过实质性分析程序推断出的估计错报。例如，注册会计师根据客户的预算资料及行业趋势等要素，对客户年度销售费用独立地作出估计，并与客户账面金额比较，发现两者间有50%的差异；考虑到估计的精确性有限，注册会计师根据经验认为10%的差异通常是可接受的，而剩余40%的差异需要有合理解释并取得佐证性证据；假定注册会计师对其中20%的差异无法得到合理解释或不能取得佐证，则该部分差异金额即为推断误差。

（二）评价尚未更正错报的汇总数的影响

注册会计师需要在出具审计报告之前，评估尚未更正错报单独或累积的影响是否重大。在评估时，注册会计师应当从特定的某类交易、账户余额及列报认定层次和财务报表层次考虑这些错报的金额和性质，以及这些错报发生的特定环境。

注册会计师应当分别考虑每项错报对相关交易、账户余额及列报的影响，包括错报是否超过之前为特定交易、账户余额及列报所设定的较之财务报表层次重要性水平更低的可容忍错报。此外，如果某项错报是（或可能是）由舞弊造成的，无论其金额大小，注册会计师均应当按照审计准则的规定，考虑其对整个财务报表审计的影响。考虑到某些错报发生的环境，即使其金额低于计划的重要性水平，注册会计师仍可能认为其单独或连同其他错报从性质上看是重大的。前已提及，可能影响注册会计师评估错报从性质上看是否重大的因素包括错报是否与违反监管要求或合同规定有关；是否掩盖了收益或其他趋势的变化；是否影响用来评价被审计单位财务状况、经营成果和现金流量的相关比率；是否会导致管理层报酬的增加；是否影响财务报表中列示的分部信息等。

注册会计师在评估未更正错报是否重大时，不仅需要考虑每项错报对财务报表的单独影响，而且需要考虑所有错报对财务报表的累积影响及其形成原因，尤其是一些金额较小的错报，虽然单个看起来并不重大，但是其累计数却可能对财务报表产生重大的影响。例如，某个月末发生的错报可能并不重要，但是如果每个月末都发生相同的错报，其累计数就有可能对财务报表产生重大影响。为全面地评价错报的影响，注册会计师应将审计过程中已识别的具体错报和推断误差进行汇总。

尚未更正错报与财务报表层次重要性水平相比，可能出现以下两种情况：

（1）尚未更正错报的汇总数低于重要性水平（并且特定项目的尚未更正错报也低于考虑其性质所设定的更低的重要性水平，下同）。如果尚未更正错报汇总数低于重要性水平，对财务报表的影响不重大，注册会计师可以发表无保留意见的审计报告。

（2）尚未更正错报的汇总数超过或接近重要性水平。如果尚未更正错报汇总数超过了重要性水平，对财务报表的影响可能是重大的，注册会计师应当考虑通过扩大审计程序的范围或要求管理层调整财务报表降低审计风险。在任何情况下，注册会计师都应当要求管理层就已识别的错报调整财务报表。如果管理层拒绝调整财务报表，并且扩大审计程序范围的结果不能使注册会计师认为尚未更正错报的汇总数不重大，注册会计师应当考虑出具非无保留意见的审计报告。如果已识别但尚未更正错报的汇总数接近重要性水平，注册会计师应当考虑该汇总数连同尚未发现的错报是否可能超过重要性水平，并考虑通过实施追加的审计程序，或要求管理层调整财务报表降低审计风险。

DISIJIE 第四节 计划审计工作

一、计划审计工作的总体要求

计划审计工作是指注册会计师为了完成年度财务报表的审计业务，达到预期的审计目标，在具体执行审计程序之前对审计工作所作的合理规划和安排，即制定审计计划。

《中国注册会计师审计准则第 1201 号——计划审计工作》规定，注册会计师应当计划审计工作，使审计业务以有效的方式得到执行。计划审计工作包括针对审计业务制定总体审计策略和具体审计计划，以将审计风险降至可接受的低水平。计划审计工作是一项持续的过程，计划审计工作十分重要，很多关键决策往往在这个阶段作出，如可接受的审计风险水平和重要性的确定、项目人员的配置，等等。按照审计准则的规定，项目负责人和项目组其他关键成员应当参与计划审计工作，利用其经验和见解，以提高计划过程的效率和效果。

二、初步业务活动

注册会计师在计划审计工作前，需要开展初步业务活动，为制定审计计划做好前期准备工作。注册会计师开展初步业务活动有助于确保在计划审计工作时达到的要求有：第一，确保注册会计师已具备执行业务所需要的独立性和专业胜任能力。第二，确定不存在因管理层诚信问题而影响注册会计师保持该项业务意愿的情况。第三，确保与被审计单位不存在对业务约定条款的误解。

根据《中国注册会计师审计准则第 1201 号——计划审计工作》第 6 条的规定，注册会计师应当在本期审计业务开始时开展下列初步业务活动：

（一）针对保持客户关系和具体审计业务实施相应的质量控制程序

针对保持客户关系和具体审计业务实施质量控制程序，并且根据实施相应程序的结果作出适当的决策，是注册会计师控制审计风险的重要环节。连续审计时，注册会计师通常执行针对保持客户关系和具体审计业务的质量控制程序，而在首次接受审计委托时，注册会计师需要执行针对建立有关客户关系和承接具体审计业务的质量控制程序。总体而言，无论是连续审计还是首次接受审计委托，为确定保持客户关系和具体审计业务的结论是恰当的，注册会计师均应当考虑的主要事项有：第一，被审计单位的主要股东、关键管理人员和治理层是否诚信。第二，项目组是否具备执行审计业务的专业胜任能力以及必要的时间和资源。第三，会计师事务所和项目组能否遵守职业道德规范。

由于在连续审计的情况下，注册会计师已经积累了一定的审计经验，因此在决定是否保持与某一客户的关系时，项目负责人通常重点考虑本期或前期审计中发现的重大事项，及其对保持该客户关系的影响。在实务中，会计师事务所可以区别首次接受审计委托和连续审计的情况下制定不同的质量控制程序，以提高审计工作的效率及效果。

（二）评价遵守职业道德规范的情况，包括评价独立性

评价遵守职业道德规范的情况也是一项非常重要的初步业务活动。职业道德规范要求项目组成员恪守独立、客观、公正的原则，保持专业胜任能力和应有的关注，并对审计过程中获知的信息保密。

对于保持独立性，质量控制准则要求会计师事务所制定政策和程序，以及项目负责人实施相应措施。例如，会计师事务所应当每年至少一次向所有受独立性要求约束的人员获取其遵守独立性政策和程序的书面确认函。

需要注意的是，由于在审计工作中情况会发生变化，注册会计师对上述两项的考虑应当贯穿审计业务的全过程。例如，在现场审计过程中，如果注册会计师发现财务报表存在舞弊，因而对管理层、治理层的胜任能力或诚信产生了极大疑惑，则注册会计师需要针对这一新情况，考虑并在必要时重新实施相应的质量控制程序，以决定是否继续保持该项业务及其客户关系。

虽然保持客户关系及具体审计业务和评价职业道德的工作贯穿审计业务的全过程，但是这两项活动需要安排在其他审计工作之前，以确保注册会计师已具备执行业务所需要的独立性和专业胜任能力，且不存在因管理层诚信问题而影响注册会计师保持该项业务意愿等情况。

（三）及时签订或修改审计业务约定书

在作出接受或保持客户关系及具体审计业务的决策后，注册会计师应当按照《中国注册会计师审计准则第 1111 号——审计业务约定书》的规定，在审计业务开始前，与被审计单位就审计业务约定条款达成一致意见，签订或修改审计业务约定书，以避免双方对审计业务的理解产生分歧。

三、总体审计策略

总体审计策略是对审计的预期范围和实施方式所作的规划，是注册会计师从接受审计委

托到出具审计报告整个过程基本工作内容的综合计划。它是规划整个审计工作的蓝图。为了顺利完成审计任务，注册会计师应当为审计工作制定总体审计策略。总体审计策略用以确定审计范围、时间和方向，并指导制定具体审计计划。在制定总体审计策略时，注册会计师应当考虑下列主要事项，同时这些事项也会影响具体审计计划。

（一）审计范围

注册会计师应当确定审计业务的特征，包括采用的会计准则和相关会计制度、特定行业的报告要求以及被审计单位组成部分的分布等，以界定审计范围。具体而言，在确定审计范围时，注册会计师需要考虑下列事项：

（1）编制财务报表适用的会计准则和相关会计制度。

（2）特定行业的报告要求，如某些行业的监管部门要求提交的报告。

（3）预期的审计工作涵盖范围，包括需审计的集团内组成部分的数量及所在地点。

（4）母公司和集团内其他组成部分之间存在的控制关系的性质，以确定如何编制合并财务报表。

（5）其他注册会计师参与审计集团内组成部分的范围。

（6）需审计的业务分部性质，包括是否需要具备专门知识。

（7）外币业务的核算方法及外币财务报表折算和合并方法。

（8）除对合并财务报表审计之外，是否需要对组成部分的财务报表单独进行法定审计。

（9）内部审计工作的可利用性及对内部审计工作的拟信赖程度。

（10）被审计单位使用服务机构的情况，及注册会计师如何取得有关服务机构内部控制设计、执行和运行有效性的证据。

（11）预期利用在以前期间审计工作中获取的审计证据的程度，如获取的与风险评估程序和控制测试相关的审计证据。

（12）信息技术对审计程序的影响，包括数据的可获得性和预期使用计算机辅助审计技术的情况。

（13）根据中期财务信息审阅及在审阅中所获信息对审计的影响，相应调整审计涵盖范围和时间安排。

（14）与为被审计单位提供其他服务的会计师事务所人员讨论可能影响审计的事项。

（15）被审计单位的人员和相关数据的可利用性。

（二）报告目标

总体审计策略的制定应当包括明确审计业务的报告目标，以计划审计的时间安排和所需沟通的性质，包括提交审计报告的时间要求，预期与管理层和治理层沟通的重要日期等。为计划报告目标、时间安排和所需沟通，注册会计师需要考虑下列事项：

（1）被审计单位的财务报告时间表。

（2）与管理层和治理层就审计工作的性质、范围和时间所举行的会议的组织工作。

（3）与管理层和治理层讨论预期签发报告和其他沟通文件的类型及提交时间，报告和其他沟通文件，既包括书面的，也包括口头的，如审计报告、管理建议书和与治理层沟通函等。

（4）就组成部分的报告及其他沟通文件的类型及提交时间与负责组成部分审计的注册会计师沟通。

(5) 项目组成员之间预期沟通的性质和时间安排，包括项目组会议的性质和时间安排及复核工作的时间安排。

(6) 是否需要跟第三方沟通，包括与审计相关的法律法规规定和业务约定书约定的报告责任。

(7) 与管理层讨论在整个审计过程中通报审计工作进展及审计结果的预期方式。

(三) 审计方向

总体审计策略的制定应当包括考虑影响审计业务的重要因素，以确定项目组工作方向，包括确定适当的重要性水平，初步识别可能存在较高的重大错报风险的领域，初步识别重要的组成部分和账户余额，评价是否需要针对内部控制的有效性获取审计证据，识别被审计单位、所处行业、财务报告要求及其他相关方面最近发生的重大变化等。在确定审计方向时，注册会计师需要考虑下列事项：

(1) 重要性方面。具体包括：在制定审计计划时确定的重要性水平；为组成部分确定重要性且与组成部分的注册会计师沟通；在审计过程中重新考虑重要性水平；识别重要的组成部分和账户余额。

(2) 重大错报风险较高的审计领域。

(3) 评估的财务报表层次的重大错报风险对指导、监督及复核的影响。

(4) 项目组成员的选择（在必要时包括项目质量控制复核人员）和工作分工，包括向重大错报风险较高的审计领域分派具备适当经验的人员。

(5) 项目预算，包括考虑为重大错报风险可能较高的审计领域安排适当的工作时间。

(6) 向项目组成员强调在收集和评价审计证据过程中保持职业怀疑必要性的方式。

(7) 以往审计中对内部控制运行有效性评价的结果，包括所识别的控制缺陷的性质及应对措施。

(8) 管理层重视设计和实施健全的内部控制的相关证据，包括这些内部控制得以适当记录的证据。

(9) 业务交易量规模，以基于审计效率的考虑确定是否信赖内部控制。

(10) 管理层对内部控制重要性的重视程度。

(11) 影响被审计单位经营的重大发展变化，包括信息技术和业务流程的变化，关键管理人员变化，以及收购、兼并和分立。

(12) 重大的行业发展情况，如行业法规变化和新的报告规定。

(13) 会计准则及会计制度的变化。

(14) 其他重大变化，如影响被审计单位的法律环境的变化。

另外，在制定总体审计策略时，注册会计师还应考虑初步业务活动的结果，以及为被审计单位提供其他服务时所获得的经验。

(四) 总体审计策略中包括的内容

总体审计策略应能恰当地反映注册会计师考虑审计范围、报告目标和审计方向的结果。注册会计师应当在总体审计策略中清楚地说明下列内容：

(1) 向具体审计领域调配的资源，包括向高风险领域分派有适当经验的项目组成员，就复杂的问题利用专家工作等。

(2) 向具体审计领域分配资源的数量，包括安排到重要存货存放地观察存货盘点的项目组成员的数量，对其他注册会计师工作的复核范围，对高风险领域安排的审计时间预算等。

（3）何时调配这些资源，包括是在期中审计阶段还是在关键的截止日期调配资源等。

（4）如何管理、指导、监督这些资源的利用，包括预期何时召开项目组预备会和总结会，预期项目负责人和经理如何进行复核，是否需要实施项目质量控制复核等。

注册会计师应当根据实施风险评估程序的结果对上述内容予以调整。

总体审计策略一经制定，注册会计师应当针对总体审计策略中所识别的不同事项，制定具体审计计划，并考虑通过有效利用审计资源以实现审计目标。

总体审计策略的详略程度应当随被审计单位的规模及该项审计业务的复杂程度的不同而变化。在小型被审计单位审计中，全部审计工作可能由一个很小的审计项目组执行，项目组成员间容易沟通和协调，总体审计策略可以相对简单。

四、具体审计计划

具体审计计划是依据总体审计策略制定的，对实施总体审计策略所需要的审计程序的性质、时间和范围等所作的详细规划与说明。为了实现预期的审计目标，注册会计师应当为审计工作制定具体审计计划。具体审计计划比总体审计策略更加详细，其内容包括为获取充分、适当的审计证据以将审计风险降至可接受的低水平，项目组成员拟实施的审计程序的性质、时间和范围。具体审计计划应当包括风险评估程序、计划实施的进一步审计程序和其他审计程序。

（一）风险评估程序

具体审计计划应当包括按照《中国注册会计师审计准则第 1211 号——了解被审计单位及其环境并评估重大错报风险》的规定，为了足够识别和评估财务报表重大错报风险，注册会计师计划实施的风险评估程序的性质、时间和范围。

在审计计划阶段，除了按照《中国注册会计师审计准则第 1211 号——了解被审计单位及其环境并评估重大错报风险》进行计划工作外，注册会计师还需要兼顾其他准则中规定的、针对特定项目在审计计划阶段应执行的程序及记录要求。

（二）计划实施的进一步审计程序

具体审计计划应当包括按照《中国注册会计师审计准则第 1231 号——针对评估的重大错报风险实施的程序》的规定，针对评估的认定层次的重大错报风险，注册会计师计划实施的进一步审计程序的性质、时间和范围。

需要强调的是，随着审计工作的推进，对审计程序的计划会逐步深入，并贯穿于整个审计过程。例如，计划风险评估程序通常在审计开始阶段进行，计划进一步审计程序则需要依据风险评估程序的结果进行。因此，为达到编制具体审计计划的要求，注册会计师需要完成风险评估程序，识别和评估重大错报风险，并针对评估的认定层次的重大错报风险，计划实施进一步审计程序的性质、时间和范围。

通常情况下，注册会计师计划的进一步审计程序可以分为进一步审计程序的总体方案和拟实施的具体审计程序（包括进一步审计程序的性质、时间和范围）两个层次。进一步审计程序的总体方案主要是指注册会计师针对各类交易、账户余额和列报决定采用的总体方案（包括实质性方案或综合性方案）。具体审计程序则是对进一步审计程序的总体方案的延伸和细化，它通常包括控制测试和实质性程序的性质、时间和范围。在实务中，注册会计师通常单独编制一套包括这些具体程序的“进一步审计程序表”，待具体实施审计程序时，注册会计师将基于所计划的具体审计程序，进一步记录所实施的审计程序及结果，并最终形成有关进一步审计程序的审计工作底稿。

另外，完整、详细的进一步审计程序的计划会包括对各类交易、账户余额和列报实施的具体审计程序的性质、时间和范围，包括抽取的样本量等。在实务中，注册会计师可以统筹安排进一步审计程序的先后顺序，如果对某类交易、账户余额或列报已经作出计划，则可以安排先行开展工作，与此同时再制定其他交易、账户余额和列报的进一步审计程序。

（三）计划实施的其他审计程序

具体审计计划应当包括根据中国注册会计师审计准则的规定，注册会计师针对审计业务需要实施的其他审计程序。计划的其他审计程序可以包括上述进一步程序的计划中没有涵盖的、根据其他审计准则的要求注册会计师应当执行的既定程序。例如，阅读含有已审计财务报表的文件中的其他信息，与被审计单位律师直接沟通等。

五、其他相关要求

（一）审计过程中对计划的更改

计划审计工作并非审计业务的一个孤立阶段，而是一个持续的、不断修正的过程，贯穿于整个审计业务的始终。由于未预期事项、条件的变化或在实施审计程序中获取的审计证据等原因，注册会计师应当在审计过程中对总体审计策略和具体审计计划作出必要的更新和修改。

审计过程可以分为不同阶段，通常前一阶段的工作结果会对后一阶段的工作计划产生影响，而后一阶段的工作过程中又可能发现需要对已制定的相关计划进行相应的更新和修改。一般情况下，这些更新和修改涉及比较重要的事项。例如，对重要性水平的修改，对某类交易、账户余额和列报的重大错报风险的评估和进一步审计程序（包括总体方案和拟实施的具体审计程序）的更新和修改等。一旦计划被更新和修改，审计工作也就应当进行相应的修正。

例如，如果在制定审计计划时，注册会计师基于对材料采购交易的相关控制的设计和执行获取的审计证据，认为相关控制设计合理并得以执行，因此未将其评价为高风险领域并且计划实施控制测试。但是在实施控制测试时获取的审计证据与审计计划阶段获取的审计证据相矛盾，注册会计师认为该类交易的控制没有得到有效执行，此时，注册会计师可能需要修正对该类交易的风险评估，并基于修正的风险评估结果修改计划的审计方案，如采用实质性方案。

（二）指导、监督与复核

注册会计师应当就对项目组成员工作的指导、监督与复核的性质、时间和范围制定计划。

对项目组成员工作的指导、监督与复核的性质、时间和范围取决的主要因素是：第一，被审计单位的规模和复杂程度。第二，审计领域。第三，重大错报风险。第四，执行审计工作的项目组成员的素质和专业胜任能力。

注册会计师应当在评估重大错报风险的基础上，计划对项目组成员工作的指导、监督与复核的性质、时间和范围。当评估的重大错报风险增加时，注册会计师通常会扩大指导与监督的范围，增强指导与监督的及时性，执行更详细的复核工作。在计划复核的性质、时间和范围时，注册会计师还应考虑单个项目组成员的素质和专业胜任能力。

（三）对计划审计工作的记录

注册会计师应当记录总体审计策略和具体审计计划，包括在审计工作过程中作出的任何重大更改。

1. 记录的内容

（1）对总体审计策略的记录。注册会计师对总体审计策略的记录，应当包括为恰当计划审计工作和向项目组传达重大事项而作出的关键决策。例如，注册会计师可以以备忘录的形式记录总体审计策略，包括对审计的范围、时间及执行所作出的关键决策。

（2）对具体审计计划的记录。注册会计师对具体审计计划的记录，应当能够反映计划实施的风险评估程序的性质、时间和范围，以及针对评估的重大错报风险计划实施的进一步审计程序的性质、时间和范围。注册会计师对具体审计计划的记录可以使用标准的审计程序表或审计工作完成核对表，但应当根据具体审计业务的情况作出适当修改。

（3）对计划的重大修改的记录。注册会计师应当记录对总体审计策略和具体审计计划作出的重大更改及其理由，以及对导致此类更改的事项、条件或审计程序结果采取的应对措施。

由于总体审计策略和具体审计计划已经制定，在实务中，如果只是针对某一方面或某几方面更改审计计划，注册会计师可以保留原有的总体审计策略和具体审计计划，以及已经执行的审计程序的记录，并将对审计计划的重大修改情况记录在进一步审计程序表和重大事项概要中。当然，如果对计划的修改涉及整个计划的各个方面，以及多个类别的交易、账户余额和列报，为使整套审计工作底稿内容、脉络更清楚，此时，注册会计师可以考虑重新编制总体审计策略和具体审计计划，并保留原有的总体审计策略和具体审计计划。

2. 记录的形式和范围

注册会计师对计划审计工作记录的形式和范围，取决于被审计单位的规模和复杂程度、重要性、具体审计业务的情况以及对其他审计工作记录的范围等事项。

（四）与治理层和管理层的沟通

注册会计师可以就计划审计工作的基本情况与被审计单位治理层和管理层进行沟通。与治理层和管理层的沟通有助于注册会计师协调某些计划的审计程序与被审计单位人员工作之间的关系，从而使审计业务更易于执行和管理，提高审计效率与效果。

注册会计师应当按照《中国注册会计师审计准则第 1151 号——与治理层的沟通》中的有关规定执行。沟通的内容可以包括审计的时间安排和总体策略、审计工作中受到的限制及治理层和管理层对审计工作的额外要求等。

当就总体审计策略和具体审计计划中的内容与治理层、管理层进行沟通时，注册会计师应当保持职业谨慎，以防止由于具体审计程序易于被管理层或治理层所预见而损害审计工作的有效性。

需要强调的是，虽然注册会计师可以就总体审计策略和具体审计计划的某些内容与治理层和管理层沟通，但是制定总体审计策略和具体审计计划仍然是注册会计师的责任。

（五）首次接受审计委托的补充考虑

首次接受审计委托包括接受新客户而建立客户关系和承接现有客户（因对其提供了其他服务）的审计业务委托两种情况。在这两种情况下，尤其是接受新客户的情况下，注册会计师通常缺乏前期审计经验以评估与客户及业务承接相关的风险，因而可能需要扩展初步业务活动。

1. 首次接受审计委托前执行的程序

在首次接受审计委托前，注册会计师应当执行下列程序：

（1）针对建立客户关系和承接具体审计业务实施相应的质量控制程序。

（2）如果被审计单位变更了会计师事务所，按照职业道德规范和审计准则的规定，与前任注册会计师沟通。

2. 首次接受审计委托情况下应考虑的事项

对于首次接受审计委托，在制定总体审计策略和具体审计计划时，注册会计师还应当考虑下列事项：

（1）就与前任注册会计师沟通作出安排，包括查阅前任注册会计师的工作底稿等。

（2）与管理层讨论有关首次接受审计委托的重大问题，就这些重大问题与治理层沟通的情况，以及这些重大问题是如何影响总体审计策略和具体审计计划的。

（3）针对期初余额获取充分、适当的审计证据而计划实施的审计程序。

（4）针对预见到的特别风险，分派具有相应素质和专业胜任能力的人员。

（5）根据会计师事务所关于首次接受审计委托的质量控制制度实施的其他程序。

本章小结

审计目标包括审计总目标和审计具体目标两个层次。财务报表审计的总目标是注册会计师通过执行审计工作，对财务报表的合法性、公允性发表审计意见。审计具体目标是根据被审计单位管理当局的认定和审计总目标来确定的。认定是指被审计单位管理层对财务报表中的各种业务和相关账户所作的陈述或声明。管理当局的认定包含与各类交易和事项相关的认定、与期末账户余额相关的认定、与列报相关的认定三类。根据审计的总目标和被审计单位管理当局的上述认定，就可得出与各类交易和事项相关的审计目标、与期末账户余额相关的审计目标、与列报相关的审计目标三类审计具体目标，作为审计工作的前提。审计程序的主要内容包括接受业务委托、计划审计工作、实施风险评估程序、实施控制测试和实质性程序及完成审计工作和编制审计报告。

签订审计业务约定书的目的是为了明确约定各方的权利和责任义务，最大限度地消除签约各方在以后工作中产生的误解，促使各方遵守约定事项并加强合作，保护签约各方的正当利益。因此，审计业务约定书应包括一些必备条款，此外应当根据情况考虑增加其他条款，以及实施集团财务报表审计时的特殊考虑。

审计重要性是审计理论中的重要概念，正确理解这一概念是学习的基础。在审计中，应在审计计划阶段和审计结束阶段应用审计重要性。在计划阶段确定计划的重要性水平时，注册会计师应了解被审计单位及其环境，明确审计目标和特定的报告要求，了解财务报表各项目的性质及相互联系，并研究报表项目的金额及波动情况，从数量和性质两个方面考虑重要性。确定重要性时，不仅应确定报表层次的重要性水平，而且还应该确定交易和账户层次的重要性。在审计结束阶段应用重要性时，注册会计师需要汇总尚未更正的错报，并评价尚未更正错报的汇总数对财务报表的影响，在与重要性对比后，确定审计意见的类型或进一步应执行的审计工作。

计划审计工作包括总体审计策略和具体审计计划两部分工作。总体审计策略用以确定审计范围、时间和方向，并指导制定具体审计计划。具体审计计划比总体审计策略更加详细，其内容包括为获取充分、适当的审计证据以将审计风险降至可接受的低水平，项目组成员拟实施的审计程序的性质、时间和范围。具体审计计划应当包括风险评估程序、计划实施的进一步审计程序和其他审计程序。注册会计师应按照审计准则的要求科学地计划审计工作。

本章的难点是对管理当局认定的理解，并要求在理解的基础上能够确定具体报表项目的审计目标。同时，对重要性的理解也是一个难点。

审计目标
认定
审计业务约定书
审计重要性
计划审计工作
总体审计策略
具体审计计划

问答题

1. 什么是认定？如何确定具体审计目标？
2. 什么是审计业务约定书？审计业务约定书的内容有哪些？
3. 什么是审计重要性？在什么时候运用审计重要性概念？
4. 审计重要性和审计风险是什么关系？
5. 什么是计划审计工作？其总体要求是什么？
6. 注册会计师应何时开展初步业务活动？初步业务活动的目的和内容分别是什么？
7. 什么是总体审计策略？其主要内容有哪些？
8. 什么是具体审计计划？其主要内容有哪些？

第五章

DI WU ZHANG

审计证据与审计工作底稿

本章要点

■ 掌握审计证据的含义及来源
■ 掌握审计证据的数量和质量特征
■ 熟悉获取审计证据的审计程序
■ 掌握审计工作底稿的含义和性质
■ 了解编制审计工作底稿的目的和控制程序
■ 了解审计工作底稿的格式、内容和范围及归档

DIYIJIE 第一节 审计证据

一、审计证据的含义及来源

（一）审计证据的含义

审计凭证据“说话”，在审计过程中，注册会计师应当获取充分、适当的审计证据，作为得出合理的审计结论、形成恰当的审计意见的基础。因此，审计证据是审计中的一个核心概念。为了规范注册会计师在财务报表审计中获取审计证据的内容、数量和质量，以及为获取审计证据所需实施的审计程序，中国注册会计师协会制定了《中国注册会计师审计准则第1301号——审计证据》，注册会计师应当按照该准则的要求，做好审计证据的获取和整理分析工作。

审计证据是指注册会计师为了得出审计结论、形成审计意见而使用的所有信息，包括财务报表依据的会计记录中含有的信息和其他信息。

财务报表依据的会计记录一般包括对初始分录的记录和支持性记录，如支票、电子资金转账记录、发票、合同、总账、明细账、记账凭证和未在记账凭证中反映的对财务报表的其他调整，以及支持成本分配、计算、调节和披露的手工计算表和电子数据表。

依据会计记录编制财务报表是被审计单位管理层的责任，注册会计师应当测试会计记录以获取审计证据。但是，会计记录中含有的信息本身并不足以提供充分的审计证据作为对财务报表发表审计意见的基础，注册会计师还应获取用作审计证据的其他信息。

其他信息的内容比较广泛，包括有关被审计单位所在行业的信息、被审计单位内外部环境的其他信息等。可以用做审计证据的其他信息包括：

（1）注册会计师从被审计单位内部或外部获取的会计记录以外的信息，如被审计单位会议记录、内部控制手册、询证函的回函、分析师的报告、与竞争者的比较数据等。

（2）注册会计师通过询问、观察和检查等审计程序获取的信息，如通过检查存货存在性获取的证据等。

（3）注册会计师自身编制或获取的可以通过合理推断得出结论的信息，如注册会计师编制的各种计算表、分析表等。

财务报表依据的会计记录中包含的信息和其他信息共同构成了审计证据，两者缺一不可。如果没有前者，审计工作将无法进行；如果没有后者，可能无法识别重大错报风险。只有将两者结合在一起，才能将审计风险降至可接受的低水平，为注册会计师发表审计意见提供合理的基础。

（二）审计证据的来源

在审计实务中，审计证据的种类繁多，其取得途径和伴随的证明力均有所不同。按照证据的来源分类，可以将审计证据分为内部证据和外部证据两类。

1. 内部证据

内部证据是由被审计单位内部机构或职员编制和提供的书面证据，如被审计单位的会计记录、管理层的声明书以及其他各种由被审计单位编制和提供的有关书面文件。

按照证据的处理过程，可以将内部证据进一步划分为：

（1）只在审计客户内部流转的证据，如被审计单位的各种账簿资料、管理制度、董事会决议、最高管理当局声明书以及其他各种有关的书面文件等。

（2）由被审计单位产生，但在被审计单位外部流传，并获得其他单位和个人承认的内部证据，如销售发票、付款支票等。

一般而言，内部证据不如外部证据可靠，但如果内部证据在外部流转，并得到其他单位或个人的承认，则具有较强的可靠性。即使只在被审计单位流转的内部证据，其可靠程度也因被审计单位内部控制的程度而异。如果被审计单位内部控制较为健全，其内部证据的可靠程度较高。例如，发货单、收料单等原始凭证如果经过了被审计单位不同部门的审核、签章，且所有凭证预先都有连续编号并按序号连续处理，则这些内部证据就具有较强的可靠性；如果被审计单位内部控制不健全，则注册会计师就不能过分信赖获取的内部证据。

2. 外部证据

外部证据是由被审计单位以外的组织机构或人士编制的书面证据。按照证据的处理过程，可以将外部证据进一步划分为：

（1）由被审计单位以外的机构或人士编制，并由其直接递交给注册会计师的外部证据。如应收账款回函，被审计单位律师或其他独立的专家关于被审计单位资产所有权和或有负债的证明函件等。此类证据不仅由完全独立于被审计单位的外部机构或人员提供，而且未经被审计单位有关职员之手，从而排除了伪造、更改凭证或业务记录的可能性，因而其证明力最强。

（2）由被审计单位以外的机构或人士编制，但由被审计单位持有并提交注册会计师的书面证据。如银行对账单、购货发票、顾客订购单、有关的契约、合同等。由于此类证据已经过被审计单位职员之手，在评价其可靠性时，注册会计师应当考虑被涂改或伪造的难易程度。当获取的书面证据有被涂改或伪造的痕迹时，注册会计师应予以高度警觉。

（3）由注册会计师为证明某个事项而自己动手编制的各种计算表、分析表或自行观察获取的证据。这类证据也具有较强的可靠性。

虽然一般情况下外部证据的可靠性高于内部证据，但是审计工作不可能甩开内部证据而只依靠外部证据，相反，注册会计师还是需要大量的内部证据来支持审计结论。例如，被审计单位的会计资料属于内部证据，但其是形成审计结论的主要证据，在整个审计过程中居于十分重要的位置，因此注册会计师应当充分利用这些内部证据，当然，在利用的过程中，注册会计师也应注意内部证据的弱点，保持合理的谨慎和职业怀疑态度。

二、认定与审计证据

（一）认定的含义

所谓认定，是指被审计单位管理层对财务报表组成要素的确认、计量、列报作出的明确或隐含的表达。管理层的认定与审计目标密切相关，注册会计师的基本职责就是确定被审计单位管理层对财务报表的认定是否恰当。

管理层在财务报表中的认定有些是明确表达的，有些则是隐含表达的。例如，管理层在资产负债表中列报的存货及其金额，意味着作出了这样明确的认定：第一，记录的存货是存在的。第二，存货以恰当的金额包括在财务报表中，与之相关的计价或分摊调整已恰当记录。同时，管理层也作出了如此隐含的认定：第一，所有应当记录的存货均已记录。第二，记录的存货都由被审计单位拥有。

（二）获取审计证据时对认定的运用

管理层的认定与审计目标密切相关，注册会计师的基本职责就是确定被审计单位管理层对其财务报表的认定是否恰当。将管理层的认定运用于各类交易、账户余额以及列报，就形成了各类交易、账户余额及列报的具体审计目标。注册会计师应当详细运用各类交易、账户余额、列报认定，作为评估重大错报风险以及设计与实施进一步审计程序的基础。

1. 与各类交易和事项相关的认定

注册会计师对所审计期间的各类交易和事项运用的认定通常分为下列类别：

（1）发生：记录的交易和事项已发生，且与被审计单位有关。例如，如果没有发生销售交易，但在销售日记账和总账中记录了一笔销售，则管理层对销售的发生认定是不恰当的。

（2）完整性：所有应当记录的交易和事项均已记录。例如，如果发生了销售交易，但没有在销售日记账和总账中记录，则管理层对销售完整性的认定是不恰当的。

（3）准确性：与交易和事项有关的金额及其他数据已恰当记录。例如，在销售交易中，发出商品的数量与账单上的数量不符，或是开账单时使用了错误的销售价格，或是账单中的乘积或加总有误，或是在销售日记账中记录了错误的金额，则管理层对于销售准确性的认定是不恰当的。

需要注意的是，准确性与发生、完整性之间存在着很大的区别。若已记录的销售交易根本不符合收入确认的条件，那么即使发票金额的计算是准确的，管理层关于销售发生的认定仍然是不恰当的。反之，如已入账的销售交易符合收入确认的条件，但是金额计算错误，则管理层关于销售准确性的认定是不恰当的。在完整性与准确性之间也存在同样的关系。

（4）截止：交易和事项已记录于正确的会计期间。例如，本期交易推到下期，或将下期交易提到本期，则管理层对截止的认定是不恰当的。

（5）分类：交易和事项已记录于恰当的账户。例如，如果将出售无形资产的收入记录为主营业务收入，则管理层对交易的分类认定是不恰当的。

2. 与期末账户余额相关的认定

注册会计师对期末账户余额运用的认定通常分为下列类别：

（1）存在：记录的资产、负债和所有者权益是存在的。例如，如果不存在某顾客的应收账款，却在应收账款明细账中列入了对该顾客的应收账款，则管理层关于应收账款存在的认定是不恰当的。

（2）权利和义务：记录的资产由被审计单位拥有或控制，记录的负债是被审计单位应当履行的偿还义务。例如，将已售出但顾客尚未提货的商品计入被审计单位的存货中，或将不属于被审计单位的债务计入账内，则管理层关于资产和负债的权利和义务的认定是不恰当的。

（3）完整性：所有应当记录的资产、负债和所有者权益均已记录。例如，如果存在某客户的应付账款，但在应付账款明细账中没有列入对该顾客的应付账款，则管理层关于应付账款完整性的认定是不恰当的。

（4）计价和分摊：资产、负债和所有者权益以恰当的金额包括在财务报表中，与之相关的计价或分摊调整已恰当记录。

3. 与列报和披露相关的认定

各类交易与账户余额的认定只是为正确列报打下了必要的基础，财务报表还可能因被审计单位误解有关列报的规定、舞弊、未遵循一些专门的披露要求而导致财务报表错报。因此，即使注册会计师审计了各类交易和账户余额的认定，获取了各类交易和账户余额认定恰当与否的证据，也不意味着注册会计师获取了足以对财务报表发表审计意见的充分、适当的审计证据。因此，注册会计师还应当对各类交易、账户余额及相关事项在财务报表中的列报的正确性获取证据。

注册会计师对列报运用的认定通常分为下列类别：

（1）发生以及权利和义务：披露的交易、事项和其他情况已发生，且与被审计单位有关。被审计单位不应将未发生的交易、事项，或与被审计单位无关的交易或事项包括在财务报表中。例如，应收账款已被质押，说明企业对于应收账款的权利已经受到限制，如果没有在财务报表中披露，则管理层关于应收账款的权利的认定是不恰当的。

（2）完整性：所有应当包括在财务报表中的披露均已包括。例如，关联方和关联交易应当在财务报表中充分披露，否则管理层对于关联方和关联交易列报的完整性认定就是不恰当的。

（3）分类和可理解性：财务信息已被恰当地列报和描述，且披露内容表述清楚。例如，管理层已将存货恰当分类，且已在财务报表中充分披露，则关于存货的分类和可理解性的认定是恰当的。

（4）准确性和计价：财务信息和其他信息已公允披露，且金额恰当。例如，管理层在财务报表的附注中分别对原材料、在产品和产成品等存货成本的核算方法作了恰当的说明，则关于存货列报的准确性和计价的认定是恰当的。

三、审计证据的数量与质量特征

充分性和适当性是审计证据的两个基本特征。《中国注册会计师审计准则第1301号——审计证据》规定："注册会计师应当获取充分、适当的审计证据，以得出合理的审计结论，作为形成审计意见的基础"、"注册会计师应当保持职业怀疑态度，运用职业判断，评价审计证据的充分性和适当性。"

（一）审计证据的充分性

审计证据的充分性是指审计证据的数量足以支持注册会计师的审计意见。因此，它是注册会计师为形成审计意见所需证据的最低数量要求。

审计证据的充分性主要与注册会计师确定的样本量有关。例如，对某审计项目实施某一选定的审计程序，从200个样本中获得的证据要比从100个样本中获得的证据更为充分。

客观公正的审计意见是建立在足够数量的审计证据的基础上的，但并不是说审计证据的数量越多越好，为了进行有效率、有效益的审计，注册会计师通常把需要足够数量证据的范围降低到最低限度。注册会计师判断证据是否充分，应当考虑以下主要因素：

1. 审计风险

审计风险是由重大错报风险和检查风险两部分组成。注册会计师需要获取的审计证据的数量受重大错报风险水平的影响。错报风险越大，则所需收集的证据的数量就越多。具体来说，在可接受的审计风险水平一定的情况下，重大错报风险越大，注册会计师就应实施越多的测试工作，将检查风险降至可接受的低水平。

2. 具体审计项目的重要程度

具体审计项目的重要程度是指它对于整个审计工作的影响，或者说是对于注册会计师所作出的审计意见、审计结论的影响。越是重要的审计项目，注册会计师就越需要获取充分的审计证据以支持其审计意见，否则，一旦出现判断错误，就会影响注册会计师对审计整体的判断，从而导致注册会计师的整体判断失误。比较而言，对于不太重要的审计项目，即使注册会计师出现了判断上的偏差，也不至于引发注册会计师对审计整体的判断失误，所以，对于不太重要的审计项目，注册会计师可适当减少审计证据的数量。

3. 注册会计师及其业务助理人员的经验

审计是一项实践性很强的综合性学科，除了要求有会计、管理、法律以及经济学等方面的专业知识外，通过多次审计实践获得的执业经验更是非常重要的一个方面。如果注册会计师及其助理人员的审计经验比较丰富，就可以从较少的审计证据中判断出被审计事项是否存在错误或舞弊行为；相反，如果注册会计师及其助理人员审计经验不足，就可能需要比较多、比较明显的审计证据才能判断错弊行为是否发生。所以审计人员的执业经验往往成为决定审计证据数量多寡的因素。

4. 审计过程中是否发现错误或舞弊

如果在执行审计程序的过程中，注册会计师发现较大的舞弊行为或者错误，那么就必须相应增加审计证据的数量，以便进一步检查和证实被审计单位整体财务状况是否存在问题。因为，在审计过程中发现舞弊或错误行为，表示出现重大问题的可能性增加，为了降低审计风险，就必须相应增加审计证据的数量。当然，如果被审计单位有严重的舞弊行为，注册会计师可以选择终止审计或者退出审计。

5. 审计证据质量

注册会计师需要获取的审计证据的数量也受审计证据质量的影响。如果审计证据的质量较高，则注册会计师所需获取的审计证据的数量就可减少，反之，审计证据的数量就应增加。一般而言，如果大多数审计证据都是从独立于被审计单位的第三方所获取的，而且这些证据本身不易伪造，则审计证据的质量就越高，注册会计师所需获取的审计证据的数量就可减少；反之，审计证据的数量就应增加。

6. 总体规模与特征

审计证据的数量还取决于被审计单位的总体规模与特征。如果总体规模越大，所需证据的数量就越多，反之，则可以减少审计证据的数量，这里的总体规模是指包括在总体中的项目数量。例如，如果被审计单位的客户数量众多，交易频繁且数额较大，那么，就应该增加审计证据的数量。总体的特征是指总体中各组成项目的同质性或变异性。注册会计师对不同质的总体需要较大的样本量和更多的佐证信息。

（二）审计证据的适当性

审计证据的适当性是对审计证据质量的衡量，即审计证据在支持各类交易、账户余额、列报（包括披露，下同）的相关认定，或发现其中存在错报方面具有相关性和可靠性。相关性和可靠性是审计证据适当性的核心内容，只有既相关又可靠的审计证据才是高质量的。

1. 审计证据的相关性

注册会计师只能利用与审计目标相关联的审计证据来证实被审计单位所认定的事项。例如，注册会计师在审计过程中怀疑被审计单位发出存货却没有给顾客开具发票，需要确认销售是否完整。注册会计师应当从发货单中选取样本，追查与每张发货单相应的发票副本，以确定是否每张发货单均已开具发票。如果注册会计师从销售发票副本中选取样本，并追查至与每张发票相应的发货单，由此所获得的证据与完整性的审计目标就不相关。

在确定审计证据的相关性时，注册会计师应当考虑：

（1）特定的审计程序可能只为某些认定提供相关的审计证据，而与其他认定无关。例如，检查期后应收账款收回的记录和文件，可以提供有关存在和计价的审计证据，但不一定与期末截止是否适当有关。

（2）针对同一项认定可以从不同来源获取审计证据或获取不同性质的审计证据。例如，注册会计师可以分析应收账款账龄和应收账款的期后收款情况，以获取与坏账准备计价有关的审计证据。

（3）只与特定认定相关的审计证据并不能替代与其他认定相关的审计证据。例如，有关存货实物存在的审计证据并不能够替代与存货计价相关的审计证据。

2. 审计证据的可靠性

审计证据的可靠性是指审计证据的可信程度。例如，注册会计师亲自检查存货所获得的证据，就比被审计单位管理层提供给注册会计师的存货数量更可靠。

审计证据的可靠性受其来源和性质的影响，并取决于获取审计证据的具体环境。注册会计师通常按照下列原则考虑审计证据的可靠性：

（1）从外部独立来源获取的审计证据比从其他来源获取的审计证据更可靠。从外部独立来源获取的审计证据由完全独立于被审计单位以外的机构或人士编制并提供，未经被审计单位有关职员之手，从而减少了伪造、更改凭证或业务记录的可能性，因而其证明力最强。此类证据有银行询证函回函、应收账款询证函回函、保险公司等机构出具的证明等。相反，从其他来源获取的审计证据，由于证据提供者与被审计单位存在经济或行政关系等原因，其可靠性应受到质疑，此类证据有被审计单位内部的会议记录、会计记录等。

（2）内部控制有效时内部生成的审计证据比内部控制薄弱时内部生成的审计证据更可靠。如果被审计单位有着健全的内部控制且在日常管理中得到一贯的执行，会计记录的可信赖程度将会增加。如果被审计单位内部控制薄弱，甚至不存在任何内部控制，被审计单位内部凭证记录的可靠性就大为降低。例如，如果与销售业务相关的内部控制有效，注册会计师就能从销售发票和发货单中取得比内部控制不健全时更加可靠的审计证据。

（3）直接获取的审计证据比间接获取或推论得出的审计证据更可靠。例如，注册会计师观察某项内部控制的运行得到的证据比询问被审计单位某项内部控制的运行得到的证据更可靠。间接获取的证据有被涂改及伪造的可能性，降低了可信赖程度。推论得出的证据，其主观性较强，人为因素较大，可信赖程度也受到影响。

（4）以文件记录形式（无论是纸质、电子或其他介质）存在的审计证据比口头形式的审计证据更可靠。例如，会议的同步书面记录比对讨论事项事后的口头表述更可靠。口头证据本身并不足以证明事实真相，仅仅提供一些重要线索，为进一步调查确认所用。如注册会计师在对应收账款进行账龄分析后，可以向应收账款负责人询问逾期应收账款收回的可能性。如果该负责人的意见与注册会计师自行估计的坏账损失基本一致，则这一口头证据就可以为证实注册会计师对有关坏账损失的判断提供重要的证据。但在一般情况下，口头证据往往需要得到其他相应证据的支持。

（5）从原件获取的审计证据比从传真或复印件获取的审计证据更可靠。注册会计师可审查原件是否有被涂改或伪造的迹象，排除伪证，提高证据的可信赖程度。而传真件或复印件可能是变造或伪造的结果，可靠性较低。

注册会计师在按照上述原则评价审计证据的可靠性时，还应当注意可能出现的重要例外情况。例如，审计证据虽然是从独立的外部来源获得的，但如果该证据是由不知情者或不具有资格者提供，审计证据也可能是不可靠的。同样，如果注册会计师不具备评价证据的专业能力，那么即使是直接获取的证据，也可能是不可靠的。例如，注册会计师无法区分人造玉石或天然玉石，那么它对天然玉石存货的检查就不能提供有关天然玉石是否存在的可靠证据。

（三）审计证据的充分性与适当性之间的关系

充分性和适当性是审计证据的两个重要特征，两者缺一不可，只有既充分又适当的审计证据才是有证明力的。

审计证据的适当性影响审计证据的充分性。也就是说，审计证据的质量越高，需要的审计证据数量可能越少。例如，被审计单位内部控制健全时生成的审计证据更可靠，注册会计师只需获取适量的审计证据，就可以为发表审计意见提供合理的基础。

需要注意的是，尽管审计证据的充分性和适当性相关，但如果审计证据的质量存在缺陷，那么注册会计师仅靠获取更多的审计证据可能无法弥补其质量上的缺陷。例如，注册会计师应当获取与销售收入完整性相关的证据，实际获得的却是有关销售收入真实性的证据，审计证据和完整性目标不相关，即使获得的审计证据再多，也证明不了收入的完整性。同样地，如果注册会计师获取的证据不可靠，那么证据数量再多也难以起到证明作用。

评价审计证据的充分性和适当性时，应对以下事项予以特殊考虑：

1. 文件记录可靠性的考虑

审计工作通常不涉及鉴定文件记录的真伪，注册会计师也不是鉴定文件记录真伪的专家，但应当考虑用做审计证据的信息的可靠性，并考虑与这些信息生成与维护相关控制的有效性。

如果在审计过程中识别出的情况使其认为文件记录可能是伪造的，或文件记录中的某些条款已发生变动，注册会计师应当作出进一步调查，包括直接向第三方询证，或考虑利用专家的工作以评价文件记录的真伪。例如，如发现某银行询证函回函有伪造或篡改的迹象，注册会计师应作进一步的调查，并考虑是否存在舞弊的可能性。必要时，应当通过适当方式聘请专家予以鉴定。

2. 使用被审计单位生成信息的考虑

如果在实施审计程序时使用被审计单位生成的信息，注册会计师应当就这些信息的准确性和完整性获取审计证据。例如，在审计收入项目时，注册会计师应当考虑价格信息的准确性以及销售数量的完整性和准确性。在某些情况下，注册会计师可能需要确定实施额外的审计程序，如利用计算机辅助审计技术来重新计算这些信息，测试与信息生成有关的控制等。

3. 证据相互矛盾时的考虑

如果针对某项认定从不同来源获取的审计证据或获取的不同性质的审计证据能够相互印证时，审计证据较具可靠性，如果从不同来源获取的审计证据或获取的不同性质的审计证据不一致，表明某项审计证据可能不可靠，注册会计师应当追加必要的审计程序。例如，注册会计师通过检查委托加工协议发现被审计单位有委托加工材料，且委托加工材料占存货比重较大，经发函询证后证实委托加工材料确实存在。委托加工协议和询证函回函这两个不同来源的审计证据相互印证，证明委托加工材料真实存在。在本例中，如果注册会计师发函询证后证实委托加工材料已加工完成并返回被审计单位，委托加工协议和询证函回函这两个不同来源的审计证据不一致，委托加工材料是否确实存在就应受到质疑。这时注册会计师就应追加审计程序，确认委托加工材料收回后是否未入库或被审计单位收回后已销售而未入账。

4. 获取审计证据时对成本的考虑

注册会计师可以考虑获取审计证据的成本与所获取信息的有用性之间的关系，但不应以获取审计证据的困难和成本为由减少不可替代的审计程序。

在保证获取充分、适当审计证据的前提下力争成本最小化，是会计师事务所增强竞争能力和获利能力所必需的。但是，为了保证得出的审计结论、形成的审计意见是恰当的，注册会计师不应以获取审计证据的困难和成本为由，减少不可替代的审计程序。例如，在某些情况下，存货监盘是证实存货存在性认定的不可替代的审计程序，注册会计师在审计中不得以检查成本高和难以实施为由而不执行该程序。

四、获取审计证据的审计程序

（一）审计程序的类型：按目的划分

按审计程序的目的可将注册会计师为获取充分、适当的审计证据而实施的审计程序分为风险评估程序、控制测试（必要时或决定测试时）和实质性程序。

1. 风险评估程序

注册会计师应当实施风险评估程序，以此作为评估财务报表层次和认定层次重大错报风险的基础。

风险评估程序为注册会计师确定重要性水平，识别需要特别考虑的领域、设计和实施进一步的审计程序提供了重要的基础，有助于注册会计师合理分配审计资源，获取充分、适当的审计证据。

需要注意的是，风险评估程序并不能识别出所有的重大错报风险，虽然它可以作为评估财务报表层次和认定层次重大错报风险的基础，但风险评估程序本身并不能为发表审计意见提供充分、适当的审计证据，注册会计师还应当实施进一步审计程序，包括实施控制测试（必要时或决定测试时）和实质性程序。

2. 控制测试

实施控制测试的目的是测试内部控制在防止、发现并纠正认定层次重大错报方面的运行有效性，从而支持或修正重大错报风险的评估结果，据以确定实质性程序的性质、时间、范围。当存在下列情形之一时，控制测试是必要的：

（1）在评估认定层次重大错报风险时，预期控制的运行是有效的，注册会计师应当实施控制测试以支持评估结果。

（2）仅实施实质性程序不足以提供认定层次充分、适当的审计证据，注册会计师应当实施控制测试，以获取内部控制运行有效性的审计证据。

3. 实质性程序

注册会计师应当计划和实施实质性程序，以应对评估的重大错报风险。

实质性程序包括对各类交易、账户余额、列报的细节测试以及实质性分析程序。

注册会计师对重大错报风险的评估是一种判断，并且由于内部控制存在固有局限性，无论评估的重大错报风险结果如何，注册会计师均应当针对所有重大的各类交易、账户余额、列报实施实质性程序，以获取充分、适当的审计证据。

（二）审计程序的类型：按获取手段划分

在实施风险评估程序、控制测试或实质性程序时，注册会计师可根据需要单独运用以下审计程序，以获取充分、适当的审计证据。

1. 检查记录或文件

检查记录或文件是指注册会计师对被审计单位内部或外部生成的，以纸质、电子或其他介质形式存在的记录或文件进行审查。

检查记录或文件的目的是对财务报表所包含的或应包含的信息进行验证。例如，被审计单位通常对每一笔销售交易都保留一份顾客订单、一张发货单和一份销售发票副本。这些凭证对于注册会计师验证被审计单位记录的销售交易的正确性是有用的证据。

检查记录或文件可提供可靠程度不同的审计证据，审计证据的可靠性取决于记录或文件的来源和性质。外部记录或文件通常被认为比内部文件或记录可靠，因为外部文件经被审计单位的客户出具，又经被审计单位认可，表明交易双方对凭证上记录的信息和条款达成一致意见。另外，某些外部凭证的编制过程非常谨慎，通常由律师或其他有资格的专家进行复核，因而具有较高的可靠性，如土地使用权证、保险单、契约和合同等文件。

2. 检查有形资产

检查有形资产是指注册会计师对资产实物进行审查。检查有形资产程序主要适用于存货和现金，也适用于有价证券、应收票据和固定资产等。

检查有形资产可为其存在性提供可靠的审计证据，但不一定能够为权利和义务或计价认定提供可靠的审计证据。

3. 观察

观察是指注册会计师察看相关人员正在从事的活动或执行的程序。例如，对客户执行的存货盘点或控制活动进行观察。

观察提供的审计证据仅限于观察发生的时点，并且在相关人员已知被观察时，相关人员从事活动或执行程序可能与日常的做法不同，从而影响注册会计师对真实情况的了解。因此，注册会计师在使用观察程序获取审计证据时，要注意观察本身具有的局限性。

4. 询问

询问是指注册会计师以书面或口头方式，向被审计单位内部或外部的知情人员获取财务信息和非财务信息，并对答复进行评价的过程。

知情人员对询问的答复可能为注册会计师提供尚未获悉的信息或佐证证据，也可能提供与已获悉信息存在重大差异的信息；注册会计师应当根据询问结果考虑修改审计程序或实施追加的审计程序。

询问本身不足以发现认定层次存在的重大错报，也不足以测试内部控制运行的有效性，注册会计师还应当实施其他审计程序获取充分、适当的审计证据。

5. 函证

函证是指注册会计师为了获取影响财务报表或相关披露认定的项目的信息，通过直接来自第三方对有关信息和现存状况的声明，获取和评价审计证据的过程。

由于函证来自独立于被审计单位的第三方，因而是受到高度重视和经常使用的证据获取程序。函证常用于对银行存款、应收账款、应收票据、其他应收款、由其他单位代为保管、加工或销售的存货、或有事项、重大或异常的交易等项目的审计。

6. 重新计算

重新计算是指注册会计师以人工方式或使用计算机辅助审计技术，对记录或文件中的数据计算准确性进行核对。在财务报表审计中，注册会计师往往需要大量地运用加总技术来获取必要的审计证据。

重新计算通常包括计算销售发票和存货的总金额、加总日记账或明细账、检查折旧费用和预付费用的计算、检查应纳税额的计算等。

在执行该审计程序时，注册会计师的计算并不一定按照被审计单位原先的计算形式和顺序进行。在计算过程中，注册会计师不仅要注意计算结果是否正确，而且还要对其他可能的差错（如计算结果的过账和转账有误等）予以关注。

7. 重新执行

重新执行是指注册会计师以人工方式或使用计算机辅助审计技术，重新独立执行作为被审计单位内部控制组成部分的程序或控制。例如，注册会计师利用被审计单位的银行存款日记账和银行对账单，重新编制银行存款余额调节表，并与被审计单位编制的银行存款余额调节表进行比较。

8. 分析程序

分析程序是指注册会计师通过研究不同财务数据之间以及财务数据与非财务数据之间的内在关系，对财务信息作出评价。分析程序还包括调查识别出的、与其他相关信息不一致或与预期数据严重偏离的波动和关系。例如，注册会计师可以对被审计单位的财务报表和其他会计资料中的重要比率及其变动趋势进行分析性复核，以发现其异常变动项目。对于异常变动项目，注册会计师应重新考虑对其所采用的审计方法是否合适，必要时应追加适当的审计程序，以获取适当的审计证据。

DIERJIE 第二节 审计工作底稿

一、审计工作底稿的含义和目的

审计工作底稿，是指注册会计师对制定的审计计划、实施的审计程序、获取的相关审计证据，以及得出的审计结论作出的记录。审计工作底稿是审计证据的载体，是注册会计师在审计过程中获取的资料，形成的审计工作记录。它形成于审计过程，也反映整个审计过程。

注册会计师编制审计工作底稿的目的主要有：

（一）提供充分、适当的记录，作为审计报告的基础

审计工作底稿是注册会计师得出审计结论、形成审计意见的直接依据。及时编制审计工作底稿，有助于提高审计工作的质量，便于在出具审计报告之前，对取得的审计证据和得出的审计结论进行有效复核与评价。如果时间拖延过久，注册会计师可能会遗忘某些事项，使得审计工作底稿的记录不能全面反映注册会计师所执行的审计工作。

（二）提供证据，证明其按照中国注册会计师审计准则的规定执行了审计工作

在会计师事务所接受监管机构的执业质量检查时，或者因执业质量而涉及诉讼时，审计工作底稿能够提供证据，证明事务所是否按照审计准则的规定执行了审计工作。

二、编制审计工作底稿使用的文字和控制程序

编制审计工作底稿的文字应当使用中文。少数民族自治地区可以同时使用少数民族文字。中国境内的中外合作会计师事务所、国际会计公司成员所和联系所可以同时使用某种外国文字。会计师事务所执行涉外业务时可以同时使用某种外国文字。

会计师事务所应当按照《会计师事务所质量控制准则第 5101 号——业务质量控制》的规定，对审计工作底稿实施适当的控制程序，以满足下列要求：

（1）安全保管审计工作底稿并对审计工作底稿保密。

（2）保证审计工作底稿的完整性。

（3）便于对审计工作底稿的使用和检索。

（4）按照规定的期限保存审计工作底稿。

为了保证审计工作底稿的完整性，注册会计师不得对其进行不当删除、废弃或改动。

三、审计工作底稿的存在形式与基本内容

（一）审计工作底稿的形式

审计工作底稿可以以纸质、电子或其他介质形式存在。随着信息技术的广泛应用，审计工作底稿的形式已从纸质形式扩展到了电子或其他介质形式。

但无论审计工作底稿以哪种形式存在，会计师事务所都应当针对审计工作底稿设计和实施适当的控制，以实现下列目的：

（1）使审计工作底稿清晰地显示其生成、修改以及复核的时间和人员。

（2）在审计业务的所有阶段，尤其是在项目组成员共享信息或通过互联网将信息传递给其他人员时，保护信息的完整性和安全性。

（3）防止未经授权改动审计工作底稿。

（4）允许项目组和其他经授权的人员为适当履行职责而接触审计工作底稿。

在审计实务中，为了便于会计师事务所内部进行质量控制和外部职业质量检查或调查，注册会计师可以将以电子或其他介质形式存在的审计工作底稿通过打印，转换成纸质形式的审计工作底稿，并一并归档。

（二）审计工作底稿的内容

审计工作底稿通常包括总体审计策略、具体审计计划、分析表、问题备忘录、重大事项概要、询证函回函、管理层声明书、核对表、有关重大事项的往来信件（包括电子邮件），以及对被审计单位文件记录的摘要或复印件等。此外，审计工作底稿通常还包括业务约定书、管理建议书、项目组内部或项目组与被审计单位举行的会议记录，与其他人员（如其他注册会计师、律师、专家等）的沟通文件及错报汇总表等。

一般情况下，分析表主要是指对被审计单位财务信息执行分析程序的记录。例如，记录对被审计单位本年各月收入与上一年度的同期数据进行比较的情况，记录对差异的分析等。

问题备忘录一般是指对某一事项或问题的概要的汇总记录。在问题备忘录中，注册会计师通常记录该事项或问题的基本情况、执行的审计程序或具体的审计步骤，以及得出的审计结论。例如，有关存货监盘审计程序或审计过程中发现问题的备忘录。

核对表一般是指会计师事务所内部使用的，为便于核对某些特定审计工作或程序的完成情况的表格。例如，特定项目（如财务报表列报）审计程序核对表、审计工作完成情况核对表等。它通常以列举的方式列出审计过程中注册会计师应当进行的审计工作或程序，以及特别提醒注意的问题，并在适当的情况下索引至其他工作底稿，便于注册会计师核对是否已按照审计准则的规定进行审计。

在审计实务中，会计师事务所通常基于审计准则以及在实务中的经验等，统一制定某些格式、索引及涵盖内容等方面相对固定的审计工作底稿模板和范例，在此基础上，注册会计师再根据具体业务的特点加以必要的修改，以制定适用于具体项目的审计工作底稿。

审计工作底稿通常不包括已被取代的审计工作底稿的草稿或财务报表的草稿、对不全面或初步思考的记录、存在印刷错误或其他错误而作废的文本，以及重复的文件记录等。

四、审计工作底稿的格式、内容和范围

（一）编制审计工作底稿的总体要求

注册会计师编制的审计工作底稿，应当使未曾接触该项审计工作的有经验的专业人士清楚了解以下内容：

（1）按照审计准则的规定实施的审计程序的性质、时间和范围。

（2）实施审计程序的结果和获取的审计证据。

（3）就重大事项得出的结论。

有经验的专业人士，是指对下列方面有合理了解的人士：审计过程；相关法律法规和审计准则的规定；被审计单位所处的经营环境；与被审计单位所处行业相关的会计和审计问题。

（二）确定审计工作底稿的格式、内容和范围时应考虑的因素

在确定审计工作底稿的格式、内容和范围时，注册会计师应当考虑下列因素：

1. 实施审计程序的性质

由于不同的审计程序会使得注册会计师获取不同性质的审计证据，由此注册会计师可能会编制不同的审计工作底稿。例如，注册会计师编制的有关函证程序的审计工作底稿（包括询证函及回函、有关不符事项的分析等）和存货监盘程序的审计工作底稿（包括盘点表、注册会计师对存货的测试记录等）在内容、格式及范围方面是不同的。

2. 已识别的重大错报风险

识别和评估的重大错报风险水平的不同可能导致注册会计师实施的审计程序和获取的审计证据不尽相同。例如，如果注册会计师识别出应收账款存在较大的重大错报风险，而其他应收款的重大错报风险较低，则注册会计师可能对应收账款实施较多的审计程序并获取较多的审计证据，因而对测试应收账款的记录会比针对测试其他应收款记录的内容多且范围广。

3. 在执行审计工作和评价审计结果时需要作出判断的范围

审计程序的选择和实施及审计结果的评价通常需要不同程度的职业判断。例如，运用非统计抽样的方法选取样本进行应收账款的函证程序时，注册会计师可能基于应收账款账龄、以前的审计经验，以及是否为关联方借款等因素，考虑哪些应收账款存在较高的重大错报风险，并运用职业判断在总体中选取样本，并对作出职业判断时的考虑事项进行适当的记录。因此，在作出职业判断时所考虑的因素及范围可能使注册会计师作出不同内容和范围的记录。

4. 已获取审计证据的重要程度

注册会计师通过执行多项审计程序可能会获取不同的审计证据，有些审计证据的相关性和可靠性较高，有些质量则较差，注册会计师可能区分不同的审计证据进行有选择的记录，因此，审计证据的重要程度也会影响审计工作底稿的格式、内容和范围。

5. 已识别的例外事项的性质和范围

有时注册会计师在执行审计程序时会发现例外事项，由此可能导致审计工作底稿在格式、内容和范围方面的不同。例如，某个函证的回函表明存在不符事项，如果在实施恰当的追查后发现该例外事项并未构成错报，注册会计师可能只在审计工作底稿中解释发生该例外事项的原因及影响；反之，如果该例外事项构成了错报，注册会计师可能需要执行额外的审

计程序并获取更多的审计证据，由此编制的审计工作底稿在内容和范围方面可能有很大不同。

6. 当从已执行审计工作或获取审计证据的记录中不易确定结论或结论的基础时，记录结论或结论的基础的必要性

在某些特殊情况下，特别是在涉及复杂的事项时，注册会计师仅将已执行的审计工作或获取的审计证据记录下来，并不能使其他有经验的注册会计师通过合理的分析，得出审计结论或结论的基础。此时，注册会计师应当考虑是否需要进一步说明并记录得出结论的基础，即得出结论的过程，以及该事项的结论。

7. 使用的审计方法和工具

使用的审计方法和工具可能影响审计工作底稿的格式、内容和范围。例如，如果使用计算机辅助审计技术对应收账款的账龄进行重新计算时，通常可以针对总体进行测试。而采用人工方式重新进行计算时，则可能会针对样本进行测试，由此形成的审计工作底稿会在格式、内容和范围方面有所不同。

注册会计师在考虑以上因素时需注意，根据不同情况确定审计工作底稿的格式、内容和范围都是为达到执业准则中所述的编制审计工作底稿的目的，特别是提供审计证据的目的。

（三）审计工作底稿的要素

一般来讲，审计工作底稿包括下列全部或者部分要素：被审计单位名称；审计项目名称；审计项目时点或期间；审计过程记录。

在记录审计过程时，注册会计师应当特别注意以下几个重点方面：

1. 特定项目或事项的识别特征

在记录实施审计程序的性质、时间和范围时，注册会计师应当记录测试的特定项目或事项的识别特征，以实现多种目的。识别特征是指被测试的项目或事项表现出的征象或标志。识别特征因审计程序的性质和测试的项目或事项不同而不同。

对某一个具体项目或事项而言，其识别特征通常具有惟一性，这种特性可以使其他人士根据识别特征在总体中识别该项目或事项并重新执行该测试。

2. 重大事项

在审计过程中，注册会计师应当根据具体情况判断某一事项是否属于重大事项。重大事项通常包括：

（1）引起特别风险的事项。

（2）实施审计程序的结果，该结果表明财务信息可能存在重大错报，或需要修正以前对重大错报风险的评估和针对这些风险拟采取的应对措施。

（3）导致注册会计师难以实施必要审计程序的情形。

（4）导致出具非标准审计报告的事项。

注册会计师应当及时记录与管理层、治理层和其他人员对重大事项的讨论，包括讨论的内容、地点和参加人员。有关重大事项的记录可能分散在审计工作底稿的不同部分，注册会计师应将这些分散在审计工作底稿中的有关重大事项的记录汇编在重大事项概要中，这不仅可以帮助注册会计师集中考虑重大事项对审计工作的影响，还有助于审计工作的复核人员全面、快速地了解重大事项，提高复核的效率。对于大型、复杂的审计项目，重大事项概要的作用显得尤为明显。

3. 针对重大事项如何处理矛盾或不一致的情况

在审计过程中，注册会计师如果发现识别出的信息与针对某重大事项得出的最终结论相矛盾或不一致，应当记录形成最终结论时如何处理该矛盾或不一致的情况。

记录如何处理识别出的信息与针对重大事项得出的结论相矛盾或不一致的情况是非常必要的，它有助于注册会计师关注这些矛盾或不一致，并对此执行必要的审计程序以恰当地解决这些矛盾或不一致。

（四）审计结论

注册会计师需要根据所实施的审计程序及获取的审计证据得出结论，并以此作为对财务报表形成审计意见的基础。但是注册会计师应当注意，在审计工作底稿中记录的审计程序和审计证据是否足以支持所得出的审计结论。

（五）审计标识及其说明

审计工作底稿中可使用各种审计标识，但应说明其含义，并保持前后一致。以下是注册会计师在审计工作底稿中列明标识并说明其含义的例子，供参考。在实务中，注册会计师也可以根据实际情况运用更多的审计标识。

Λ：纵加核对

<：横加核对

B：与上年结转数核对一致

T：与原始凭证核对一致

G：与总分类账核对一致

S：与明细账核对一致

T/B：与试算平衡表核对一致

C：已发询证函

C\：已收回询证函

（六）索引号及其编号

通常，审计工作底稿需要注明索引号及顺序编号，相关审计工作底稿之间需要保持清晰的勾稽关系。在审计实务中，注册会计师可以按照所记录的审计工作内容层次进行编号。例如，固定资产汇总表的编号为 C1，按类别列示的固定资产明细表的编号为 C1－1，房屋建筑物的编号为 C1－1－1，机器设备的编号为 C1－1－2，运输设备的编号为 C1－1－3，其他设备的编号为 C1－1－4。相互引用时，需要在审计工作底稿中交叉注明索引号。

下面举例说明不同审计工作底稿之间的相互索引。例如：固定资产的原值、累计折旧以及固定资产净值的总额应分别与固定资产明细表的数字相互勾稽。以下是选取了固定资产汇总表工作底稿（表 5－1）及固定资产明细表工作底稿（表 5－2）中的一部分，以供参考。

表 5－1　　固定资产汇总表（工作底稿索引号：C1）

工作底稿索引号	固定资产	2008 年 12 月 31 日	2007 年 12 月 31 日
C1－1	原值	×××G	×××
C1－1	累计折旧	×××G	×××
	净值	×××T/BΛ	×××BΛ

表 5-2　　固定资产明细表（工作底稿索引号：C1-1）

工作底稿索引号	固定资产	期初余额	本期增加	本期减少	期末余额
	原值				
C1-1-1	1. 房屋建筑物	×××		×××	×××S
C1-1-2	2. 机器设备	×××	×××		×××S
C1-1-3	3. 运输工具	×××			×××S
C1-1-4	4. 其他设备	×××			×××S
	小计	×××B∧	×××∧	×××∧	×××<C1∧
	累计折旧				
C1-1-1	1. 房屋建筑物	×××		×××	×××S
C1-1-2	2. 机器设备	×××	×××		×××S
C1-1-3	3. 运输工具	×××			×××S
C1-1-4	4. 其他设备	×××			×××S
	小计	×××B∧	×××∧	×××∧	×××<C1∧
	净值	×××B∧			×××C1∧

（七）编制者姓名及其编制日期

在记录实施审计程序的性质、时间和范围时，注册会计师应当记录审计工作的执行人员及完成该项审计工作的日期。

（八）复核者姓名及复核日期

在需要项目质量控制复核的情况下，注册会计师应当记录审计工作的复核人员及复核的日期和范围。

（九）其他应说明的事项

五、审计工作底稿的归档

（一）审计工作底稿归档的期限

注册会计师应当按照会计师事务所质量控制政策和程序的规定，及时将审计工作底稿规整为最终审计档案。审计工作底稿的归档期限为审计报告日后60天内。如果注册会计师未能完成审计业务，审计工作底稿的归档期限为审计业务中止后的60天内。

如果针对客户的同一财务信息执行不同的委托业务，出具两个或多个不同的报告，会计师事务所应当将其视为不同的业务，根据会计师事务所内部制定的政策和程序，在规定的期限内分别将审计工作底稿规整为最终审计档案。

（二）审计工作底稿归档的性质

在审计报告日后将审计工作底稿规整为最终审计档案是一项事务性的工作，不涉及实施新的审计程序或得出新的结论。

如果在归档期间对审计工作底稿作出的变动属于事务性的，注册会计师可以作出变动，主要包括：第一，删除或废弃被取代的审计工作底稿。第二，对审计工作底稿进行分类、整理和交叉索引。第三，对审计档案规整工作的完成核对表签字认可。第四，记录在审计报告日前获取的、与审计项目组相关成员进行讨论并取得一致意见的审计证据。

由于审计工作底稿通常不包括已被取代的审计工作底稿的草稿或财务报表的草稿、对不全面或初步思考的记录、存在印刷错误或其他错误而作废的文本，以及重复的文字记录等。由于这些草稿、错误的文本或重复的文件记录不直接构成审计结论和审计意见的支持性证据，因此，注册会计师通常无需保留这些记录，在审计工作归档时予以清理。

（三）审计工作底稿的保存期限

1. 审计档案的类别

在审计实务中，审计档案可以分为永久性档案和当期档案。这主要是基于具体实务中对审计档案适用的时间而划分的。

（1）永久性档案是指那些记录内容相对稳定，具有长期使用价值，并对以后审计工作具有重要影响和直接作用的审计档案。如被审计单位的组织结构、批准证书、营业执照、章程、重要资产的所有权或使用权的证明文件复印件等。如果永久性档案中的某些内容已经发生变化，注册会计师应当及时予以更新。为保持资料的完整性以便满足日后查阅历史资料的需要，永久性档案中被替换下来的资料一般也需要保留。

（2）当期档案是指那些记录内容经常变化，主要供当期和下期审计使用的审计档案。如审计策略、具体审计计划等。

2. 审计工作底稿的保存期限

会计师事务所应当自审计报告日起，对审计工作底稿至少保存 10 年。如果注册会计师未能完成审计业务，会计师事务所应当自审计业务中止日起，对审计工作底稿至少保存 10 年。

在完成最终审计档案的规整工作后，注册会计师不得在规定的保存期届满前删除或废弃审计工作底稿。

（四）审计工作底稿归档后的变动

在完成最终审计档案的归档工作后，如果发现有必要修改现有审计工作底稿或增加新的审计工作底稿，无论修改或增加的性质如何，注册会计师均应记录下列事项：修改或增加审计工作底稿的时间和人员，以及复核的时间和人员；修改或增加审计工作底稿的理由；修改或增加审计工作底稿对审计结论产生的影响。

一般情况下，在审计报告归档之后不需要对审计工作底稿进行修改或者增加。注册会计师发现有必要修改现有审计工作底稿或增加新的审计工作底稿的情形有：第一，注册会计师已实施了必要的审计程序，取得了充分、适当的审计证据，并得出了恰当的审计结论，但审计工作底稿的记录不够充分。第二，在审计报告日后，如果发现例外情况要求注册会计师实施新的或追加的审计程序，或导致注册会计师得出新的结论。例外情况主要是指审计报告日后发现与已审计财务信息相关，且在审计报告日已经存在的事实，该事实如果被注册会计师在审计报告日前获知，可能影响审计报告。例如，注册会计师在审计报告日后才获知法院在审计报告日前已对被审计单位的诉讼、索赔事项作出最终判决结果。例外情况可能在审计报告日后发现，也可能在财务报表报出日后发现，注册会计师应当按照《中国注册会计师审计准则第 1332 号——期后事项》第 4 章“财务报表报出后发现的事实”的相关规定，对例外事项实施新的或追加的审计程序。

变动审计工作底稿时，注册会计师应当记录：遇到的例外情况；实施的新的或追加的审计程序，获取的审计证据以及得出的结论；对审计工作底稿作出变动及其复核的时间和人员。

本章小结

本章共分为两节，第一节为审计证据，内容包括审计证据的概念和来源，审计证据与认定的关系，审计证据的数量特征和质量特征，重点介绍了获取审计证据的途径。

审计证据是指注册会计师为了得出审计结论、形成审计意见而使用的所有信息，包括财务报表依据的会计记录中含有的信息和其他信息。按照证据的来源分类，可以将审计证据分为内部证据和外部证据两类。内部证据是由被审计单位内部机构或职员编制和提供的书面证据；外部证据是由被审计单位以外的组织机构或人士编制的书面证据。

管理层的认定与审计目标密切相关，注册会计师应当详细运用各类交易、账户余额、列报认定，作为评估重大错报风险以及设计与实施进一步审计程序的基础。

充分性和适当性是审计证据的两个基本特征，只有既充分又适当的审计证据才是有证明力的。审计证据的充分性是指审计证据的数量足以支持注册会计师的审计意见，审计证据的适当性是对审计证据质量的衡量，相关性和可靠性是审计证据适当性的核心内容。

注册会计师获取审计证据的审计程序包括风险评估程序、控制测试和实质性程序。具体审计程序包括检查记录或文件、检查有形资产、观察、询问、函证等。

本章的第二节是审计工作底稿，主要内容包括审计工作底稿的含义、重要作用，使用的文字，审计工作底稿的形式和基本要素，审计工作底稿的归档保存等。审计工作底稿，是指注册会计师对制定的审计计划、实施的审计程序、获取的相关审计证据，以及得出的审计结论作出的记录。审计工作底稿是审计证据的载体。

编制审计工作底稿的文字应当使用中文。少数民族自治地区可以同时使用少数民族文字。审计工作底稿可以以纸质、电子或其他介质形式存在。审计工作底稿通常包括总体审计策略、具体审计计划、分析表、问题备忘录、重大事项概要、询证函回函、管理层声明书、核对表、有关重大事项的往来信件（包括电子邮件），以及对被审计单位文件记录的摘要或复印件等。审计工作底稿应当归档保管，审计档案可以分为永久性档案和当期档案。

本章的重点是审计证据的获取和运用。

审计证据
认定
审计证据的充分性
审计证据的适当性
审计工作底稿

问题备忘录
核对表
永久性档案
当期档案
重大事项

问答题

1. 获取审计证据时对各类交易、账户余额和列报的认定运用分别是什么？

2. 如何评价审计证据的充分性和适当性？

3. 注册会计师的审计经验与审计证据的获取的关系如何？

4. 思考审计目标、审计证据、审计程序之间的联系。

5. 什么是审计工作底稿？审计工作底稿有哪些作用？注册会计师在编制审计工作底稿时应注意哪些问题？

6. 注册会计师在确定审计工作底稿的格式、内容和范围时应考虑哪些因素？

7. 注册会计师在对重大事项进行记录时应如何考虑？如何理解审计过程中对于特定项目或事项的记录？

8. 审计工作底稿归档后需要变动的情形有哪些？应如何记录？

第六章

DI LIU ZHANG

重大错报风险的评估与应对

本章要点

- 了解被审计单位及其环境的重要性，掌握具体了解的途径
- 掌握内部控制及相关要素的含义
- 熟悉与被审计单位管理层及治理层的沟通的主要内容
- 掌握报表层次和认定层次重大错报风险的含义
- 掌握针对财务报表层次重大错报风险采取的总体应对措施
- 掌握针对认定层次重大错报风险采取的进一步审计程序的含义、性质、时间和范围
- 掌握控制测试的含义、性质、时间和范围
- 掌握实质性程序的含义、性质、时间和范围

DIYIJIE 第一节 了解被审计单位及其环境

一、了解被审计单位及其环境的目的及风险评估程序

（一）了解被审计单位及其环境的目的

《中国注册会计师审计准则第 1211 号——了解被审计单位及其环境并评估重大错报风险》作为专门规范风险评估的准则，规定注册会计师应当了解被审计单位及其环境，以足够识别和评估财务报表重大错报风险，设计和实施进一步审计程序。

了解被审计单位及其环境是必要程序，特别是为注册会计师在下列关键环节作出职业判断提供重要基础：

（1）确定重要性水平，并随着审计工作的进程评估对重要性水平的判断是否仍然适当。

（2）考虑会计政策的选择和运用是否恰当，以及财务报表的列报（包括披露，下同）是否适当。

（3）识别需要特别考虑的领域，包括关联方交易、管理层运用持续经营假设的合理性，或交易是否具有合理的商业目的等。

(4) 确定在实施分析程序时所使用的预期值。

(5) 设计和实施进一步审计程序，以将审计风险降至可接受的低水平。

(6) 评价所获取审计证据的充分性和适当性。

注册会计师对被审计单位及其环境了解的程度，要低于管理层为经营管理企业而对被审计单位及其环境需要了解的程度。

(二) 风险评估程序

注册会计师了解被审计单位及其环境，目的是为了识别和评估财务报表重大错报风险。为了解被审计单位及其环境而实施的程序称为“风险评估程序”。注册会计师应当依据实施这些程序所获取的信息，评估重大错报风险。

注册会计师应当实施下列风险评估程序，以了解被审计单位及其环境：

1. 询问被审计单位管理层和内部其他相关人员

询问被审计单位管理层和内部其他相关人员是注册会计师了解被审计单位及其环境的一个重要信息来源。

2. 实施分析程序

分析程序是指注册会计师通过研究不同财务数据之间以及财务数据与非财务数据之间的内在关系，对财务信息作出评价。分析程序还包括调查识别出的、与其他相关信息不一致或与预期数据严重偏离的波动和关系。

分析程序既可用作风险评估程序和实质性程序，也可用于对财务报表的总体复核。审计准则主要说明在了解被审计单位及其环境并评估重大错报风险时使用的分析程序，即将分析程序用作风险评估程序。注册会计师实施分析程序有助于识别异常的交易或事项，以及对财务报表和审计产生影响的金额、比率和趋势。

3. 观察和检查

观察和检查程序可以印证对管理层和其他相关人员的询问结果，并可提供有关被审计单位及其环境的信息，注册会计师应当实施下列观察和检查程序：

(1) 观察被审计单位的生产经营活动。

(2) 检查文件、记录和内部控制手册。

(3) 阅读由管理层和治理层编制的报告。

(4) 实地察看被审计单位的生产经营场所和设备。

(5) 追踪交易在财务报告信息系统中的处理过程（穿行测试)。

二、了解被审计单位及其环境

了解被审计单位及其环境是一个连续和动态地收集、更新与分析信息的过程，贯穿于整个审计过程的始终。注册会计师应当运用职业判断确定需要了解被审计单位及其环境的程度。

注册会计师应当从下列方面了解被审计单位及其环境。

(1) 行业状况、法律环境与监管环境以及其他外部因素。

(2) 被审计单位性质。

(3) 被审计单位对会计政策的选择和运用。

(4) 被审计单位的目标、战略以及相关经营风险。

（5）被审计单位业绩的衡量和评价。

（6）被审计单位的内部控制。

被审计单位及其环境的各个方面可能会互相影响。注册会计师在对被审计单位及其环境的各个方面进行了解和评估时，应当考虑各因素之间的相互关系。

评价对被审计单位及其环境了解的程度是否恰当，关键是看注册会计师对被审计单位及其环境的了解是否足以识别和评估财务报表重大错报风险。如果了解被审计单位及其环境获得的信息足以识别和评估财务报表重大错报风险，设计和实施进一步审计程序，那么了解的程度就是恰当的。

三、了解被审计单位的内部控制

（一）内部控制的含义和要素

1. 内部控制的含义

内部控制是被审计单位为了合理保证财务报告的可靠性、经营的效率和效果以及对法律法规的遵守，由治理层、管理层和其他人员设计与执行的政策及程序。

可以从以下几方面理解内部控制：

（1）内部控制的目标是合理保证：第一，财务报告的可靠性，这一目标与管理层履行财务报告编制责任密切相关。第二，经营的效率和效果，即经济有效地使用企业资源，以最优方式实现企业的目标。第三，在所有经营活动中遵守法律法规的要求，即在法律法规的框架下从事经营活动。

（2）设计和实施内部控制的责任主体是治理层、管理层和其他人员，组织中的每一个人都对内部控制负有责任。

（3）实现内部控制目标的手段是设计和执行控制政策和程序。

内部控制的目标旨在合理保证财务报告的可靠性、经营的效率和效果以及对法律法规的遵守。注册会计师财务报表审计的目标是对财务报表是否不存在重大错报发表审计意见，尽管要求注册会计师在财务报表审计中考虑与财务报表编制相关的内部控制，但目的并非对被审计单位内部控制的有效性发表意见。注册会计师需要了解和评价的内部控制只是与财务报表审计相关的内部控制，并非被审计单位所有的内部控制。

2. 内部控制的要素

（1）控制环境。控制环境包括治理职能和管理职能，以及治理层和管理层对内部控制及其重要性的态度、认识和措施。良好的控制环境是实施有效内部控制的基础。防止或发现并纠正舞弊和错误是被审计单位治理层和管理层的责任。在评价控制环境的设计和实施情况时，注册会计师应当了解管理层在治理层的监督下，是否营造并保持了诚实守信和合乎道德的文化，以及是否建立了防止或发现并纠正舞弊和错误的恰当控制。

（2）风险评估过程。风险评估过程的作用是：识别、评估和管理影响被审计单位实现经营目标能力的各种风险。而针对财务报告目标的风险评估过程则包括识别与财务报告相关的经营风险，评估风险的重大性和发生的可能性，以及采取措施管理这些风险。被审计单位的风险评估过程包括识别与财务报告相关的经营风险，以及针对这些风险所采取的措施。注册会计师应当了解被审计单位的风险评估过程和结果。

（3）信息系统与沟通。与财务报告相关的信息系统，包括用以生成、记录、处理和报告交易、事项和情况，对相关资产、负债和所有者权益履行经营管理责任的程序和记录。交易可能通过人工或自动化程序生成。记录包括识别和收集与交易、事项有关的信息。处理包括编辑、核对、计量、估价、汇总和调节活动，可能由人工或自动化程序来执行。报告是指用电子或书面形式编制财务报告和其他信息，供被审计单位用于衡量和考核财务及其他方面的业绩。

（4）控制活动。控制活动是指有助于确保管理层的指令得以执行的政策和程序。包括与授权、业绩评价、信息处理、实物控制和职责分离等相关的活动。

（5）对控制的监督。对控制的监督是指被审计单位评价内部控制在一段时间内运行有效性的过程，该过程包括及时评价控制的设计和运行，以及根据情况的变化采取必要的纠正措施。通常，被审计单位通过持续的监督活动、专门的评价活动或两者相结合，来实现对控制的监督。持续的监督活动通常贯穿于被审计单位的日常经营活动与常规管理工作中。

控制包括上述的一项或多项要素，或要素表现出的各个方面。被审计单位设计和执行内部控制的具体方式会因被审计单位的规模和复杂程度的不同而不同。

（二）对内部控制了解的深度

对内部控制了解的深度，是指在了解被审计单位及其环境时对内部控制了解的程度。包括评价控制的设计，并确定其是否得到执行，但不包括对控制是否得到一贯执行的测试。

1. 评价控制的设计

注册会计师在了解内部控制时，应当评价控制的设计，并确定其是否得到执行。评价控制的设计是指考虑一项控制单独或连同其他控制是否能够有效防止或发现并纠正重大错报。控制得到执行是指某项控制存在且被审计单位正在使用。设计不当的控制可能表明内部控制存在重大缺陷，注册会计师在确定是否考虑控制得到执行时，应当首先考虑控制的设计。如果控制设计不当，不需要再考虑控制是否得到执行。

2. 获取控制设计和执行的审计证据

注册会计师通常实施下列风险评估程序，以获取有关控制设计和执行的审计证据：

（1）询问被审计单位的人员。

（2）观察特定控制的运用。

（3）检查文件和报告。

（4）追踪交易在财务报告信息系统中的处理过程（穿行测试）。这些程序是风险评估程序在了解被审计单位内部控制方面的具体运用。询问本身并不足以评价控制的设计以及确定其是否得到执行，注册会计师应当将询问与其他风险评估程序结合使用。

3. 了解内部控制与测试控制运行有效性的关系

除非存在某些可以使控制得到一贯运行的自动化控制，注册会计师对控制的了解并不能够代替对控制运行有效性的测试。

（三）内部控制的局限性

内部控制存在固有局限性，无论如何设计和执行，只能对财务报告的可靠性提供合理的保证。内部控制存在的固有局限性包括：第一，在决策时人为判断可能出现错误和由于人为失误而导致内部控制失效。第二，可能由于两个或更多的人员进行串通或管理层凌驾于内部控制之上而被规避。

此外，如果被审计单位内部行使控制职能的人员素质不适应岗位要求，也会影响内部控制功能的正常发挥。被审计单位实施内部控制的成本效益问题也会影响其职能，当实施某项控制成本大于控制效果而发生损失时，就没有必要设置控制环节或控制措施。内部控制一般都是针对经常而重复发生的业务而设置的，如果出现不经常发生或未预计到的业务，原有控制就可能不适用。

DIERJIE 第二节 评估重大错报风险

一、识别和评估财务报表层次以及认定层次的重大错报风险

（一）识别和评估重大错报风险的审计程序

在识别和评估重大错报风险时，注册会计师应当实施下列审计程序：

（1）在了解被审计单位及其环境的整个过程中识别风险，并考虑各类交易、账户余额、列报。注册会计师应当运用各项风险评估程序，在了解被审计单位及其环境的整个过程中识别风险，并将识别的风险与各类交易、账户余额和列报相联系。

（2）将识别的风险与认定层次可能发生错报的领域相联系。

（3）考虑识别的风险是否重大。风险是否重大是指风险造成后果的严重程度。如销售困难使产品的市场价格下降，除考虑产品市场价格下降因素外，注册会计师还应当考虑产品市场价格下降的幅度、该产品在被审计单位产品中的比重等，以确定识别的风险对财务报表的影响是否重大。

（4）考虑识别的风险导致财务报表发生重大错报的可能性。注册会计师还需要考虑上述识别的风险是否会导致财务报表发生重大错报。例如，考虑存货的账面余额是否重大，是否已适当计提存货跌价准备等。在某些情况下，尽管识别的风险重大，但仍不至于导致财务报表发生重大错报。

注册会计师应当利用实施风险评估程序获取的信息，包括在评价控制设计和确定其是否得到执行时获取的审计证据，作为支持风险评估结果的审计证据。注册会计师应当根据风险评估结果，确定实施进一步审计程序的性质、时间和范围。

（二）可能表明被审计单位存在重大错报风险的事项和情况

注册会计师应当关注下列事项和情况可能表明被审计单位存在重大错报风险：

（1）在经济不稳定的国家或地区开展业务。

（2）在高度波动的市场开展业务。

（3）在严厉、复杂的监管环境中开展业务。

（4）持续经营和资产流动性出现问题，包括重要客户流失。

（5）融资能力受到限制。

（6）行业环境发生变化。

（7）供应链发生变化。

（8）开发新产品或提供新服务，或进入新的业务领域。

（9）开辟新的经营场所。

（10）发生重大收购、重组或其他非经常性事项。

（11）拟出售分支机构或业务分部。

（12）复杂的联营或合资。

（13）运用表外融资、特殊目的实体以及其他复杂的融资协议。

（14）重大的关联方交易。

（15）缺乏具备胜任能力的会计人员。

（16）关键人员变动。

（17）内部控制薄弱。

（18）信息技术战略与经营战略不协调。

（19）信息技术环境发生变化。

（20）安装新的与财务报告有关的重大信息技术系统。

（21）经营活动或财务报告受到监管机构的调查。

（22）以往存在重大错报或本期期末出现重大会计调整。

（23）发生重大的非常规交易。

（24）按照管理层特定意图记录的交易。

（25）应用新颁布的会计准则或相关会计制度。

（26）会计计量过程复杂。

（27）事项或交易在计量时存在重大不确定性。

（28）存在未决诉讼和或有负债。

注册会计师应当充分关注上述事项和情况，并考虑由于上述事项和情况导致的风险是否重大，以及该风险导致财务报表发生重大错报的可能性。

（三）识别两个层次的重大错报风险

在对重大错报风险进行识别和评估后，注册会计师应当确定，识别的重大错报风险是与特定的某类交易、账户余额、列报的认定相关，还是与财务报表整体广泛相关，进而影响多项认定。

某些重大错报风险可能与特定的各类交易、账户余额、列报的认定相关。例如，被审计单位存在复杂的联营或合资，这一事项表明长期股权投资账户的认定可能存在重大错报风险。又如，被审计单位存在重大的关联方交易，该事项表明关联方及关联方交易的披露认定可能存在重大错报风险。

某些重大错报风险可能与财务报表整体广泛相关，进而影响多项认定。例如，在经济不稳定的国家和地区开展业务、资产的流动性出现问题、重要客户流失、融资能力受到限制等，可能导致注册会计师对被审计单位的持续经营能力产生重大疑虑。又如，管理层缺乏诚信或承受异常的压力可能引发舞弊风险，这些风险与财务报表整体相关。

（四）控制环境对评估财务报表层次重大错报风险的影响

财务报表层次的重大错报风险很可能源于薄弱的控制环境。薄弱的控制环境带来的风险可能对财务报表产生广泛影响，难以限于某类交易、账户余额、列报，注册会计师应当采取总体应对措施。

（五）控制对评估认定层次重大错报风险的影响

在评估重大错报风险时，注册会计师应当将所了解的控制与特定认定相联系。

这是由于控制有助于防止或发现并纠正认定层次的重大错报。在评估重大错报发生的可能性时，除了考虑可能的风险外，还要考虑控制对风险的抵消和遏制作用。有效的控制会减少错报发生的可能性，而控制不当或缺乏控制，错报就会由可能变成现实。

控制可能与某一认定直接相关，也可能与某一认定间接相关。关系越间接，控制在防止或发现并纠正认定中错报的作用越小。

（六）考虑财务报表的可审计性

注册会计师在了解被审计单位内部控制后，可能对被审计单位财务报表的可审计性产生怀疑。

如果通过对内部控制的了解发现下列情况，并对财务报表局部或整体的可审计性产生疑问，注册会计师应当考虑出具保留意见或无法表示意见的审计报告：

（1）被审计单位会计记录的状况和可靠性存在重大问题，不能获取充分、适当的审计证据以发表无保留意见。

（2）对管理层的诚信存在严重疑虑。必要时，注册会计师应当考虑解除业务约定。

二、特别风险

（一）特别风险的含义

作为风险评估的一部分，注册会计师应当运用职业判断，确定识别的风险哪些是需要特别考虑的重大错报风险，这些风险通常简称为特别风险。

在确定风险的性质时，注册会计师应当考虑的事项有：第一，风险是否属于舞弊风险。第二，风险是否与近期经济环境、会计处理方法和其他方面的重大变化有关。第三，交易的复杂程度。第四，风险是否涉及重大的关联方交易。第五，财务信息计量的主观程度，特别是对不确定事项的计量存在较大区间。第六，风险是否涉及异常或超出正常经营过程的重大交易。

（二）非常规交易和判断事项导致的特别风险

日常的、不复杂的、经正规处理的交易不太可能产生特别风险。特别风险通常与重大的非常规交易和判断事项有关。

1. 非常规交易

非常规交易是指由于金额或性质异常而不经常发生的交易。由于非常规交易具有下列特征，与重大非常规交易相关的特别风险可能导致更高的重大错报风险：

（1）管理层更多地介入会计处理。

（2）数据收集和处理涉及更多的人工成分。

（3）复杂的计算或会计处理方法。

（4）非常规交易的性质可能使被审计单位难以对由此产生的特别风险实施有效控制。

2. 判断事项

判断事项通常包括作出的会计估计。如资产减值准备金额的估计、需要运用复杂估值技术确定的公允价值计量等。由于下列原因，与重大判断事项相关的特别风险可能导致更高的重大错报风险：

（1）对涉及会计估计、收入确认等方面的会计原则存在不同的理解。

（2）所要求的判断可能是主观和复杂的，或需要对未来事项作出假设。

(三) 考虑与特别风险相关的控制

了解与特别风险相关的控制，有助于注册会计师制定有效的审计方案予以应对。对特别风险，注册会计师应当评价相关控制的设计情况，并确定其是否已经得到执行。由于与重大非常规交易或判断事项相关的风险很少受到日常控制的约束，注册会计师应当了解被审计单位是否针对该特别风险设计和实施了控制。

如果管理层未能实施控制以恰当应对特别风险，注册会计师应当认为内部控制存在重大缺陷，并考虑其对风险评估的影响。注册会计师应当考虑就此类事项与治理层沟通。

三、仅通过实质性程序无法应对的重大错报风险

作为风险评估的一部分，如果认为仅通过实质性程序获取的审计证据无法将认定层次的重大错报风险降至可接受的低水平，注册会计师应当评价被审计单位针对这些风险设计的控制，并确定其执行情况。

在被审计单位对日常交易采用高度自动化处理的情况下，审计证据可能仅以电子形式存在，其充分性和适当性通常取决于自动化信息系统相关控制的有效性，注册会计师应当考虑仅通过实施实质性程序不能获取充分、适当审计证据的可能性。

注册会计师对认定层次重大错报风险的评估应以获取的审计证据为基础，并可能随着不断获取审计证据而作出相应的变化。

因此，评估重大错报风险与了解被审计单位及其环境一样，也是一个连续和动态地收集、更新与分析信息的过程，贯穿于整个审计过程的始终。

四、沟通

(一) 就内部控制重大缺陷与治理层和管理层沟通

被审计单位管理层有责任在治理层的监督下，建立、执行和维护有效的内部控制，以合理保证企业经营目标的实现。注册会计师在了解和测试内部控制的过程中可能会注意到内部控制存在的重大缺陷。注册会计师应当及时将注意到的内部控制设计或执行方面的重大缺陷，告知适当层次的管理层或治理层。

内部控制的重大缺陷是指内部控制设计或执行存在的严重不足，使被审计单位管理层或员工无法在正常行使职能的过程中，及时发现和纠正错误或舞弊引起的财务报表重大错报。内部控制五个要素中都可能存在控制缺陷。

下列情况通常表明内部控制存在重大缺陷：

(1) 注册会计师在审计工作中发现了重大错报，而被审计单位的内部控制没有发现这些重大错报。

(2) 控制环境薄弱。

(3) 存在高层管理人员舞弊迹象（无论涉及金额大小）。

(二) 就重大错报风险的控制与治理层沟通

如果识别出被审计单位未加控制或控制不当的重大错报风险，或认为被审计单位的风险评估过程存在重大缺陷，注册会计师应当就此类内部控制缺陷与治理层沟通。

DISANJIE 第三节 针对重大错报风险的应对措施

一、针对财务报表层次重大错报风险的总体应对措施

在财务报表重大错报风险的评估过程中，注册会计师应当确定，识别的重大错报风险是与特定的某类交易、账户余额、列报的认定相关，还是与财务报表整体广泛相关，进而影响多项认定。如果是后者，则属于财务报表层次的重大错报风险。

注册会计师应当针对评估的财务报表层次重大错报风险而确定的总体应对措施主要有以下几方面：

（1）向项目组强调在收集和评价审计证据过程中保持职业怀疑态度的必要性。

（2）分派更有经验或具有特殊技能的审计人员，或利用专家的工作。

（3）提供更多的督导。

（4）在选择进一步审计程序时，应当注意使某些程序不被管理层预见或事先了解。在实务中，注册会计师为提高审计程序的不可预见性而采取的方式主要有：第一，对某些未测试过的低于设定的重要性水平或风险较小的账户余额和认定实施实质性程序。第二，调整实施审计程序的时间，使被审计单位不可预期。第三，采取不同的审计抽样方法，使当期抽取的测试样本与以前有所不同。第四，选取不同的地点实施审计程序，或预先不告知被审计单位所选定的测试地点。

（5）对拟实施审计程序的性质、时间和范围作出总体修改。财务报表层次重大错报风险难以限于某类交易、账户余额、列报的特点，意味着此类风险可能对财务报表的多项认定产生广泛影响，并相应增加注册会计师对认定层次重大错报风险的评估难度。因此，注册会计师评估的财务报表层次重大错报风险以及采取的总体应对措施，对拟实施进一步审计程序的总体方案具有重大影响。

拟实施进一步审计程序的总体方案包括实质性方案和综合性方案。其中，实质性方案是指注册会计师实施的进一步审计程序以实质性程序为主；综合性方案是指注册会计师在实施进一步审计程序时，将控制测试与实质性程序结合使用。当评估的财务报表层次重大错报风险属于高风险水平（并相应采取更强调审计程序不可预见性、重视调整审计程序的性质、时间和范围等总体应对措施）时，拟实施进一步审计程序的总体方案往往更倾向于实质性方案。

二、针对认定层次重大错报风险的进一步审计程序

（一）进一步审计程序的总体要求

进一步审计程序相对风险评估程序而言，是指注册会计师针对评估的各类交易、账户余额、列报（包括披露，下同）认定层次重大错报风险实施的审计程序，包括控制测试和实质性程序。

注册会计师应当针对所评估的认定层次重大错报风险来设计和实施进一步审计程序，包括审计程序的性质、时间和范围。需要说明的是，尽管在应对评估的认定层次重大错报风险

时，拟实施的进一步审计程序的性质、时间和范围都应当确保其具有针对性，但其中进一步审计程序的性质是最重要的。

在设计进一步审计程序时，注册会计师应当考虑下列因素：

（1）风险的重要性。风险的重要性是指风险造成的后果的严重程度。风险的后果越严重，就越需要注册会计师关注和重视，越需要精心设计有针对性的进一步审计程序。

（2）重大错报发生的可能性。重大错报发生的可能性越大，同样越需要注册会计师精心设计进一步审计程序。

（3）涉及的各类交易、账户余额和列报的特征。不同的交易、账户余额和列报，产生的认定层次的重大错报风险也会存在差异，适用的审计程序也有差别，需要注册会计师区别对待，并设计有针对性的进一步审计程序予以应对。

（4）被审计单位采用的特定控制的性质。不同性质的控制（尤其是人工控制还是自动化控制）对注册会计师设计进一步的审计程序具有重要影响。

（5）注册会计师是否拟获取审计证据，以确定内部控制在防止或发现并纠正重大错报方面的有效性。如果注册会计师在风险评估时预期内部控制运行有效，随后拟实施的进一步审计程序必须包括控制测试，且实质性程序自然会受到之前控制测试结果的影响。

综合上述几方面因素，注册会计师对认定层次重大错报风险的评估为确定进一步审计程序的总体方案奠定了基础。因此，注册会计师应当根据对认定层次重大错报风险的评估结果，恰当选用实质性方案或综合性方案。通常情况下，注册会计师出于成本效益的考虑可以采用综合性方案设计进一步审计程序，即将测试控制运行的有效性与实质性程序结合使用。但在某些情况下（如仅通过实质性程序无法应对的重大错报风险），注册会计师必须通过实施控制测试，才可能有效应对评估出的某一认定的重大错报风险；而在另一些情况下（如注册会计师的风险评估程序未能识别出与认定相关的任何控制，或注册会计师认为控制测试很可能不符合成本效益原则），注册会计师可能认为仅实施实质性程序就是适当的。

（二）进一步审计程序的性质

进一步审计程序的性质是指进一步审计程序的目的和类型。其中：进一步审计程序的目的包括通过实施控制测试以确定内部控制运行的有效性，通过实施实质性程序以发现认定层次的重大错报；进一步审计程序的类型包括检查、观察、询问、函证、重新计算、重新执行和分析程序。

如前所述，在应对评估的风险时，合理确定审计程序的性质是最重要的。这是因为不同的审计程序应对特定认定错报风险的效力不同。

在确定进一步审计程序的性质时，注册会计师首先需要考虑的是认定层次重大错报风险的评估结果。评估的认定层次重大错报风险越高，对通过实质性程序获取的审计证据的相关性和可靠性的要求越高，从而可能影响进一步审计程序的类型及其综合运用。

除了从总体上把握认定层次重大错报风险的评估结果对选择进一步审计程序的影响外，在确定拟实施的审计程序时，注册会计师接下来应当考虑评估的认定层次重大错报风险产生的原因，包括考虑各类交易、账户余额、列报的具体特征以及内部控制。

需要说明的是，如果在实施进一步审计程序时拟利用被审计单位信息系统生成的信息，注册会计师应当就信息的准确性和完整性获取审计证据。

(三) 进一步审计程序的时间

进一步审计程序的时间是指注册会计师何时实施进一步审计程序，或审计证据适用的期间或时点。因此，当提及进一步审计程序的时间时，在某些情况下指的是审计程序的实施时间，在另一些情况下是指需要获取的审计证据适用的期间或时点。

有关进一步审计程序的时间的选择问题，第一个层面是注册会计师选择在何时实施进一步审计程序的问题，第二个层面是选择获取什么期间或时点的审计证据的问题。第一个层面的选择问题主要集中在如何权衡期中与期末实施审计程序的关系；第二个层面的选择问题分别集中在如何权衡期中审计证据与期末审计证据的关系、如何权衡以前审计获取的审计证据和本期审计获取的审计证据的关系。这两个层面的最终落脚点都是如何确保获取审计证据的效率和效果。

注册会计师可以在期中或期末实施控制测试或实质性程序。一项基本的考虑因素应当是注册会计师评估的重大错报风险，当重大错报风险较高时，注册会计师应当考虑在期末或接近期末实施实质性程序；或采用不通知的方式，或在管理层不能预见的时间实施审计程序。

虽然在期末实施审计程序在很多情况下非常必要，但仍然不排除注册会计师在期中实施审计程序可能发挥的积极作用。在期中实施进一步审计程序，可能有助于注册会计师在审计工作初期识别重大事项，并在管理层的协助下及时解决这些事项；或针对这些事项制定有效的实质性方案或综合性方案。当然，在期中实施进一步审计程序也存在很大的局限：第一，注册会计师往往难以仅凭在期中实施的进一步审计程序获取有关期中以前的充分、适当的审计证据（例如某些期中以前发生的交易或事项在期中审计结束时尚未完结）。第二，即使注册会计师在期中实施的进一步审计程序能够获取有关期中以前的充分、适当的审计证据，但从期中到期末这段剩余期间还往往会发生重大的交易或事项（包括期中以前发生的交易、事项的延续，以及期中以后发生的新的交易、事项），从而对所审计期间的财务报表认定产生重大影响。第三，被审计单位管理层也完全有可能在注册会计师于期中实施了进一步审计程序之后对期中以前的相关会计记录作出调整甚至篡改，注册会计师在期中实施了进一步审计程序所获取的审计证据已经发生了变化。为此，如果在期中实施了进一步审计程序，注册会计师还应当针对剩余期间获取审计证据。

需要说明的是，虽然注册会计师在很多情况下可以根据具体情况选择实施进一步审计程序的时间，但也存在着一些限制选择的情况。某些审计程序只能在期末或期末以后实施，包括将财务报表与会计记录相核对，检查财务报表编制过程中所作的会计调整等。如果被审计单位在期末或接近期末发生了重大交易，或重大交易在期末尚未完成，注册会计师应当考虑交易的发生或截止等认定可能存在的重大错报风险，并在期末或期末以后检查此类交易。

(四) 进一步审计程序的范围

进一步审计程序的范围是指实施进一步审计程序的数量，包括抽取的样本量，对某项控制活动的观察次数等。

在确定审计程序的范围时，注册会计师应当考虑的因素有：第一，确定的重要性水平。确定的重要性水平越低，注册会计师实施进一步审计程序的范围越广。第二，评估的重大错报风险。评估的重大错报风险越高，对拟获取审计证据的相关性、可靠性的要求越高，因此注册会计师实施的进一步审计程序的范围也越广。第三，计划获取的保证程度。计划获取的保证程度，是指注册会计师计划通过所实施的审计程序对测试结果可靠性所获取的信心。计划获取的保证程度越高，对测试结果的可靠性要求越高，注册会计师实施的进一步审计程序的范围越广。例如，注册会计师对财务报表是否不存在重大错报的信心可能来自控制测试和实质性程序。如果注册会计师计划从控制测试中获取更高的保证程度，则控制测试的范围就更广。

需要说明的是，随着重大错报风险的增加，注册会计师应当考虑扩大审计程序的范围。但是，只有当审计程序本身与特定风险相关时，扩大审计程序的范围才是有效的。

在考虑确定进一步审计程序的范围时，使用计算机辅助审计技术具有积极的作用。注册会计师可以使用计算机辅助审计技术对电子化的交易和账户文档进行更广泛的测试，包括从主要电子文档中选取交易样本，或按照某一特征对交易进行分类，或对总体而非样本进行测试。

鉴于进一步审计程序的范围往往是通过一定的抽样方法加以确定的，因此，注册会计师需要慎重考虑抽样过程对审计程序范围的影响是否能够有效实现审计目的。注册会计师使用恰当的抽样方法通常可以得出有效结论。但如果存在下列情形，注册会计师依据样本得出的结论可能与对总体实施同样的审计程序得出的结论不同，出现不可接受的风险：

（1）从总体中选择的样本量过小。

（2）选择的抽样方法对实现特定目标不适当。

（3）未对发现的例外事项进行恰当的追查。

此外，注册会计师在综合运用不同审计程序时，除了面临各类审计程序的性质选择问题外，还面临如何权衡各类程序的范围问题。因此，注册会计师在综合运用不同审计程序时，不仅应当考虑各类审计程序的性质，还应当考虑测试的范围是否适当。

三、控制测试

（一）控制测试的含义和要求

控制测试指的是测试控制运行的有效性，这一概念需要与“了解内部控制”进行区分。“了解内部控制”包含两层含义：一是评价控制的设计；二是确定控制是否得到执行。测试控制运行的有效性与确定控制是否得到执行所需获取的审计证据是不同的。

在实施风险评估程序以获取控制是否得到执行的审计证据时，注册会计师应当确定某项控制是否存在，被审计单位是否正在使用。

在测试控制运行的有效性时，注册会计师应当从下列方面获取关于控制是否有效运行的审计证据：

（1）控制在所审计期间的不同时点是如何运行的。

（2）控制是否得到一贯执行。

（3）控制由谁执行。

（4）控制以何种方式运行（如人工控制或自动化控制）。

从这四个方面来看，控制运行有效性强调的是控制能够在各个不同时点按照既定设计得以一贯执行。因此，在了解控制是否得到执行时，注册会计师只需抽取少量的交易进行检查或观察某几个时点。但在测试控制运行的有效性时，注册会计师需要抽取足够数量的交易进行检查或对多个不同时点进行观察。

下面举例说明两者之间的区别。某被审计单位针对销售收入和销售费用的业绩评价控制如下：财务经理每月审核实际销售收入（按产品细分）和销售费用（按费用项目细分），并与预算数和上年同期数比较，对于差异金额超过5%的项目进行分析并编制分析报告，销售经理审阅该报告并采取适当跟进措施（相关认定：发生、准确性和完整性）。注册会计师抽查了最近3个月的分析报告，并看到上述管理人员在报告上签字确认，证明该控制已经得到执行。然而，注册会计师在与销售经理的讨论中，发现他对分析报告中明显异常的数据并不了解其原因，也无法作出合理解释，从而显示该控制并未得到有效地运行。

作为进一步审计程序的类型之一，控制测试并非在任何情况下都需要实施。当存在下列情形之一时，注册会计师应当实施控制测试：

（1）在评估认定层次重大错报风险时，预期控制的运行是有效的。

（2）仅实施实质性程序不足以提供认定层次充分、适当的审计证据。

有时，对有些重大错报风险，注册会计师仅通过实质性程序无法予以应对。

此外需要说明的是，被审计单位在所审计期间内可能由于技术更新或组织管理变更而更换了信息系统，从而导致在不同时期使用了不同的控制。如果被审计单位在所审计期间内的不同时期使用了不同的控制，注册会计师应当考虑不同时期控制运行的有效性。

（二）控制测试的性质

控制测试的性质是指控制测试所使用的审计程序的类型及其组合。

计划从控制测试中获取的保证水平是决定控制测试性质的主要因素之一。注册会计师应当选择适当类型的审计程序以获取有关控制运行有效性的保证。计划的保证水平越高，对有关控制运行有效性的审计证据的可靠性要求越高。当拟实施的进一步审计程序主要以控制测试为主，尤其是仅实施实质性程序获取的审计证据无法将认定层次重大错报风险降至可接受的低水平时，注册会计师应当获取有关控制运行有效性的更高的保证水平。

虽然控制测试与了解内部控制的目的不同，但两者采用审计程序的类型通常相同，包括询问、观察、检查和穿行测试。此外，控制测试的程序还包括重新执行。

需要注意的是，询问本身并不足以测试控制运行的有效性，注册会计师应将询问与其他审计程序结合使用，以获取有关控制运行有效性的审计证据。观察提供的证据仅限于观察发生的时点，本身也不足以测试控制运行的有效性；将询问与检查或重新执行结合使用，通常能够比仅实施询问和观察获取更高的保证。例如，被审计单位针对处理收到的邮政汇款单设计和执行了相关的内部控制，注册会计师通过询问和观察程序往往不足以测试此类控制的运行有效性，还需要检查能够证明此类控制在所审计期间的其他时段有效运行的文件和凭证，以获取充分、适当的审计证据。

控制测试的目的是评价控制是否有效运行；细节测试的目的是发现认定层次的重大错报。尽管两者目的不同，但注册会计师可以考虑针对同一交易同时实施控制测试和细节测试，以实现双重目的。例如，注册会计师通过检查某笔交易的发票可以确定其是否经过适当的授权，也可以获取关于该交易的金额、发生时间等细节证据。当然，如果拟实施双重目的的测试，注册会计师应当仔细设计和评价测试程序。

如果通过实施实质性程序未发现某项认定存在错报，这本身并不能说明与该认定有关的控制是有效运行的；但如果通过实施实质性程序发现某项认定存在错报，注册会计师应当在评价相关控制的运行有效性时予以考虑。因此，注册会计师应当考虑实施实质性程序发现的错报对评价相关控制运行有效性的影响（如降低对相关控制的信赖程度、调整实质性程序的性质、扩大实质性程序的范围等）。如果实施实质性程序发现被审计单位没有识别出的重大错报，通常表明内部控制存在重大缺陷，注册会计师应当就这些缺陷与管理层和治理层进行沟通。

（三）控制测试的时间

控制测试的时间包含两层含义：一是何时实施控制测试；二是测试所针对的控制适用的时点或期间。一个基本的原理是，如果测试特定时点的控制，注册会计师仅得到该时点控制运行有效性的审计证据；如果测试某一期间的控制，注册会计师可获取控制在该期间有效运行的审计证据。因此，注册会计师应当根据控制测试的目的确定控制测试的时间，并确定拟信赖的相关控制的时点或期间。

如果仅需要测试控制在特定时点的运行有效性（如对被审计单位期末存货盘点进行控制测试），注册会计师只需要获取该时点的审计证据。如果需要获取控制在某一期间有效运行的审计证据，仅获取与时点相关的审计证据是不充分的，注册会计师应当辅以其他控制测试，包括测试被审计单位对控制的监督。换言之，关于控制在多个不同时点的运行有效性的审计证据的简单累加并不能构成控制在某期间的运行有效性的充分、适当的审计证据；而所谓的“其他控制测试”应当具备的功能是，能提供相关控制在所有相关时点都运行有效的审计证据；被审计单位对控制的监督起到的就是一种检验相关控制在所有相关时点是否都有效运行的作用，因此注册会计师测试这类活动能够强化控制在某期间运行有效性的审计证据效力。

注册会计师可能在期中实施进一步审计程序。但需要说明的是，即使注册会计师已获取有关控制在期中运行有效性的审计证据，仍然需要考虑如何能够将控制在期中运行有效性的审计证据合理延伸至期末，一个基本的考虑是针对期中至期末这段剩余期间获取充分、适当的审计证据。因此，如果已获取有关控制在期中运行有效性的审计证据，并拟利用该证据，注册会计师应当实施下列审计程序：

（1）获取这些控制在剩余期间变化情况的审计证据。如果这些控制在剩余期间没有发生变化，注册会计师可能决定信赖期中获取的审计证据；如果这些控制在剩余期间发生了变化（如信息系统、业务流程或人事管理等方面发生变动），注册会计师需要了解并测试控制的变化对期中审计证据的影响。如果拟信赖的控制自上次测试后未发生变化，且不属于旨在减轻特别风险的控制，注册会计师应当运用职业判断确定是否在本期审计中测试其运行有效性，以及本次测试与上次测试的时间间隔，但两次测试的时间间隔不得超过2年。如果控制在本期发生变化，注册会计师应当考虑以前审计获取的有关控制运行有效性的审计证据是否与本期审计相关。如果拟信赖的控制自上次测试后已发生变化，注册会计师应当在本期审计中测试这些控制的运行有效性。

（2）确定针对剩余期间还需获取的补充审计证据。在执行该项规定时，注册会计师应当考虑因素主要包括：评估的认定层次重大错报风险的重大程度；在期中测试的特定控制；在期中对有关控制运行有效性获取的审计证据的程度；剩余期间的长度；在信赖控制的基础上拟减少进一步实质性程序的范围；控制环境等。

除了上述的测试剩余期间控制的运行有效性，测试被审计单位对控制的监督也能够作为一项有益的补充证据，以便更有把握地将控制在期中运行有效性的审计证据延伸至期末。通过测试剩余期间控制的运行有效性或测试被审计单位对控制的监督，注册会计师可以获取补充审计证据。

如果拟信赖以前审计获取的某些控制运行有效性的审计证据，注册会计师应当在每次审计时从中选取足够数量的控制，测试其运行有效性；不应将所有拟信赖控制的测试集中于某一次审计，而在之后的两次审计中不进行任何测试。这一规定的考虑主要是为了尽量降低审计风险，毕竟注册会计师可能难以充分识别以前审计中测试过的控制在本期是否发生变化。此外，在每一次审计中选取足够数量的部分控制进行测试，除了能够提供这些以前审计中测试过的控制在当期运行有效性的审计证据外，还可提供控制环境持续有效性的旁证，从而有助于注册会计师判断其信赖以前审计获取的审计证据是否恰当。

鉴于特别风险的特殊性，对于旨在减轻特别风险的控制，不论该控制在本期是否发生变化，注册会计师都不应依赖以前审计获取的证据。因此，如果确定评估的认定层次重大错报风险是特别风险，并拟信赖旨在减轻特别风险的控制，注册会计师不应依赖以前审计获取的审计证据，而应在本期审计中测试这些控制的运行有效性。也就是说，如果注册会计师拟信赖针对特别风险的控制，那么所有关于该控制运行有效性的审计证据必须来自当年的控制测试。相应地，注册会计师应当在每次审计中都测试这类控制。

（四）控制测试的范围

对于控制测试的范围，其含义主要是指某项控制活动的测试次数。注册会计师应当设计控制测试，以获取控制在整个拟信赖的期间有效运行的充分、适当的审计证据。

注册会计师在确定某项控制的测试范围时通常考虑的一系列因素有：

（1）在整个拟信赖的期间，被审计单位执行控制的频率。控制执行的频率越高、控制测试的范围越大。

（2）在所审计期间，注册会计师拟信赖控制运行有效性的时间长度。拟信赖控制运行有效性的时间长度不同，在该时间长度内发生的控制活动次数也不同。注册会计师需要根据拟信赖控制的时间长度确定控制测试的范围。拟信赖期间越长，控制测试的范围越大。

（3）为证实控制能够防止或发现并纠正认定层次重大错报，所需获取审计证据的相关性和可靠性。对审计证据的相关性和可靠性要求越高，控制测试的范围越大。

（4）通过测试与认定相关的其他控制获取的审计证据的范围。针对同一认定，可能存在不同的控制。当针对其他控制获取审计证据的充分性和适当性较高时，测试该控制的范围可适当缩小。

（5）在风险评估时拟信赖控制运行有效性的程度。注册会计师在风险评估时对控制运行有效性的拟信赖程度越高，需要实施控制测试的范围越大。

（6）控制的预期偏差。预期偏差可以用控制未得到执行的预期次数占控制应当得到执行次数的比率加以衡量（也可称做预期偏差率）。考虑该因素，是因为在考虑测试结果是否可以得出控制运行有效性的结论时，不可能只要出现任何控制执行偏差就认定控制运行无效，所以需要确定一个合理水平的预期偏差率。控制的预期偏差率越高，需要实施控制测试的范围越大。如果控制的预期偏差率过高，注册会计师应当考虑控制可能不足以将认定层次的重大错报风险降至可接受的低水平，从而针对某一认定实施的控制测试可能是无效的。

此外，除非系统（包括系统使用的表格、文档或其他永久性数据）发生变动，注册会计师通常不需要增加自动化控制的测试范围。

信息技术处理具有内在一贯性，除非系统发生变动，一项自动化应用控制应当一贯运行。对于一项自动化应用控制，一旦确定被审计单位正在执行该控制，注册会计师通常无需扩大控制测试的范围，但为了确定该控制持续有效运行，需要考虑执行的测试有：第一，测试与该应用控制有关的一般控制的运行有效性。第二，确定系统是否发生变动，如果发生变动，是否存在适当的系统变动控制。第三，确定对交易的处理是否使用授权批准的软件版本。

四、实质性程序

（一）实质性程序的含义和要求

实质性程序是指注册会计师针对评估的重大错报风险实施的直接用以发现认定层次重大错报的审计程序。因此，注册会计师应当针对评估的重大错报风险设计和实施实质性程序，以发现认定层次的重大错报。实质性程序包括对各类交易、账户余额、列报的细节测试以及实质性分析程序。

注册会计师实施的实质性程序应当包括下列与财务报表编制完成阶段相关的审计程序：

（1）将财务报表与其所依据的会计记录相核对。

（2）检查财务报表编制过程中作出的重大会计分录和其他会计调整。注册会计师对会计分录和其他会计调整检查的性质和范围，取决于被审计单位财务报告过程的性质和复杂程度以及由此产生的重大错报风险。

由于注册会计师对重大错报风险的评估是一种判断，可能无法充分识别所有的重大错报风险，并且由于内部控制存在固有局限性，无论评估的重大错报风险结果如何，注册会计师都应当针对所有重大的各类交易、账户余额、列报实施实质性程序。

如果认为评估的认定层次重大错报风险是特别风险，注册会计师应当专门针对该风险实施实质性程序。

如果针对特别风险仅实施实质性程序，注册会计师应当使用细节测试，或将细节测试和实质性分析程序结合使用，以获取充分、适当的审计证据。作此规定的考虑是，为应对特别风险需要获取具有高度相关性和可靠性的审计证据，仅实施实质性分析程序不足以获取有关特别风险的充分、适当的审计证据。

（二）实质性程序的性质

实质性程序的性质，是指实质性程序的类型及其组合。前已述及，实质性程序的两种基本类型包括细节测试和实质性分析程序。

细节测试是对各类交易、账户余额、列报的具体细节进行测试，目的在于直接识别财务报表认定是否存在错报。

实质性分析程序从技术特征上看仍然是分析程序，主要是通过研究数据间关系评价信息，只是将该技术方法用做实质性程序，即用以识别各类交易、账户余额、列报及相关认定是否存在错报。

由于细节测试和实质性分析程序的目的、技术手段存在一定差异，因此各自有不同的适用领域。注册会计师应当根据各类交易、账户余额、列报的性质选择实质性程序的类型。细节测试适用于对各类交易、账户余额、列报认定的测试，尤其是对存在或发生、计价认定的测试；对在一段时期内存在可预期关系的大量交易，注册会计师可以考虑实施实质性分析程序。

注册会计师应当针对评估的风险设计细节测试，获取充分、适当的审计证据，以达到认定层次所计划的保证水平。该规定的含义是，注册会计师需要根据不同的认定层次的重大错报风险设计有针对性的细节测试。例如，在针对存在或发生认定设计细节测试时，注册会计师应当选择包含在财务报表金额中的项目，并获取相关审计证据；又如，在针对完整性认定设计细节测试时，注册会计师应当选择有证据表明应包含在财务报表金额中的项目，并调查这些项目是否确实包括在内。如为应对被审计单位漏记本期应付账款的风险，注册会计师可以检查期后付款记录。

（三）实质性程序的时间

实质性程序的时间选择与控制测试的时间选择有共同点，也有很大差异。共同点在于，两类程序都面临着对期中审计证据和对以前审计获取的审计证据的考虑。两者的差异在于：第一，在控制测试中，期中实施控制测试并获取期中关于控制运行有效性审计证据的做法更具有一种“常态”；而由于实质性程序的目的在于更直接地发现重大错报，在期中实施实质性程序时更需要考虑其成本效益的权衡。第二，在本期控制测试中拟信赖以前审计获取的有关控制运行有效性的审计证据，已经受到了很大的限制；而对于以前审计中通过实质性程序获取的审计证据，审计准则采取了更加慎重的态度和更严格的限制。

在决定实施实质性程序时间问题上，注册会计师仍然面临在期中还是期末实施的问题。在期中实施实质性程序，一方面消耗了审计资源，另一方面期中实施实质性程序获取的审计证据又不能直接作为期末财务报表认定的审计证据，注册会计师仍然需要消耗进一步的审计资源使期中审计证据能够合理延伸至期末。于是这两部分审计资源的总和是否能够显著小于完全在期末实施实质性程序所需消耗的审计资源，是注册会计师需要权衡的。因此，注册会计师在考虑是否在期中实施实质性程序时应当考虑的一系列因素，如控制环境和其他相关的控制；实施审计程序所需信息在期中之后的可获得性；实质性程序的目标；评估的重大错报风险；各类交易或账户余额以及相关认定的性质；针对剩余期间，能否通过实施实质性程序或将实质性程序与控制测试相结合，降低期末存在错报而未被发现的风险等。

如果在期中实施了实质性程序，注册会计师应当针对剩余期间实施进一步的实质性程序，或将实质性程序和控制测试结合使用，以将期中测试得出的结论合理延伸至期末。如何将期中实施的实质性程序得出的结论合理延伸至期末，注册会计师有两种选择：一是针对剩余期间实施进一步的实质性程序；二是将实质性程序和控制测试结合使用。

如果拟将期中测试得出的结论延伸至期末，注册会计师应当考虑针对剩余期间仅实施实质性程序是否足够。如果认为实施实质性程序本身不充分，注册会计师还应测试剩余期间相关控制运行的有效性或针对期末实施实质性程序。

如果已识别出由于舞弊导致的重大错报风险，为将期中得出的结论延伸至期末而实施的审计程序通常是无效的，注册会计师应当考虑在期末或者接近期末实施实质性程序。

如果已在期中实施了实质性程序，或将控制测试与实质性程序相结合，并拟信赖期中测试得出的结论，注册会计师应当将期末信息和期中的可比信息进行比较、调节、识别和调查出现的异常金额，并针对剩余期间实施实质性分析程序或细节测试。在确定针对剩余期间拟实施的实质性程序时，注册会计师应当考虑是否已在期中实施控制测试，并考虑与财务报告相关的信息系统能否充分提供与期末账户余额及剩余期间交易有关的信息。在针对剩余期间实施实质性程序时，注册会计师应当重点关注并调查重大的异常交易或分录、重大波动以及各类交易或账户余额在构成上的重大或异常变动。如果拟针对剩余期间实施实质性分析程序，注册会计师应当考虑某类交易的期末累计发生额或账户期末余额在金额、相对重要性及构成方面能否被合理预期。

如果在期中检查出某类交易或账户余额存在错报，注册会计师应当考虑修改与该类交易或账户余额相关的风险评估以及针对剩余期间拟实施实质性程序的性质、时间和范围，或考虑在期末扩大实质性程序的范围或重新实施实质性程序。

在以前审计中实施实质性程序获取的审计证据，通常对本期只有很弱的证据效力或没有证据效力，不足以应对本期的重大错报风险。只有当以前获取的审计证据及其相关事项未发生重大变动时（例如以前审计通过实质性程序测试过的某项诉讼在本期没有任何实质性进展），以前获取的审计证据才可能用做本期的有效审计证据。但即便如此，如果拟利用以前审计中实施实质性程序获取的审计证据，注册会计师应当在本期实施审计程序，以确定这些审计证据是否具有持续相关性。

（四）实质性程序的范围

评估的认定层次重大错报风险和实施控制测试的结果是注册会计师在确定实质性程序的范围时的重要考虑因素。因此，在确定实质性程序的范围时，注册会计师应当考虑评估的认定层次重大错报风险和实施控制测试的结果。注册会计师评估的认定层次的重大错报风险越高，需要实施实质性程序的范围越广。如果对控制测试结果不满意，注册会计师应当考虑扩大实质性程序的范围。

在设计细节测试时，注册会计师除了从样本量的角度考虑测试范围外，还要考虑选样方法的有效性等因素。例如，从总体中选取大额或异常项目，而不是进行代表性抽样或分层抽样。

实质性分析程序的范围有两层含义：第一层含义是对什么层次上的数据进行分析，注册会计师可以选择在高度汇总的财务数据层次进行分析，也可以根据重大错报风险的性质和水平调整分析层次。例如，按照不同产品线、不同季节或月份、不同经营地点或存货存放地点等实施实质性分析程序。第二层含义是需要对什么幅度或性质的偏差展开进一步调查。实施分析程序可能发现偏差，但并非所有的偏差都值得展开进一步调查。可容忍或可接受的偏差（即预期偏差）越大，作为实质性分析程序一部分的进一步调查的范围就越小。于是确定适当的预期偏差幅度同样属于实质性分析程序的范畴。因此，在设计实质性分析程序时，注册会计师应当确定已记录金额与预期值之间可接受的差异额。在确定该差异额时，注册会计师应当主要考虑各类交易、账户余额、列报及相关认定的重要性和计划的保证水平。

五、审计证据的评价与记录

（一）评价列报的适当性

注册会计师应当实施审计程序，以评价财务报表总体列报是否符合适用的会计准则和相关会计制度的规定。在评价财务报表总体列报时，注册会计师应当考虑评估的认定层次重大错报风险。

注册会计师应当考虑财务报表是否正确反映财务信息及其分类，以及对重大事项的披露是否充分。在评价财务报表列报时，注册会计师通常考虑财务报表各组成部分的格式、内容、报表项目的分类、所使用术语的可理解性、所披露金额或其他信息的详细程度等方面。

（二）完成审计工作前对进一步审计程序所获取审计证据的评价

在完成审计工作前对进一步审计程序所获取审计证据的评价，主要体现在根据发现的错报或控制执行偏差考虑修正重大错报风险的评估结果。

通过实施进一步审计程序，注册会计师首先需要考虑获取的审计证据是否可能影响此前对认定层次的重大错报风险的评估结果。因此，注册会计师应当根据实施的审计程序和获取的审计证据，评价对认定层次重大错报风险的评估是否仍然适当。

财务报表审计是一个累积和不断修正的过程。随着计划的审计程序的实施，如果获取的信息与风险评估时依据的信息有重大差异，注册会计师应当考虑修正风险评估结果，并据以修改原计划的其他审计程序的性质、时间和范围。

在实施控制测试时，如果发现被审计单位控制运行出现偏差，注册会计师应当了解这些偏差及其潜在后果（如询问某项控制活动中关键人员发生变动的时间），并确定已实施的控制测试是否为信赖控制提供了充分、适当的审计证据，是否需要实施进一步的控制测试或实质性程序以应对潜在的错报风险。

注册会计师不应将审计中发现的舞弊或错误视为孤立发生的事项，而应当考虑其对评估的重大错报风险的影响。

在完成审计工作前，注册会计师应当评价是否已将审计风险降至可接受的低水平，是否需要重新考虑已实施审计程序的性质、时间和范围。

（三）形成审计意见时对审计证据的综合评价

在形成审计意见时，注册会计师应当从总体上评价是否已经获取充分、适当的审计证据，以将审计风险降至可接受的低水平。注册会计师应当考虑所有相关的审计证据，包括能够印证财务报表认定的审计证据和与之相矛盾的审计证据。

对于整个审计过程中作出的各项审计结论，注册会计师均应当评价相关审计证据的充分性和适当性。评价审计证据的充分性和适当性需要注册会计师运用职业判断，在评价审计证据的充分性和适当性时，注册会计师应当考虑下列一系列因素：

（1）认定发生潜在错报的重要程度，以及潜在错报单独或连同其他潜在错报对财务报表产生重大影响的可能性。

（2）管理层应对和控制风险的有效性。

（3）在以前审计中获取的关于类似潜在错报的经验。

（4）实施审计程序的结果，包括审计程序是否识别出舞弊或错误的具体情形。

（5）可获得信息的来源和可靠性。

（6）审计证据的说服力。

（7）对被审计单位及其环境的了解。

如果对重大的财务报表认定没有获取充分、适当的审计证据，注册会计师应当尽可能获取进一步的审计证据。如果不能获取充分、适当的审计证据，注册会计师应当出具保留意见或无法表示意见的审计报告。

（四）审计工作记录

注册会计师应当就下列内容形成审计工作记录：

（1）项目组对由于舞弊或错误导致财务报表发生重大错报的可能性进行的讨论，以及得出的重要结论。

（2）注册会计师对被审计单位及其环境各个方面的了解要点（包括对内部控制各项要素的了解要点）、信息来源以及实施的风险评估程序。

（3）注册会计师在财务报表层次和认定层次识别、评估出的重大错报风险。

（4）注册会计师识别出的特别风险和仅通过实质性程序无法应对的重大错报风险，以及对相关控制的评估。

（5）对评估的财务报表层次重大错报风险采取的总体应对措施。

（6）实施进一步审计程序的性质、时间和范围。

（7）实施的进一步审计程序与评估的认定层次重大错报风险的联系。

（8）实施进一步审计程序的结果。

注册会计师需要运用职业判断，确定对上述事项进行记录的方式。常见的记录方式包括文字叙述、问卷、核对表和流程图等。通常被审计单位经营活动越复杂，注册会计师实施审计程序的范围越广，审计工作记录也就越复杂。

本章小结

本章的主要内容为重大错报风险的评估与应对。

第一节为了解被审计单位及其环境。了解被审计单位及其环境是注册会计师执行的必要审计程序，注册会计师通过了解被审计单位及其环境，充分识别和评估财务报表层次及认定层次重大错报风险，以便恰当设计和实施进一步审计程序。为了解被审计单位及其环境而实施的程序称为“风险评估程序”，主要包括询问被审计单位管理层和内部其他相关人员、实施分析程序、观察与检查等。了解被审计单位及其环境是一个连续和动态地收集、更新与分析信息的过程，贯穿于整个审计过程的始终。注册会计师应了解被审计单位的内部控制，内部控制包括控制环境、风险评估程序、控制活动、信息系统与沟通和对控制的监督五要素。但内部控制存在固有局限性，无论如何设计和执行，只能对财务报告的可靠性提供合理的保证。

第二节为评估重大错报风险。注册会计师应当识别和评估财务报表层次以及认定层次的重大错报风险，应当关注可能表明被审计单位存在重大错报风险的一些事项和情况。在对重大错报风险进行识别和评估后，注册会计师应当确定，识别的重大错报风险是与特定的某类交易、账户余额、列报的认定相关，还是与财务报表整体广泛相关，进而影响多项认定。应关注控制环境对评估财务报表层次重大错报风险的影响，控制对评估认定层次重大错报风险的影响。注册会计师应当运用职业判断，确定识别特别风险和仅通过实质性程序无法应对的重大错报风险，并就重大错报风险的控制以及内部控制重大缺陷与治理层和管理层沟通。

第三节为针对重大错报风险的应对措施。主要介绍了针对评估的财务报表层次重大错报风险应采取的总体应对措施，以及针对认定层次重大错报风险的进一步审计程序。指出了控制测试的含义和要求，测试的性质、时间、范围等；实质性程序的含义和要求，性质、时间、范围等；审计证据的评价与记录的有关内容。

本章的重点是在熟悉了解被审计单位及其环境具体途径基础上，掌握内部控制的含义及了解内部控制和内部控制测试的区别，掌握针对报表层次重大错报风险的总体应对措施以及针对认定层次重大错报风险的进一步审计程序，掌握进一步审计程序的含义要求，性质、时间和范围；掌握控制测试的含义要求，性质、时间和范围。

了解被审计单位情况
风险评估
内部控制
重大错报
控制环境
控制活动
控制测试
实质性程序
控制监督
财务报表层次重大错报
交易账户余额层次重大错报

问答题

1. 注册会计师是否可以视情况选择性执行了解被审计单位及其环境审计程序？

2. 注册会计师可以从哪些方面了解被审计单位及其环境？可采取哪些风险评估程序？

3. 什么是内部控制？注册会计师是否需要了解被审计单位所有内部控制？

4. 什么是了解内部控制？具体包括哪些内容？

5. 什么是特别风险？哪些事项容易形成特别风险？

6. 如何理解报表层次和认定层次的重大错报风险？

7. 注册会计师是否需要与被审计单位管理层和治理层沟通在了解和测试内部控制过程中发现的被审计单位内部控制存在的重大缺陷？

8. 针对财务报表层次重大错报风险可采取哪些总体应对措施？这些应对措施对进一步审计程序方案会产生哪些影响？

9. 什么是进一步审计程序？如何理解进一步审计程序的性质、时间和范围？

10. 什么是内部控制测试？何时必须实施控制测试？如何理解内部控制测试的性质、时间和范围？内部控制测试和了解内部控制有何异同点？

11. 什么是实质性程序？如何理解实质性程序的性质、时间和范围？

第七章 DI QI ZHANG

销售与收款循环审计

本章要点

- 了解销售与收款循环的主要业务活动及其涉及的主要凭证和记录
- 熟悉销售与收款的内部控制及控制测试
- 掌握销售与收款循环主要账户的审计
- 了解销售与收款循环其他相关账户的审计

DIYIJIE 第一节 销售与收款循环的特性

根据财务报表项目与业务循环的相关程度，销售与收款循环涉及的资产负债表项目主要包括应收票据、应收账款、长期应收款、预收账款、应交税费等；所涉及的利润表项目主要包括营业收入、营业税金及附加、销售费用等。

销售与收款循环的特性主要包括两部分的内容：一是本循环涉及的主要业务活动；二是本循环所涉及的主要凭证和会计记录。

一、销售与收款循环涉及的主要业务活动

了解企业在销售与收款循环中的典型活动对该业务循环的审计非常必要。

（一）接受顾客订单

顾客提出订货要求是整个销售与收款循环的起点。从法律上讲，这是购买某种货物或接受某种劳务的一项申请。顾客的订单只有在符合企业管理层的授权标准时，才能被接受。管理层一般都列出了已批准销售的顾客名单。销售单管理部门在决定是否同意接受某顾客的订单时，应追查该顾客是否被列入这张名单。如果该顾客未被列入，则通常需要由销售单管理部门的主管来决定是否同意销售。

很多企业在批准了顾客订单之后，下一步就应编制一式多联的销售单。销售单是证明管理层有关销售交易“发生”认定的凭据之一，也是此笔销售的交易轨迹的起点。

（二）批准赊销信用

对于赊销业务，赊销批准是由信用管理部门根据管理层的赊销政策在每个顾客的已授权的信用额度进行的。信用管理部门的职员在收到销售单管理部门的销售单后，应将销售单与该顾客已被授权的赊销信用额度以及至今尚欠的账款余额加以比较。执行人工赊销信用检查时还应合理划分工作职责，以切实避免销售人员为扩大销售而使企业承受不适当的信用风险。

企业的信用管理部门应对每个新顾客进行信用调查，包括获取信用评审机构对顾客信用等级的评定报告。无论批准赊销与否，都要求被授权的信用管理部门人员在销售单上签署意见，然后再将已签署意见的销售单送回销售单管理部门。

设计信用批准控制的目的是为了降低坏账风险，因此，这些控制与应收账款账面余额的“计价和分摊”认定有关。

（三）按销售单供货

企业管理层通常要求商品仓库只有在收到经过批准的销售单时才能供货。设立这项控制程序的目的是为了防止仓库在未经授权的情况下擅自发货。因此，已批准销售单的一联通常应送达仓库。作为仓库按销售单供货和发货给装运部门的授权依据。

（四）按销售单装运货物

将按批准的销售单供货与按销售单装运货物职责相分离，有助于避免负责装运货物的职员在未经授权的情况下装运产品。此外，装运部门职员在装运之前，还必须进行独立验证，以确定从仓库提取的商品都附有经批准的销售单，并且，所提取商品的内容与销售单一致。

装运凭证是指一式多联的、连续编号的提货单，可由电脑或人工编制。按序归档的装运凭证通常由装运部门保管。装运凭证提供了商品确实已装运的证据，因此，它是证实销售交易“发生”认定的另一种形式的凭据。而定期检查以确定在编制的每张装运凭证后均已附有相应的销售发票，则有助于保证销售交易“完整性”认定的正确性。

（五）向顾客开具账单

开具账单包括编制和向顾客寄送事先连续编号的销售发票。这项功能所针对的主要问题是：第一，是否对所有装运的货物都开具了账单（即“完整性”认定问题）。第二，是否只对实际装运的货物才开具账单，有无重复开具账单或虚构交易（即“发生”认定问题）。第三，是否按已授权批准的商品价目表所列价格计价开具账单（即“准确性”认定问题）。

（六）记录销售

在手工会计系统中，记录销售的过程包括区分赊销、现销。按销售发票编制转账记账凭证或现金、银行存款收款凭证，再据以登记销售明细账和应收账款明细账或库存现金、银行存款日记账。

对这项活动，注册会计师主要关心的问题是销售发票是否记录正确，并归属适当的会计期间。

（七）办理和记录现金、银行存款收入

这项活动涉及的是有关货款收回，现金、银行存款增加以及应收账款减少的活动。在办理和记录现金、银行存款收入时，最应关心的是货币资金失窃的可能性。货币资金失窃可能发生在货币资金收入登记入账之前或登记入账之后。处理货币资金收入时最重要的是要保证全部货币资金都必须如数、及时地记入库存现金、银行存款日记账或应收账款明细账，并如

数、及时地将现金存入银行。在这方面，汇款通知单起着很重要的作用。

（八）办理和记录销售退回、销售折扣与折让

顾客如果对商品不满意，销售企业一般都会同意接受退货，或给予一定的销售折让。顾客如果提前支付货款，销售企业则可能会给予一定的销售折扣。发生此类事项时，必须经授权批准并应确保办理此事的部门和职员各司其职，分别控制实物流和会计处理。在这方面，严格使用贷项通知单无疑会起到关键的作用。

（九）注销坏账

不管赊销部门的工作如何谨慎，顾客因经营不善、宣告破产、死亡等原因而不支付货款的事仍时有发生。销售企业若认为某项货款再也无法收回，就必须注销这笔货款。对这些坏账，正确的处理方法应该是获取货款无法收回的确凿证据，经适当审批后及时作会计调整。

（十）提取坏账准备

坏账准备提取的数额必须能够抵补企业以后无法收回的销货款。

二、销售与收款循环涉及的主要凭证和会计记录

在内部控制比较健全的企业，处理销售与收款业务通常需要使用很多凭证和会计记录。典型的销售与收款循环所涉及的主要凭证和会计记录有以下几种：

（一）顾客订货单

顾客订货单即顾客提出的书面购货要求。企业可以通过销售人员或其他途径，如采用电话、信函和向现有的及潜在的顾客发送订货单等方式接受订货，取得顾客订货单。

（二）销售单

销售单是列示顾客所订商品的名称、规格、数量以及其他与顾客订货单有关信息的凭证，作为销售方内部处理顾客订货单的依据。

（三）发运凭证

发运凭证是在发运货物时编制的，用以反映发出商品的规格、数量和其他有关内容的凭据。发运凭证的一联寄送给顾客，其余联（一联或数联）由企业保留。这种凭证可用做向顾客开具账单的依据。

（四）销售发票

销售发票是一种用来表明已销售商品的规格、数量、价格、销售金额、运费和保险费、开票日期、付款条件等内容的凭证。销售发票的一联寄送给顾客，其余联由企业保留。销售发票是在会计账簿中登记销售交易的基本凭证。

（五）商品价目表

商品价目表是列示已经授权批准的、可供销售的各种商品的价格清单。

（六）贷项通知单

贷项通知单是一种用来表示由于销售退回或经批准的折让而引起的应收销货款减少的凭证。这种凭证的格式通常与销售发票的格式相同，只不过它不是用来证明应收账款的增加，而是用来证明应收账款的减少。

（七）应收账款明细账

应收账款明细账是用来记录每个顾客各项赊销、还款、销售退回及折让的明细账。各应收账款明细账的余额合计数应与应收账款总账的余额相等。

（八）主营业务收入明细账

主营业务收入明细账是一种用来记录销售交易的明细账。它通常记载和反映不同类别产品或劳务的销售总额。

（九）折扣与折让明细账

折扣与折让明细账是一种用来核算企业销售商品时，按销售合同规定为了及早收回货款而给予顾客的销售折扣和因商品品种、质量等原因而给予顾客的销售折让情况的明细账。当然，企业也可以不设置折扣与折让明细账，而将该类业务记录于主营业务收入明细账。

（十）汇款通知书

汇款通知书是一种与销售发票一起寄给顾客，由顾客在付款时再寄回销售单位的凭证。这种凭证注明顾客的姓名、销售发票号码、销售单位开户银行账号以及金额等内容。如果顾客没有将汇款通知书随同货款一并寄回，一般应由收受邮件的人员在开拆邮件时再代编一份汇款通知书。采用汇款通知书能使现金立即存入银行，可以改善资产保管的控制。

（十一）库存现金日记账和银行存款日记账

库存现金日记账和银行存款日记账是用来记录应收账款的收回或现销收入以及其他各种现金、银行存款收入和支出的日记账。

（十二）坏账审批表

坏账审批表是一种用来批准将某些应收款项注销为坏账的，仅在企业内部使用的凭证。

（十三）顾客月末对账单

顾客月末对账单是一种按月定期寄送给顾客的用于购销双方定期核对账目的凭证。顾客月末对账单上应注明应收账款的月初余额、本月各项销售交易的金额、本月已收到的货款、各贷项通知单的数额以及月末余额等内容。

（十四）转账凭证

转账凭证是指记录转账业务的记账凭证，它是根据有关转账业务（即不涉及现金、银行存款收付的各项业务）的原始凭证编制的。

（十五）收款凭证

收款凭证是指用来记录现金和银行存款收入业务的记账凭证。

DIERJIE 第二节 销售与收款循环内部控制测试

一、销售交易的内部控制和控制测试

（一）适当的职责分离

适当的职责分离有助于防止各种有意或无意的错误。例如，记录主营业务收入账和记录应收账款的职责分离，并由另一位不负责账簿记录的职员定期调节总账和明细账，就构成了一项自动交互牵制；负责主营业务收入和应收账款记账的职员不得经手货币资金，也是防止舞弊的一项重要控制。另外，销售人员为了追求高的销售业绩，通常很少考虑坏账的问题，那么，赊销批准职能与销售职能的分离，就是一种理想的控制。

财政部于 2002 年 12 月 23 日发布的《内部会计控制规范——销售与收款（试行）》中

规定，单位应当将办理销售、发货、收款三项业务的部门（或岗位）分别设立；单位在销售合同订立前，应当指定专门人员就销售价格、信用政策、发货及收款方式等具体事项与客户进行谈判。谈判人员至少应有2人以上，并与订立合同的人员相分离；编制销售发票通知单的人员与开具销售发票的人员应相互分离；销售人员应当避免接触销货现款；单位应收票据的取得和贴现必须经由保管票据以外的主管人员的书面批准。这些都是对单位提出的、有关销售与收款业务相关职责适当分离的基本要求，以确保办理销售与收款业务的不相容岗位相互分离、制约和监督。

注册会计师通常通过观察有关人员的活动，以及与这些人员进行讨论，来实施职责分离的控制测试。

（二）正确的授权审批

对于授权审批问题，注册会计师应当关注四个关键点上的审批程序：第一，在销售发生之前，赊销已经正确审批。第二，非经正当审批，不得发出货物。第三，销售价格、销售条件、运费、折扣等必须经过审批。第四，审批人应当根据销售与收款授权批准制度的规定，在授权范围内进行审批，不得超越审批权限。对于超过单位既定销售政策和信用政策规定范围的特殊销售交易，单位应当进行集体决策。前两项控制的目的在于防止企业因向虚构的或者无力支付货款的顾客发货而蒙受损失；价格审批控制的目的在于保证销售交易按照企业定价政策规定进行的；对授权审批范围设定权限的目的则在于防止因审批人决策失误而造成严重损失。

通过检查凭证在上述四个关键点上是否经过审批，可以很容易地测试出授权审批方面的内部控制的效果。

（三）充分的凭证和记录

只有具备充分的记录手续，才有可能实现其他各项控制目标。例如，有的企业在收到顾客订货单后，就立即编制一份预先编号的一式多联的销售单，分别用于批准赊销、审批发货、记录发货数量以及向顾客开具账单等。在这种制度下，只要定期清点销售发票，漏开账单的情形几乎就不太会发生。相反的情况是，有的企业只在发货以后才开具账单，如果没有其他控制措施，这种制度下漏开账单的情况就很可能会发生。

（四）凭证的预先编号

对凭证预先进行编号，旨在防止销售以后忘记向顾客开具账单或登记入账，也可防止重复开具账单或重复记账。当然，如果对凭证的编号不清点预先编号就会失去其控制意义。由收款员对每笔销售开具账单后，将发运凭证按顺序归档，而由另一位职员定期检查全部凭证的编号，并调查凭证缺号的原因，就是实施这项控制的一种方法。

对这种控制常用的一种控制测试程序是清点各种凭证。比如从主营业务收入明细账中选取样本，追查至相应的销售发票存根，进而检查其编号是否连续，有无不正常的缺号发票和重号发票。这种测试程序可同时提供有关真实性和完整性目标的证据。

（五）按月寄出对账单

由不负责现金出纳和销售及应收账款记账的人员按月向顾客寄发对账单，能促使顾客在发现应付账款余额不正确后及时反馈有关信息，因而这是一项有用的控制。为了使这项控制更加有效，最好将账户余额中出现的所有核对不符的账项，指定一位不掌管货币资金也不记载主营业务收入和应收账款账目的主管人员处理。

注册会计师观察指定人员寄送对账单和检查顾客复函档案，对于测试被审计单位是否按月向顾客寄出对账单，是十分有效的控制测试。

（六）内部核查程序

由内部审计人员或其他独立人员核查销售交易的处理和记录，是实现内部控制目标所不可缺少的一项控制措施。财政部发布的《内部会计控制规范——销售与收款（试行）》中，不仅明确了单位应当建立对销售与收款内部控制的监督检查制度，单位监督检查机构或人员应通过实施控制测试和实质性程序检查销售与收款业务内部控制制度是否健全，各项规定是否得到有效执行，而且明确了销售与收款内部控制监督检查的主要内容，包括：

（1）销售与收款业务相关岗位及人员的设置情况。重点检查是否存在销售与收款业务不相容职务混岗的现象。

（2）销售与收款业务授权批准制度的执行情况。重点检查授权批准手续是否健全，是否存在越权审批行为。

（3）销售的管理情况。重点检查信用政策、销售政策的执行是否符合规定。

（4）收款的管理情况。重点检查单位销售收入是否及时入账，应收账款的催收是否有效，坏账核销和应收票据的管理是否符合规定。

（5）销售退回的管理情况。重点检查销售退回手续是否齐全，退回货物是否及时入库。

在确定了被审计单位的内部控制中可能存在的薄弱环节，并且对其控制风险作出评价后，注册会计师应当判断继续实施控制测试的成本是否会低于因此而减少对交易、账户余额的实质性程序所需的成本。如果被审计单位的相关内部控制不存在，或被审计单位的相关内部控制未得到有效执行，则注册会计师不应再继续实施控制测试，而应直接实施实质性程序。

表7－1对销售交易的控制目标、内部控制和控制测试进行了归纳总结。

表7－1　　销售交易的控制目标、内部控制和测试一览表

内部控制目标	关键内部控制	常用的控制测试
登记入账的销售交易确系已经发货给真实的顾客（发生）	销售交易是以经过审核的发运凭证及经过批准的顾客订货单为依据登记入账的 在发货前，顾客的赊购已经被授权批准 销售发票均经事先编号并已恰当地登记入账 每月向顾客寄送对账单，对顾客提出的意见做专门追查	检查销售发票副联是否附有发运凭证（或提货单）及顾客订货单 检查顾客的赊购是否经授权批准 检查销售发票连续编号的完整性 观察是否寄送对账单并检查顾客回函档案
所有销售交易均已登记入账（完整性）	发运凭证（或提货单）均经事先编号并已经登记入账 销售发票均经事先编号并已登记入账	检查发运凭证连续编号的完整性 检查销售发票连续编号的完整性
登记入账的销售数量确系已发货的数量，已正确开具账单并登记入账（计价和分摊）	销售价格、付款条件、运费和销售折扣的确定已经适当的授权批准 由独立人员对销售发票的编制做内部核查	检查销售发票是否经适当的授权批准 检查有关凭证上的内部核查标记

续表

内部控制目标	关键内部控制	常用的控制测试
销售交易的分类恰当（分类）	采用适当的会计科目表 内部复核和核查	检查会计科目表是否适当 检查有关凭证上内部复核和核查的标记
销售交易的记录及时（截止）	采用尽量在销售发生时开具收款账单和登记入账的控制方法 内部核查	检查尚未开具收款账单的发货和尚未登记入账的销售交易
销售交易已经正确地记入明细账并经正确汇总（准确性、计价和分摊）	每月定期给顾客寄送对账单 由独立人员对应收账款明细账作内部核查 将应收账款明细账余额合计数与其总账余额进行比较	观察对账单是否已经寄出 检查内部核查标记 检查将应收账款明细账余额合计数与其总账余额进行比较的标记

二、收款交易的内部控制和控制测试

销售与收款循环包括销售与收款两个方面，在内部控制健全的企业，与销售相关的收款交易同样有其内部控制目标和内部控制。

尽管由于每个企业的性质、所处行业、规模以及内部控制健全程度等不同，其与收款交易相关的内部控制内容有所不同，但财政部发布的《内部会计控制规范——销售与收款（试行）》中规定的以下与收款交易相关的内部控制内容是应当共同遵循的：

（1）单位应当按照《现金管理暂行条例》、《支付结算办法》和《内部会计控制规范——货币资金（试行）》等规定，及时办理销售收款业务。

（2）单位应将销售收入及时入账，不得账外设账，不得擅自坐支现金。销售人员应当避免接触销售现款。

（3）单位应当建立应收账款账龄分析制度和逾期应收账款催收制度。销售部门应当负责应收账款的催收，财会部门应当督促销售部门加紧催收。对催收无效的逾期应收账款可通过法律程序予以解决。

（4）单位应当按客户设置应收账款台账，及时登记每一客户应收账款余额增减变动情况和信用额度使用情况。对长期往来客户应当建立起完善的客户资料，并对客户资料实行动态管理，及时更新。

（5）单位对于可能成为坏账的应收账款应当报告有关决策机构，由其进行审查，确定是否确认为坏账。单位发生的各项坏账，应查明原因，明确责任，并在履行规定的审批程序后作出会计处理。

（6）单位注销的坏账应当进行备查登记，做到账销案存。已注销的坏账又收回时应当及时入账，防止形成账外款。

（7）单位应收票据的取得和贴现必须经由保管票据以外的主管人员的书面批准。应有专人保管应收票据，对于即将到期的应收票据，应及时向付款人提示付款；已贴现票据应在备查簿中登记，以便日后追踪管理；并应制定逾期票据的冲销管理程序和逾期票据追踪监控制度。

（8）单位应当定期与往来客户通过函证等方式核对应收账款、应收票据、预收款项等往来款项。如有不符，应查明原因，及时处理。

注册会计师应针对每个具体的内部控制目标确定关键的内部控制，并对其实施相应的控制测试。由于销售与收款交易同属一个循环，在经济活动中密切相连，因此，收款交易的一部分测试可与销售交易的测试一并执行，但收款交易的特殊性又决定了其另一部分测试仍需单独实施。注册会计师对收款内部控制测试的方法主要包括观察、检查等审计程序。

DISANJIE 第三节 销售与收款循环主要账户的审计

一、营业收入的审计

（一）营业收入的审计目标

营业收入项目核算企业在销售商品、提供劳务等主营业务活动中所产生的收入，以及企业确认的除主营业务活动以外的其他经营活动实现的收入，包括出租固定资产、出租无形资产、出租包装物和商品、销售材料、用材料进行非货币性交换（非货币性资产交换具有商业实质且公允价值能够可靠计量）或债务重组等实现的收入。

其审计目标一般包括：确定利润表中记录的营业收入是否已发生，且与被审计单位有关；确定所有应当记录的营业收入均已记录；确定与营业收入有关的金额及其他数据是否已恰当记录，包括对销售退回、销售折扣与折让的处理是否适当；确定营业收入是否已记录于正确的会计期间；确定营业收入是否已按企业会计准则的规定在财务报表中作出恰当的列报。

（二）营业收入的实质性程序

1. 主营业务收入的实质性程序

主营业务收入的实质性程序一般包括以下内容：

（1）取得或编制主营业务收入明细表，复核加计是否正确，并与总账数和明细账合计数核对是否相符；结合其他业务收入科目与报表数核对是否相符；同时检查以非记账本位币结算的主营业务收入的折算汇率及折算是否正确。

（2）查明主营业务收入的确认条件、方法，注意是否符合企业会计准则，前后期是否一致；特别关注周期性、偶然性的收入是否符合既定的收入确认原则、方法。按照《企业会计准则第 14 号——收入》的要求，企业销售商品收入，应在这样五个条件均满足时予以确认：第一，企业已将商品所有权上的主要风险和报酬转移给购货方。第二，企业既没有保留通常与所有权相联系的继续管理权，也没有对已售出的商品实施有效控制。第三，收入的金额能够可靠地计量。第四，相关的经济利益很可能流入企业。第五，相关的已发生或将发生的成本能够可靠地计量。因此对主营业务收入的实质性程序，主要测试企业是否依据上述五个条件确认产品销售收入。

具体说来，被审计单位采取的销售方式不同，确认销售的时点也是不同的：

①采用交款提货销售方式，应于货款已收到或取得收取货款的权利，同时已将发票账单和提货单交给购货单位时确认收入的实现。对此，注册会计师应重点检查被审计单位是否收到货款，或取得收取货款的权利，发票账单和提货单是否已交付购货单位。应注意有无扣压

结算凭证，将当期收入转入下期入账；或者虚记收入、开假发票、虚列购货单位，将当期未实现的收入予以入账，在下期予以冲销的现象。

②采用预收账款销售方式，应于商品已经发出时，确认收入的实现。对此，注册会计师应重点检查被审计单位是否收到了货款，商品是否已经发出。应注意是否存在对已收货款并已将商品发出的交易不入账、转为下期收入，或开具虚假出库凭证、虚增收入等现象。

③采用托收承付结算方式，应于商品已经发出，劳务已经提供，并已将发票账单提交银行、办妥收款手续时确认收入的实现。对此，注册会计师应重点检查被审计单位是否发货，托收手续是否办妥，货物发运凭证是否真实，托收承付结算回单是否正确。

④委托其他单位代销商品的，应于代销商品已经销售并收到代销单位代销清单时，按企业与代销单位确定的协议价确认收入的实现。对此，应注意查明有无商品未销售、编制虚假代销清单、虚增本期收入的现象。

⑤销售合同或协议明确销售价款的收取采用递延方式，实质上具有融资性质的，应当按照应收的合同或协议价款的公允价值确定销售商品收入金额。应收的合同或协议价款与其公允价值之间的差额，应当在合同或协议期间内采用实际利率法进行摊销，计入当期损益。

⑥长期工程合同收入，如果合同的结果能够可靠估计，应当根据完工百分比法确认合同收入。注册会计师应重点检查收入的计算、确认方法是否合乎规定，并核对应计收入与实际收入是否一致，注意查明有无随意确认收入、虚增或虚减本期收入的情况。

⑦委托外贸企业代理出口、实行代理制方式的，应在收到外贸企业代办的发运凭证和银行交款凭证时确认收入。对此，注册会计师应重点检查代办发运凭证和银行交款单是否真实，注意有无内外勾结，出具虚假发运凭证或虚假银行交款凭证的情况。

⑧对外转让土地使用权和销售商品房的，通常应在土地使用权和商品房已经移交并将发票结算账单提交对方时确认收入。对此，注册会计师应重点检查已办理的移交手续是否符合规定要求，发票账单是否已交对方。注意查明被审计单位有无编造虚假移交手续，采用"分层套写"、开具虚假发票的行为，防止其高价出售、低价入账，从中贪污货款。如果企业事先与买方签订了不可撤销合同，按合同要求开发房地产，则应按建造合同的处理原则处理。

（3）如有下述各种情形，必要时，实施实质性分析程序来获取审计证据：第一，将本期的主营业务收入与上期的主营业务收入进行比较，分析产品销售的结构和价格变动是否异常，并分析异常变动的原因。第二，计算本期重要产品的毛利率，与上期比较，检查是否存在异常，各期之间是否存在重大波动，查明原因。第三，比较本期各月各类主营业务收入的波动情况，分析其变动趋势是否正常，是否符合被审计单位季节性、周期性的经营规律，查明异常现象和重大波动的原因。第四，将本期重要产品的毛利率与同行业企业进行对比分析，检查是否存在异常。第五，根据增值税发票申报表或普通发票，估算全年收入，与实际收入金额比较。

（4）获取产品价格目录，抽查售价是否符合定价政策，并注意销售给关联方或关系密切的重要客户的产品价格是否合理，有无低价或高价结算以转移收入和利润的现象。

（5）抽取本期一定数量的销售发票，检查开票、记账、发货日期是否相符，品名、数量、单价、金额等是否与发运凭证、销售合同或协议、记账凭证等一致。

（6）抽取本期一定数量的记账凭证，检查入账日期、品名、数量、单价、金额等是否与销售发票、发运凭证、销售合同或协议等一致。

(7) 结合对应收账款的审计，选择主要客户函证本期销售额。

(8) 对于出口销售，应当将销售记录与出口报关单、货运提单、销售发票等出口销售单据进行核对，必要时向海关函证。

(9) 销售的截止测试。对销售实施截止测试，其目的主要在于确定被审计单位主营业务收入的会计记录归属期是否正确：应记入本期或下期的主营业务收入有否被推延至下期或提前至本期。

我国《企业会计准则——基本准则》规定："企业对于已经发生的交易或者事项，应当及时进行会计确认、计量和报告，不得提前或者延后"，并规定"收入只有在经济利益很可能流入从而导致企业资产增加或者负债减少、且经济利益的流入能够可靠计量时才能予以确认"。据此，注册会计师在审计中应该注意把握三个与主营业务收入确认有着密切关系的日期：一是发票开具日期或者收款日期；二是记账日期；三是发货日期（服务业则是提供劳务的日期）。这里的发票开具日期是指开具增值税专用发票或普通发票的日期；记账日期是指被审计单位确认主营业务收入实现并将其记入主营业务收入账户的日期；发货日期是指仓库开具出库单并发出库存商品的日期。检查三者是否归属于同一适当会计期间是主营业务收入截止测试的关键所在。

(10) 存在销货退回的，检查手续是否符合规定，结合原始销售凭证检查其会计处理是否正确，结合存货项目审计关注其真实性。

(11) 检查销售折扣与折让。企业在销售交易中，往往会因产品品种不符、质量不符合要求以及结算方面的原因发生销售折扣、销售退回与折让。尽管引起销售折扣、退回与折让的原因不尽相同，其表现形式也不尽一致。但都是对收入的抵减，直接影响收入的确认和计量。因此，注册会计师应重视折扣与折让的审计。

销售折扣与折让的实质性程序主要包括：第一，获取或编制折扣与折让明细表，复核加计正确，并与明细账合计数核对相符。第二，取得被审计单位有关折扣与折让的具体规定和其他文件资料，并抽查较大的折扣与折让发生额的授权批准情况，与实际执行情况进行核对，检查其是否经授权批准，是否合法、真实。第三，销售折让与折扣是否及时足额提交对方，有无虚设中介、转移收入、私设账外"小金库"等情况。第四，检查折扣与折让的会计处理是否正确。

(12) 检查有无特殊的销售行为，如附有销售退回条件的商品销售、委托代销、售后回购、以旧换新、商品需要安装和检验的销售、分期收款销售、出口销售、售后租回等，确定恰当的审计程序进行审核。

(13) 调查向关联方销售的情况，记录其交易品种、价格、数量、金额和比例，并记录占总销售收入的比例。对于合并范围内的销售活动，记录应予合并抵销的金额。

(14) 调查集团内部销售的情况，记录其交易价格、数量和金额，并追查在编制合并财务报表时是否已予以抵销。

(15) 检查主营业务收入的列报是否恰当。

2. 其他业务收入的实质性程序

其他业务收入的实质性程序一般包括以下内容：

(1) 获取或编制其他业务收入明细表，复核加计是否正确，并与总账数和明细账合计数核对是否相符，结合主营业务收入科目与营业收入报表数核对是否相符。

(2) 计算本期其他业务收入与其他业务成本的比率，并与上期该比率比较，检查是否有重大波动，如有，应查明原因。

(3) 检查其他业务收入内容是否真实、合法，收入确认原则及会计处理是否符合规定，择要抽查原始凭证予以核实。

(4) 对异常项目，应追查入账依据及有关法律文件是否充分。对用材料进行非货币性资产交换的，应确定其是否具有商业实质且公允价值能够可靠计量。

(5) 抽查资产负债表日前后一定数量的记账凭证，实施截止测试，追踪到发票、收据等，确定入账时间是否正确，对于重大跨期事项作必要的调整建议。

(6) 检查其他业务收入的列报是否恰当。

二、应收账款的审计

(一) 应收账款的审计目标

应收账款指企业因销售商品、提供劳务而形成的债权，即由于企业销售商品、提供劳务等原因，应向购货客户或接受劳务的客户收取的款项或代垫的运杂费，是企业在信用活动中所形成的各种债权性资产。

应收账款的审计目标一般包括：确定资产负债表中记录的应收账款是否已存在；确定所有应当记录的应收账款是否均已记录；确定记录的应收账款由被审计单位拥有或控制；确定应收账款是否可回收，坏账准备的计提方法和比例是否恰当，计提是否充分；确定应收账款及其坏账准备期末余额是否正确；确定应收账款及其坏账准备是否已按照企业会计准则的规定在财务报表中作出恰当列报。

(二) 应收账款的实质性程序

1. 取得或编制应收账款明细表

(1) 复核加计是否正确，并与总账数和明细账合计数核对是否相符；结合坏账准备科目与报表数核对相符。应当注意，应收账款报表数反映企业因销售商品、提供劳务等应向购货单位收取的各种款项，减去已计提的相应的坏账准备后的净额。因此，其报表数应同应收账款总账数和明细账数分别减去与应收账款相应的坏账准备总账数和明细账数后的余额核对相符。

(2) 检查非记账本位币应收账款的折算汇率及折算是否正确。对于用非记账本位币（通常为外币）结算的应收账款，注册会计师应检查被审计单位外币应收账款的增减变动是否采用交易发生日的即期汇率将外币金额折算为记账本位币金额，或者采用按照系统合理的方法确定的、与交易发生日即期汇率近似的汇率折算，选择采用汇率的方法前后各期是否一致；期末外币应收账款余额是否采用期末即期汇率折合为记账本位币金额；折算差额的会计处理是否正确。

(3) 分析有贷方余额的项目，查明原因，必要时，建议做重分类调整。

(4) 结合预收款项等往来项目的明细余额。查明有无同时挂账的项目或与销售无关的其他款项，如有，应作出记录，必要时提出调整建议。

(5) 标识重要的欠款单位，计算其欠款合计数占应收账款余额的比例。

2. 检查涉及应收账款的相关财务指标

（1）复核应收账款借方累计发生额与主营业务收入是否配比，并将当期应收账款借方发生额占销售收入净额的百分比与管理层考核指标比较，如存在差异应查明原因。

（2）计算应收账款周转率、应收账款周转天数等指标，并与被审计单位以前年度指标、同行业同期相关指标对比分析，检查是否存在重大异常。

3. 检查应收账款账龄分析是否正确

（1）取得或编制应收账款账龄分析表。注册会计师可以通过取得或编制应收账款账龄分析表来分析应收账款的账龄，以便了解应收账款的可收回性。

（2）如果应收账款账龄分析表由被审计单位编制，测试计算的准确性。

（3）将应收账款账龄分析表中的合计与应收账款总分类账余额相比较，并调查重大调节项目。

（4）检查原始凭证，如销售发票、运输记录等，测试账龄核算的准确性。

（5）请被审计单位协助，在应收账款明细表上标出至审计时已收回的应收账款金额，对已收回金额较大的款项进行常规检查，如核对收款凭证、银行对账单、销货发票等，并注意凭证发生日期的合理性，分析收款时间是否与合同相关要素一致。

4. 向债务人函证应收账款

函证是指注册会计师为了获取影响财务报表或相关披露认定的项目的信息，通过直接来自第三方对有关信息和现存状况的声明获取和评价审计证据的过程。函证应收账款的目的在于证实应收账款账户余额的真实性、正确性，防止或发现被审计单位及其有关人员在销售交易中发生的错误或舞弊行为。通过函证应收账款，可以比较有效地证明被询证者（即债务人）的存在和被审计单位记录的可靠性。

注册会计师应当考虑被审计单位的经营环境、内部控制的有效性、应收账款账户的性质、被询证者处理询证函的习惯做法及回函的可能性等，以确定应收账款函证的范围、对象、方式和时间。

（1）函证的范围和对象。除非有充分证据表明应收账款对被审计单位财务报表而言是不重要的，或者函证很可能是无效的，否则，注册会计师应当对应收账款进行函证。如果注册会计师不对应收账款进行函证，应当在工作底稿中说明理由。如果认为函证很可能是无效的，注册会计师应当实施替代审计程序，获取充分、适当的审计证据。

函证数量的多少、范围是由诸多因素决定的，主要有：第一，应收账款在全部资产中的重要性。若应收账款在全部资产中所占的比重较大，则函证的范围应相应大一些。第二，被审计单位内部控制的强弱。若内部控制制度较健全，则可以相应减少函证；反之，则应相应扩大函证范围。第三，以前期间的函证结果。若以前期间函证时发现过重大差异，或欠款纠纷较多，则函证范围应相应扩大一些。第四，函证方式的选择。若采用积极的函证方式，则可以相应减少函证量；若采用消极的函证方式，则要相应增加函证量。

一般情况下，注册会计师应选作函证对象的项目有：第一，大额或账龄较长的项目。第二，与债务人发生纠纷的项目。第三，关联方项目。第四，主要客户（包括关系密切的客户）项目。第五，交易频繁但期末余额较小甚至余额为零的项目。第六，可能产生重大错报或舞弊的非正常的项目。

（2）函证的方式。函证方式分为积极的函证方式和消极的函证方式，注册会计师可采用积极的或消极的函证方式实施函证，也可将两种方式结合使用。

①积极的函证方式又称肯定式函证，是指注册会计师向第三方发出询证函，要求第三方证实有关信息，注册会计师要求被询证者在所有情况下必须回函，确认询证函所列示信息是否正确，或填列询证函要求的信息。

在采用积极的函证方式时，只有注册会计师收到回函，才能为财务报表认定提供审计证据。注册会计师没有收到回函，可能是由于被询证者根本不存在，或是由于被询证者没有收到询证函，也可能是由于询证者没有理会询证函。在审计实务中，如果注册会计师遇到采用积极的函证方式实施函证而未能收到回函的情况，注册会计师应当考虑与被询证者联系，要求对方作出回应或再次寄发询证函，如果仍未得到被询证者的回应，注册会计师应当实施替代审计程序。所实施的替代程序因所涉及的账户和认定而异，但替代审计程序应当能够提供实施函证所能够提供的同样效果的审计证据。例如检查与销售有关的文件，包括销售合同或协议、销售订单、销售发票副本及发运凭证等，以验证这些应收账款的真实性。

②消极的函证方式又称否定式函证，是指注册会计师向第三方发出询证函，要求第三方证实有关信息，注册会计师只要求被询证者仅在不同意询证函列示信息的情况下才予以回函。

在采用消极的函证方式时，如果收到回函，能够为财务报表认定提供说服力强的审计证据。未收到回函可能是因为被询证者已收到询证函且核对无误，也可能是因为被询证者根本就没有收到询证函，在采用消极的方式函证时，注册会计师通常还需辅之以其他审计程序。

当同时存在下列情况时，注册会计师可考虑采用消极的函证方式：第一，重大错报风险评估为低水平。第二，涉及大量余额较小的账户。第三，预期不存在大量的错误。第四，没有理由相信被询证者不认真对待函证。

在审计实务中，注册会计师也可将这两种方式结合使用。当应收账款的余额是由少量的大额应收账款和大量的小额应收账款构成时，注册会计师可以对所有的或抽取的大额应收账款样本采用积极的函证方式，而对抽取的小额应收账款样本采用消极的函证方式。

（3）函证时间的选择。为了充分发挥函证的作用，应恰当选择函证的实施时间。注册会计师通常以资产负债表日为截止日，在资产负债表日后适当时间内实施函证。如果重大错报风险评估为低水平，注册会计师可选择资产负债表日前适当日期为截止日实施函证，并对所函证项目自该截止日起至资产负债表日止发生的变动实施实质性程序。

（4）函证的控制。注册会计师通常利用被审计单位提供的应收账款明细账户名称及客户地址等资料据以编制询证函，但注册会计师应当对选择被询证者、设计询证函以及发出和收回询证函保持控制。出于掩盖舞弊的目的，被审计单位可能想方设法拦截或更改询证函及回函的内容。如果注册会计师对函证程序控制不严密，就可能给被审计单位造成可乘之机，导致函证结果发生偏差和函证程序失效。

注册会计师应当采取下列措施对函证实施过程进行控制：第一，将被询证者的名称、地址与被审计单位有关记录核对。第二，将询证函中列示的账户余额或其他信息与被审计单位有关资料核对。第三，在询证函中指明直接向接受审计业务委托的会计师事务所回函。第四，询证函经被审计单位盖章后，由注册会计师直接发出。第五，将发出询证函的情况形成审计工作记录。第六，将收到的回函形成审计工作记录，并汇总统计函证结果。

在审计实务中，注册会计师经常会遇到被询证者以传真、电子邮件等方式回函的情况，这些方式确实能使注册会计师及时得到回函信息，但由于这些方式易被截留、篡改或难以确定回函者的真实身份，因此，注册会计师应当直接接收，并要求被询证者及时寄回询证函原件。

（5）对不符事项的处理。收回的询证函若有差异，即函证出现了不符事项，注册会计师应当首先提请被审计单位查明原因，并作进一步分析和核实。不符事项的原因可能是由于双方登记入账的时间不同，或是由于一方或双方记账错误，也可能是被审计单位的舞弊行为。对应收账款而言，登记入账的时间不同而产生的不符事项主要表现为：第一，询证函发出时，债务人已经付款，而被审计单位尚未收到货款。第二，询证函发出时，被审计单位的货物已经发出并已作销售记录，但货物仍在途中，债务人尚未收到货物。第三，债务人由于某种原因将货物退回，而被审计单位尚未收到。第四，债务人对收到的货物的数量、质量及价格等方面有异议而全部或部分拒付货款等。

如果不符事项构成错报，注册会计师应当重新考虑所实施审计程序的性质、时间和范围。

（6）对函证结果的总结和评价。注册会计师应将函证的过程和情况记录在工作底稿中，并据以评价函证的可靠性。在评价函证的可靠性时，注册会计师应当考虑：第一，对询证函的设计、发出及收回的控制情况。第二，被询证者的胜任能力、独立性、授权回函情况、对函证项目的了解及其客观性。第三，被审计单位施加的限制或回函中的限制。

注册会计师对函证结果可进行如下评价：第一，注册会计师应重新考虑：对内部控制的原有评价是否适当；控制测试的结果是否适当；分析程序的结果是否适当；相关的风险评价是否适当等。第二，如果函证结果表明没有审计差异，则注册会计师可以合理地推论，全部应收账款总体是正确的。第三，如果函证结果表明存在审计差异，注册会计师则应当估算应收账款总额中可能出现的累计差错是多少，估算未被选中进行函证的应收账款的累计差错是多少。为取得对应收账款累计差错更加准确的估计，也可以进一步扩大函证的范围。

5. 确定已收回的应收账款金额

请被审计单位协助，在应收账款明细表上标出至审计时已收回的应收账款金额，对已收回金额较大的款项进行常规检查，如核对收款凭证、银行对账单、销货发票等，并注意凭证发生日期的合理性，分析收款时间是否与合同相关要素一致。

6. 对未函证应收账款实施替代审计程序

通常，注册会计师不可能对所有应收账款进行函证，因此，对未函证应收账款，注册会计师应抽查有关原始凭据，如销售合同、销售订单、销售发票副本、发运凭证及回款单据等，以验证与其相关的应收账款的真实性。

7. 检查坏账的确认和处理

首先，注册会计师应检查有无债务人破产或者死亡的，以其破产或遗产清偿后仍无法收回的，或者债务人长期未履行清偿义务的应收账款；其次，应检查被审计单位坏账的处理是否经授权批准，有关会计处理是否正确。

8. 抽查有无不属于结算业务的债权

不属于结算业务的债权，不应在应收账款中进行核算。因此，注册会计师应抽查应收账款明细账，并追查有关原始凭证，查证被审计单位有无不属于结算业务的债权。如有，应作记录或建议被审计单位作适当调整。

9. 检查贴现、质押或出售

检查银行存款和银行贷款等询证函的回函、会议纪要、借款协议和其他文件，确定应收账款是否已被质押或出售，应收账款贴现业务属质押还是出售，其会计处理是否正确。

企业以其按照销售商品、提供劳务的销售合同所产生的应收债权向银行等金融机构贴现，在进行会计核算时，应按照"实质重于形式"的原则，充分考虑交易的经济实质。对于有明确的证据表明有关交易事项满足销售确认条件，如与应收债权有关的风险、报酬实质上已经发生转移等，应按照出售应收债权处理，并确认相关损益。否则，应作为以应收债权为质押取得的借款进行会计处理。

10. 对应收账款实施关联方及其交易审计程序

标明应收关联方［包括持股5%以上（含5%）股东］的款项，实施关联方及其交易审计程序，并注明合并报表时应予抵销的金额；对关联企业、有密切关系的主要客户的交易事项作专门核查：

（1）了解交易事项目的、价格和条件，作比较分析。

（2）检查销售合同、销售发票、货运单证等相关文件资料。

（3）检查收款凭证等货款结算单据。

（4）向关联方、有密切关系的主要客户或其他注册会计师函询，以确认交易的真实性、合理性。

11. 确定应收账款的列报是否恰当

如果被审计单位为上市公司，则其财务报表附注通常应披露期初、期末余额的账龄分析，期末欠款金额较大的单位账款，以及持有5%以上（含5%）股份的股东单位账款等情况。

三、坏账准备的审计

企业会计准则规定，企业应当在期末对应收款项进行检查，并预计可能产生的坏账损失。应收款项包括应收票据、应收账款、预付款项、其他应收款和长期应收款等。下面，我们以应收账款相关的坏账准备为例，阐述坏账准备审计常用的实质性程序。

（1）取得或编制坏账准备明细表，复核加计正确，与坏账准备总账数、明细账合计数核对相符。

（2）将应收账款坏账准备本期计提数与资产减值损失相应明细项目的发生额核对相符。

（3）检查应收账款坏账准备计提和核销的批准程序，评价坏账准备所依据的资料、假设及计提方法。

企业通常应采用备抵法核算坏账损失，计提坏账损失的具体方法由企业自行确定。计提坏账损失的方法主要有账龄分析法、余额百分比法等方法。企业应根据所持应收账款的实际可收回情况，合理计提坏账准备，不得多提或少提，否则应视为滥用会计估计，按照重大会计差错更正的方法进行会计处理。

（4）实际发生坏账损失的，检查转销依据是否符合有关规定，会计处理是否正确。

对于被审计单位在被审期间内发生的坏账损失，注册会计师应检查其原因是否清楚，是否符合有关规定，有无授权批准，有无已做坏账处理后又重新收回的应收账款，相应的会计处理是否正确。对有确凿证据表明确实无法收回的应收账款，如债务单位已撤销、破产、资不抵债、现金流量严重不足等，企业应根据管理权限，经股东（大）会或董事会，或经理

（厂长）办公会或类似机构批准作为坏账损失，冲销提取的坏账准备。

（5）检查长期挂账应收账款。注册会计师应检查应收账款明细账及相关原始凭证，查找有无资产负债表日后仍未收回的长期挂账应收账款，如有，应提请被审计单位作适当处理。

（6）检查函证结果。对债务人回函中反映的例外事项及存在争议的余额，注册会计师应查明原因并做记录，必要时，应建议被审计单位作相应的调整。

（7）实施分析程序。通过计算坏账准备余额占应收账款余额的比例并和以前期间的相关比例比较，评价应收账款坏账准备计提的合理性。

（8）确定应收账款坏账准备的披露是否恰当。企业应当在财务报表附注中清晰地说明坏账的确认标准、坏账准备的计提方法和计提比例。并且，上市公司还应在财务报表附注中分项披露如下事项：

①本期全额计提坏账准备，或计提坏账准备的比例较大的（计提比例一般超过40%及以上的，下同）应说明计提的比例以及理由。

②以前期间已全额计提坏账准备，或计提坏账准备的比例较大但在本期又全额或部分收回的，或通过重组等其他方式收回的，应说明其原因、原估计计提比例的理由以及原估计计提比例的合理性。

③对某些金额较大的应收账款不计提坏账准备或计提坏账准备比例较低（一般为5%或低于5%）的理由。

④本期实际冲销的应收账款及其理由，其中，实际冲销的关联交易产生的应收账款应单独披露。

DISIJIE 第四节 销售与收款循环其他相关账户的审计

在销售与收款循环中，除以上介绍的财务报表项目或会计科目之外，还有应收票据、长期应收款、预收账款、应交税费、营业税金及附加和销售费用等项目。限于本教材的篇幅，本节只对应收票据、预收款项、营业税金及附加、销售费用进行阐述，而且也只直接列示审计目标和相应的实质性程序，仅对其中某些必须作解释的特殊的审计程序稍作解释。

一、应收票据的审计

如果企业销售实现时没有收到现款，而是收到客户的商业汇票，包括商业承兑汇票和银行承兑汇票，便产生了应收票据。应收票据是以书面形式表现的债权资产，其款项具有一定的保证，经持有人背书后可以提交银行贴现，具有较大的灵活性。由于应收票据是企业赊销业务中产生的，因此对应收票据的审计也必须结合赊销业务一起进行。

企业以收取客户商业汇票方式进行赊销时，一般要进行销货、收取票据、计息、贴现、收款等活动，在此过程中要涉及一些凭证和账簿，这些都是应收票据的审计范围。

（一）应收票据的审计目标

应收票据的审计目标一般包括：确定资产负债表中记录的应收票据是否存在；确定所有

应当记录的应收票据均已记录；确定记录的应收票据由被审计单位拥有或控制；确定应收票据及其坏账准备增减变动的记录是否完整；确定应收票据可否收回，坏账准备的计提方法和比例是否恰当，计提是否充分；检查应收票据及其坏账准备期末余额是否正确；确定应收票据及其坏账准备是否已按照企业会计准则的规定在财务报表中作出恰当列报。

（二）应收票据的实质性程序

（1）获取或编制应收票据明细表，主要包括：第一，复核加计是否正确，并与总账数和明细账合计数核对是否相符；结合坏账准备科目与报表数核对是否相符。应收票据明细表通常包括出票人姓名、出票日、到期日、金额和利率等资料。在复核加计正确及与上述有关数额核对相符的基础上，注册会计师应抽查部分票据，并追查至相关文件资料，判断其内容是否正确，有无应转应收账款的逾期应收票据，以及虽未逾期但有确凿证据表明不能够收回或收回可能性不大的应收票据。第二，检查非记账本位币应收票据的折算汇率及折算是否正确。第三，检查逾期票据是否已转为应收账款。

（2）取得被审计单位"应收票据备查簿"，核对其是否与账面记录一致。请被审计单位协助，在应收票据明细表上标出至审计时已兑现或已贴现的应收票据，作常规检查，如核对收款凭证等，以确认其在资产负债表日的真实性。

（3）监盘库存票据，注意票据的种类、号数、签收的日期、到期日、票面金额、合同交易号、付款人、承兑人、背书人姓名或单位名称，以及利率、贴现率、收款日期、收回金额等是否与应收票据登记簿的记录相符；关注是否对背书转让的票据负有连带责任；注意是否存在已作质押的票据和银行退回的票据。

（4）必要时选取部分票据（特别关注有疑问的商业承兑汇票）向出票人函证，证实其存在性和可收回性，并编制函证结果汇总表。

（5）对于大额票据，应取得相应销售合同或协议、销售发票和出库单等原始交易资料进行核对，以证实是否存在真实的交易。

（6）复核带息票据的利息计算是否正确，注意逾期应收票据是否已按规定停止计提利息，并检查其会计处理是否正确。

如果注册会计师复算得出的应计利息金额与账面所列金额不符，应加以分析，特别要对"财务费用——利息收入"账户中那些与应收票据账户中所列任何票据均不相关的贷方金额加以注意，因为这些贷项可能代表据已收取利息的票据未曾入账。

（7）对贴现的应收票据，复核其贴现息计算是否正确，会计处理是否正确。编制已贴现和已转让但未到期的商业承兑汇票清单，并检查是否存在贴现保证金。

企业以应收票据向银行等金融机构贴现，应比照应收账款等应收债权贴现的有关规定。即，根据实质重于形式的原则，如果与所贴现应收票据有关的风险和报酬并未转移，申请贴现的企业应按照以应收票据为质押取得借款的规定进行会计处理；如果有关的风险和报酬业已转移，应视同应收票据出售进行会计处理。

（8）请被审计单位协助，在应收票据明细表上标出至外勤审计时已兑现或已贴现的应收票据，核对收款凭证等资料，以确认其资产负债表日的真实性。

（9）对应收票据相关的坏账准备进行审计（审计程序参见与应收账款相关坏账准备的审计程序）。

（10）对应收票据实施关联方及其交易审计程序。标明应收关联方［包括持股5%以上

（含5%）股东］的款项，执行关联方及其交易审计程序，并注明合并报表时应予抵销的金额；对关联企业、有密切关系的主要客户的交易事项作专门核查：第一，了解交易事项目的、价格和条件，作比较分析。第二，检查销售合同、销售发票、货运单证等相关文件资料。第三，检查收款凭证等货款结算单据。第四，向关联方、有密切关系的主要客户或其他注册会计师函证，以确认交易的真实性、合理性。

（11）确定应收票据的披露是否恰当。注册会计师应检查被审计单位资产负债表中应收票据项目的数额是否与审定数相符，是否剔除了有关的风险和报酬业已转移的已贴现票据。如果被审计单位是上市公司，其财务报表附注通常应披露贴现或用做抵押的应收票据的情况和原因说明，以及持有其5%以上（含5%）股份的股东单位欠款情况。

二、预收款项的审计

预收款项是在企业销售交易成立以前，预先收取的部分货款。由于预收款项是随着企业销售交易的发生而发生的，注册会计师应结合企业销售交易对预收款项进行审计。

（一）预收款项的审计目标

预收款项的审计目标一般包括：确定资产负债表中记录的预收账款是否存在；确定所有应当记录的预收账款是否均已记录，确定记录的预收账款是否是被审计单位应当履行的现时义务；确定预收账款是否以恰当的金额包括在财务报表中，与之相关的计价调整是否已恰当记录；确定预收账款是否已按照企业会计准则的规定在财务报表中作出恰当列报。

（二）预收款项的实质性程序

（1）获取或编制预收款项明细表，并检查：第一，复核加计是否正确，并与报表数、总账数和明细账合计数核对是否相符。第二，以非记账本位币结算的预收账款，检查其采用的折算汇率及折算是否正确。第三，检查是否存在借方余额，必要时进行重分类调整。第四，结合应收账款等往来款项目的明细余额，检查是否存在应收、预收两方挂账的项目，必要时作出调整。第五，标识重要客户。

（2）请被审计单位协助，在预收款项明细表上标出截止审计日已转销的预收款项，对已转销金额较大的预收款项进行检查，核对记账凭证、仓库发货单、货运单据、销售发票等，并注意这些凭证日期的合理性。

（3）抽查预收账款有关的销货合同、仓库发货记录、货运单据和收款凭证，检查已实现销售的商品是否及时转销预收账款，确定预收账款期末余额的正确性和合理性。

（4）选择预收款项的若干重大项目函证，根据回函情况编制函证结果汇总表。函证测试样本通常应考虑选择大额或账龄较长的项目、关联方项目以及主要客户项目。对于回函金额不符的，应查明原因并作出记录或建议作适当调整；对于未回函的，应再次函证或通过检查资产负债表日后已转销的预收款项是否与仓库发运凭证、销售发票相一致等替代程序，确定其是否真实、正确。

（5）检查预收账款长期挂账的原因，并作出记录，必要时提请被审计单位予以调整。检查账龄超过1年的预收款项未结转的原因并作出记录。

（6）对预收款项中按税法规定应预缴税费的预收销售款，结合应交税费项目检查是否及时、足额缴纳有关税费。

（7）通过货币资金的期后测试，以确定预收账款是否已计入恰当期间。

(8) 标明预收关联方［包括持股5%以上（含5%）股东］的款项，执行关联方及其交易审计程序，并注明合并报表时应予抵销的金额。

(9) 检查预收款项的列报是否恰当。如果被审计单位是上市公司，其财务报表附注通常应披露持有其5%以上（含5%）股份的股东单位账款情况，并说明账龄超过1年的预收款项未结转的原因。

三、营业税金及附加的审计

营业税金及附加是指企业由于销售产品、提供劳务等负担的税金及附加，包括营业税、消费税、城市维护建设税、资源税和教育费附加，以及与投资性房地产相关的房产税、土地使用税等。对营业税金及附加的实质性程序，应在查明被审计单位应缴纳的税种基础上结合“营业税金及附加”总账、明细账与有关原始凭证，以及与该账户对应的“应交税费”等账户实施，必要时，应向有关部门、单位和人员进行查询。

（一）营业税金及附加的审计目标

营业税金及附加的审计目标一般包括：确定利润表中记录的营业税金及附加是否已发生，且与被审计单位有关；确定所有应当记录的营业税金及附加是否均已记录；确定与营业税金及附加有关的金额及其他数据是否已恰当记录；确定营业税金及附加是否已记录于正确的会计期间；确定营业税金及附加中的交易和事项是否已记录于恰当的账户；确定营业税金及附加已按照企业会计准则的规定在财务报表中作出恰当列报。

（二）营业税金及附加的实质性程序

(1) 获取或编制营业税金及附加明细表，复核加计是否正确，并与报表数、总账数和明细账合计数核对是否相符。

(2) 确定被审计单位的纳税（费）范围与税（费）种是否符合国家规定。

(3) 根据审定的本期应纳营业税的营业收入和其他纳税事项，按规定的税率，分项计算、复核本期应纳营业税税额，检查会计处理是否正确。

(4) 根据审定的本期应税消费品销售额（或数量），按规定适用的税率，分项计算、复核本期应纳消费税税额，检查会计处理是否正确。

(5) 根据审定的本期应纳资源税产品的课税数量，按规定适用的单位税额，计算、复核本期应纳资源税税额，检查会计处理是否正确。

(6) 城市维护建设税、教育费附加等项目的计算依据是否和本期应纳增值税、营业税、消费税合计数一致，并按规定适用的税率或费率计算、复核本期应纳城建税、教育费附加等，检查会计处理是否正确。

(7) 结合应交税费科目的审计，复核其勾稽关系。

(8) 检查营业税金及附加是否已按照企业会计准则的规定在财务报表中作出恰当列报。如果被审计单位是上市公司，在其财务报表附注中应分项列示本期营业税金及附加的计缴标准及金额。

四、销售费用的审计

销售费用是指企业在销售商品过程中发生的费用。

（一）销售费用的审计目标

销售费用的审计目标一般包括：确定利润表中记录的销售费用是否已发生，且与被审计单位有关；确定所有应当记录的销售费用是否均已记录；确定与销售费用有关的金额及其他数据是否已恰当记录；确定销售费用是否已记录于正确的会计期间；确定销售费用是否已记录于恰当的账户；确定销售费用是否已按照企业会计准则的规定在财务报表中作出恰当的列报。

（二）销售费用的实质性程序

（1）获取或编制销售费用明细表，复核其加计数是否正确，并与报表数、总账数和明细账合计数核对是否相符；将销售费用中的工资、折旧等与相关的资产、负债科目核对，检查其勾稽关系的合理性。

（2）对销售费用进行分析：计算分析各个月份销售费用总额及主要项目金额占主营业务收入的比率，并与上一年度进行比较，判断变动的合理性；计算分析各个月份销售费用中主要项目发生额及占销售费用总额的比率，并与上一年度进行比较，判断其变动的合理性。

（3）检查各明细项目是否与被审计单位销售商品和材料、提供劳务以及专设的销售机构发生的各种费用有关，是否合规、合理，计算是否正确。注意需经外汇管理部门审批的费用项目，是否经过批准。

（4）检查销售佣金支出是否符合规定，审批手续是否健全，是否取得有效的原始凭证；如超过规定，是否按规定进行了纳税调整。

（5）检查广告费、宣传费等的支出是否合理，审批手续是否健全，是否取得有效的原始凭证；如超过规定限额，应在计算应纳税所得额时调整。

（6）检查由产品质量保证产生的预计负债，是否按确定的金额进行会计处理。

（7）选择重要或异常的销售费用，检查销售费用各项目开支标准是否符合有关规定，开支内容是否与被审计单位的产品销售或专设销售机构的经费有关，计算是否正确，原始凭证是否合法，会计处理是否正确。

（8）抽取资产负债表日前后一定数量的凭证，实施截止测试，若存在异常迹象，应考虑是否有必要追加审计程序，对于重大跨期项目应作必要调整。

（9）如果被审计单位系商品流通企业且已将管理费用科目的核算内容并入本科目核算，应同时实施管理费用审计程序。

（10）检查销售费用是否已按照企业会计准则在财务报表中作出恰当的列报。

本章小结

本章首先讲述了销售与收款循环的特性，以此为起点，讲述了销售与收款循环的内部控制与控制测试，并重点介绍了营业收入、应收账款、坏账准备的审计。

企业销售交易的内部控制主要有：适当的职责分离、正确的授权审批、充分的凭证和记录、凭证的预先编号、按月寄出对账单、内部核查程序。注册会计师应当针对不同的内部控制情况，设计和实施控制测试。

营业收入的审计目标一般包括：确定利润表中记录的营业收入是否已发生，且与被审计单位有关；确定所有应当记录的营业收入均已记录；确定与营业收入有关的金额及其他数据是否已恰当记录，包括对销售退回、销售折扣与折让的处理是否适当；确定营业收入是否已记录于正确的会计期间；确定营业收入是否已按企业会计准则的规定在财务报表中作出恰当的列报。对营业收入审计的实质性程序主要包括：查明收入的确认条件、方法是否符合企业会计准则的规定；售价是否符合政策的规定，有无低价或高价结算以转移收入和利润的现象；销售的截止测试；销售退回、销售折扣、销售折让等的会计处理是否正确。必要的时候可以采取实质性分析程序来获取审计证据。

应收账款的审计目标一般包括：确定资产负债表中记录的应收账款是否已存在；确定所有应当记录的应收账款是否均已记录；确定记录的应收账款由被审计单位拥有或控制；确定应收账款是否可回收，坏账准备的计提方法和比例是否恰当，计提是否充分；确定应收账款及其坏账准备期末余额是否正确；确定应收账款及其坏账准备是否已按照企业会计准则的规定在财务报表中作出恰当列报。

应收账款的实质性程序主要包括：取得或编制应收账款明细账；对应收账款实施实质性分析程序；向债权人函证应收账款；确定已收回的应收账款金额；检查未函证的应收账款；检查坏账的确认和处理；抽查有无不属于结算业务的债权；检查贴现、质押和出售；分析应收账款明细账余额；确定应收账款的列报是否恰当。

对于应收账款的函证，应该重点掌握函证的范围和对象、函证的方式及其选择、函证的控制以及对不符事项的处理。

应收账款函证

积极式函证

消极式函证

询证函

一、问答题

1. 简述销售与收款循环的主要业务活动。
2. 简述销售与收款循环的主要内部控制及控制测试。
3. 简述对销售业务实施截止性测试的方法，并分别指出其实现的审计目标。
4. 简述应收账款审计的实质性程序。
5. 简述积极式函证和消极式函证的不同及如何协调？

二、业务题

1. 资料：ABC 会计师事务所接受委托，审计 Y 公司 2008 年度的会计报表。A 注册会计师了解和测试了与应收账款相关的内部控制，并将控制风险评估为高水平。A注册会计师取得了2008年12月31日的应收账款明细表，并于2009年1月15日采用积极式函证方式对所有重要客户寄发了询证函，发现了下列异常情况：

异常情况	函证编号	客户名称	询证金额（元）	回函日期	回函内容
（1）	22	甲	300000	2009.1.22	购买Y公司300000元货物属实，但款项已于2008年12月25日用支票支付。
（2）	56	乙	500000	2009.1.19	因产品质量不符合要求，根据购货合同，于2009年1月1日将货物退回。
（3）	64	丙	640000	2009.1.19	2008年12月10日收到Y公司委托本公司代销的货物640000元，尚未销售。
（4）	134	丁	600000	因地址错误被退回	——

要求：针对上述异常情况，指出A注册会计师应分别实施的重要审计程序。

2. 资料：注册会计师在对甲公司进行审计时，考虑对下表所列应收账款进行函证，在不考虑样本量的前提下，请指出注册会计师应选择的函证对象，并说明理由。

客户名称	金额（元）	账龄	备 注
A公司	30000000	2年	
B公司	50000	1.5年	因产品质量问题发生纠纷
C公司	800	6个月	
D公司	100	1.5年	甲公司的重要债务人，本年度交易频繁
E公司	200000	3年	

3. 资料：注册会计师对ABC公司2008年度销售与收款循环业务进行审计。请就下列业务提出审计意见：

（1）该公司采用备抵法核算坏账，坏账准备按期末应收账款余额的5%计提。2008年未经审计的资产负债表反映的应收账款项目为999000元（净额）。注册会计师对相关账户进行检查，应收账款总额余额1000000元，下辖3个明细账户，其余额分别为甲公司800000元（借方）、乙公司400000元（借方），丙公司200000元（贷方）；坏账准备账户期末贷方余额1000元（假定期初余额为零）。审计人员还发现该公司设有“预收账款”账户核算销售业务，其中“预收账款——丁公司”账户期末借方余额300000元，该借方余额在资产负债表中作为预收账款项目反映。

（2）2008年12月3日，该公司销售商品给某一客户，销售价格为9000000元。后经了解该客户财务状况不佳，现金流量严重不足，预计很难偿还所购商品价款，在资产负债表日该客户的财务状况尚未改善，因此，该公司未确认收入。

业务题参考答案

1. 对于情况（1），因甲客户已于被审计年度12月25日用支票支付，A注册会计师应检查12月份与次年1月份Y公司所有开户银行对账单，核实该笔款项是否收到。若对账单表明Y公司于12月份收到款项，应提请Y公司借记银行存款、贷记应收账款；若于次年1月份收到，注册会计师可以合理确信被审计单位的相关记录；若1月月末仍未收到，则应提醒Y公司进行必要的查询。

对于情况（2），A注册会计师应检查Y公司2009年1月份的入库单及存货明细账，证实所退产品是否已收到。若已收到退货，A注册会计师应提请被审计单位对此期后事项调整2008年度的会计报表；若未收到退货，请要求Y公司进行必要的查询。

对于情况（3），按会计制度规定，委托丙公司代销的产品应于实现销售并接到丙公司的代销清单后确认主营业务收入及应收账款，Y公司在代销产品尚未销售之前就确认应收账款，违反了会计制度规定。对此，A注册会计师应在检查Y公司与丙公司往来函件的基础上提请Y公司调整会计报表。

对于情况（4），A注册会计师应核实函证地址与被审计单位应收账款明细账户记录的地址是否一致，如一致，说明账户记录中地址有误，无法再按此地址函证，应转而检查与销售有关的文件，如销售合同、销售发票副本及货运文件等，以证实产品确已发出；如函证地址与Y公司明细账户的地址不一致，则有可能是地址差错，A注册会计师可在确认地址正确后再次发函。

2. 注册会计师应选择A、B、D、E公司进行函证。

A公司的账款属于金额巨大的应收账款；

B公司的账款属于有纠纷的应收账款；

D公司的账款属于关联方的应收账款；

E公司的账款属于账龄较长的应收账款。

3. （1）年末应提取坏账准备的金额计算为：

（800000 + 400000 + 300000） ×5% = 75000（元）

若不考虑其他因素，本年度少提坏账准备74000元，属于差异调整，应作调整分录：

借：资产减值损失	74000	
贷：坏账准备		74000

重分类调整：

借：应收账款	200000	
贷：预收账款		200000
借：应收账款	300000	
贷：预收账款		300000

（2）不确认收入是正确的，但应反映期末库存商品的减少和发出商品的增加，但这种差异对资产负债表数影响不重要。

第八章

DI BA ZHANG

采购与付款循环审计

本章要点

- 了解购货与付款循环特性
- 掌握采购与付款循环的内部控制及测试
- 掌握应付账款、固定资产、累计折旧等重要账户的实质性程序
- 熟悉其他相关账户的实质性程序

购货和付款循环是业务循环中的一个重要内容，这个循环包含很多资产负债表和损益表的项目，使得这一循环的审计成为资产负债表和损益表审计的基础。

DIYIJIE 第一节 采购与付款循环的特性

在进行购货与付款循环的审计之前，首先应该对这一循环的主要业务活动、主要凭证及记录、审计范围有一个基本的了解，这是进行控制测试和实质性程序的基础。

一、采购与付款循环的主要业务活动

购货和付款循环的主要业务活动包括：

（一）请购商品和劳务

企业的商品物资一般存放在仓库，仓库对商品物资的收入、发出、结存有详细的记录，仓库管理人员可以及时发现商品物资的短缺，并根据授权及时发出请购要求。如果商品物资或劳务的使用部门需要仓库没有记录的商品物资和劳务的话，则由使用部门发出请购要求。

（二）对外订购

企业的采购部门接到请购申请后，应及时选择供货单位，向对方订购商品物资或劳务。

（三）验收商品

订购的商品物资到达企业后，应由验收部门的人员核对商品物资的品种、规格、数量、

质量，检查收到的商品物资与订购的商品物资是否相符。

（四）储存商品

经过验收的商品物资应及时运至仓库，加以妥善保管。

（五）付款

在商品物资验收入库后，按照购货合同的规定的付款期限和付款条件，确定付款的时间和金额，并通过银行转账付款。

（六）记账

将发生的经济业务在凭证、账簿体系中加以记录。

购货和付款循环的业务活动主要包括以上几项，业务活动的顺序可能由于业务的不同而略有差别，但基本内容不变。

二、采购与付款循环的主要凭证及会计记录

采购与付款业务通常要经过请购、订货、验收、付款、记录这些程序，在内部控制比较健全的企业，处理采购与付款业务通常也需要使用很多凭证和会计记录。为了分离不相容职务根据合理分工的要求，企业应将各项职能活动指派给不同的部门或职员来完成，同时，有效的分离还能起到每个部门或职员对其他部门和职员工作的独立检查作用。采购与付款循环中的主要经济活动及其相应的凭证记录有：

（一）请购单

大部分的请购单由仓库管理人员填写，仓库人员发现仓库存储的物资达到再订货点时填写请购单，其他部门也可以对所需要购买的未列入存货的项目，如为某种维修服务编制请购单。请购单是由商品制造、资产使用等部门的有关人员填写，交采购部门，申请购买商品、劳务或其他资产的书面凭证。由于企业内多个部门都可以填列请购单，不便事先统一编号，但每个请购单位的请购单应该首先编号。请购单应该一式三联，填写部门留存一份，送交采购部门一份，验收部门一份。为加强控制，每张请购单必须经过对这类支出负预算责任的主管人员签字批准。但对大额资本性支出，企业政策则通常要求作特别授权，只允许指定人员提出请购，如机器设备应由设备管理人员提出请购，并且需要特别授权批准。

（二）订购单

采购部门在收到请购单后，按照经过批准的请购单编制订购单。订购单是由采购部门填写，向另一企业购买订购单上所指定商品、劳务或其他资产的书面凭证。对每张订购单，采购部门都应该在比较供货单位的质量和价格的基础上应确定最佳的供应商。对一些大额、重要的采购项目，应采取招标方式来确定供应商，以保证供货的质量、及时性和价格。订购单应预先予以编号，采购人员应正确填写所需要的商品品名、数量、价格、厂商名称和地址等，并经过采购主管的签名。订购单应一式五联，其正联应该送交供应商，其他几联则送至企业内部的验收部门、付款部门和请购部门，采购部门留存一份。

（三）验收单

采购部门发出订购单后，供货单位发运货物到企业，验收部门首先应比较收到的货物与订购单和请购单上的要求是否相符，如商品的品名、说明、数量、到货时间等，然后再盘点商品并检查商品有无损坏。验收后，验收部门应对已收货的每张订购单编制一式多联、预先编号的验收单，作为验收和检验商品的依据。验收单是验收部门收到商品、资产时所编制的

凭证，列示从供应商处收到的商品、资产的种类和数量等内容。验收单应预先编号，验收人员将货物送交仓库或其他请购部门时，应取得经过签字的收据，或要求其在验收单的副联上签收，以确立他们对所采购的资产应负的保管责任。验收人员还应将其中的一联验收单送交付款部门。

验收单是支持资产或费用以及与采购有关的负债的“存在或发生”认定的重要凭证。定期独立检查验收单的顺序以确定每笔采购交易都已编制凭单，则与采购交易的“完整性”认定有关。

（四）入库单

验收的货物送交仓库或货物保管使用部门，仓库在收到货物时要编制入库单，入库单是仓库收到货物时编写的凭证，表明仓库对货物的保管责任，将已验收商品的保管与采购的其他职责相分离，可减少未经授权的采购和盗用商品的风险。入库单要逐项填写所收到物品的品种、规格、型号、数量和质量，入库单一式三联，一联返回验收部门，一联本部门留传，另一联交会计部门记账。仓库应划分固定的仓储区，存放的物品应摆放整齐。仓库应加锁并限制无关人员接近。这些控制与商品的“存在或发生”认定有关。

（五）付款凭单

供货单位在发运货物后会传递卖方发票到购货企业，卖方发票是供应商开具的，交给买方以载明发运的货物或提供的劳务、应付款金额和付款条件等事项的凭证。付款凭单是采购方企业根据订货单、验收单、卖方发票等编制付款凭单，载明已收到商品、资产或接受劳务的厂商、应付款金额和付款日期的凭证。付款凭单是企业内部记录和支付负债的授权证明文件。付款凭单应预先编号，并须后附订购单、验收单和供应商发票等支持性凭证。

（六）明细账和总账

会计部门在收到付款凭单后对有关单据的内容进行逐项核对后编制转账凭证。不需要及时付款的编制转账凭证，转账凭证是指记录转账业务的记账凭证，它是根据有关转账业务（即不涉及现金、银行存款收付的各项业务）的原始凭证编制的。记账凭证经过编制凭证以外的其他人员的审核后，由记账人员据以记账，使用的账簿包括预付账款明细账、应付账款明细账、存货明细账等。

（七）付款证明

付款部门收到付款凭单后，仔细审核付款凭单和附件，按照付款凭证上标明的付款日期支付货款。付款的有关凭证如银行的转账单或支票存根等传送到会计部门，由会计部门编制付款凭证，付款凭证包括现金付款凭证和银行存款付款凭证，是指用来记录现金和银行存款支出业务的记账凭证，经审核后记录现金日记账和银行存款日记账。

（八）对账单

月末时，应由供货方向购货方寄送卖方对账单，卖方对账单是由供货方按月编制的，标明期初余额、本期购买、本期支付给卖方的款项和期末余额的凭证。卖方对账单是供货方对有关业务的陈述，如果不考虑买卖双方在收发货物上可能存在的时间差等因素，其期末余额通常应与采购方相应的应付账款期末余额一致。购货方收到卖方对账单后应及时对账，发现不符要及时查找原因、及时处理。

DIERJIE 第二节 采购与付款循环的内部控制测试

对注册会计师来讲，了解内部控制和进行控制测试是非常必要的，如果内部控制的可信赖程度较高，注册会计师就可以执行有限的实质性程序来获取证据支持审计意见。

一、采购与付款循环业务的内部控制

内部控制的制定应按照内部控制的目标和主要风险点来设计的，内部控制的整体目标有许多，但在审计时注册会计师主要考虑和会计记录有关的内部控制，所以，在采购和付款循环的内部控制中，与会计记录相关的内部控制至少应该有：

（1）对购货业务合理的职责划分，使得在业务执行过程中能够进行有效的复核和监督。企业采购与付款业务的不相容岗位至少包括：请购与审批；询价与确定供应商；采购合同的订立与审核；采购、验收与相关会计记录；付款的申请、审批与执行。

（2）企业应当建立采购申请制度，依据购置商品或劳务的类型，确定归口管理部门，授予相应的请购权，并明确相关部门或人员的职责权限及相应的请购程序。

（3）企业应当加强采购业务的预算管理。对于预算内采购项目，具有请购权的部门应当严格按照预算执行进度办理请购手续；对于超预算和预算外采购项目，具有请购权的部门应当对需求部门提出的申请进行审核后再行办理请购手续。

（4）企业应当建立采购与付款业务的授权制度和审核批准制度，并按照规定的权限和程序办理采购与付款业务。请购依据应当充分适当，请购事项和审批程序应当明确。

（5）企业应当按照请购、审批、采购、验收、付款等规定的程序办理采购与付款业务，并在采购与付款各环节设置相关的记录、填制相应的凭证，建立完整的采购登记制度，加强请购手续、采购订单（或采购合同，下同）、验收证明、入库凭证、采购发票等文件和凭证的相互核对工作。重要的凭证应预先编号，作废的单据要注销并保存。

（6）企业应当建立采购与验收环节的管理制度，对采购方式确定、供应商选择、验收程序及计量方法等作出明确规定，确保采购过程的透明化。企业应当建立供应商评价制度，根据评价结果对供应商进行调整。

（7）企业应当根据规定的验收制度和经批准的订单、合同等采购文件，由独立的验收部门或指定专人对所购物品或劳务等的品种、规格、数量、质量和其他相关内容进行验收，出具检验报告、计量报告和验收证明。

（8）企业财会部门在办理付款业务时，应当对采购合同约定的付款条件以及采购发票、结算凭证、检验报告、计量报告和验收证明等相关凭证的真实性、完整性、合法性及合规性进行严格审核。财会部门应当参与商定对供应商付款的条件。

（9）企业应当定期与供应商核对应付账款、应付票据、预付账款等往来款项。如有不符，应当查明原因，及时处理。

（10）企业可以根据具体情况对办理采购业务的人员定期进行岗位轮换，防范采购人员利用职权和工作便利收受商业贿赂、损害企业利益的风险。

二、固定资产的内部控制

固定资产是企业中的重要资产，为了确保固定资产的真实、完整、安全和有效利用，被审计单位应当建立和健全固定资产的内部控制制度。一般固定资产的内部控制包括：

（一）固定资产的预算制度

预算制度是固定资产内部控制中最重要的部分。通常，企业应编制旨在预测与控制固定资产增减和合理运用资金的年度预算，注册会计师应注意检查固定资产的取得和处置是否均依据预算，对实际支出与预算之间的差异以及未列入预算的特殊事项，应检查其是否履行特别的审批手续。

（二）授权批准制度

完善的授权批准制度包括：企业的资本性预算只有经过董事会等高层管理机构批准方可生效；所有固定资产的取得和处置均需经企业管理当局的书面认可。注册会计师不仅要检查被审计单位固定资产授权批准制度本身是否完善，还要关注授权批准制度有否得到切实执行。

（三）账簿记录制度

除固定资产总账外，被审计单位还须设置固定资产明细分类账和固定资产登记卡，按固定资产类别、使用部门和每项固定资产进行明细分类核算。固定资产的增减变化均应有充分的原始凭证。

（四）职责分工制度

对固定资产的取得、记录、保管、使用、维修、处置等，均应明确划分责任，由专门部门和专人负责。明确的职责分工制度，有利于防止舞弊，降低注册会计师的审计风险。

（五）资本性支出和收益性支出的区分制度

企业应制定区分资本性支出和收益性支出的书面标准。通常须明确资本性支出的范围和最低金额，凡不属于资本性支出的范围、金额低于下限的任何支出，均应列作费用并抵减当期收益。

（六）固定资产的处置制度

固定资产的处置，包括投资转出、报废、出售等，均要有一定的申请报批程序。

（七）固定资产的定期盘点制度

对固定资产的定期盘点，是验证账面各项固定资产是否真实存在、了解固定资产放置地点和使用状况以及发现是否存在未入账固定资产的必要手段。

（八）固定资产的维护保养制度

固定资产应有严密的维护保养制度，以防止其因各种自然和人为的因素而遭受损失，并应建立日常维护和定期检修制度，以延长其使用寿命。

严格地讲，固定资产的保险不属于企业固定资产的内部控制范围，但它对企业非常重要。因此，注册会计师在检查、评价企业的内部控制时，应当了解企业对固定资产的保险情况。

三、采购与付款循环的内部控制测试

对内部控制的测试是注册会计师比较经济的选择。实施控制测试时，注册会计师必须了解被审计单位的内部控制，确定其存在哪些关键的内部控制。一旦注册会计师确认了每一目标的有效控制和薄弱环节，就要对每一目标的控制风险作出初步评估，通过制定计划确定对哪些控制实施控制测试。在外勤工作中，注册会计师应该执行控制测试计划，取得证据来证实内部控制的完整性和有效性。考虑到采购与付款循环测试的重要性，注册会计师往往对这一循环采用属性抽样审计方法。在测试该循环中的大多数属性时，注册会计师通常选择相对较低的可容忍误差。

采购和付款循环的内部控制测试包括：

（1）检查企业有关岗位责任制度等文件，了解购货和付款循环的业务分工，评价分工是否合理，是否能够起到自动复核的作用，并通过实地观察判断这些分工是否得到了执行。

（2）检查采购部门是否有专人审批购货价格，检查订货单上的采购单价是否都经过事先授权批准。

（3）检查采购制度中是否规定大额采购应通过招标方式选择供货商，并且检查这一制度是否得到了执行。

（4）检查订货单和验收单是否都已经预先编号，检查作废的单据是否有注销的痕迹并保存良好。

（5）从存货增加的明细账上抽取一定的业务，检查相应的记账凭证以及后附的请购单、订货单、验收单和卖方发票等原始凭证，将这些凭证一一核对，对原始凭证和记账凭证上的授权批准标识和内部审核标识要特别注意。

（6）检查企业会计制度的规定，判断企业会计制度的合理性和严密性。

（7）检查存货和应付账款的明细账，检查会计记录是否按照企业会计制度的要求进行。

（8）检查原始凭证、记账凭证和明细账的日期，判断企业的会计核算是否及时。

（9）获取某月末卖方对账单，检查是否进行了核对，注意对不相符的内容的处理程序。

（10）检查对编制的会计报表有无独立审核程序，并对应披露事项的核对检查。

（11）检查企业有无内部审计制度，内部审计是否定期进行审计和报告。

DISANJIE 第三节 采购与付款循环主要账户的审计

由于采购与付款循环包含的报表项目较多，所以分两节来讲述这些账户的实质性程序。本节介绍应付账款、固定资产等账户的实质性程序。

一、应付账款的审计

应付账款是企业在正常经营过程中，因购买材料、商品和接受劳务供应等而应付给供应单位的款项。可见，应付账款业务是随着企业赊购交易的发生而发生的，注册会计师应结合赊购业务进行应付账款的审计。

（一）应付账款的审计目标

应付账款的审计目标一般包括：确定应付账款的真实性；确定应付账款的发生和偿还记录是否完整；确定应付账款是否应由被审计单位承担；确定应付账款期末余额是否正确；确

定应付账款在会计报表上的披露是否恰当。

作为负债项目，应付账款完整性的审计是重点。

（二）应付账款的实质性程序

为了完成上述审计目标，注册会计师应执行以下应付账款的实质性程序：

（1）获取或编制应付账款明细表，复核加计正确，并与报表数、总账数和明细账合计数核对是否相符。

（2）根据被审计单位实际情况，对应付账款进行分析程序：

①对本期期末应付账款余额与上期期末余额进行比较，分析其波动原因；对本期期末应付账款构成、账龄与上期期末进行比较，分析其波动原因。

②分析应付账款的明细余额，将固定供货单位的明细余额与上期期末数字对比，如果同一单位在两年内余额差别很大，要检查其原因。

③分析长期挂账的应付账款，要求被审计单位作出解释，判断被审计单位是否缺乏偿债能力或利用应付账款隐瞒利润。

④计算应付账款对存货的比率、应付账款对流动负债的比率，并与以前期间对比分析，评价应付账款整体的合理性。

⑤根据存货、主营业务收入和主营业务成本的增减变动幅度，判断应付账款增减变动的合理性。

⑥比较当年及以前年度应付账款支付期的变动情况。

⑦比较截止日前后 2 个月的支付期、余额构成及主要供货商的变化。

⑧比较 2 年间信用额度和折扣及与采购金额的比例。

（3）函证应付账款。一般情况下，应付账款不需要函证，这是因为函证不能保证查出未记录的应付账款，况且注册会计师能够取得购货发票等外部凭证来证实应付账款的余额。但如果控制风险较高，某应付账款明细账户金额较大或被审计单位处于财务困难阶段，则应进行应付账款的函证。

进行函证时，注册会计师应选择较大金额的债权人，以及那些在资产负债表日金额不大、甚至为零，但为企业重要供货人的债权人，作为函证对象。函证最好采用肯定形式，并具体说明应付金额。同应收账款的函证一样，注册会计师必须对函证的过程进行控制，要求债权人直接回函，并根据回函情况编制与分析函证结果汇总表，对未回函的，应考虑是否再次函证。

如果存在未回函的重大项目，注册会计师应采用替代审计程序。比如，可以检查决算日后应付账款明细账及现金和银行存款日记账，核实其是否已支付，同时检查该笔债务的相关凭证资料，核实交易事项的真实性。

（4）查找未入账的应付账款。为了防止企业低估负债，注册会计师应检查被审计单位有无故意漏记应付账款行为。例如，结合存货监盘，检查被审计单位在资产负债表日是否存在有材料入库凭证但未收到购货发票的经济业务；检查资产负债表日后收到的购货发票，关注购货发票的日期，确认其入账时间是否正确；检查资产负债表日后应付账款明细账贷方发生额的相应凭证，确认其入账时间是否正确。检查时，注册会计师还可以通过询问被审计单位的会计和采购人员，查阅资本预算、工作通知单和基建合同来进行。

如果注册会计师通过这些审计程序发现某些未入账的应付账款，应将有关情况详细记入审计工作底稿，然后根据其重要性确定是否需建议被审计单位进行相应的调整。

（5）从应付账款明细账上抽取交易，与相关原始凭证核对，检查每笔业务的入账金额，检查带有现金折扣的应付账款是否按发票上记载的全部应付金额入账，待实际获得现金折扣时再冲减财务费用项目。

（6）从订货单或验收单出发，追查至应付账款明细账，检查是否所有发生的业务都已经正确地记账。同时，检查每笔业务的入账金额。

（7）检查应付账款是否存在借方余额。如有，应查明原因，必要时建议被审计单位作重分类调整。结合预付账款的明细余额，查明有否在应付账款和预付账款两面同时挂账的项目；结合其他应付款的明细余额，查明有无不属于应付账款的其他应付款。如有，应作出记录，必要时，建议被审计单位作重分类调整或会计误差调整。

（8）检查应付账款长期挂账的原因，作出记录，注意其是否可能无需支付。对确实无法支付的应付账款是否按规定转入了营业外收入项目，相关依据及审批手续是否完备。

（9）关注是否存在应付关联方账款。若有，应通过了解关联交易事项目的、价格和条件，检查采购合同等方法确认该应付账款的合法性和合理性；通过向关联方或其他注册会计师查询及函证等方法，以确认交易的真实性。

（10）对于用非记账本位币结算的应付账款，检查其采用的折算汇率是否正确。

（11）验明应付账款在资产负债表上的披露是否恰当。一般来说，“应付账款”项目应根据“应付账款”和“预付账款”科目所属明细科目的期末贷方余额的合计数填列。审计中，如果发现被审计单位因重复付款、付款后退货、预付货款等导致某些明细账户借方出现较大余额，注册会计师应在审计工作底稿中编制建议调整的重分类分录，以便将这些借方余额在资产负债表中列示为资产。

如果被审计单位为上市公司，则通常在其会计报表附注中应说明有无欠持有5%（含5%）以上表决权股份的股东单位账款；说明账龄超过3年的大额应付账款未偿还的原因，并在期后事项中反映资产负债表日后是否偿还。

二、固定资产的审计

固定资产是指同时具有下列特征的有形资产：第一，为生产产品、提供劳务、出租或经营管理而持有的。第二，使用寿命超过一个会计年度。固定资产折旧则是指固定资产在使用过程中因逐渐损耗而消失的那部分价值。由于固定资产在企业资产总额中一般都占有较大的比例，固定资产的安全、完整，固定资产折旧计提的合理性都对企业的生产经营影响极大，注册会计师应对固定资产的审计予以高度重视。

（一）固定资产的审计目标

固定资产审计的范围很广。固定资产项目的增加、减少以及余额和折旧都属于固定资产的审计范围。

固定资产的审计目标一般包括：确定固定资产是否存在；确定固定资产是否完整；确定固定资产是否归被审计单位所有；确定固定资产的计价是否恰当；确定固定资产的期末余额是否正确；确定固定资产在会计报表上的披露是否恰当。

（二）固定资产的实质性程序

为了完成上述固定资产审计目标，注册会计师应执行以下实质性程序：

1. 获取或编制固定资产及累计折旧分类汇总表

固定资产及累计折旧分类汇总表总括反映了企业固定资产和累计折旧的情况，其数字来自固定资产和累计折旧的明细账。表中的期初余额数字应和上期工作底稿数字核对，期末数字应和总账数字和报表数字核对。固定资产及累计折旧分类汇总表格式见表 8－1 所示。

表 8－1　　固定资产及累计折旧分类汇总表

年　月　日

被审计单位：

固定资产类别	固定资产				累计折旧					
	期初余额	本期增加	本期减少	期末余额	折旧方法	折旧率	期初余额	本期增加	本期减少	期末余额
合计										

在对被审计单位进行初次审计的情况下，注册会计师应编制固定资产和累计折旧明细表，将企业所有的固定资产全部在表中列示，以对期初余额进行较全面的审计。审计时应对固定资产和累计折旧明细表中的所有内容进行审查。固定资产及累计折旧明细表格式见表 8－2所示。

表 8－2　　固定资产及累计折旧明细表

年　月　日

被审计单位：

固定资产		编号	取得时间	使用状况	原值	折旧率	累计折旧	备注
类别	项目							
合计								

2. 分析程序

根据被审计单位业务的性质，选择以下方法对固定资产实施分析程序：

（1）计算固定资产原值与本期产品产量的比率，并与以前期间比较，可能发现虚增、闲置固定资产，或已减少的固定资产未记账、虚增产量等情况。

（2）计算本期计提折旧额与固定资产总成本的比率，将此比率同上期比较，旨在发现本期折旧额计算上的错误。

（3）计算累计折旧与固定资产总成本的比率，将此比率同上期比较，旨在发现累计折旧核算上的错误。

（4）比较本期各月之间、本期与以前各期之间的修理及维护费用，旨在发现资本性支出和收益性支出区分上可能存在的错误。

(5) 比较本期与以前各期的固定资产增加和减少。由于被审计单位的生产经营情况在不断地变化，各期之间固定资产增加和减少的数额可能相差很大。注册会计师应当深入分析其差异，并根据被审计单位以往和今后的生产经营趋势，判断差异产生的原因是否合理。

(6) 分析固定资产的构成及其增减变动情况，与在建工程、现金流量表、生产能力等相关信息交叉复核，检查固定资产相关金额的合理性和准确性。

(7) 比较本期与以前各期的固定资产的增加或减少，与未来生产经营发展趋势、战略规划比较，判断差异产生原因的合理性。

(8) 将本期固定资产增加与预算相比，判断预算外增加项目的真实性和合理性。

3. 检查固定资产的增加

审计固定资产的增加是固定资产的交易及余额测试中的重要内容。固定资产的增加有购置、自制自建、投资者投入、更新改造增加、债务人抵债增加等多种途径，审计时应注意检查原始凭证，确认固定资产增加的真实性，检查固定资产不同取得方式下确定的入账价值的合理性，同时还应该检查固定资产的所有权凭证。由于企业在一个审计期间内固定资产的增加是有限的，也因为固定资产价值高的特点，所以审计时要对每笔固定资产的增加都要进行详细审查。

4. 检查固定资产的减少

固定资产的减少主要包括出售、向其他单位投资转出、向债权人抵债转出、报废、毁损、盘亏等。审计固定资产减少的主要目的就在于查明业已减少的固定资产是否已作适当的会计处理。其审计要点如下：

(1) 检查减少固定资产的授权批准文件。

(2) 检查因不同原因减少固定资产的会计处理是否符合有关规定，验证其数额计算的准确性。

(3) 结合“固定资产清理”和“待处理财产损溢——待处理固定资产损溢”科目，抽查固定资产账面转销额是否正确。

(4) 检查是否存在未作会计记录的固定资产减少业务：第一，复核本期是否有新增加的固定资产替换了原有固定资产。第二，分析营业外收支等账户，查明有无处置固定资产所带来的收支。第三，若某种产品因故停产，追查其专用生产设备等的处理情况。第四，向被审计单位的固定资产管理部门查询本期有无未作会计记录的固定资产减少业务。

5. 检查固定资产的所有权

对各类固定资产，注册会计师应获取、汇集不同的证据以确定其是否确归被审计单位所有：对外购的机器设备等固定资产，通常经审核采购发票、购货合同等予以确定；对于房地产类固定资产，尚需查阅有关的合同、产权证明、财产税单、抵押借款的还款凭据、保险单等书面文件；对融资租入的固定资产，应验证有关融资租赁合同，证实其并非经营租赁；对汽车等运输设备，应验证有关运营证件等；对受留置权限制的固定资产，通常还应审核被审计单位的有关负债项目等予以证实。

6. 对固定资产进行实地观察

实施实地观察审计程序时，注册会计师一般以与固定资产明细分类账核对过的固定资产和累计折旧一览表为起点，进行实地追查，以证明一览表中所列固定资产确实存在，并根据一览表上的折旧记录核实其使用情况，证实固定资产的存在性。在对被审计单位初次审计时，应对所有固定资产全面观察，在以后审计年度，实地观察的重点是本期新增加的重要固定资产。

7. 检查固定资产的租赁

企业在生产经营过程中，有时可能有闲置的固定资产供其他单位租用；有时由于生产经营的需要，又需临时租用固定资产。租赁一般分为经营租赁和融资租赁两种。不同的租赁采取的会计处理方法不同，检查企业是否按照企业会计准则的要求进行了核算和披露。

8. 检查固定资产的抵押、担保情况

结合对银行借款等的检查，了解固定资产是否存在重大的抵押、担保情况。如存在，应取证、记录，并提请被审计单位作必要披露。

9. 检查有无与关联方之间的固定资产购售活动

如果被审计单位存在与关联方之间的固定资产购售活动，注册会计师应检查是否经适当授权，是否按正常交易价格进行交易。

10. 检查固定资产是否已在资产负债表上恰当披露

会计报表附注通常应说明固定资产的标准、分类、计价方法和折旧方法，融资租入固定资产的计价方法，固定资产的预计使用年限和预计净残值。如果被审计单位是上市公司，应在其会计报表附注中按类别分项列示固定资产期初余额、本期增加额、本期减少额及期末余额；说明固定资产中存在的在建工程转入、出售、置换、抵押或担保等情况；披露通过融资租赁租入的固定资产每类租入资产的账面原值、累计折旧、账面净值；披露通过经营租赁租出的固定资产每类租出资产的账面价值。

三、累计折旧的审计

固定资产可以长期参加生产经营而仍保持其原有实物形态，但其价值将随着固定资产的使用而逐渐转移到生产的产品中，或构成经营成本或费用。这部分随着固定资产的磨损而逐渐转移的价值即称为固定资产的折旧。在不考虑固定资产减值准备的前提下，影响折旧的因素有折旧的基数（一般指固定资产的账面原价）、固定资产的残余价值和预计使用年限三个方面。在考虑固定资产减值准备的前提下，影响折旧的因素则包括折旧的基数、累计折旧、固定资产减值准备、固定资产预计净残值和固定资产尚可使用年限五个方面。在计算折旧时，对固定资产的残余价值和清理费用只能人为估计；对固定资产的使用年限，由于固定资产的有形和无形损耗难以准确计算，因而也只能估计；同样，对固定资产减值准备的计提也带有估计的成分。因此，固定资产折旧主要取决于企业的折旧政策，具有一定程度的主观性。

（一）累计折旧的审计目标

固定资产折旧的以上特性决定了累计折旧审计的主要目标有：确定折旧政策和方法是否符合国家有关的财务会计制度，是否一贯遵循；确定累计折旧增减变动的记录是否完整；确定折旧费用的计算、分摊是否正确、合理和一贯；确定累计折旧的期末余额是否正确；确定累计折旧在会计报表上的披露是否恰当。

（二）累计折旧的实质性程序

为了完成上述累计折旧的审计目标，注册会计师应执行以下实质性程序：

（1）获取或编制固定资产及累计折旧分类汇总表，复核加计正确，并与报表数、总账数和明细账合计数核对相符。

（2）检查被审计单位制定的折旧政策和方法是否符合国家有关财务会计制度的规定，确定其所采用的折旧方法能否在固定资产使用年限内合理分摊其成本，前后期是否一致。如被审计单位采用加速折旧法，应取得其批准文件；如没有批准文件，应提请被审计单位改正并建议调整应纳税所得额。

（3）根据情况，选择以下方法对累计折旧进行分析程序：

①对折旧计提的总体合理性进行复核，是测试折旧正确与否的一个有效办法。在不考虑固定资产减值准备的前提下，计算、复核的方法是用应计提折旧的固定资产乘本期的折旧率。计算之前，注册会计师应对本期增加和减少固定资产、使用年限长短不一的和折旧方法不同的固定资产作适当调整。如果总的计算结果和被审计单位的折旧总额相近，且固定资产及累计折旧的内部控制较健全时，就可以适当减少累计折旧和折旧费用的其他实质性程序工作量。

②计算本期计提折旧额占固定资产原值的比率，并与上期比较，分析本期折旧计提额的合理性和准确性。

③计算累计折旧占固定资产原值的比率，评估固定资产的老化率，并估计因闲置、报废等原因可能发生的固定资产损失，结合固定资产减值准备，分析其是否合理。

（4）检查折旧的计提和分配：

①计算复核本期折旧费用的计提是否正确。

②检查折旧费用的分配是否合理，与上期分配方法是否一致。

③注意固定资产增减变动时，有关折旧的会计处理是否符合规定，查明通过更新改造、接受捐赠或融资租入而增加的固定资产的折旧费用计算是否正确。

（5）将“累计折旧”账户贷方的本期计提折旧额与相应的成本费用中的折旧费用明细账户的借方相比较，以查明所计提折旧金额是否已全部摊入本期产品成本或费用。一旦发现差异，应及时追查原因，并考虑是否应建议作适当调整。

（6）结合固定资产审计。检查其折旧的计提是否正确无误，并追查至固定资产登记卡。特别应注意，有无已提足折旧的固定资产继续超提折旧的情况和在用固定资产不提或少提折旧的情况；包含土地使用权的固定资产，其折旧方法是否符合有关规定，计提的折旧是否正确；已全额计提减值准备的固定资产是否已停止计提折旧。

（7）检查累计折旧的披露是否恰当。如果被审计单位是上市公司，应在其会计报表附注中按固定资产类别分项列示累计折旧期初余额、本期计提额、本期减少额及期末余额。

DISIJIE 第四节 采购与付款循环其他相关账户的审计

在采购与付款循环中，除上节介绍的会计报表项目以外，还有预付账款、固定资产减值准备、工程物资、在建工程、固定资产清理和应付票据等项目。本节对这些项目的审计作简单介绍。

一、预付账款的审计

预付账款是企业按购货合同的规定，预先支付给供货单位的货款，会计上通过“预付账款”或“应付账款”科目（借方）进行核算。预付账款是企业的一种流动资产，它是企业在购货环节中产生的，因此，预付账款的审计应结合采购与付款循环的审计进行。

（一）预付账款的审计目标

预付账款的审计目标一般包括：确定预付账款是否存在；确定预付账款是否归被审单位所有；确定预付账款增减变动的记录是否完整；确定预付账款期末余额是否正确；确定预付账款在会计报表上的披露是否恰当。

（二）预付账款的实质性程序

预付账款的实质性程序包括：

（1）获取或编制预付账款明细表，复核加计正确，并与报表数、总账数和明细账合计数核对相符；同时请被审计单位协助，在预付账款明细表上标出截止审计日已收到货物并冲销预付账款的项目，抽查复核其真实性和正确性。

（2）根据被审计单位的具体情况，选择以下方法对预付账款进行分析程序：

①将期末预付账款余额与上期期末余额进行比较，分析其波动原因。

②了解预付账款惯例以及收回货物的平均天数，并分析预付账款的账龄；有确凿证据表明企业的预付账款不符合预付账款性质，或者因供货单位破产、撤销等原因已无望再收回所购货物的，是否将原计入预付账款的金额转入其他应收款项目。

③计算预付账款与主营业务成本的比率，与以前各期末比较，分析异常变动的原因。

④将预付账款余额的增减幅度与主营业务成本的增减幅度比较，分析异常变动的原因。

（3）分析预付账款账龄及余额构成，选择大额或异常的预付账款重要项目（包括零账户），函证其余额是否正确，并根据回函情况编制函证结果汇总表；回函金额不符的，要查明原因作出记录或建议作适当调整；未回函的，可再次函证，也可采用替代审计程序进行检查，如检查该笔债权的相关凭证资料，或抽查资产负债表日后预付账款明细账及存货明细账，核实是否已收到货物、转销预付账款，并根据替代检查结果判断其债权的真实性或出现坏账的可能性。

（4）结合应付账款明细账，查核有无重复付款或将同一笔已付清的账款在预付账款和应付账款这两个项目同时挂账的情况。

（5）分析明细账余额，对于出现贷方余额的项目，应查明原因，必要时建议作重分类调整。

（6）检查预付账款长期挂账的原因。

（7）关注是否存在预付关联方账款。若有，应通过了解关联交易事项目的、价格和条件，检查采购合同等方法确认该预付账款的合法性和合理性；通过向关联方或其他注册会计师查询及函证等方法，以确认交易的真实性。

（8）对于用非记账本位币结算的预付账款，检查其采用的折算汇率和汇兑损益处理的正确性。

（9）检查预付账款是否已在资产负债表上恰当披露。如果被审计单位是上市公司，应在其会计报表附注中按不同账龄段列示预付账款余额、各账龄段余额占预付账款总额的比例；说明账龄超过1年的预付账款未收回的原因，以及持有5%（含5%）以上表决权股份的股东单位账款等情况。

二、固定资产减值准备的审计

企业会计准则规定，企业应当在期末或者至少在每年年度终了，对固定资产、在建工程等长期项目逐项进行检查，如果由于市价持续下跌，或技术陈旧、损坏、长期闲置等原因导致其可收回金额低于账面价值的，应当将可收回金额低于其账面价值的差额作为长期资产减值准备。这里以固定资产为例说明对减值准备项目的审计目标和程序。

（一）固定资产减值准备的审计目标

固定资产减值准备的审计目标一般包括：确定计提固定资产减值准备的方法是否恰当；固定资产减值准备的计提是否充分；确定固定资产减值准备增减变动的记录是否完整；确定固定资产减值准备期末余额是否正确；确定固定资产减值准备的披露是否恰当。

（二）固定资产减值准备的实质性程序

固定资产减值准备的实质性程序一般包括：

（1）获取或编制固定资产减值准备明细表，复核加计正确，并与报表数、总账数和明细账合计数核对是否相符。

（2）检查固定资产减值准备计提的批准程序，取得并核对书面报告等证明文件。主要应查明固定资产减值准备的计提方法是否符合制度规定，计提的依据是否充分，计提的数额是否恰当，相关会计处理是否正确，前后期是否一致。特别应关注是否按单项资产计提固定资产减值准备；当存在特定情况时，是否按照该项固定资产的账面价值全额计提固定资产减值准备；已全额计提减值准备的固定资产，是否不再计提折旧。

（3）运用分析程序，分析本期末固定资产减值准备数额占期末固定资产原价的比率，并与期初数比较。如有异常波动，查明波动原因，判断波动的合理性。

（4）检查实际发生固定资产损失时，相应固定资产减值准备的转销是否符合有关规定，会计处理是否正确。

（5）确定固定资产减值准备的披露是否恰当。企业应当在会计报表附注中清晰地说明固定资产减值准备的确认标准和计提方法。按照企业会计准则的要求，计提资产减值准备的企业应按年填报资产减值准备明细表。因此，检查固定资产减值准备的披露是否恰当，除了关注其在会计报表附注披露上的恰当性以外，还应当关注企业资产减值准备明细表中有关固定资产减值准备内容披露的恰当性。如果被审计单位是上市公司，其会计报表附注中还应分项列示计提的固定资产减值准备金额、增减变动情况以及计提的原因。

三、在建工程的审计

在建工程是企业自行购建的未完工的工程项目，在建工程的期末余额表示在建工程的价值，所以在建工程的审计对资产负债表有重要意义。

（一）在建工程的审计目标

在建工程的审计目标一般包括：确定在建工程是否存在；确定在建工程是否归被审单位所有；确定在建工程增减变动的记录是否完整；确定计提在建工程减值准备的方法和比例是否恰当，在建工程减值准备的计提是否充分；确定在建工程的期末余额是否正确；确定在建工程在会计报表上的披露是否恰当。

（二）在建工程的实质性程序

在建工程的实质性程序包括：

（1）获取或编制在建工程明细表，复核加计正确，并与报表数、总账数和明细账合计数核对相符。

应当注意，在建工程报表数反映企业期末各项未完工程的实际支出，包括交付安装的设备价值，未完建筑安装工程已经耗用的材料、工资和费用支出、预付出包工程的价款、已经建筑安装完毕但尚未交付使用的工程等的可收回金额，应根据在建工程科目的期末余额减去在建工程减值准备科目的期末余额后的金额填列。因此，其报表数应同在建工程总账数和明细账合计数减去相应的在建工程减值准备总账数和明细账合计数后的余额核对相符。

（2）检查本期在建工程的增加数。对于重大建设项目，取得有关工程项目的立项批文、预算总额和建设批准文件，以及施工承包合同、现场监理施工进度报告等业务资料。对于支付的工程款，应抽查其是否按照合同、协议、工程进度或监理进度报告分期支付，付款授权批准手续是否齐备，会计处理是否正确。对于领用的工程物资，抽查工程物资的领用是否有审批手续，会计处理是否正确。对于借款费用资本化，应结合长短期借款、应付债券或长期应付款的审计，检查借款费用（因借款而发生的利息、折价或溢价的摊销和辅助费用，以及因外币借款而发生的汇兑差额）资本化的起讫日的界定是否合规，计算方法是否正确，资本化金额是否合理，会计处理是否正确。对于其他费用，应检查其金额是否合理，会计处理是否正确。

（3）检查本期在建工程的减少数。在建工程的减少大多是结转固定资产，所以要了解结转固定资产的政策，并结合固定资产审计，检查在建工程转销额是否正确，是否存在将已交付使用的固定资产挂列在建工程而少计折旧的情形。还应检查已完工程项目的竣工决算报告、验收交接单等相关凭证以及其他转出数的原始凭证，检查会计处理是否正确。

（4）检查在建工程项目期末余额的构成内容，并实地观察工程现场，确定在建工程是否存在；了解工程项目的实际完工进度；检查是否存在实际已使用但未办理竣工决算手续、未及时进行会计处理的项目。

（5）结合银行借款等的检查，了解在建工程是否存在抵押、担保情况。如有，则应取证记录，并提请被审计单位作必要披露。

（6）确定在建工程在资产负债表上的披露是否恰当。如果企业计提了在建工程减值准备，则应当在会计报表附注中清晰地说明在建工程减值准备的确认标准和计提方法。按照企业会计准则的要求，计提资产减值准备的企业应按年填报资产减值准备明细表，因此，检查在建工程减值准备的披露是否恰当，除了关注其在会计报表附注披露上的恰当性以外，还应当关注企业资产减值准备明细表中有关在建工程减值准备内容披露的恰当性。如果被审计单位是上市公司，其会计报表附注中应分项列示在建工程的名称、预算数、期初余额、本期增加额、本期转入固定资产额、其他减少数、期末余额、资金来源、工程投入占预算的比例；分项列示期初余额、本期增加额、本期转入固定资产、其他减少数和期末余额中所包含的借款费用资本化金额。其中，工程项目资金来源应区分募股资金、金融机构贷款和其他来源等，用于确定利息资本化金额的资本化率应单独披露。如果上市公司计提了在建工程减值准备，还应分项列示计提在建工程减值准备金额、增减变动情况以及计提的原因。

四、固定资产清理的审计

固定资产的清理报废、对外出售等都通过固定资产清理账户处理，会计期末未清理完毕的项目在资产负债表上以“固定资产清理”的报表项目反映。

(一) 固定资产清理的审计目标

固定资产清理的审计目标一般包括：确定固定资产清理的记录是否完整；确定反映的内容是否正确；确定固定资产清理的期末余额是否正确；确定固定资产清理在会计报表上的披露是否恰当。

(二) 固定资产清理的实质性程序

固定资产清理的实质性程序包括：

(1) 获取或编制固定资产清理明细表，复核加计正确，并与报表数、总账数和明细账合计数核对相符。

(2) 检查固定资产清理的发生是否有正当理由，是否经有关技术部门鉴定，固定资产清理的发生和转销是否经授权批准，相应的会计处理是否正确。结合固定资产等账项的审计，检查固定资产、累计折旧等的账面转入额是否正确。检查固定资产清理收入和清理费用的发生是否真实、准确，清理结果（净损益）的计算是否正确，与施工有关的，是否计入工程成本；属于筹建期间的，是否计入长期待摊费用；属于生产经营期间的，是否计入营业外收支；属于清算期间的，是否计入清算损益；属于出售职工住房的，是否计入营业外收支；因债务重组发生的，清理净收益是否计入营业外收入，清理净损失是否计入营业外支出；因非货币性交易发生的，收到补价方确认的收益是否计入营业外收入。

(3) 检查固定资产清理是否长期挂账，如有，应作出记录，必要时建议作适当调整。

(4) 检查固定资产清理是否已在资产负债表上恰当披露。

本章小结

采购和付款循环是业务循环中的一个重要内容，这个循环包含很多资产负债表和损益表的项目，如固定资产、累计折旧、应付账款等项目。在进行这一循环的审计时，应首先了解这一循环的业务和凭证。这一循环的业务包括：请购商品和劳务、对外订购、验收商品、储存商品、付款、记账等业务活动，涉及到请购单、订购单、验收单、入库单、付款凭单、明细账和总账、付款证明、对账单等凭证。

在购货和付款循环的内部控制中，与会计记录相关的内部控制是关注的重点，至少应该有合理的职责划分、采购申请制度、预算管理、授权制度和审核批准制度、相关的凭证和记录制度、验收管理制度、定期与供应商核对等制度。另外，固定资产的内部控制包括固定资产的预算制度、授权批准制度、账簿记录制度、职责分工制度、资本性支出和收益性支出的区分制度、固定资产的处置制度、固定资产的定期盘点制度及固定资产的维护保养制度。注册会计师应根据企业内部控制的具体内容考虑采用适当的方法进行控制测试。

应付账款的审计是购货和付款循环的主要审计项目，审计重点是完整性认定。除了应掌握应付账款的分析程序外，查找未入账的应付账款是一个重点审计程序。为了防止企业低估负债，注册会计师应检查被审计单位有无故意漏记应付账款行为。例如，结合存货监盘，检查被审计单位在资产负债表日是否存在有材料入库凭证但未收到购货发票的经济业务；检查资产负债表日后收到的购货发票，关注购货发票的日期，确认其入账时间是否正确；检查资产负债表日后应付账款明细账贷方发生额的相应凭证，确认其入账时间是否正确。检查时，注册会计师还可以通过询问被审计单位的会计和采购人员，查阅资本预算、工作通知单和基建合同来进行。另外还需注意应付账款审计中函证不是一个必要的程序。

在固定资产审计中，存在性认定的审计是重点。一般来说，在初次对固定资产和累计折旧审计时，应对每个固定资产及其累计折旧进行详细审计，在连续审计时，审计的重点是发生变化的项目。在审计中，注册会计师首先应注意需执行的固定资产的分析程序和所有权的检查程序，另外固定资产增加和减少的审计一般采用详细审计的方法，本年计提折旧的审计也是一个重点审计项目。

购货和付款循环内部控制

应付账款完整性审计

固定资产审计

累计折旧审计

一、问答题

1. 简述采购和付款业务的内部控制包括哪些内容？
2. 简述固定资产的内部控制包括哪些内容？
3. 应付账款的完整性应怎样审计？
4. 固定资产的审计有哪些必要的审计程序？
5. 固定资产减少的审计应从哪几个方面进行？
6. 累计折旧审计的内容有哪些？

二、业务题

1. 资料：注册会计师刘佳对A公司进行2006年度会计报表审计。在审查固定资产业务时，发现“累计折旧”账户上1～6月份每月计提折旧56000元，而7～12月份每月计提折旧100000元。而相应的“固定资产”账面记录没有变动，本年度内固定资产原值没有发生增减变动。这些情况引起了刘佳的注意。

经过进一步审查，刘佳发现引起7～12月份折旧费用猛增的原因有两个：

(1) A公司对6月份经营租入的2台固定资产计提折旧，7～12月份多提折旧200000元。

(2) A公司为提前收回投资，加速设备更新，从7月份开始将折旧方法从使用年限法改为年数总和法，7～12 月份多提折旧 64000 元。

要求：试评析 A 公司的业务处理。如果你是注册会计师刘佳，你将怎样处理？

2. 资料：注册会计师对 A 公司“固定资产”和“累计折旧”项目进行审计。在对固定资产实施了实地观察审计程序后，作出了以下盘点表：

固定资产名称	固定资产明细账	固定资产卡片	实存价值	每台单价
A	60000	60000	54000	6000
B	90000	90000	100000	10000
C	32400	27000	32400	5400
D	8400	70000	70000	7000

要求：根据注册会计师对 A 公司固定资产实地观察的结果分析可能存在的问题并提出审计意见。

3. 资料：注册会计师刘佳 2007 年 2 月 15 日开始对 A 公司 2006 年度会计报表进行审计。在审查到固定资产时发现，A 公司于 2006 年开始采用新的企业会计准则，但在固定资产的核算中存在以下问题：

（1）未使用固定资产没有计提折旧。

（2）本年的固定资产大修理费用记入了“长期待摊费用”科目。

（3）没有按规定考虑计提固定资产减值准备。

要求：请分析以上事项将会给报表造成什么影响？

业务题参考答案

1. 企业固定资产折旧业务存在的问题：

A 公司对经营租赁租入的固定资产计提折旧，这是不符合企业会计制度规定的。企业会计制度规定：以经营租赁方式租入的固定资产不计提折旧，只在固定资产备查簿中登记即可。

公司在某一会计年度内不能随意变更折旧方法，如果确实需要变更，应当在会计报表附注中披露这一事项，披露折旧方法变更的原因以及对会计报表的影响。

经过以上分析，可以认为 A 公司对固定资产计提折旧业务有一定的随意性，会计处理不规范；也有可能是经过企业管理部门授意，加大折旧费用，降低盈利水平，从而少缴、甚至不缴所得税。

注册会计师应当作出以下处理：

（1）对于以经营租赁方式租入的固定资产，注册会计师应当提请 A 公司作出以下调整：

借：管理费用（或制造费用等科目） －200000

　贷：累计折旧 －200000

或：

借：以前年度损益调整 －200000

　贷：累计折旧 －200000

（2）对于折旧方法的改变，注册会计师应当进一步调查其改变的原因，可以通过向有关会计人员和企业管理部门询问的方法来进行。如果认为企业没有必要或无充分理由改变折旧方法，则应提请A公司作以下账务调整：

借：管理费用　　　　　　　　　　　　　　　　　　　－64000

　　贷：累计折旧　　　　　　　　　　　　　　　　　　　－64000

或：

借：以前年度损益调整　　　　　　　　　　　　　　　－64000

　　贷：累计折旧　　　　　　　　　　　　　　　　　　　－64000

如果注册会计师认为企业确有必要改变折旧方法，则应提请A公司在会计报表附注中披露。

2.

（1）A设备账、卡相符，但实物短缺1台，经过分析，可能存在以下情况：

①A设备已报废1台，但未作会计处理，固定资产卡片也未注销。查明后，应当作出相关处理，注销账、卡。②保管不善，设备被盗。如果确属此因，应当作出账务处理，并追究保管人员责任。③设备出租，但没有记入“出租固定资产”账户。查明后，应当补记。

（2）B设备账卡相符，但实物多出1台。经过分析，可能存在以下情况：

①设备已作报废处理，卡片也已注销，但设备仍在使用。②购入设备时未作为固定资产入账，但盘点时列入固定资产。查明后，应当对照其价值和使用年限，作出相应的调整和账务处理。③将经营性租赁租入的固定资产误作盘盈。查明后将设备登记在备查簿中即可。

（3）C设备账、实相符，但卡片上少1台。经分析，可能是购入时未登记卡片，要补记卡片。

（4）D设备卡片和实物相符，但账上多出2台。经分析，可能是该2台设备已出售或报废，但未作账务处理。查明后应当作出账务处理，并将其注销。

实地观察是审查固定资产的一个重要的审计程序。实地观察时，不仅能够清点固定资产数量，验证其存在性，而且对其使用状态也能有所了解。对实地盘点中发现的问题，要求进一步审查，作出相应处理。

3.

（1）按照新的企业会计准则的规定，企业未使用的固定资产也应该计提折旧，企业原来的处理方法将会使报表的资产和利润虚增。

（2）按照新的企业会计准则的要求，企业的固定资产的修理费用应作为期间费用处理，所以，将本年的固定资产大修理费用记入了长期待摊费用科目，将会使报表的资产和利润虚增。

（3）按照新的企业会计准则的规定，企业在会计期末应检查固定资产的价值，判断固定资产的可收回金额，如果发现其可收回金额低于其账面价值，则应计提减值准备。如果固定资产存在减值情况而不做减值处理，则将会使报表的资产和利润虚增。

第九章

DI JIU ZHANG

生产与存货循环审计

本章要点

- 了解生产与存货循环所涉及的主要业务活动及会计记录
- 熟悉该循环内部控制包括的内容、内部控制测试
- 掌握存货、主营业务成本等账户的实质性程序
- 掌握应付职工薪酬、管理费用、所得税费用等账户的实质性程序

DIYIJIE 第一节 生产与存货循环的特性

生产与存货循环的特性主要包括两部分内容：一是本循环涉及的主要业务活动；二是本循环涉及的主要凭证和会计记录。

一、生产与存货循环涉及的主要业务活动

以制造业为例，生产与存货循环所涉及的主要业务活动包括：计划和安排生产；发出原材料；生产产品；核算产品成本；储存产成品；核算产品成本；发出产成品等。上述业务活动通常涉及以下部门：生产计划部门、仓库、生产部门、人事部门、销售部门、会计部门等。

（一）计划和安排生产

生产计划部门的职责是根据顾客订单或计划销售量所确定的存货需求分析来决定生产授权。如决定授权生产，即签发预先编号的“生产任务通知单”。该部门通常应将发出的所有生产通知单编号并加以记录和控制。此外，还需编制一份材料需求报告，列明所需的材料、零件及其库存情况。

（二）发出原材料

仓库部门的责任是根据从生产部门收到的领料单发出原材料。领料单上必须列示所需的材料数量和种类，以及领料部门的名称。领料单可以一料一单，也可以一单多料，通常需一式三联。仓库发料后，将其中一联连同材料交还领料部门，其余两联经仓库登记材料明细账

后，送会计部门进行材料收发核算和成本核算。

（三）生产产品

生产部门在收到生产通知单及领取原材料后，便将生产任务分解到每一个生产工人，并将所领取的原材料交给生产工人，据以执行生产任务。生产工人在完成生产任务后，将加工完毕的产品交生产部门查点，然后转交检验员验收并办理入库手续；或是将所完成的产品移交下一个部门，作进一步加工。

（四）核算产品成本

为了正确地核算产品成本，对在产品进行有效控制，必须建立健全成本会计制度，将生产控制和成本核算有机结合在一起。一方面，生产过程中的各种记录，如：生产通知单、领料单、计工单、入库单等文件资料都要汇集到会计部门，由会计部门对其进行审查和核对，了解和控制生产过程中存货的实物流转。另一方面，会计部门需设置相应的账户，会同有关部门对生产过程中的成本进行核算和控制。

成本会计制度既可以是只在期末记录存货余额；也可以是建立一种完善的标准成本制度，该制度可持续地记录所有材料处理、在产品和产成品，并产生对脱离标准成本差异的分析报告。完善的成本会计制度应该提供原材料转为在产品，在产品转为产成品等所消耗的材料、人工和间接费用的分配与归集的详细资料。

（五）储存产成品

产成品入库时，必须由仓库部门进行点验、检查和签收。签收后，由仓库将实际入库数量通知会计部门。据此，仓库部门确立了本身应承担的责任，并对验收部门的工作进行了验证。除此之外，仓库部门还应根据产成品的品质特征，对其分类存放，并填制标签。仓库验收后应填制产品入库单。

（六）发出产成品

产成品的发出须由独立的发运部门进行。装运产成品时必须持有经有关部门核准的发运通知单，并据此编制出库单。出库单至少一式四联，一联交仓库部门；一联发运部门留存；一联送交顾客；一联作为给顾客开具发票的依据。

二、生产与存货循环涉及的主要凭证和会计记录

同样以制造业为例，生产与存货循环由将原材料转化为产成品的有关活动组成。该循环包括制定生产计划，控制、保持存货水平以及与制造过程有关的交易和事项，涉及领料、生产加工、销售产成品等主要环节。生产与存货循环所涉及的凭证和会计记录主要包括：

（一）生产指令

生产指令又称“生产任务通知单”，是企业下达制造产品等生产任务的书面文件，用以通知供应部门组织材料发放，生产车间组织产品制造，会计部门组织成本计算。广义的生产指令也包括用于指导产品加工的工艺规程，如机械加工企业的“路线图”等。

（二）领发料凭证

领发料凭证是企业为控制材料发出所采用的各种凭证，如材料发出汇总表、领料单、限额领料单、领料登记簿、退料单等。

（三）产量和工时记录

产量和工时记录是登记工人或生产班组出勤内完成产品数量、质量和生产这些产品所耗

费工时数量的原始记录。产量和工时记录的内容与格式是多种多样的，在不同的生产企业中，甚至在同一企业的不同生产车间中，由于生产类型不同而采用不同格式的产量和工时记录。常见的产量和工时记录主要有工作通知单、工序进程单、工作班产量报告、产量通知单、产量明细表、废品通知单等。

（四）工薪汇总表及工薪费用分配表

工薪汇总表是为了反映企业全部工薪的结算情况，并据以进行工薪结算总分类核算和汇总整个企业工薪费用而编制的，它是企业进行工薪费用分配的依据。工薪费用分配表反映了各生产车间各产品应负担的生产工人工薪及福利费。

（五）材料费用分配表

材料费用分配表是用来汇总反映各生产车间各产品所耗费的材料费用的原始记录。

（六）制造费用分配汇总表

制造费用分配汇总表是用来汇总反映各生产车间各产品所应负担的制造费用的原始记录。

（七）成本计算单

成本计算单是用来归集某一成本计算对象所应承担的生产费用，计算该成本计算对象的总成本和单位成本的记录。

（八）存货明细账

存货明细账是用来反映各种存货增减变动情况和期末库存数量及相关成本信息的会计记录。

DIERJIE 第二节 生产与存货循环内部控制测试

生产与存货循环的内部控制测试是为了确定生产与存货循环内部控制要素的设计和执行是否有效而实施的审计程序。注册会计师必须对其实施控制测试，以确信它们在整个或大部分被审期间均已得到有效的执行。

一、生产与存货循环的内部控制

生产与存货循环的内部控制包括三大系统：一是生产过程中的存货的内部控制；二是工薪的内部控制；三是对产品成本进行记录与控制的成本会计控制三项内容。

（一）存货的内部控制

存货的内部控制主要包括购货、验收、仓储、生产、销货等职能。

1. 购货应由独立的采购部门负责

一般由仓储部门在储备达到采购点时或由生产部门根据客户的订单提出采购的要求。采购申请均应填制请购单，采购部门根据请购单发出购货单。购货单副本需送仓储部门和会计部门，以便随后的材料入库和会计核算。

2. 验收应由专门的验收部门负责

验收工作应由独立于采购部门的验收部门专门负责，重点是审查收到货物的规格、质量和数量是否符合要求。验收部门在验收完毕后需填制验收单，送会计部门和仓储部门。货物交仓储部门入库。

3. 建立储存管理责任制

为保证存货的安全及合理使用，企业应建立储存管理责任制。对各项存货的收、发、存业务均应由专人负责，严格各项手续制度。货物入库，须由存储部门先行点验和检查，然后签收。签收后，根据实际入库货物的数量，填制入库单，及时通知会计部门。据此，存储部门确立了本身应负的责任，并对验收部门的工作进行再验证。另外，存储部门还应负责存货的安全，以保证存货的安全完整；另一方面要规范存货存放秩序，即应根据存货的品质特征分类存放，并填制标签，妥善保管。

4. 领料与发货

此项控制包括两项内容：一是原材料、商品物资发出的授权批准控制，二是发出的手续控制。存储部门须根据预先编号并经批准的领料单、发货单发货。领料单通常一式三份，一份存领料部门；一份作为存储部门的收据；另一份作为会计部门记账的依据。为防止任意填写用途不当的领料单，企业可规定领料单必须根据用料单、工程通知单或销货单来填制，商业企业可凭出货通知单作为向仓库提货的依据。

5. 控制生产过程

在生产中，一般是根据客户订单、销货合同、市场预测以及经济生产批量来确定的产品的品种和数量。通常情况下，由生产计划部门确定并下达生产通知单。依据实物流转程序控制的要求，各个生产部门（工厂、车间）必须制定严格的规划，由管理人员负责监督，对从生产领料开始到产品入库为止的全过程进行有效地控制，以避免生产窝工和在产品积压现象，降低物料耗费，采取措施保护生产线上在产品的安全，记录产品和废品的数量，确定生产过程耗用的原材料数量和产品的生产成本。

6. 销货

销货属于企业的销售和收款循环，其内部控制见前述第七章的内容。

（二）工薪的内部控制

工薪内部控制是指对工薪的支出进行反映和监督的内部控制。主要内容有：

1. 雇佣员工

人事部门应负责雇佣员工，并用人事授权表来记录所有雇用员工的情况。人事授权表一份存放于人事部门的员工档案中，一份送交工资部门。

2. 授权变动工资

即由部门主管提出更换工种或提高小时工资标准的申请，但是所有工资变动都应由人事部门书面授权。这项控制有助于保证工资的正确性。

3. 编制出勤和计时资料

企业可设专门的计时部门负责此项工作，通常使用打卡钟等来记录员工的工作时间。对工厂员工而言，计时卡上的工作时数必须由计工单相佐证，计工单上所有的工作时数都必须应由主管人员书面批准。计时部门在调节已批准的计工单和计时卡后，应将其送达工资部门，工资部门据此编制工资单。

4. 编制工资计算表

工资部门在收到计时卡和计工单后，结合人事授权表资料，即可计算并编制一式两份的工资计算表和人工成本分配汇总表。其中一份连同计时卡和计工单留在工资部门；另一份与人工成本分配表送达财务部门。

5. 支付工资和保管未领工资

财务部门有关人员应独立复核工资计算表的正确性，并由未参加计算和记录工资的授权人员签发工资支票。工资只发给经过适当确认的员工，未领工资应保存在财务部门的保险柜中。

6. 填写个人所得税申报表

企业必须指定专人负责个人所得税的申报工作，填写个人所得税申报表，并及时足额交纳税款，以避免被罚款和交纳滞纳金，以及陷入被诉讼的困境。

7. 记录工资

会计部门应根据工资部门送来的“人工成本分配汇总表”及时编制记账凭证，并登记有关账簿。

（三）成本会计制度的内部控制

成本会计制度的内部控制主要包括成本费用管理控制与成本费用会计控制两部分内容。

1. 成本费用管理控制

成本费用管理控制是指对成本费用支出进行计划、控制和考核的内部控制。具体包括：确定成本控制目标和成本计划；制定直接材料、人工工资和制造费用的消耗定额；编制成本、费用预算；对各项成本费用指标进行分解，建立成本费用归口、分级管理责任制；定期进行成本费用考核与评价。

2. 成本费用会计控制

成本费用会计控制是指对成本费用支出业务进行反映和监督的内部控制。主要包括以下内容：制定成本费用制度，明确成本范围、开支标准、制定报销手续；建立各种支出的审核制度；设置相应的会计账户，选择适当的成本计算方法，合理地归集与分配各项费用，确定产品生产成本；对各项费用的归集与分配结果进行复核；定期进行成本分析，查明企业成本变动的趋势和原因。

二、生产与存货循环的内部控制测试

注册会计师可通过询问、审阅、观察等方法了解被审计单位的生产与存货循环内部控制，并可以选择一两个产品品种进行测试，以考察其执行情况和执行效果。

（一）了解和描述生产与存货循环内部控制

注册会计师了解生产与存货循环内部控制，可以通过询问相关人员或者查阅企业章程等文件获得有关存货账户体系的设置、存货计价方法以及成本会计制度的信息。还可以通过发放调查问卷或者绘制流程图等方法来了解采购、验货、仓储、生产、销售等有关内部控制制度是否得到执行。此外，还须实地观察存货的保管是否能够有效地防止存货的变质、毁损和被盗。在调查中，应注意结合企业的实际情况，将不同的方式结合起来使用。不仅应认真听取直接参与生产的技术工人与管理人员的意见，还应注意认真听取技术人员、工程设计师等有关专家的意见；以便对生产与存货循环的内部控制作出正确的判断。常见的生产与存货循环内部控制调查表见表 9 – 1，内部控制流程图见图 9 – 1。

表 9-1　　内部控制调查表

被审计单位名称	XY 公司	编制人		日期		索引号	
项　　目	生产与存货循环	复核人		日期		页次	

调 查 问 题	调查结果				
	是	否	不适用	信赖与否	控制测试
一、仓储与存货环节					
1. 大额的存货采购是否签订购货合同，有无审批制度？					
2. 存货的入库是否严格履行验收手续，对名称、规格、型号、数量、质量和价格等是否逐项核对并及时入账？					
3. 存货的发出手续是否按规定办理，是否及时登记仓库账并与会计记录核对？					
4. 存货的采购、验收、保管、运输、付款等职责是否严格分离？					
5. 存货的分检、堆放、仓储条件等是否良好？					
6. 是否建立定期盘点制度，发生的盘盈、盘亏、毁损、报废是否及时按规定审批处理？					
二、产品生产成本环节					
1. 有无成本核算制度，是否符合生产经营特点？					
2. 对采用的成本计算方法是否严格执行，有无随意变更现象？					
3. 是否制定和执行先进、合理的定额和预算，有无“以估代实”计算成本的现象？					
4. 成本开支范围是否符合规定？					
5. 各成本项目的核算、制造费用的归集、产成品的结转是否严格按规定执行，前后期是否一致？					
6. 是否定期盘点产成品，并作为在产品成本的分配依据？					
7. 完工产品成本与在产品成本的分配方法是否严格执行？					
8. 是否建立并执行成本费用归口分级责任控制制度及其考核、评价制度？					
三、人工费用和工资环节					
1. 工资标准的制定及变动是否经授权批准？					
2. 计时、计件工资的原始记录是否齐全？					
3. 工资率和工资扣除额的变动是否经人事部门批准？					
4. 人事部门是否将员工离职通知尽快送达工资部门？					
5. 计时卡的使用和打卡程序是否受到监督？					
6. 计工单的工作小时数是否经过主管批准？是否对人工成本分配汇总表的分类和计算进行复核？					
7. 已批准的工作小时数是否结合人事授权表资料正确计算员工工资？					
8. 是否派专人负责、及时申报和交纳员工个人收入所得税？					
9. 工资分配表、工资汇总表是否完整反映已发生的工薪支出？					

审计意见：	复核意见：

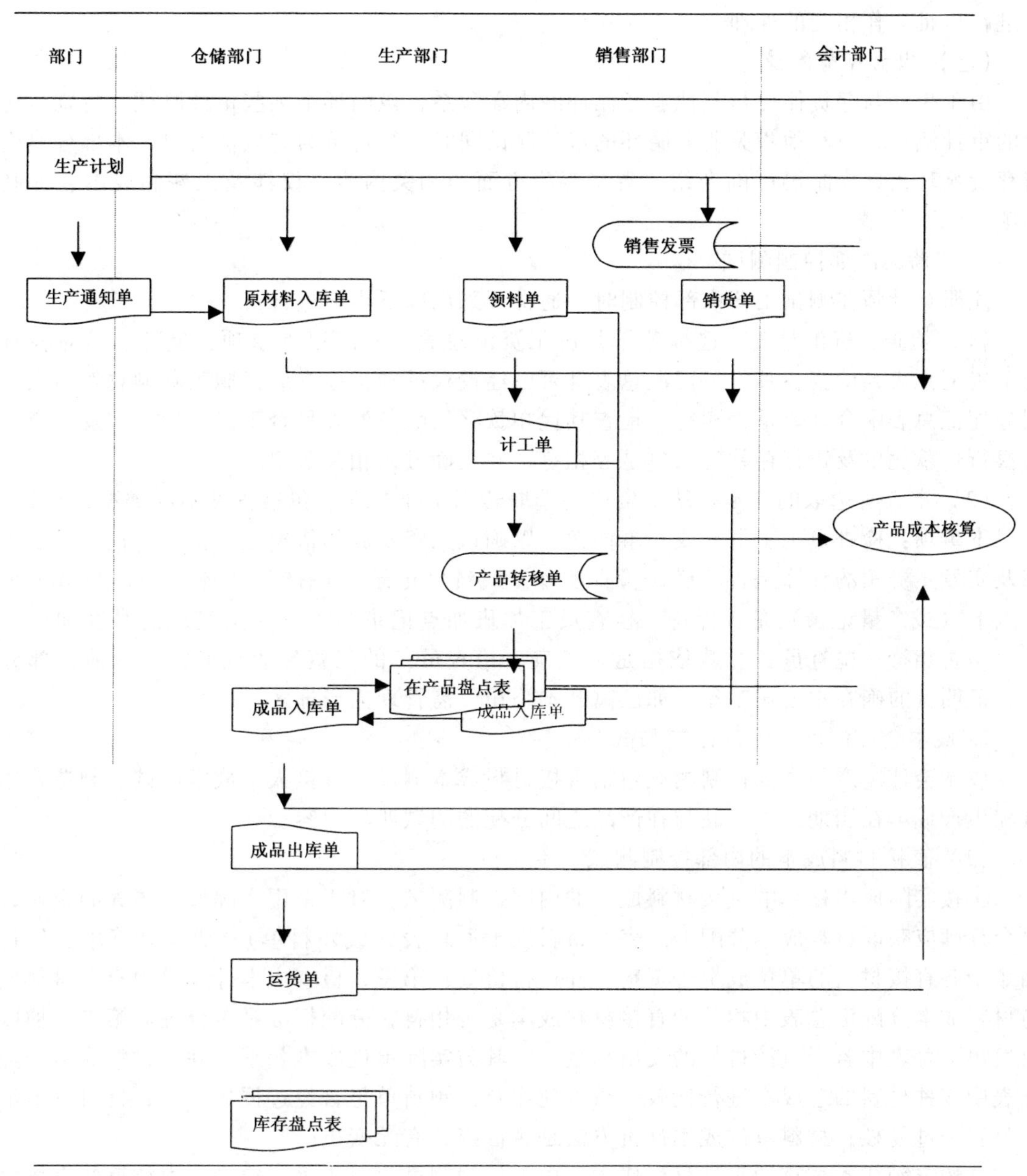

图 9－1　生产与存货循环内部控制流程图

（二）实施简易抽查

注册会计师为了证实审计工作底稿对生产与存货循环内部控制描述的完整性和正确性，可以在了解并熟悉企业生产流转和工艺流程的基础上实施简易抽查，对其加以验证。

抽查的主要内容有：原材料的领用和大额的费用开支有无审批制度；工薪费用是否采用适当的方法进行分配；费用的归集和分配以及完工产品与在产品的结转是否前后各期一致；是否严格按规定办理产成品的验收入库手续，对品种、规格、型号、数量、质量和价格等是否逐项进行核对并及时入账；是否按规定办理产成品的入库手续，是否及时登记仓库明细账并与会计记录核对；是否建立定期盘点制度，发生的盘盈、盘亏、毁损、报废是否及时按规定进行审批并作相应的处理。

（三）内部控制测试

由于生产与存货循环与其他业务循环的内在联系，该循环中某些审计测试，特别是对存货的审计测试，与其他相关业务循环的审计测试同时进行将更为有效。所以，本部分对生产与存货循环内部控制测试的介绍，省略存货方面的相关内容，仅涉及工薪和成本会计制度两项。

1. 工薪的内部控制测试

注册会计师在测试工薪内部控制时，通常可采用以下步骤进行：

（1）检查工资汇总表。选择若干月份工资汇总表，检查以下事项：复算、核对各月份的工资汇总表；检查各月份工资汇总表是否已经授权批准；检查应付职工薪酬总额与人工费用分配汇总表中合计数是否相符；检查其代扣款项的账务处理是否正确；检查实发工资总额与银行付款凭单及银行存款对账单是否相符，并正确过入相关账户。

（2）审查所选取的样本。从工资单中选取若干个样本（应包括各种不同类型人员），检查以下事项：检查员工工资卡或人事档案，以确认工资发放的依据是否正确；检查员工工资率及实发工资额的计算是否正确；检查实际工时统计记录（或产量统计报告）与员工个人钟点卡（或产量记录）是否相符；检查员工加班加点记录与主管人员签证的月度加班费汇总表是否相符；检查员工扣款依据是否正确；检查员工的工资签收证明；实地抽查部分员工，证明其的确在本公司工作，如已离开本公司，需管理当局证实。

2. 成本会计制度的内部控制测试

成本会计制度的内部控制测试包括直接材料成本测试、直接人工成本测试、制造费用测试和生产成本在当期完工产品与在产品之间分配的测试四项内容。

（1）直接材料成本的内部控制测试，主要包括：

①按实际成本核算的直接材料成本的内部控制测试。对于采用实际成本核算的企业，注册会计师应获取材料成本分配汇总表、材料发出汇总表（或领料单）、成本计算单、材料明细账中各直接材料的单位成本等资料，并进行检查：第一，检查成本计算单中直接材料成本与材料成本分配汇总表中相关的直接材料成本是否相符，分配标准是否合理。第二，抽取材料发出汇总表中若干直接材料的发出总量，将其与实际单位成本相乘，并与材料成本分配汇总表中该种材料的总成本进行比较。重点应注意：领料单是否经过授权批准；材料发出汇总表是否经过复核；材料单位成本计价方法是否恰当，有无变更。

②按定额成本核算的直接材料成本的内部控制测试。对于采用定额成本核算的直接材料成本的企业，注册会计师可选择并获取某一成本报告期若干种具有代表性的产品成本计算单，获取样本的生产通知单或产量统计记录及其直接材料单位消耗定额，并进行检查：第一，根据材料明细账或采购业务测试工作底稿中各该直接材料的单位实际成本，计算直接材料的总消耗量和总成本，与该样本的成本计算单中直接材料成本核对。第二，检查生产通知单是否经过授权批准。第三，检查单位消耗定额和材料成本计价方法是否适当，在当年度有无重大变更。

③按标准成本法核算的直接材料成本的内部控制测试。对于采用标准成本法核算的直接材料成本的企业，注册会计师应获取样本的生产指令或产量统计记录、直接材料单位标准用量、直接材料标准单价及发出材料汇总表或领料单，并进行检查：第一，根据生产量、直接

材料单位标准用量和标准单价计算的标准成本，与成本计算单中的直接材料成本核对是否相符。第二，检查直接材料成本差异的计算与账务处理是否正确，前后各期是否一致，注意直接材料的标准成本在当年度内有无重大变更。

（2）直接人工成本的内部控制测试：

①计时工资制下直接人工成本的内部控制测试。对采用计时工资制的企业，注册会计师应获取样本的实际工时统计记录、职员分类表和职员工资手册（工资率）及人工费用分配汇总表等资料，并进行检查：第一，核对成本计算单中直接人工成本与人工费用分配汇总表中该样本的直接人工费用是否相符。第二，核对样本的实际工时统计记录与人工费用分配汇总表中该样本的实际工时是否相符。第三，抽取生产部门一定期间的工时台账与实际工时统计记录，核对其是否相符。第四，当没有实际工时统计记录时，则可根据职员分类表及职员工资手册中的工资率，计算复核人工费用分配汇总表中该样本的直接人工费用是否合理。

②计件工资制下直接人工成本的内部控制测试。对于采用计件工资制的企业，注册会计师应获取样本的产量统计报告、个人（或小组）产量记录和经批准的单位工资标准或计件工资制度，并进行检查：第一，核对样本的统计产量和单位工资标准计算的人工费用与成本计算单中直接人工成本，看其是否相符。第二，抽取若干个直接人工（小组）的产量记录，检查是否被汇总计入产量统计报告。

③标准成本法下直接人工成本的内部控制测试。对于采用标准成本法的企业，注册会计师应获取样本的生产通知单或产量统计报告、工时统计报告和经批准的单位标准工时、标准工时工资率、直接人工的工资汇总表等资料，并进行检查：第一，根据产量和单位标准工时计算的标准工时总量与标准工时工资率之积，与成本计算单中直接人工成本核对，看其是否相符。第二，检查直接人工成本差异的计算与账务处理是否正确，并注意直接人工的标准成本在当年度内有无重大变更。

（3）制造费用的内部控制测试。注册会计师应获取样本的制造费用分配汇总表、按项目分列的制造费用明细账、与制造费用分配标准有关的统计报告及其相关原始记录，检查以下事项：

①制造费用分配汇总表中，样本分担的制造费用与成本计算单中的制造费用核对是否相符。

②制造费用分配汇总表中的合计数与样本所属成本报告期的制造费用明细账总计数核对是否相符。

③制造费用分配汇总表选择的分配标准（机器工时数、直接人工工资、直接人工工时数、产量等）与相关的统计报告或原始记录核对是否相符，并对费用分配标准的合理性作出评估。如果企业采用预计费用分配率分配制造费用，则应检查制造费用分配的账务处理是否符合规定，对制造费用分配过多或过少的差额的会计处理是否正确；如果企业采用标准成本法，则应检查样本中标准制造费用的确定是否合理，计入成本计算单的数额是否正确，制造费用差异的计算与账务处理是否正确，并注意标准制造费用在当年度内有无重大变更。

（4）生产成本在当期完工产品与在产品之间分配的内部控制测试。注册会计师应检查成本计算单中在产品数量与生产统计报告或在产品盘存表中的数量是否一致；检查在产品约当产量计算或其他分配标准是否合理；计算复核样本的总成本和单位成本，并对当年采用的成本会计制度作出评价。

（四）评价生产与存货循环内部控制

注册会计师在完成上述审计程序后，应根据所收集的审计证据，结合自己的职业判断能力，对生产与存货循环内部控制进行评价。重点应评价：内部控制是否健全并得到有效执行；内部控制的整体强弱及各部分的强弱；内部控制的可依赖性及控制风险的大小。通过评价，注册会计师应了解生产与存货循环中控制较强的部分及较弱部分，并依据内部控制的可信赖程度，确定生产与存货循环实质性程序和重点。一般来说，生产与存货循环内部控制较强，则实质性程序相应的可以适当简化；反之，如果测试结果表明生产与存货循环内部控制较弱，则控制风险较大，注册会计师为了将审计风险降低至可接受水平，必须执行扩大的实质性审计程序。

DISANJIE 第三节 生产与存货循环主要账户的审计

一、存货审计

（一）存货的审计目标

生产与存货循环的实质性程序主要与存货和销售成本账户有关。注册会计师应运用恰当的程序对其进行测试，以验证有关项目的真实、正确和公允。生产与存货循环审计的总体目标是确定原材料、在产品、库存商品等在财务报表上的反映是否公允、恰当。

存货的审计目标主要有：审查和评价存货的内部控制制度是否健全，且一贯有效执行；确定存货是否存在，是否归被审单位所拥有；确定存货增减变动的记录是否正确，存货的计量和计价方法是否恰当；确定存货入库与发出的手续是否齐全；确定存货期末余额是否正确；确定存货在资产负债表上的披露是否恰当。

（二）存货的实质性程序

1. 审查存货余额

对存货余额的实质性程序一般采用如下程序：

（1）核对各存货项目明细账与总账、报表数是否相符。将“在途物资”、“材料采购”、“原材料”、“材料成本差异”、“库存商品”、“发出商品”、“委托加工物资”、“周转材料”、“存货跌价准备”、“生产成本”等科目的明细账与总账的余额进行核对，验证其是否相符，并与资产负债表存货项目数据相核对。如果发现差异，则应追查原因，并作记录和相应的调整。

（2）存货的分析性复核。在存货审计中通常运用的分析性复核方法主要是简单比较法和比率分析法两种。

①简单比较法。在存货的分析性复核中，注册会计师常常进行如下简单比较：第一，比较前后各期及本年度各个月份存货余额及其构成，存货成本差异率、生产成本总额及单位成本、直接材料成本、工资费用的发生额、制造费用、主营业务成本总额及单位销售成本等，以评价其总体合理性。第二，将存货余额与现有的订单、资产负债表日后各期的销售额和下一年度的预测销售额进行比较，以评估存货滞销和跌价的可能性。第三，将存货跌价准备与本年度存货处理损失的金额相比较，判断被审计单位是否足额的计提了跌价损失准备。第

四，将与关联企业发生存货交易的频率、规模、价格和账款结算条件，与非关联企业对比，判断被审计单位是否利用与关联企业的存货交易虚构业务交易、调节利润等现象。

②比率分析法。注册会计师在存货的分析性复核中常用的比率主要是存货周转率和毛利率。

存货周转率是企业产品或商品销货成本与存货平均余额的比率，即企业的存货在一定时期内（通常为1年）周转的次数。存货周转率是反映企业存货周转速度的指标，也是衡量企业生产经营各环节中存货运营效率的综合性指标。其计算公式为：

$$存货周转率=\frac{主营业务成本}{平均存货}\times 100\%$$

利用存货周转率进行纵向比较或与其他同行业企业进行横向比较时，要求存货计价持续一致。存货周转率的波动可能意味着被审计单位存在以下情况：有意或无意地减少存货储备；存货管理或控制程序发生变动；存货成本项目发生变动；存货核算方法发生变动；存货跌价准备计提基础或冲销政策发生变动；销售额发生大幅度变动。

毛利率是企业销售收入扣除销售成本之后的差额，它可以在一定程度上反映出企业生产环节的效率的高低。毛利率是指毛利润与销售收入的对比关系，常被广泛用来匡算企业获利能力的大小。它是盈利能力的主要指标，用以衡量成本控制及销售价格的变化。其计算公式为：

$$毛利率=\frac{主营业务收入-主营业务成本}{主营业务收入}\times 100\%$$

毛利率的波动可能意味着被审计单位存在以下情况：销售价格发生变动；销售产品总体结构发生变动；单位产品成本发生变动；固定制造费用比重较大时销售数量发生变动。

（3）存货监盘。存货监盘是指注册会计师现场观察被审计单位存货的盘点，并对已盘点的存货进行适当检查。它包含两层含义：一是注册会计师应该亲临现场观察被审计单位存货的盘点；二是在此基础上，注册会计师应根据需要适当抽查已盘点存货。期末存货的结存数量直接影响到会计报表上的存货金额。对存货进行监盘是一项公认的审计程序。因此，职业界规定，除非出现无法实施存货监盘的特殊情况，注册会计师应当实施必要的替代程序，在绝大多数情况下都必须亲自观察存货盘点过程，实施存货监盘程序。注册会计师监盘存货的目的在于获取有关存货数量和状况的审计证据，以确证被审计单位记录的所有存货确实存在，已经反映了被审计单位拥有的全部存货，并属于被审计单位的合法财产。具体来讲，为了达到比较好的效果，存货监盘应做好盘点前的计划工作、盘点过程的监督工作以及盘点工作结束后的记录工作。

①监盘前获取有关资料，以编制存货监盘计划，包括制定存货监盘计划的基本要求和应实施的工作。

第一，制定存货监盘计划的基本要求：注册会计师应当根据被审计单位存货的特点、盘存制度和存货内部控制的有效性等情况，在评价被审计单位存货盘点计划的基础上，编制存货监盘计划，对存货监盘作出合理安排。存货存在与完整性的认定具有较高的重大错报风险，而且注册会计师通常只有一次机会通过存货的实地监盘对有关认定作出评价，根据计划过程所搜集到的信息，有助于注册会计师合理确定参与监盘的地点以及存货监盘的程序。

存货监盘程序主要包括控制测试与实质性程序两种方式。注册会计师需要确定存货监盘程序以控制测试为主还是实质性程序为主，哪种方式更加有效。如果只有少数项目构成了存货的主要部分，注册会计师以实质性程序为主的审计方式获取与认定相关的证据更为有效。这时对于单位价值较高的存货项目，应实施100%的实质性程序，对于其他存货则视情况进行抽查。但在大多数审计业务中，注册会计师会发现以控制测试为主的审计方式更加有效。如果注册会计师采用以控制测试为主的审计方式，并准备依赖被审计单位存货盘点的控制措施与程序，则绝大部分的审计程序将限于询问、观察以及抽查。

第二，制定存货监盘计划应实施的工作。在编制存货监盘计划时，注册会计师应当实施下列审计程序：

一是了解存货的内容、性质、各存货项目的重要程度及存放场所。在评价存货项目的重要程度时，注册会计师需要考虑存货与其他资产和净利润的相对比率及内在联系、各类存货占存货总数的比重、各存放地存货占存货总数的比重，这一评价直接关系到注册会计师如何恰当地分配审计资源。

二是了解与存货相关的内部控制。在制定存货监盘计划时，注册会计师应当了解被审计单位与存货相关的内部控制，并根据内部控制的完善程度确定进一步审计程序的性质、时间和范围。被审计单位与存货实地盘点相关的充分内部控制通常包括：制定合理的存货盘点计划，确定合理的存货盘点程序，配备相应的监督人员，对存货进行独立的内部验证，将盘点结果与永续存货记录进行独立的调节，对盘点表和盘点标签进行充分控制。需要说明的是，与存货相关的内部控制涉及被审计单位供、产、销各个环节，包括采购、验收、仓储、领用、加工、装运出库等方面，还包括存货数量的盘存制度。

三是评估与存货相关的重大错报风险和重要性。存货通常具有较高水平的重大错报风险，影响重大错报风险的因素具体包括：存货的数量和种类、成本归集的难易程度、陈旧过时的速度或易损坏程度、遭受失窃的难易程度，这些因素有的与不同行业不同生产过程有关，有的则与一些因素如技术进步等有关。在对存货错报风险的评估基础之上，注册会计师应当合理确定存货项目审计的重要性水平。

四是查阅以前年度的存货监盘工作底稿。注册会计师可以通过查阅以前年度的存货监盘工作底稿，应充分关注存货盘点的时间安排、周转缓慢的存货的识别、存货的截止确认、盘点小组人员的确定以及存货多处存放等内容，以此了解被审计单位的存货情况、存货盘点程序以及其他在以前年度审计中遇到的重大问题。

五是考虑实地察看存货的存放场所，特别是金额较大或性质特殊的存货。这有助于注册会计师熟悉在库存货及其组织管理方式，也有助于注册会计师在盘点工作进行前发现潜在问题，如存在难以盘点的存货、周转缓慢的存货、过时存货、残次品以及代销存货。

六是考虑是否需要利用专家的工作或其他注册会计师的工作。对一些特殊行业的存货资产，注册会计师可能不具备其他专业领域专长与技能，则应考虑利用专家的工作。如果注册会计师计划利用其他注册会计师的工作，则应遵循《中国注册会计师审计准则第1401号——利用其他注册会计师的工作》的相关要求。

七是复核或与管理层讨论其存货盘点计划。在复核或与管理层讨论其存货盘点计划时，注册会计师应从盘点的时间安排、存货盘点范围和场所、盘点人员的分工、存货的计量工具和方法、盘点期间存货移动的控制、盘点结果的汇总及分析等各个方面评价其能否合理确定存货的数量和状况，如果认为被审计单位的存货盘点计划存在缺陷，注册会计师应当提请被审计单位调整。

存货盘点计划调查问卷格式见表9－2。

表9－2　　存货盘点计划调查问卷

被审计单位：

资产负债表日：

1. 存货盘点的范围、盘点的场所以及盘点时间是如何确定的？填列以下表格。

地　点	存货类型	占存货总额的大致比例	盘点时间

2. 盘点人员是如何组织分工的？是否具有胜任能力？填列以下表格。

人　员	地　点	职　责	胜任能力	电话

3. 盘点构成是否有专家参加？是否对专家参与盘点作出了适当的安排？
4. 盘点前是否召开会议并布置任务？
5. 在盘点过程中，存货是怎样整理和排列的？
6. 是否存在代销存货等所有权不属于被审计单位的存货？如有，情况如何？
7. 有哪些毁损、陈旧、过时、残次的存货？它们是如何区分和存放的？
8. 半成品、原材料和产成品如何分开？
9. 对于成堆堆放或分散在仓库中的存货，是否设置了专门的盘点程序或数量转换计算的方法？
10. 分散在不同地方的相同存货项目如何汇总？（这对于与后续盘点汇总保持一致很重要）
11. 存货盘点采用什么计量工具和计量方法？
12. 在产品的完工程度如何确认？原材料、直接人工、制造费用等如何在产成品和在产品之间分配？
13. 是否有存放在外单位的存货？如何进行盘点？
14. 放在距离较远的地方的存货如何盘点？
15. 对存货收发截止是如何进行控制的？
16. 对盘点期间存货移动是如何进行控制的？盘点期间是否需要停止生产？
17. 盘点表单是如何设计、使用与控制的？使用什么形式的文件来记录盘点？盘点表是否预先编号？
18. 是否所有的盘点都被独立检查以确保它们的准确性？若使用永续盘存制，如果实际数量与记录存在出入，是否有进行独立再盘点的措施？是否要求监督者对盘点执行的检查作出记录？
19. 盘点结果是如何汇总的？
20. 如何对盘盈或盘亏进行分析、调查与处理？
21. 是否存在其他在盘点中需要注意的事项？

22. 对被审计单位存货盘点计划合理确定存货的数量和状况作出总体评价：

（1）被审计单位存货盘点计划是否适当？

（2）盘点计划是否存在缺陷，如是，应建议被审计单位调整。

编制人：　　　　　　　　　　　　　　　审核人：

编制时间：　　　　　　　　　　　　　　审核时间：

②存货监盘程序。存货监盘程序主要包括：

第一，观察程序。在被审计单位盘点存货前，注册会计师应当观察盘点现场，确定应纳入盘点范围的存货是否已经适当整理和排列，并附有盘点标识，防止遗漏或重复盘点。对未纳入盘点范围的存货，注册会计师应当查明未纳入的原因。对所有权不属于被审计单位的存货，注册会计师应当取得其规格、数量等资料，确定是否已分别存放、标明，且未被纳入盘点范围。

第二，检查程序。注册会计师应当对已盘点的存货进行适当检查，将检查结果与被审计单位盘点记录相核对，并形成相应记录。可以从存货盘点记录中选取项目追查至存货实物，以测试盘点记录的准确性，也可以从存货实物中选取项目追查至存货盘点记录，以测试存货盘点记录的完整性。检查的目的既可以是为了确证被审计单位的盘点计划得到适当的执行（控制测试），也可以是为了证实被审计单位的存货实物总额（实质性程序）。如果观察程序能够表明被审计单位的组织管理得当，盘点、监督以及复核程序充分有效，注册会计师可据此减少所需检查的存货项目。在实施检查程序时，注册会计师应尽可能避免让被审计单位事先了解将抽取检查的存货项目。检查的范围通常包括每个盘点小组盘点的存货以及难以盘点或隐蔽性较强的存货。

第三，需要特别关注的情况有：一是存货移动情况。在对存货进行盘点时，如果被审计单位的生产经营持续进行，注册会计师应通过实施必要的检查程序，确定被审计单位是否已经对此设置了相应的控制程序，确保在适当的期间对存货进行了准确记录，没有遗漏或重复盘点。二是存货的状况。注册会计师应当特别关注存货的状况，观察被审计单位是否已经恰当区分所有毁损、陈旧、过时及残次的存货，并追查这些存货的处置情况。三是存货的截止。为了明确盘点的时点，以便与永续盘存记录进行核对，注册会计师应当获取盘点日前后存货收发及移动的凭证，检查库存记录与会计记录期末截止是否正确。

注册会计师在对期末存货进行截止测试时，通常应当关注的事项有：一是所有在截止日以前入库的存货项目是否均已包括在盘点范围内，并已反映在截止日以前的会计记录中；任何在截止日期以后入库的存货项目是否均未包括在盘点范围内，也未反映在截止日以前的会计记录中。二是所有在截止日以前装运出库的存货项目是否均未包括在盘点范围内，且未包括在截止日的存货账面余额中；任何在截止日期以后装运出库的存货项目是否均已包括在盘点范围内，并已包括在截止日的存货账面余额中。三是所有已确认为销售但尚未装运出库的商品是否均未包括在盘点范围内，且未包括在截止日的存货账面余额中。四是所有已记录为购货但尚未入库的存货是否均已包括在盘点范围内，并已反映在会计记录中。五是在途存货和被审计单位直接向顾客发运的存货是否均已得到了适当的会计处理。

在存货监盘过程中，注册会计师应当获取存货验收入库、装运出库以及内部转移截止等信息，以便将来追查至被审计单位的会计记录。

在存货入库和装运过程中采用连续编号的凭证时，注册会计师应当关注截止日期前的最后编号。如果被审计单位没有使用连续编号的凭证，注册会计师应当列出截止日期以前的最后几笔装运和入库记录。如果被审计单位使用运货车厢或拖车进行存储、运输或验收入库，注册会计师应当详细列出存货场地上满载和空载的车厢或拖车，并记录各自的存货状况。

第四，对特殊类型存货的监盘。对某些特殊类型的存货而言，被审计单位通常使用的盘点方法和控制程序并不完全适用。这些存货通常或者没有标签，或者其数量难以估计，或者其质量难以确定，或者盘点人员无法对其移动实施控制。在这些情况下，注册会计师需要运用职业判断，根据存货的实际情况，设计恰当的审计程序，对存货的数量和状况获取审计证据。

第五，存货监盘结束时的工作。在被审计单位存货盘点结束前，注册会计师应当：一是再次观察盘点现场，以确定所有应纳入盘点范围的存货是否均已盘点，并检查已填用、作废及未使用盘点表单的号码记录，确定其是否连续编号，查明已发放的表单是否均已收回，并与存货盘点的汇总记录进行核对，必要时，将盘点表上的事项与检查记录进行核对。二是取得并复核盘点结果汇总记录，形成存货盘点报告（记录），完成监盘报告。注册会计师应根据自己在存货监盘过程中获取的信息对被审计单位最终的存货盘点结果汇总记录进行复核，并评估其是否正确地反映了实际盘点结果；确定盘点结果汇总记录中未包括所有权不属于被审计单位的货物；从存货盘点结果汇总记录追查至原始盘点表，以确定没有混入不应包括在内的存货项目；选择价值较大的存货项目，和上期相同项目的库存数量比较，获取异常变动的信息；如果存货盘点日不是资产负债表日，注册会计师应当实施适当的审计程序，确定盘点日与资产负债表日之间存货的变动是否已作正确的记录；如果被审计单位采用永续盘存制核算存货，应当关注永续盘存制下的期末存货记录与存货盘点结果之间是否一致；如果两者之间存在较大差异，应当实施追加的审计程序，查明原因，并检查永续盘存记录是否已经进行适当调整，或者提请被审计单位重新盘点。

③特殊情况的处理。如果存在由于存货的性质或位置较为特殊无法实施监盘程序，或者由于一些不可预见的因素导致无法在预定日期实施存货监盘等情况，注册会计师应当考虑能否实施替代审计程序，获取有关期末存货数量和状况的充分、适当的审计证据。如果是首次接受委托进行审计，注册会计师在已获取有关本期期末存货余额的充分、适当的审计证据基础上，还应当实施以下一项或多项审计程序，以获取有关本期期初存货余额的充分、适当的审计证据：查阅前任注册会计师工作底稿；复核上期存货盘点记录及文件；检查上期存货交易记录；运用毛利百分比法等进行分析。

值得注意的是，监盘程序主要是对存货的结存数量予以确认，它不能保证被审单位对存货拥有所有权，也不能对该存货的价值提供审计证据。

（4）存货的计价测试。为了验证资产负债表上存货项目余额的真实性，还必须对存货的计价进行审计。存货计价测试的主要程序包括：

①样本的选择。计价测试的样本，应从存货数量已经盘点、单价和总金额已经记入存货汇总表的结存存货中选择。选择样本时应重点选择结存余额较大且价格变化比较频繁的项目，同时考虑所选样本的代表性。抽样方法一般采用分层抽样法，抽样规模应足以推断总体的情况。

②计价方法的确认。存货的计价方法有多种多样，如实际成本核算可运用的先进先出法、加权平均法、移动平均法、个别计价法等，企业可根据国家法规规定及自身经营特点选

择适当的计价方法。注册会计师除应了解掌握企业的存货计价方法外，还应对这种计价方法的合理性与一贯性予以关注，除非有足够的理由，计价方法在同一会计年度内不得变动。

③计价测试。进行计价审计时，注册会计师首先应对存货价格的组成内容予以审核，然后按照所了解的计价方法对所选择的存货样本进行计价测试。测试时，应排除企业已有计算程序和结果的影响，进行独立审计。并将测试结果与企业账面记录进行对比，编制存货计价测试分析表，分析形成差异的原因。如果差异过大，应扩大测试范围继续审计，并根据测试结果作出审计调整。

由于企业对期末存货通常采用成本与可变现净值孰低的方法计价，所以注册会计师在执行存货的计价测试程序时还应充分关注企业对存货可变现净值的确定及存货跌价准备的计提。

（5）审查存货所有权。在确定存货所有权时，注册会计师应考虑以下因素：

①抽查有关的购货业务，确定企业对本期增加的存货的所有权。

②复核委托代销协议及其他与存货相关的合同或文件，确定在企业外部存放的存货（如委托代销、独立仓库）的所有权。

③复查董事会记录、法律信函、合同等文件，检查是否有抵押或其他对存货所有权的潜在要求。

2. 存货主要账户的审计

注册会计师在实施上述审计程序的基础上，还需对存货的具体账户进行审计，主要包括：材料采购、在途物资、原材料、材料成本差异、库存商品、周转材料、委托加工物资等（生产成本、制造费用、主营业务成本将在营业成本审计中介绍，这里不予重复）。主要程序包括：

（1）获取或编制存货各具体账户明细表，核对账账、账表是否相符。注册会计师应获取或编制材料采购（或在途物资）、原材料、材料成本差异、库存商品、周转材料、委托加工物资等账户明细表，复核加计正确，并与总账、明细账合计数核对是否相符；原材料、库存商品、包装物等账户还应抽查核对明细账是否与仓库台账、卡片记录相符。

（2）审查存货的会计记录是否合规。

①应检查期末材料采购，核对有关凭证，对大额物资采购追查至相关的购货合同及购货发票，复核采购成本的正确性，并抽查其入库情况。同时，注册会计师应查阅资产负债表日前后若干天的材料采购的增减变动的有关账簿记录和收料报告单等资料，检查有无跨期现象，如有，则应作出记录，必要时进行调整。如采用计划成本核算，注册会计师应检查材料采购账项有关材料成本差异发生额的计算是否正确、会计处理是否合规。此外，注册会计师还应检查有无长期挂账事项，如有，应查明原因，必要时作相应地调整。

②对原材料、库存商品等其他存货项目应在分析性复核的基础上实施下述相应的审计程序：

第一，现场观察被审计单位的期末原材料、库存商品等存货项目的盘点情况，取得存货盘点资料和盘盈、盘亏报告表，作重点抽查，注意有关审批手续是否完备，账务处理是否正确；对于重大存货盘亏和损失情况，应该查明原因，分析有无充分、合理的解释，检查重大存货盘亏和损失的会计处理是否已经过授权批准，是否正确、及时地入账。存放在外的库存材料，应现场查看或函询核实。

第二，检查存货的购进是否由专设的采购机构或人员负责进行；检查采购是否有请购单，与供应单位均签定采购合同，采购价格是否合理；检查存货的入库是否合规，有关凭证是否齐全，存货退库和销售退库的手续是否齐全等。注册会计师可通过抽查原材料、库存商品入库单进行审查，主要核对原材料、库存商品的品种、数量与入账记录是否一致，并检查入库原材料、库存商品的实际成本是否与“材料采购”、“生产成本”科目的结转额相符。

第三，对于存货的发出凭证，应抽查原材料、库存商品的发出凭证，核对转出的原材料、库存商品的品种、数量及实际成本，与“库存商品”、“主营业务成本”的增加额是否相符；并注意检查存货出库是否办理了审批手续，是否有收发人员的签章；检查发出材料的计价基础，抽查若干月发出材料汇总表的正确性，确认存货的计价是否合理，前后各期是否一致；检查材料的用途是否正确、真实，有无将工程用料挤入生产成本，或将生产用料占为己有甚至盗卖的舞弊行为。在以实际成本计价条件下，应将样本的单位成本与原材料明细账及购货发票核对其是否相符。对于材料和库存商品用计划成本计价的，应检查材料成本差异和库存商品成本差异明细账，据以验证材料成本差异和库存商品成本差异的发生和分配是否正确、合规；注意有无不转、少转或多转成本差异的现象，有无利用成本差异任意调节发出存货成本的舞弊行为。

（3）审查存货跌价准备。对于被审计单位发生的存货跌价准备，注册会计师应确定存货跌价准备的发生是否真实，转销是否合理；确定存货跌价准备发生和转销的记录是否完整；确定存货跌价准备的期末余额是否正确；确定存货跌价准备的披露是否恰当。其审计程序主要包括：

①获取或编制存货跌价准备明细表，复核加计正确，并与报表数、总账数和明细账合计数核对是否相符。

②检查被审计单位是否于期末对存货作检查分析，存货跌价准备计提的依据、方法是否合理，前后各期是否一致；计算及会计处理是否正确。

③抽查计提存货跌价准备的项目，其期后售价是否低于原始成本。

④检查存货跌价准备的期末余额是否符合税法规定，如果超过规定，应作纳税调整。

⑤确认存货跌价准备的披露是否恰当。

存货跌价准备审计的难点是计提的恰当性，但除了坏账准备计提有明确的标准外，其余资产减值准备计提并无明确标准，大部分看起来似乎比较“灵活”。所以，审计人员既要关注计提的充分性，又要关注是否存在通过计提秘密准备来调节利润的现象。对于存货而言，审计人员可采取向采购部门和销售部门询问的方式，了解库存原材料和产成品的最近市场价格。

对于存货中存在的不良资产，审计人员还需要：一是对存货进行盘点，确定存货的短缺、霉变毁损数量及金额；二是对存货的账面价值与市价进行比较，以确定存货账面价值高于实际价值的金额，对于其中人为高估利润而造成产成品、自制半成品、生产成本等存货的虚增，应与正常的市价下跌引起的存货减值加以区分，以确定问题性质，分清责任；三是审查发出商品销售合同，检查货款回收情况，对未执行合同而长期挂账的发出商品，应通过查询及函证，对其可收回性进行评估，以确认其中包含的不良资产数额。

若原来使存货跌价的影响因素已经消失的，减记的金额应当予以恢复，并在原计提的存货跌价准备金额内转回，转回的金额计入当期损益。相应地，注册会计师应当关注存货跌价准备的转回，判断转回金额及时间的依据是否合理，会计处理是否正确，相应的披露是否恰当。

(4) 审查存货在报表上的披露是否恰当。"存货"项目反映被审计单位期末在库、在途及加工中的各项存货的实际成本。审查"存货"项目时，应注意"存货"项目的数额是否根据"材料采购"、"在途物资"、"原材料"、"周转材料"、"材料成本差异"、"委托加工物资"、"自制半成品"、"库存商品"、"存货跌价准备"、"生产成本"等账户的期末借贷方余额相抵后的差额填列。"存货"项目的确认可通过编制"存货审定表"（格式见表9-3）进行。注册会计师还应注意检查会计报表附注中有关存货计价方法、抵押存货、重大购货承诺的披露；另外，可以通过复核董事会会议记录和询问管理当局，获得更多证据。

表9-3 **存货审定表**

被审计单位：	索引号：
项目：存货审定表	财务报表截止日/期间：
编制：	复核：
日期：	日期：

索引号项目	期末未审数	调整数		重分类调整		期末审定数	上期末审定数	索引号
		借方	贷方	借方	贷方			
一、存货账面余额								
原材料								
材料采购								
在产品								
库存商品								
……								
合计								
二、存货跌价准备								
原材料								
材料采购								
在产品								
库存商品								
……								
合计								
三、存货账面价值								
原材料								
材料采购								
在产品								
库存商品								
……								
合计								

审计结论：

二、营业成本的审计

营业成本审计是指对直接材料、直接人工、制造费用、生产成本、库存商品、自制半成品、主营业务成本的审计。

营业成本的审计目标一般包括：确定记录的营业成本是否已发生，且与被审计单位有关；确定营业成本记录是否完整；确定与营业成本有关的金额及其他数据是否已恰当记录；确定营业成本是否已记录于正确的会计期间；确定营业成本的内容是否正确；确定营业成本与营业收入是否配比；确定营业成本的披露是否恰当。

营业成本的审计具体应包括以下程序：

（一）直接材料成本的审计

直接材料成本的审计一般应从审阅材料和生产成本明细账入手，抽查有关的费用凭证，验证企业产品直接耗用材料的数量、单价和材料费用分配是否真实、合理。其主要内容包括：

（1）进行分析性复核。注册会计师首先计算被审计单位被审期间的财务指标，然后与其他资料（如以前年度资料、预算数和行业统计数等）相比较。如有重大波动，则需要作进一步的调查，查明原因。

（2）检查直接材料耗用数量的真实性，有无将非生产用材料计入直接材料费用的情况。

（3）抽查材料发出及领用的原始凭证，检查领料单的签发是否经过授权，材料发出汇总表是否经过适当的人员复核，材料单位成本计价方法是否适当，是否正确及时入账。

（4）抽查产品成本计算单，检查直接材料成本的计算是否正确，材料费用的分配标准与计算方法是否合理和适当，是否与材料费用分配汇总表中该产品分摊的直接材料费用相符。

（5）对采用定额成本或标准成本的企业，应检查直接材料成本差异的计算、分配与会计处理是否正确，并查明直接材料的定额成本、标准成本在本年度内有无重大变更。

（二）直接人工成本的审计

直接人工成本的审计一般从审阅“生产成本”、“制造费用”、“应付职工薪酬”明细账和工资分配表、工资汇总表等入手，抽查有关的费用凭证，验证直接人工成本归集和分配是否真实、合理。其主要内容包括：

（1）进行分析性复核。将本年度直接人工成本与前期进行比较，查明其异常波动的原因；分析比较本年度各个月份的人工费用发生额，如有异常波动，应查明原因。

（2）抽查产品成本计算单，检查直接人工成本的计算是否正确；人工费用的分配标准与计算方法是否合理和适当，是否与人工费用分配汇总表中该产品分摊的直接人工费用相符。

（3）结合应付职工薪酬的检查，抽查人工费用会计记录及会计处理是否正确。

（4）对采用标准成本法的企业，应抽查直接人工成本差异的计算、分配与会计处理是否正确，并查明直接人工的标准成本在本年度内有无重大变更。

（三）制造费用的审计

制造费用是指企业为生产产品或提供劳务而发生的间接费用，即生产单位为组织和管理生产而发生的费用，包括分厂和车间管理人员的工资和福利费用、折旧费、修理费、办公费、水电费、取暖费、租赁费、机物料消耗、劳动保护费、保险费、设计制图费、实验检验费、季节性和修理期间的停工损失以及其他制造费用等项内容。制造费用审计的内容主要包括：

（1）进行分析性复核。获取或编制制造费用汇总表，并与明细账、总账核对看其是否相符；抽查制造费用中的重大数额项目及例外项目，分析其是否合理。

（2）审阅制造费用明细账，检查其核算内容及范围是否正确。应注意检查是否存在异常会计事项，如有，则应追查至记账凭证及原始凭证，重点查明企业有无将不应列入成本费用的支出计入制造费用的现象，如投资支出、被没收的财物损失、支付的罚款、违约金、技术改造支出等。

（3）检查制造费用的分配是否合理。重点查明制造费用的分配方法是否符合企业自身的生产技术条件，是否体现受益原则，分配方法一经确定，是否在相当时期内保持稳定，有无随意变更的情况；分配率和分配额的计算是否正确，有无以人为估计数代替分配数的情况。

（4）对于采用标准成本法的企业，应抽查标准制造费用的确定是否合理，计入成本计算单的数额是否正确，制造费用的计算、分配与会计处理是否正确，并查明标准制造费用在本年度内有无重大变动。对按预定分配率分配费用的企业，还应查明计划与实际差异是否及时调整。

（四）主营业务成本的审计

主营业务成本是指企业因销售商品、提供劳务或让渡资产使用权等日常活动发生的实际成本。它是由期初库存产品成本加上本期入库产品成本，再减去期末库存产品成本求得的。对主营业务成本的审计，应通过审阅主营业务收入、主营业务成本和库存商品明细账等记录，并核对有关的原始凭证和记账凭证进行。其主要内容包括：

（1）获取或编制主营业务成本明细表，与明细账和总账核对相符。

（2）进行分析性复核。分析比较本年度与上年度主营业务成本总额，以及本年度各月份的主营业务成本金额，如有重大波动和异常情况，应查明原因。

（3）编制生产成本及主营业务成本倒轧表（如表9－4所示），与总账核对相符。

倒轧表的基本等式如下：

原材料期初余额＋本期购进额－原材料期末余额－其他原材料发出额
＝直接材料成本

直接材料成本＋直接人工成本＋制造费用＝本期生产费用

产品生产成本＋在产品期初余额－在产品期末余额－其他在产品发出额
＝产品商品成本

产品商品成本＋库存商品期初余额－库存商品期末余额－其他库存商品发出额
＝主营业务成本

表 9-4 主营业务成本倒轧表

被审计单位：______	索引号：______
项目：主营业务成本倒轧表	财务报表截止日/期间：______
编制：______	复核：______
日期：______	日期：______

项 目	未审数	审定数	索引号
原材料期初余额			
加：本期购进额			
减：原材料期末余额			
减：其他原材料发出额			
直接材料成本			
加：直接人工成本			
制造费用			
产品生产成本			
加：在产品期初余额			
减：在产品期末余额			
减：其他在产品发出额			
产品商品成本			
加：库存商品期初余额			
减：库存商品期末余额			
减：其他库存商品发出额			
主营业务成本			

审计说明：

(4) 结合生产成本的审计，抽查主营业务成本结转数额的正确性，并检查其是否与主营业务收入相配比。

(5) 检查主营业务成本账户中重大调整事项（如销售退回等）是否有其充分理由。

(6) 确定主营业务成本在利润表中是否已恰当披露。

DISIJIE 第四节 生产与存货循环其他相关账户的审计

生产和存货循环所涉及的主要内容除了存货的管理及生产成本的计算以外，还有一些账户，虽然与生产和存货循环不直接相关，但这些账户及其核算会影响到存货及其相关账户，如应付职工薪酬、管理费用、营业外收支、所得税费用等。这些账户容易被被审计单位当做调节成本费用的调节器，以达到其调节利润的目的。因此，注册会计师应注意对这些账户的审查。

一、应付职工薪酬的审计

（一）应付职工薪酬的审计目标

职工薪酬，是指企业为获得职工提供的服务而给予其各种形式的报酬以及其他相关支出。“应付职工薪酬”包括职工工资、奖金、津贴和补贴；职工福利费；医疗保险费、养老保险费、失业保险费、工伤保险费和生育保险费等社会保险费；住房公积金；工会经费和职工教育经费；非货币性福利；因解除与职工的劳动关系给予的补偿；其他与获得职工提供的服务相关的支出等内容。工资的主要形式有计时工资和计件工资两种。工资一般采用现金的形式支付，因而相对于其他业务更容易发生错误或舞弊行为，如虚报冒领、重复支付和贪污等。同时，工资是企业成本费用的重要构成项目，所以在审计中便显得十分重要。

应付职工薪酬的审计目标主要包括：确定期末应付职工薪酬是否存在，是否为被审计单位应履行的支付业务；确定应付职工薪酬计提和支出是否合理，记录是否完整；确定应付职工薪酬期末余额是否正确；确定应付职工薪酬的披露是否恰当。

（二）应付职工薪酬的实质性程序

应付职工薪酬的实质性程序主要包括：

1. 获取或编制应付职工薪酬明细表

获取或编制应付职工薪酬明细表，复核加计正确，并与报表数、总账数和明细账合计数核对是否相符。

2. 进行分析性复核

检查各月工资费用的发生额是否有异常波动，若有，则要求被审计单位予以解释；将本期工资费用总额与上期进行比较，要求被审计单位解释其增减变动原因，或取得公司管理当局关于员工工资水平的决议；了解被审计单位本期平均职工人数、计算人均薪酬水平，与上期或同行业水平进行比较。

3. 抽查应付职工薪酬的支付凭证

（1）检查职工薪酬核算内容和计提的正确性：第一，检查本项目的核算内容是否包括工资、职工福利、社会保险费、住房公积金、工会经费、职工教育经费、解除职工劳动关系补偿、股份支付等明细项目。外商投资企业按规定从净利润中提取的职工奖励及福利基金，也应在本项目核算。第二，检查职工薪酬的计提是否正确，分配方法是否与上期一致，并将应付职工薪酬计提数与相关的成本、费用项目核对一致；同时结合“应付职工薪酬——工资”的测试，检查按工资总额计提的“应付职工薪酬——职工福利”等是否符合规定，计提金额是否正确，依据是否充分。

（2）检查应付职工薪酬的计量和确认。国家有规定计提基础和计提比例的，应当按照国家规定的标准计提，如医疗保险费、养老保险费、失业保险费、工伤保险费、生育保险费、住房公积金、工会经费以及职工教育经费等；国家没有规定计提基础和计提比例的，如职工福利费等，应按实列支。

被审计单位以其自产产品或外购商品作为非货币性福利发放给职工的，应根据受益对象，将该产品或商品的公允价值，计入相关的资产成本或当期损益，同时确认应付职工薪酬。

被审计单位将其拥有的房屋等资产无偿提供给职工使用的，应当根据受益对象，将该住房每期应计提的折旧计入相关的资产成本或当期损益，同时确认应付职工薪酬。

被审计单位租赁住房等资产供职工无偿使用的，应当根据受益对象，将每期应付的租金计入相关的资产成本或当期损益，同时确认应付职工薪酬。

对于外商投资企业，按税后利润的职工奖励及福利基金应以董事会决议为依据，并符合相关规定。

（3）检查应付职工薪酬支付和使用情况。审阅应付职工薪酬明细账，抽查应付职工薪酬各明细项目的支付和使用情况，检查是否符合有关规定，是否履行审批程序。

（4）检查应付职工薪酬期末余额中是否存在拖欠性质的职工薪酬，了解拖欠的原因，此外应检查被审计单位的辞退福利核算是否符合有关规定。

（5）如果被审计单位是实行工效挂钩的，应取得有关主管部门确认的效益工资发放额的认定证明，并复核有关合同文件和实际完成的指标，检查其计提额、发放额是否正确，是否需要进行纳税调整。如果被审计单位实行计税工资制，应取得被审计单位平均人数证明并进行复核，计算可准予税前列支的费用额，对超支部分的工资及附加费进行纳税调整，对计缴的工会经费，未能提供《工会经费拨缴款专用收据》的，应提出纳税调整建议。

4. 确定应付职工薪酬在资产负债表上的披露是否恰当

注册会计师应关注年末“应付职工薪酬”余额有无异常变动，如“应付职工薪酬”年末余额过大，应审查被审计单位是否通过工资调整本年利润额，进而实现调整应交所得税的目的。另外，还应关注被审计单位有无将“应付职工薪酬”并入其他账户，如“其他应付款”的现象。

二、管理费用的审计

（一）管理费用的审计目标

管理费用是指企业行政管理部门为组织和管理企业生产经营活动而发生的各项费用。主要包括管理人员职工薪酬、办公费、差旅费、折旧费、修理费、工会经费、职工教育经费、劳动保护费、审计费、业务招待费等项目。

管理费用的审计目标主要包括：确定管理费用的记录是否完整；确定管理费用的计算是否正确；确定管理费用在会计报表上的披露是否恰当。

（二）管理费用的实质性程序

管理费用的审计程序主要包括：

（1）获取或编制管理费用明细表，与报表数、总账数和明细账合计数核对一致。

（2）检查管理费用明细项目的设置是否符合规定的核算内容与范围。

（3）进行分析性复核。将管理费用各明细项目的本期数与上期数进行比较，分析其增减变动的情况是否正常，必要时比较本年度各月份管理费用，对有重大波动和异常情况的项目应查明原因，并作适当处理。

（4）审查管理费用的发生额是否真实、正确。选择管理费用中数额较大，以及本期与上期比较变化异常的项目追查至原始凭证，检查其开支是否真实。注册会计师应特别注意：大额管理费用的开支是否报经批准；有无利用管理费用账户调节产品成本的情况；有无利用管理费用账户调节利润和税收的情况。

（5）确认管理费用在会计报表上的披露是否恰当。

本章小结

本章主要阐述了生产和存货循环的特性以及该循环涉及的主要报表项目存货、营业成本的审计程序和方法。

生产和存货循环所涉及的主要业务活动包括：计划和安排生产、发出原材料、生产产品、核算生产成本、核算在产品、储存产成品、发出产成品等。在该业务活动中涉及的主要凭证和记录包括：生产指令、领发料凭证、产量和工时记录、工薪汇总表及工薪费用分配表、材料费用分配表、制造费用分配表、成本计算单、存货明细表等。

生产和存货循环内部控制测试的内容包括：运用查询法、文字说明法和流程图法了解和描述生产和存货循环内部控制；实施简易抽查；对成本会计制度、工薪进行内部控制测试。

存货实质性程序包括审查存货余额、存货主要账户的审计等内容。

对存货余额的实质性程序一般采用的程序：第一，核对各存货项目明细账与总账、报表数是否相符。第二，运用简单比较法和比率分析法对存货进行分析性复核。第三，实施存货监盘。在制定存货监盘计划之后，现场观察被审计单位存货的盘点，然后实施检查程序，以获得有关期末存货数量和状况的审计证据。对于存货移动、存货的状况、存货的截止等特殊存货可以采取替代程序。如存货截止测试主要是为了证实年末购货和销货业务是否记录恰当的会计期间，截止测试的关键是检查存货实物的入账时间与存货引起的借贷双方会计科目的入账时间是否处于同一会计期间。第四，存货计价测试，主要是为了验证资产负债表上存货项目余额的真实性，可以采用存货计价审计表来完成。第五，审查存货所有权。

存货主要账户的审计内容包括：获取或编制存货各具体账户明细表，核对账账、账表是否相符；审查存货的会计记录是否合规；审查存货跌价准备；审查存货在会计报表上的披露是否恰当。

营业成本的审计主要包括对直接材料成本、直接人工成本、制造费用、主营业务成本的审计。

其他相关账户的审计主要包括对应付职工薪酬、管理费用等相关账户的审计。

存货监盘

存货监盘计划

应付职工薪酬审计

营业成本审计
管理费用审计

一、问答题

1. 如何对生产和存货循环内部控制制度进行测试及评价？

2. 如何对被审计单位的存货进行分析性复核？

3. 注册会计师一般可以采取什么措施对存货的盘点进行检查？

4. 存货监盘的目的是什么？注册会计师如何实施存货监盘才能达到审计目的？

5. 注册会计师为什么要制定存货监盘计划，在制定存货监盘计划时应考虑哪些因素？存货监盘计划应包括哪些主要内容？

6. 存货监盘程序应如何执行？在执行过程中应注意哪些问题？

7. 在存货监盘结束后，注册会计师应如何考虑监盘结果对审计报告的影响？

8. 简述主营业务成本倒轧表的编制方法。

二、业务题

1. 资料：注册会计师王军在观察被审计单位存货实地盘点时，发现了下列特殊项目：

(1) 产成品仓库中有数箱产品未挂盘点单，经询问，这些属于被审计单位的已售出产品。

(2) 公司小仓库中有3种布满灰尘的原材料，每种材料都挂有盘点标签，并且数额与实物相符。

(3) 材料明细账上有一批存货记录，存货盘点表上没有，经询问，得知该批存货存放在外地。

要求：请问王军对这些项目应当进一步采取何种审计程序？

2. 资料：注册会计师王立对公司存货进行审计时，发现H公司存在以下可能会导致错误的情况：

(1) 所有存货都未认真盘点。

(2) 接近资产负债表日前入库的材料采购已验收入库，但可能未进行相关会计记录。

(3) 甲公司存放于H公司仓库内的某材料可能已记入H公司存货项目中。

(4) 存货计价方法已作变更。

要求：

(1) 注册会计师王立为证实上述情况是否真正导致错误，应当采取的最主要的实质性程序是什么？(每种情况限列一种程序)

(2) 注册会计师王立执行的实质性程序能够实现的主要审计目的是什么？

3. 资料：注册会计师对M公司20××年12月产品成本中的直接材料项目进行审计。生产成本中材料费用支出共计37692元，其中期初在产品含材料费用680元。企业“原材料”和“材料成本差异”账户资料如下：

“原材料”账户期初余额200公斤，金额11000元；本期购进750公斤，金额41200元；

本期发出 620 公斤，金额 34100 元。

“材料成本差异”账户期初借方余额 162 元；本期借方发生额 360 元。

要求：

（1）计算验证该公司生产成本中直接材料费用的正确性。

（2）分析该公司材料核算中可能存在的问题。

4. 资料：注册会计师在审计某单位 20××年度的会计报表时，抽查 12 月份的生产成本资料，发现生产的甲产品已完工 600 件，月末在产品 300 件，原材料在生产时一次投入，月末完工产品与在产品之间的费用，按约当产量比例法进行分配，在产品完工程度为 50%。甲产品的成本计算资料如下：

项　目	月初在产品	本期生产费用	完工产品成本	月末在产品
直接材料	16000	149000	138000	27000
直接人工	5800	53200	48200	10800
制造费用	2350	17112.50	15712.50	3750
合计	24150	219312.50	201912.50	41550

审计过程中注册会计师发现下列情况：

（1）生产车间建造生产线领用材料 30000 元，计入直接材料成本。

（2）销售人员工资 5000 元计入直接人工。

（3）本年度 11 月份出售 1 台价值 90000 元的设备，该设备原为生产甲产品使用，企业当年仍一直未停计提折旧。该设备预计使用年限为 10 年，残值率 5%，该企业采用直线法计提折旧。

要求：

（1）指出该单位计算的成本是否正确，验算甲产品完工产品总成本和单位成本，月末在产品总成本，列出计算过程。

（2）针对上述情况指出存在的问题以及处理方法。

业务题参考答案

1.

（1）查阅有关购销协议、结算凭证等，以确定该批产品的所有权。如果该批产品的销售尚未实现，应将其列入被审计单位的存货中。

（2）向有关生产主管查询该批材料是否还能用于生产，如果不能用于生产，属于报废或毁损的材料，则不应当列入被审计单位的存货中。

（3）委托存放地会计师事务所盘点，或亲自派人前往进行监盘，在存货量不大时，也可向寄存或寄售单位函证。

2.

情况序号	审计程序	审计目标
(1)	对期末存货盘点进行监盘	资产实物的实际存在和实际结存量的正确性
(2)	对期末存货进行截止性测试	验证存货期末余额的真实性和完整性
(3)	询问H公司管理当局，审阅相关合同与文件、信函，并向甲公司进行函证	资产实物的实际存在和实际结存量的正确性
(4)	对存货进行计价测试，并与有关财务会计法规进行比较	验证存货的估价准确性

3.

(1) 计入当月生产成本中的材料费用 = 37692 - 680 = 37012（元）

材料成本差异率 =（162 + 360）/（11000 + 41200）= 1%

发出材料应负担差异额 = 34100 × 1% = 341（元）

发出材料实际成本 = 34100 + 341 = 34441（元）

本月多计材料费用 = 37012 - 34441 = 2571（元）

(2) 验算结果证明，计入当月生产成本中的材料费用不正确，多计2571元。其原因可能是将库存的材料成本差异分配到本期生产成本之中，应进一步查明原因，然后再作相应处理。

4.

(1) 生产车间建造生产线领用原材料30000元应记入在建工程账户，因此直接材料应减少30000元。

(2) 销售人员工资5000元应计入销售费用，因此直接人工应减少5000元。

(3) 11月份出售生产使用设备，12月份应停止计提折旧。计算如下：

年折旧率 =（1 - 5%）/10 = 9.5%

12月份多提折旧额 = 90000 × 9.5% ÷ 12 = 712.50（元）

因此，经上述复核确认后本期生产费用各项目如下：

直接材料 = 149000 - 30000 = 119000（元）

直接工资 = 53200 - 5000 = 48200（元）

制造费用 = 17112.50 - 712.50 = 16400（元）

直接材料费用分配率 =（16000 + 119000）/（600 + 300）= 150

甲产品完工产品直接材料 = 600 × 150 = 90000（元）

月末在产品直接材料 = 300 × 150 = 45000（元）

直接人工费用分配率 =（5800 + 48200）/（600 + 300 × 50%）= 72

甲产品完工产品直接人工 = 72 × 600 = 43200（元）

月末在产品直接人工 = 72 × 150 = 10800（元）

制造费用分配率 =（2350 + 16400）/（600 + 300 × 50%）= 25

甲产品完工产品制造费用 = 25 × 600 = 15000（元）

月末在产品制造费用 = 25 × 150 = 3750（元）

注册会计师验证后的甲产品完工产品成本计算单为：

甲产品完工产品成本计算单

20××年 12 月

项 目	月初在产品	本期生产费用	完工产品成本	月末在产品
直接材料	16000	119000	90000	45000
直接人工	5800	48200	43200	10800
制造费用	2350	16400	15000	3750
合 计	24150	183600	148200	59550

因此，该企业当月多转完工产品成本 53712.50 元（201912.50 - 148200），少计月末在产品成本 18000 元（59550 - 41550），注册会计师应提请被审计单位进行调整。

第十章

DI SHI ZHANG

筹资与投资循环审计

本章要点

- 了解筹资与投资循环相关的业务活动
- 了解筹资与投资循环涉及的主要会计凭证
- 掌握筹资与投资循环内部控制及控制测试
- 掌握筹资与投资循环相关科目的实质性程序

DIYIJIE 第一节 筹资与投资循环的特性

筹资和投资业务是企业财务活动的重要组成部分。筹资活动是指企业为满足生存和发展的需要，通过改变企业资本及债务规模和构成而筹集资金的活动。投资活动是指企业为享有被投资单位分配的利润，或为谋求其他利益，将资产让渡给其他单位而获得另一项资产的活动。

筹资与投资循环中涉及的资产负债表项目主要包括：交易性金融资产、应收利息、应收股利、可供出售金融资产、持有至到期投资、长期股权投资、投资性房地产、短期借款、交易性金融负债、应付利息、应付股利、长期借款、应付债券、实收资本（或股本）、资本公积、盈余公积、未分配利润等；筹资与投资循环中所涉及的利润表项目主要包括：财务费用、投资收益等。

一、筹资与投资循环涉及的主要业务活动

筹资活动主要是指公司为满足自身生存和发展需要，通过内部和外部两种途径筹集资金的活动。企业的内部筹资主要是通过股利政策的调整，增加生产经营可用资金；外部筹资活动主要是靠债务筹资和股权筹资两种方式。投资活动主要是指企业通过分配来增加财富，或为谋求其他利益，将资产让渡给其他单位而获得另一项资产的活动。投资活动主要由权益性投资和债务性投资组成。

（一）筹资涉及的主要业务活动

1. 筹资的审批授权

企业筹集资金每次都必须经过授权，采用不同的筹资方式所需的授权审批程序是不同的。企业通过发债方式或发行股票方式筹资资金，除经企业最高权利机构董事会的授权批准外，还需报经有关管理机关，如证监会批准；企业向银行借入资金需要经企业最高权利机构董事会批准即可。

2. 签订合同或协议

企业向银行或非银行金融机构借款需要同银行或非银行金融机构签订借款合同，发行债券或股票需与承销商签订委托协议。

3. 取得资金

企业从银行或非银行金融机构取得借款资金或筹得发行债券、股票的资金。

4. 计算利息或股息

企业应按照有关合同或协议的规定按时计算利息或股息。

5. 偿还本息或发放股利

企业应按合同规定及时归还银行和债券持有人应得本利，融入的股本应根据企业的经营状况，根据股东大会的决定发放股利。

（二）投资涉及的主要业务活动

1. 投资的审批授权

企业的对外投资业务应由企业的管理层讨论决定。

2. 取得投资

企业可以通过购买股票或债券的形式进行投资，也可以实物或无形资产等形式与其他企业进行联合经营形成企业对外投资。

3. 取得投资收益

企业对外投资于债券可以获得债券利息，投资股票可能获得股利，投资其他资产可能获得相应的投资收益。

4. 转让债券或其他投资

对于以债券和股票形式的投资，企业可以通过转让的形式收回投资，对于其他联营方式的投资，除联营合同期满，或由于其他特殊原因联营企业解散外，一般不得收回投资。

二、筹资与投资循环涉及的主要凭证和会计记录

（一）筹资活动涉及的主要凭证和会计记录

1. 债券

债券是公司按照法定程序发行的、约定在一定期限内还本付息的有价证券。

2. 股票

股票是公司签发的证明股东所持有的股份证明。

3. 债券契约

证明债券发行企业与债券持有人双方所拥有的权利与义务的法律性文件。契约中应明确：债券发行的标准、债券的利息和利率、受托管理人证书、债券不能按时偿还的处理、抵押债券的担保财产情况等。

4. 股东名册

发行记名股票公司的股东名册上应记载：股东的姓名或者持有人名称及住址、各股东所

持股份的份数、各股东所持股票的编号、各股东取得所持股份的日期。发行不记名股票的公司的股东名册上主要记载股东所持股份的数量、编号及发行日期。

5. 公司债券存根簿

发行记名债券公司的债券存根簿上应记载：债券持有人的姓名或者名称及住址、债券持有人取得债券的日期及债券的编号、债券发行总额、债券的票面金额、债券的利率及还本付息的方式、债券的发行日期及偿还时间等。发行不记名债券的公司应在存根簿上记载债券的发行总额、利率、偿还期限和还本付息的方式，发行日期及编号。

6. 承销或包销协议

公司发行债券和股票分为公募和私募两种。我国公司发行股票多采用公募发行的方式。采用公募发行债券或股票需要通过依法设立的、具有证券承销资格的金融中介公司来进行，多采用全额承购包销或余额承购包销的方式。发行公司与金融中介机构应就承销活动签订承销或包销协议。

7. 借款合同或协议

公司从银行或其他非银行金融机构借入资金时，与其签订的合同或协议。

8. 有关的记账凭证

9. 有关会计科目的会计账簿

包括明细账和总账。筹资活动涉及的会计科目主要有：银行存款、短期借款、长期借款、应付债券、长期应付款、股本等。

（二）投资活动涉及的主要凭证和会计记录

1. 股票或债券

企业所拥有的债券和股票通常可以证明企业投资的真实性。

2. 经纪人通知书

当投资是通过经纪人代理进行的，对经纪人通知书的审查可以证实企业投资的合理性、投资账务处理的正确性。

3. 债券契约

可以证明债券持有人与发行企业双方所拥有的权利与义务的法律性文件。

4. 被投资企业的章程及有关投资协议

通过对被投资企业章程及有关协议的审查，可以确定投资业务的真实性、核算处理的准确性以及有无不正常交易行为发生。

5. 股票或债券登记簿

通过审查股票或债券登记簿或向被投资企业函证可以证明企业投资的真实性。

6. 有关的记账凭证和会计账簿

主要包括交易性金融资产、可供出售金融资产、持有至到期投资、长期股权投资、投资性房地产、应收利息、投资收益、应收股利、交易性金融负债等科目相关的记账凭证、明细账和总账。

第二节 筹资与投资循环的内部控制测试

一、筹资业务的内部控制

筹资活动主要由借款交易和股东权益交易组成。筹资业务的内部控制主要涉及筹资的授权审批控制、职责分离控制、会计控制、实物保管的控制以及筹资业务在资产负债表上能够得到恰当的披露等。筹资活动的控制目标、内部控制活动及相关的测试见表 10－1。

表 10－1 筹资活动的控制目标、内部控制和测试一览表

内部控制目标	关键内部控制程序	内部控制测试	交易实质性程序
借款和所有者权益账面余额在资产负债表日确实存在，借款利息费用和已支付的股利是由被审计期间真实事项引起的（存在或发生）	借款或发行股票经过授权审批； 签订借款合同或协议、债券契约、承销或包销协议等相关法律性文件	索取借款或发行股票的授权批准文件，检查权限恰当否，手续齐全否； 索取借款合同或协议、债券契约、承销或包销协议	获取或编制借款和股本明细表，复核加计正确，并与报表数、总账数和明细账合计数核对相符； 检查与借款或股票发行有关的原始凭证，确认其真实性，并与会计记录核对； 检查利息计算的依据，复核应计利息的正确性，并确认全部利息计入相关账户
借款和所有者权益的增减变动及其利息和股利已登记入账（完整性）	筹资业务的会计记录、授权和执行等方面明确职责分工； 借款合同或协议由专人保管；如保存债券持有人的明细资料，应同总分类账核对相符；如由外部机构保存，需定期同外部机构核对	观察并描述其职责分工； 了解债券持有人明细资料的保管制度，检查被审计单位是否将其与总账或外部机构核对	检查年度内借款和所有者权益增减变动原始凭证，核实变动的真实性、合规性，检查授权批准手续是否完备、入账是否及时准确
借款均为被审计单位承担的债务，所有者权益代表所有者的法定求偿权（权利与义务）			向银行或其他金融机构、债券包销人函证，并与账面余额核对； 检查股东是否已按合同、协议、章程约定时间缴付出资额，其出资是否经注册会计师审验
借款和所有者权益的期末余额正确（计价和分摊）	建立严密完善的账簿体系和记录制度； 核算方法符合会计准则和会计制度的规定	抽查筹资业务的会计记录，从明细账抽取部分会计记录，按原始凭证到明细账、总账顺序核对有关数据和情况，判断其会计处理过程是否合规、完整	

续表

内部控制目标	关键内部控制程序	内部控制测试	交易实质性程序
借款和所有者权益在资产负债表上披露正确（列报）	筹资业务明细账与总账的登记职务分离； 筹资披露符合会计准则和会计制度的要求	观察职务是否分离	确定借款和所有者权益的披露是否恰当，注意1年内到期的借款是否列入流动负债

注：本表以获得初始借款交易为例，不包括偿还的利息和本息交易。

二、投资业务的内部控制

投资业务内部控制的主要内容包括合理的职责分工、健全的资产保管制度、详尽的会计核算制度、严格的记名登记制度、完善的定期盘点制度等。投资活动的具体控制目标、内部控制和测试活动见表10-2。

表10-2　　投资活动的控制目标、内部控制和测试一览表

内部控制目标	关键内部控制程序	内部控制测试	交易实质性程序
投资账面余额为资产负债表日确实存在的投资，投资收益（或损失）是由被审期间实际事项引起（存在与发生）	投资业务经过授权审批； 与被投资单位签订合同、协议，并获取被投资单位出具的投资证明	索取投资的授权批文，检查权限恰当否，手续齐全否； 索取投资合同或协议，检查是否合理有效； 索取被投资单位的投资证明，检查其是否合理有效	获取或编制投资明细表，复核加计正确，并与报表数、总账数和明细账合计数核对相符； 向被投资单位函证投资金额、持股比例及发放股利情况
投资增减变动及其收益损失均已登记入账（完整性）	投资业务的会计记录与授权，执行和保管等方面明确职责分工； 健全证券投资资产的保管制度，或者委托专门机构保管，或者在内部建立至少2名人员以上的联合控制制度，证券的存取均需详细记录和签名	观察并描述业务的职责分工； 了解证券资产的保管制度，检查被审计单位自行保管时，存取证券是否进行详细的记录并由所有经手人员签字	检查年度内增减变动的原始凭证，对于增加项目要核实其入账基础符合有关规定否，会计处理正确否；对于减少的项目要核实其变动原因及授权批准手续
投资均为被审计单位所有（权利与义务）	内部审计人员或其他不参与投资业务的人员定期盘点证券投资资产，检查是否为企业实际拥有	了解企业是否定期进行证券投资资产的盘点，审阅盘核报告，检查盘点方法是否恰当、盘点结果与会计记录核对情况以及出现差异的处理是否合规	盘点证券投资资产； 向委托的专门保管机构函证，以证实投资证券的真实存在

续表

内部控制目标	关键内部控制程序	内部控制测试	交易实质性程序
投资的计价方法正确，期末余额正确（计价和分摊）	建立详尽的会计核算制度，按每一种证券分别设立明细账，详细记录相关资料； 核算方法符合准则的规定； 期末成本与市价孰低，并正确记录投资跌价准备	抽查投资业务的会计记录，从明细账抽取部分会计记录，按顺查顺序核对有关数据和情况，判断其会计处理过程是否合规完整	检查投资的入账价值是否符合投资合同、协议的规定，会计处理是否正确，重大投资项目，应查阅董事会有关决议，并取证； 检查长期股权投资的核算是否符合会计准则的规定； 检查长期债券投资的溢价或折价，是否按有关规定摊销
投资在资产负债表上的披露正确（列报）	投资明细账与总账的登记职务分离； 投资披露符合会计准则的要求	观察职务是否分离	验明投资的披露是否恰当，注意1年内到期的长期投资是否列入流动资产

注：本表以获得初始投资交易为例，不包括收到的投资收益、收回或变现投资、期末对投资计价进行调整等交易。

三、筹资与投资业务的内部控制测试

（一）筹资业务的内部控制测试

1. 了解筹资业务的内部控制

注册会计师应通过查阅被审计单位的各种规章制度、管理办法，或询问有关人员了解被审计单位对筹资循环设立了哪些内部控制，以便进行进一步的测试。

2. 抽查有关的会计记录

注册会计师抽查会计记录就是从会计角度审核被审计单位内部控制是否得到一贯执行。抽查范围包括有关筹资业务的明细账、总账、原始凭证、记账凭证等。对会计记录除应审查金额和内容外，还应审查相关业务职责分离情况。测试结果应做到账账相符、账证相符、账实相符。如果审核不存在重大问题，则说明该被审计单位执行了应有的内部控制，并且该制度得到了较好的执行。否则，说明内部控制不利。

3. 审查筹资业务中实物资产的保管情况

注册会计师应通过审核企业有价证券保管登记簿、会计账簿、有关协议、合同及询问有关人员，了解被审计单位未发行的债券和股票及收回的债券的保管情况。审查在筹资业务中是否执行了财产保管和记录的职责分工。

4. 评价筹资活动的内部控制

注册会计师在评价被审计单位的内部控制时，应重点考虑内部控制是否存在、是否完善、能否达到控制目的、是否得到一贯遵守。存在哪些缺陷及这些缺陷带来的影响，以便进行下一步的实质性程序。

（二）投资业务的内部控制测试

投资业务的内部控制测试主要包括以下内容：

1. 了解投资业务的内部控制

通过询问被审计单位有关人员或查阅被审计单位的相关资料，了解被审计单位的内部控制的制定情况，并及时记录，以便测试被审计单位的内部控制。

2. 抽取与投资业务有关的会计记录

抽查会计记录可以从各种投资业务的明细账开始，根据明细账的记录选择若干项业务，检查相关的记账凭证、原始凭证并与总账核对。通过检查判断会计处理过程是否完整，并据以核实有关的控制制度是否被有效的执行。

3. 审阅内部审计人员或其他被授权人员的定期盘核报告

如果客户的内部审计人员或其他授权人员已定期盘核被审计单位的对外投资证券，注册会计师应认真审阅其盘查报告。审阅时，应注意盘核证券的方法是否正确、盘核的结果与会计账面记录是否存在差异、并确认盘核结果的处理是否适当。如果各期盘核报告的结果均未发现显著的差异，可以说明被审计单位投资业务的内部控制得到了有效的执行。

4. 分析投资业务管理报告

企业在进行对外投资业务之前，管理层通常要对投资项目进行可行性分析与论证，并形成纪要。负责投资业务的人员也会定期向高层管理人员汇报投资业务的基本情况，如资金占用、收益及未来发展前景预测，形成管理报告。注册会计师应对企业的管理报告进行认真分析，判断企业投资业务的管理绩效。

5. 评价投资循环的内部控制

审计人员完成上述测试后，取得了被审计单位投资业务内部控制是否健全、有效的证据，找出投资业务内部控制的强弱点，对内部控制进行评价，确认对投资业务内部控制的依赖程度，进而确定进行实质性程序的重点。

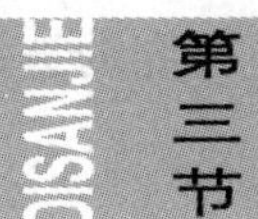

第三节 筹资与投资循环主要账户的审计

一、筹资业务主要账户的审计

筹资业务是与被审计单位取得资金有关的各种活动。包括负债的发生、利息的支付、借款的偿还、债券的还本付息、权益的取得等。

注册会计师对筹资业务的审计目标主要包括：确认被审计单位所记录的各项筹资业务是否确实存在，记录金额是否正确；审查所有与筹资有关的业务是否全部得到记录，入账是否及时；确认负债是否为被审计单位所承担，出资者的投资是否为被审计单位所拥有；审查筹资业务的核算和计价是否正确；审查筹资业务是否以恰当的金额包括在财务报表中；审查筹资业务在财务报表中是否得到恰当的披露。

（一）银行借款的实质性程序

银行借款是被审计单位向银行或其他金融机构借入的款项，偿还期在 1 年以内的为短期借款，偿还期在 1 年以上的为长期借款。对于银行借款的内部控制的实质性程序主要包括以下几个方面：

1. 获取或编制银行借款明细表

注册会计师应获取或编制银行借款明细表，复核其合计数是否正确，并与总账和明细账进行核对。

2. 执行分析性复核

审计人员执行分析性复核主要应关注被审计企业的资产负债率、借款成本水平等指标，将计算结果与本企业以前年度水平及同行业平均水平进行比较，如果发现问题，则需进行进一步审查。

3. 审查借款业务的合法性

注册会计师应审查被审计单位的管理层或上级主管机关关于借款业务的授权，审查被审计单位与银行或其他金融机构签订的借款合同、协议，通过对借款合同、借款协议的审查，了解被审计单位借款数额、借款时间、借款利率，还款日期等详细情况。

4. 审查银行借款的真实性

注册会计师对银行借款真实性的审查，主要采取函证的方法。注册会计师向银行或其他金融机构函证时，主要了解银行借款的金额、期限、有无抵押等内容。询证函可以主要由注册会计师编制寄发，也可由被审计单位代为编制，但必须由注册会计师寄发。注册会计师应将收到的询证函与被审计单位银行借款明细账及总账进行核对。

5. 审查银行存款账户记录的真实性、及时性及准确性

注册会计师应审阅被审计单位借款业务相关的会计凭证、明细账及总账，对被审计单位所借款项的增加额、减少额及相关的利息费用支出额进行详细审查，对被审计单位外币借款所采用的汇率的准确性进行审查，对外币折算差额入账的准确性和及时性进行审查，对会计核算所采用的会计方法进行审查。

6. 审查借款业务在资产负债表中的披露是否恰当

被审计单位从银行或其他金融机构借得的借款，在资产负债表中应分长期借款和短期借款分别列示，对于重大事项在会计报表附注中应单独说明，被审计单位应恰当、公允的披露借款项目的会计信息。

（二）应付债券的实质性程序

通过发行债券方式筹集资金，是许多企业乐于采用的筹资方式。对应付债券的实质性程序主要包括以下几个方面：

1. 取得或编制应付债券明细表

注册会计师应取得或编制应付债券明细表，并将明细表的内容与有关的明细分类账及总账进行核对，以便确认应付债券业务的处理情况。应付债券明细表应包括债券名称、面值、折价或溢价的情况、利息支出情况、应付债券的期初、期末数，本期的增减变动情况等。

2. 审查应付债券业务的合法性

注册会计师通过审查被审计单位债券发行和偿付的有关原始凭证，确认发行债券业务审批手续是否完备、应付债券业务是否真实存在且符合有关法律规定。

3. 审查应付债券业务的真实性

注册会计师应验证结账日应付债券账户的余额是否真实，账实是否相符，是否有漏列的项目存在。注册会计师可以直接向债权人或债券的承销商函证应付债券的真实性。函证的内容主要包括债券的名称、面值、利率、发行日期、发行价格、到期日等。审计人员应将函证的结果与应付债券明细表进行核对，与被审计单位有关明细账和总账进行核对。

4. 审查应付债券业务会计处理的及时性、完整性

注册会计师通过对被审计单位应付债券业务有关的原始凭证和记账凭证、明细分类账和总账的审核，确认被审计单位应付债券业务是否及时、准确、完整的进行了会计处理，折价

和溢价的会计处理是否正确，利息费用的核算是否正确。

5. 审查应付债券在资产负债表中是否得到恰当的披露

被审计单位的应付债券应按不同的类别在资产负债表中分别列示。按规定应付债券在资产负债表中进行披露时，应列在长期负债项下，对于将于1年内到期的应付债券应当单独列示在流动负债项下“1年内到期的长期负债”项目内进行反映。注册会计师应在将明细账和总账核对无误的前提下，重点审核上述内容。

（三）所有者权益的实质性程序

所有者权益是指所有者在企业资产中享有的经济利益，其金额为资产减去负债后的余额。所有者权益包括实收资本（股本）、资本公积、盈余公积和未分配利润。与资产和负债相比，所有者权益的变化是相对稳定的。如果注册会计师对资产和负债进行了充分的审计，证明两者的期初余额、期末余额和本期发生额的变动都是正常的，这在某种程度能够证明所有者权益的期末余额及本期发生额的正确性。但注册会计师并不能因此忽略对所有者权益的审计，但由于所有者权益增减变动的金额都较大，所以，注册会计师在对资产和负债进行了详细、充分的审计后，仍应对所有者权益进行单独审计。

1. 实收资本（或股本）的实质性程序

实收资本（或股本）的实质性审计程序通常包括：

（1）获取或编制实收资本（或股本）增减变动情况明细表，复核加计是否正确，与报表数、总账数和明细账合计数核对是否相符。

（2）查阅公司章程、股东大会、董事会会议记录中有关实收资本（或股本）的规定。收集与实收资本（或股本）变动有关的董事会会议纪要、合同、协议、公司章程及营业执照。公司设立批文、验资报告等法律性文件，并更新永久性档案。

（3）检查实收资本（或股本）增减变动的原因，查阅其是否与董事会纪要、补充合同、协议及其他有关法律性文件的规定一致，逐笔追查至原始凭证，检查其会计处理是否正确。注意有无抽资或变相抽资的情况，如有，应取证核实，作恰当处理。对首次接受委托的客户，除取得验资报告外，还应检查并复印记账凭证及进账单。

（4）对于以资本公积、盈余公积和未分配利润转增资本的，应取得股东（大）会等资料，并审核是否符合国家有关规定。

（5）以权益结算的股份支付，取得相关资料，检查是否符合相关规定。

（6）中外合作企业根据合同规定在合作期间归还投资的，检查的内容有：第一，如系直接归还投资，检查是否符合有关的决议与公司章程和投资协议的规定，款项是否已付出，会计处理是否正确。第二，如系以利润归还投资，还需检查是否与利润分配的决议相符，并检查与利润分配有关的会计处理是否正确。

（7）根据证券登记公司提供的股东名录，检查被审计单位及其子公司、合营企业与联营企业是否有违反规定的持股情况。

（8）以非记账本位币出资的，检查其折算汇率是否符合规定。

（9）检查认股权证及其有关交易，确定委托人及认股人是否遵守认股合约或认股权证中的有关规定。

（10）检查实收资本（或股本）的列报是否恰当。

2. 资本公积的实质性程序

资本公积是企业由于投入资本业务等非正常经营因素而形成的不能记入实收资本的所有者权益。资本公积主要包括：投资者实际交付的出资额超过其资本或股本中所占份额的差额以及直接计入所有者权益的利得和损失等。注册会计师在对资本公积进行审查时，应重点审计以下内容：

（1）获取或编制资本公积明细表，复核加计正确，并与报表数、总账数和明细账合计数核对相符。

（2）收集与资本公积变动有关的股东（大）会决议，董事会会议纪要、资产评估报告等文件资料，更新永久性档案。首次接受委托的，应检查期初资本公积的原始发生依据。

（3）根据资本公积明细账，对股本溢价、其他资本公积各明细的发生额逐项进行审查。

①对股本溢价，应取得董事会会议纪要、股东（大）会决议、有关合同、政府批文，追查至银行收款等原始凭证，结合相关科目的审计，检查会计处理是否正确，注意发行股票溢价收入的计算是否已扣除股票发行费用。

②检查以权益法核算的被投资单位除净损益以外所有者权益的变动，被审计单位是否已按其享有的份额入账，会计处理是否正确；处置该项投资时，应注意是否已转销与其相关的资本公积。

③对拨款转入，审阅有关的拨款批文，检查拨款项目的完成情况，结合专项应付款的审计，检查会计处理是否正确。

④以权益结算的股份支付，取得相关资料，检查在权益工具授予日期和行权日的会计处理是否正确。

⑤对自用房地产或存货转换为采用公允价值计量的投资性房地产，若转换日公允价值大于账面价值，差额是否正确记入本科目，若转换日公允价值小于账面价值，检查差额是否正确计入公允价值变动损益；处置投资性房地产，检查相关的资本公积是否已转销。

⑥对可供出售金融资产形成的资本公积，结合相关科目检查金额和相关会计处理是否正确：第一，当可供出售金融资产转为采用成本或摊余成本计量时，已记入本科目的公允价值变动是否按规定进行了会计处理。第二，当可供出售金融资产发生减值时，已记入本科目的公允价值变动是否转入资产减值损失。第三，当已减值的可供出售金融资产公允价值回升时，区分权益工具和债务工具分别确定其会计处理是否正确。

⑦若有同一控制下企业合并，应结合长期股权投资科目，检查被审计单位（合并方）取得的被合并方所有者权益账面价值的份额与支付的合并对价账面价值的差额计算是否正确。是否依次调整本科目、盈余公积和未分配利润。

⑧被审计单位将回购的本单位股票予以注销、用于奖励职工或转让，其会计处理是否正确。

⑨对于在资产负债表日，满足运用套期会计方法条件的现金流量套期和境外经营净投资套期产生的利得和损失是否进行了正确的会计处理。

⑩对资本公积转增资本，应取得股东（大）会决议、董事会会议纪要和政府批文等，检查资本公积转增资本是否符合有关规定，会计处理是否正确。

（4）检查资本公积各项目，考虑对所得税的影响。

（5）记录资本公积中不能转增资本的项目。

（6）确定资本公积的列报是否恰当。

3. 盈余公积的实质性程序

盈余公积是企业按照国家有关规定，从税后利润中提取的积累资金，是具有特定用途的留存收益。盈余公积包括法定盈余公积和任意盈余公积。盈余公积的主要用途是弥补亏损和转增资本。

注册会计师对盈余公积进行实质性程序，主要审查以下几个方面：

（1）获取或编制盈余公积明细表。注册会计师应首先获取或编制盈余公积明细表，复核加计是否正确，并与报表数、明细账和总账的余额核对。在此基础上，针对盈余公积各明细项目的发生额，逐项审查其原始凭证。

（2）审查盈余公积的提取。注册会计师应主要审查盈余公积的提取是否符合规定并经批准，提取手续是否完备，提取的依据（税后利润）是否真实、正确，提取项目是否完整，提取比例是否合法，有无多提或少提的现象发生。

（3）审查盈余公积使用的合法性。注册会计师应主要审查盈余公积的使用是否符合规定用途并经过批准。

（4）审查盈余公积是否在资产负债表上得到恰当的披露。

4. 未分配利润的实质性程序

未分配利润是指未作分配的净利润，即这部分利润没有分配给投资者，也未指定用途。未分配利润是企业当年税后利润在弥补以前年度亏损、提取公积金和公益金以后加上上年末未分配利润，再扣除向所有者分配的利润后的结余额，是企业留于以后年度分配的利润。它是企业历年积存的利润分配后的余额，也是所有者权益的一个重要组成部分。

未分配利润的实质性程序通常包括：

（1）获取或编制利润分配明细表。复核加计是否正确，与报表数、总账数及明细账合计数核对是否相符。

（2）检查未分配利润期初数与上期审定数是否相符，涉及损益的上期审计调整是否正确入账。

（3）收集和检查与利润分配有关的董事会会议纪要、股东（大）会决议、政府部门批文及有关合同、协议、公司章程等文件资料，更新永久性档案。对照有关规定确认利润分配的合法性。检查对资产负债表日后至财务报告批准报出日之间由董事会或类似机构所制定利润分配方案中拟分配的股利，是否在财务报表附注中单独披露。注意当境内与境外会计师事务所审定的可供分配利润不同时，被审计单位进行利润分配的基数是否正确。

（4）检查本期未分配利润变动除净利润转入以外的全部相关凭证，结合所获取的文件资料，确定其会计处理是否正确。

（5）了解本年利润弥补以前年度亏损的情况，如果已超过弥补期限，且已因为抵扣亏损而确认递延所得税资产的，应当进行调整。

（6）结合以前年度损益调整科目的审计，检查以前年度损益调整的内容是否真实、合理，注意对以前年度所得税的影响。对重大调整事项应逐项核实其发生原因、依据和有关资料，复核数据的正确性。

（7）确定未分配利润的列报是否恰当。

二、投资业务主要账户的审计

与投资相关项目包括：交易性金融资产、可供出售金融资产、持有至到期投资、长期股权投资、投资性房地产、应收利息、投资收益、应收股利等。

投资业务的审计目标主要有：确定资产负债表中记录的投资性资产是否存在；确定所有应当记录的投资性资产是否均已记录；确定记录的投资性资产是否由被审计单位拥有或控制；确定投资性资产是否以恰当的金额包括在财务报表中，与之相关的计价调整是否已恰当记录；确定投资性资产是否已按照企业会计准则的规定在财务报表中作出恰当列报。

（一）交易性金融资产的实质性程序

交易性金融资产的实质性程序通常包括：

（1）对期末结存的相关交易性金融资产，向被审计单位核实其持有目的，检查本科目核算范围是否恰当。

（2）获取股票、债券及基金等交易流水单及被审计单位证券投资部门的交易记录，与明细账核对，检查会计记录是否完整、会计处理是否正确。

（3）监盘库存交易性金融资产，并与相关账户余额进行核对，如有差异，应查明原因，并作出记录或进行适当调整。

（4）向相关金融机构发函询证交易性金融资产期末数量以及是否存在变现限制（与存出投资款一并函证），并记录函证过程。取得回函时应检查相关签章是否符合要求。

（5）复核与交易性金融资产相关的损益计算是否准确，并与公允价值变动损益及投资收益等有关数据核对。

（6）复核股票、债券及基金等交易性金融资产的期末公允价值是否合理，相关会计处理是否正确。

（二）可供出售金融资产的实质性程序

可供出售金融资产的实质性程序通常包括：

（1）获取可供出售金融资产明细表，复核加计是否正确，并与总账数和明细账合计数核对相符；获取可供出售金融资产对账单，与明细账核对，并检查其会计处理是否正确。

（2）检查库存可供出售金融资产，并与相关账户余额进行核对，如有差异，应查明原因，并作出记录或进行适当调整。

（3）向相关金融机构发函询证可供出售金融资产期末数量，并记录函证过程。取得回函时应检查相关签章是否符合要求。

（4）对期末结存的可供出售金融资产，向被审计单位核实其持有目的，检查本科目核算范围是否恰当。

（5）复核可供出售金融资产的期末公允价值是否合理，检查会计处理是否正确。

（6）如果可供出售金融资产的公允价值发生较大幅度下降，并且预期这种下降趋势属于非暂时性的，应当检查被审计单位是否计提资产减值准备，计提金额和相关会计处理是否正确。

（7）复核可供出售金融资产划转为持有至到期投资的依据是否充分，会计处理是否正确。

（三）持有至到期投资的实质性程序

持有至到期投资的实质性程序通常包括：

（1）获取持有至到期投资明细表，复核加计是否正确，并与总账数和明细账合计数核对相符；获取持有至到期投资对账单，与明细账核对，并检查其会计处理是否正确。

（2）检查库存持有至到期投资，并与账面余额进行核对，如有差异，应查明原因，并作出记录或进行适当调整。

（3）向相关金融机构发函询证持有至到期投资期末数量，并记录函证过程。取得回函时应检查相关签章是否符合要求。

（4）对期末结存的持有至到期投资资产，核实被审计单位持有的目的和能力，检查本科目核算范围是否恰当。

（5）抽取持有至到期投资增加的记账凭证，注意其原始凭证是否完整合法，成本、交易费用和相关利息的会计处理是否符合规定。

（6）根据相关资料，确定债券投资的计息类型，结合投资收益科目，复核计算利息采用的利率是否恰当，相关会计处理是否正确，检查持有至到期投资持有期间收到利息的会计处理是否正确。检查债券投资票面利率和实际利率有较大差异时，被审计单位采用的利率及其计算方法是否正确。

（7）检查当持有目的改变时，持有至到期投资划转为可供出售金融资产的会计处理是否正确。

（四）长期股权投资的实质性程序

长期股权投资的实质性程序通常包括：

（1）获取或编制长期股权投资明细表，复核加计是否正确，并与总账数和明细账合计数核对相符；结合长期股权投资减值准备科目与报表数核对相符。

（2）根据有关合同和文件，确认股权投资的股权比例和持有时间，检查股权投资核算方法是否正确。

（3）对于重大投资，向被投资单位函证被审计单位的投资额、持股比例及被投资单位发放的股利等情况。

（4）对于应采用权益法核算的长期股权投资，获取被投资单位已经注册会计师审计的年度财务报表，如果未经注册会计师审计，则应考虑对被投资单位的财务报表实施适当的审计或审阅程序：

①复核投资收益时，应以取得投资时被投资单位各项可辨认资产等的公允价值为基础，对被投资单位的净利润进行调整后加以确认；被投资单位采用的会计政策及会计期间与被审计单位不一致的，应当按照被审计单位的会计政策及会计期间对被投资单位的财务报表进行调整，据以确认投资损益。

②检查按权益法核算长期股权投资，在确认应分担被投资单位发生的净亏损时，应首先冲减长期股权投资的账面价值，其次冲减其他实质上构成对被投资单位净投资的长期权益账面价值（如长期应收款等）；如果按照投资合同和协议约定仍需承担额外损失义务的，应按预计承担的义务确认预计负债。

（5）对于采用成本法核算的长期股权投资，检查股利分配的原始凭证及分配决议等。

（6）对于成本法和权益法相互转换的，检查其投资成本的确定是否正确。

（7）确定长期股权投资的增减变动的记录是否完整。

（8）期末对长期股权投资进行逐项检查，以确定长期股权投资是否已经发生减值。

（9）确定长期股权投资在资产负债表上已恰当列报。与被审计单位人员讨论确定是否存在被投资单位由于所在国家和地区及其他方面的影响，其向被审计单位转移资金的能力受到限制的情况。

（五）投资收益的实质性程序

投资收益的实质性程序通常包括：

（1）获取或编制投资收益分类明细表，复核加计正确，并与总账数和明细账合计数核对相符，与报表数核对相符。

（2）与以前年度投资收益比较，结合投资本期的变动情况，分析本期投资收益是否存在异常现象。如有，应查明原因，并作出适当的调整。

（3）与长期股权投资、交易性金融资产、交易性金融负债、可供出售金融资产、持有至到期投资等相关项目的审计结合，验证确定投资收益的记录是否正确，确定投资收益被计入正确的会计期间。

（4）确定投资收益已恰当列报。检查投资协议等文件，确定国外投资收益汇回是否存在重大限制，若存在重大限制，应说明原因，并作出恰当披露。

DISIJIE 第四节 筹资与投资循环其他相关账户的审计

一、其他应收款的审计

（一）其他应收款的审计目标

其他应收款的审计目标一般包括：确定资产负债表中记录的其他应收款是否存在；确定所有应当记录的其他应收款是否均已记录；确定记录的其他应收款是否由被审计单位拥有或控制；确定其他应收款是否以恰当的金额包括在财务报表中，与之相关的计价调整是否已恰当记录；确定其他应收款是否已按照企业会计准则的规定在财务报表中作出恰当列报。

（二）其他应收款的实质性程序

其他应收款的实质性程序通常包括：

（1）获取或编制其他应收款明细表，复核加计是否正确，并与报表数、总账数和明细账合计数核对是否相符；检查其他应收款的账龄分析是否正确；分析有贷方余额的项目，查明原因，必要时作重分类调整；结合应收账款明细余额查验是否有双方同时挂账的项目，核算内容是否重复，必要时作出适当调整；标明应收关联方（包括持股5%以上的股东）的款项，并注明合并报表时应予抵销的数字。

（2）判断选择一定金额以上、账龄较长或异常的明细账户余额发函询证，编制函证结果汇总表。

（3）对发出询证函未能收到回函的样本，采用替代审计程序，如查核下期明细账，或追踪至其他应收款发生时的原始凭证。特别注意是否存在抽逃资金、隐藏费用的现象。

（4）检查资产负债表日后的收款事项，确定有无未及时入账的债权。

(5) 分析明细账户，对于长期未能收回的项目，应查明原因，确定是否可能发生坏账损失。

(6) 对非记账本位币结算的其他应收款，检查其采用的折算汇率是否正确。

(7) 检查转作坏账损失的项目，是否符合规定并办妥审批手续。

(8) 检查其他应收款的列报是否恰当。

二、其他应付款的审计

(一) 其他应付款的审计目标

其他应付款的审计目标一般包括：确定资产负债表中记录的其他应付款是否存在；确定所有应当记录的其他应付款是否均已记录；确定记录的其他应付款是否为被审计单位应当履行的现时义务；确定其他应付款是否以恰当的金额包括在财务报表中，与之相关的计价调整是否已恰当记录；确定其他应付款是否已按照企业会计准则的规定在财务报表中作出恰当列报。

(二) 其他应付款的实质性程序

其他应付款的实质性程序通常包括：

(1) 获取或编制其他应付款明细表，复核加计是否正确，并与报表数、总账数和明细账合计数核对是否相符；分析有借方余额的项目，查明原因，必要时作重分类调整；结合应付账款、其他应付款明细余额，查明有否双方同时挂账的项目，核算内容是否重复，必要时作重分类调整；标出应付关联方（包括持股5%以上的股东）的款项，并注明合并报表时应抵销的金额。

(2) 请被审计单位协助，在其他应付款明细表上标出截止审计日已支付的其他应付款项，抽查付款凭证、银行对账单等，并注意这些凭证发生日期的合理性。

(3) 判断选择一定金额以上和异常的明细余额，检查其原始凭证，并考虑向债权人发函询证。

(4) 对非记账本位币结算的其他应付款，检查其折算汇率是否正确。

(5) 审核资产负债表日后的付款事项，确定有无未及时入账的其他应付款。

(6) 检查长期未结的其他应付款，并作妥善处理。

(7) 检查其他应付款中关联方的余额是否正常，如数额较大或有其他异常现象，应查明原因，追查至原始凭证并作适当披露。

(8) 检查其他应付款的列报是否恰当。

三、长期应付款的审计

(一) 长期应付款的审计目标

长期应付款的审计目标一般包括：确定资产负债表中记录的长期应付款是否存在；确定所有应当记录的长期应付款是否均已记录；确定记录的长期应付款是否为被审计单位应当履行的现时义务；确定长期应付款是否以恰当的金额包括在财务报表中，与之相关的计价调整是否已恰当记录；确定长期应付款是否已按照企业会计准则的规定在财务报表中作出恰当列报。

（二）长期应付款的实质性程序

长期应付款的实质性程序通常包括：

（1）获取或编制长期应付款明细表，复核加计是否正确，并与报表数、总账数和明细账合计数核对是否相符；检查长期应付款的内容是否符合企业会计准则的规定。

（2）检查各项长期应付款相关的契约。有无抵押情况。对融资租赁固定资产应付款，还应审阅融资租赁合约规定的付款条件是否履行，检查授权批准手续是否齐全，并作适当记录。

（3）向债权人函证重大的长期应付款。

（4）检查各项长期应付款本息的计算是否准确，会计处理是否正确。

（5）检查与长期应付款有关的汇兑损益是否按规定进行了会计处理。

（6）检查长期应付款的列报是否恰当，注意1年内到期的长期应付款应列入流动负债。

四、所得税费用的审计

所得税费用容易发生错报的几个方面包括：根据税法，将会计利润调整为应纳税所得额（包括永久性差异引起的调整）；根据资产负债的账面价值与计税基础之间存在的差异，确定或调整递延所得税资产和递延所得税负债，并结合当期应纳所得税额，倒轧出所得税费用；递延所得税负债确认的完整性和递延所得税资产的可实现性。审计时，应当重点围绕这几个问题进行。

（一）所得税费用的审计目标

所得税费用的审计目标一般包括：确定利润表中记录的所得税费用是否已发生，且与被审计单位有关；确定所有应当记录的所得税费用是否均已记录；确定与所得税费用有关的金额及其他数据是否已恰当记录；确定所得税费用是否已记录于正确的会计期间；确定被审计单位记录的所得税费用是否已记录于恰当的账户；确定所得税费用是否已按照企业会计准则的规定在财务报表中作出恰当列报。

（二）所得税费用的实质性程序

所得税费用的实质性程序通常包括：

（1）获取或编制所得税费用明细表、递延所得税资产明细表、递延所得税负债明细表，核对与明细账合计数、总账及报表数是否相符。

（2）根据审计结果和税法规定，核实当期的纳税调整事项，确定应纳税所得额，计算当期所得税费用。

（3）根据期末资产及负债的账面价值与其计税基础之间的差异，以及未作为资产和负债确认的项目的账面价值与按照税法的规定确定的计税基础的差异，计算递延所得税资产、递延所得税负债期末应有余额，并根据递延所得税资产、递延所得税负债期初余额，倒轧出递延所得税费用（收益）。

（4）将当期所得税费用与递延所得税费用之和与利润表上的“所得税”项目金额相核对。

（5）确定所得税费用是否已在财务报表中恰当列报。

五、递延所得税资产的审计

（一）递延所得税资产的审计目标

递延所得税资产的审计目标一般包括：确定资产负债表中记录的递延所得税资产是否存在；确定所有应当记录的递延所得税资产是否均已记录；确定记录的递延所得税资产是否由被审计单位拥有或控制；确定递延所得税资产是否以恰当的金额包括在财务报表中，与之相关的计价调整是否已恰当记录；确定递延所得税资产是否已按照企业会计准则的规定在财务报表中作出恰当列报。

（二）递延所得税资产的实质性程序

递延所得税资产的实质性程序通常包括：

（1）获取或编制递延所得税资产明细表，复核加计是否正确，并与报表数、总账数和明细账合计数核对是否相符。

（2）检查被审计单位采用的会计政策是否恰当，前后期是否一致。

（3）检查被审计单位用于确认递延所得税资产的税率是否正确。

（4）检查递延所得税资产增减变动记录，以及可抵扣暂时性差异的形成原因，确定是否符合有关规定、计算是否正确，预计转销期是否适当，并特别关注以下事项：

①对根据税法规定可用以后年度税前利润弥补的亏损及税款抵减所形成的递延所得税资产，检查其计算及会计处理是否正确。

②对非同一控制下企业合并中取得资产、负债的入账价值与其计税基础不同形成的可抵扣暂时性差异，检查其计算及会计处理是否正确。

③检查是否存在同时具有下列特征的交易因资产或负债的初始确认而产生的递延所得税资产不应予以确认，而被审计单位予以确认的情况：第一，该项交易不是企业合并。第二，交易发生时既不影响会计利润也不影响应纳税所得额（或可抵扣亏损）。

④检查被审计单位对子公司、联营企业及合营企业投资相关的可抵扣暂时性差异。在同时满足下列条件时，是否确认相应的递延所得税资产：第一，暂时性差异在可预见的未来很可能转回。第二，未来很可能获得用来抵扣可抵扣暂时性差异的应纳税所得额。

（5）检查被审计单位是否在资产负债表日对递延所得税资产的账面价值进行复核，如果预计未来期间很可能无法获得足够的应纳税所得额用以抵扣递延所得税资产，应当减记递延所得税资产的账面价值。

（6）当适用税率发生变化时，检查被审计单位是否对递延所得税资产进行重新计量，对其影响数的会计处理是否正确。

（7）检查递延所得税资产的列报是否恰当。

六、递延所得税负债的审计

（一）递延所得税负债的审计目标

递延所得税负债的审计目标一般包括：确定资产负债表中记录的递延所得税负债是否存在；确定所有应当记录的递延所得税负债是否均已记录；确定资产负债表中记录的递延所得税负债是否为被审计单位应当履行的偿还义务；确定递延所得税负债是否以恰当的金额包括在财务报表中，与之相关的计价调整是否已恰当记录；确定递延所得税负债是否已按照企业会计准则的规定在财务报表中作出恰当列报。

（二）递延所得税负债的实质性程序

递延所得税负债的实质性程序通常包括：

（1）获取或编制递延所得税负债明细表，复核加计正确，并与报表数、总账数和明细账合计数核对相符。

（2）检查被审计单位采用的会计政策是否恰当，前后期是否一致。

（3）检查被审计单位用于确认递延所得税负债的税率是否正确。

（4）检查递延所得税负债增减变动记录，以及应纳税暂时性差异的形成原因确定是否符合有关规定，计算是否正确，预计转销期是否适当，并特别关注以下事项：

①对非同一控制下企业合并中取得资产、负债的入账价值与其计税基础不同形成的应纳税暂时性差异，检查其计算及会计处理是否正确。

②检查是否存在下列交易中产生的递延所得税负债不应予以确认，而被审计单位予以确认的情况：第一，商誉的初始确认。第二，同时具有下列特征的交易中产生的资产或负债的初始确认：该项交易不是企业合并；交易发生时既不影响会计利润也不影响应纳税所得额（或可抵扣亏损）。

③检查是否存在被审计单位对子公司、联营企业及合营企业投资相关的应纳税暂时性差异，在同时满足下列条件时，不应确认相应的递延所得税负债而被审计单位予以确认的情况：第一，被审计单位能够控制暂时性差异的转回时间。第二，该暂时性差异在可预见的未来很可能不会转回。

（5）当适用税率发生变化时，检查被审计单位是否对递延所得税负债进行重新计量，对其影响数的会计处理是否正确。

（6）检查递延所得税负债的列报是否恰当。

七、资产减值损失的审计

利润表项目“资产减值损失”和相关的资产减值准备审计是一个问题的两个方面。

资产减值准备包括坏账准备、存货跌价准备、长期股权投资减值准备、可供出售金融资产减值准备、持有至到期投资减值准备、投资性房地产减值准备、固定资产减值准备、工程物资减值准备、在建工程减值准备、无形资产减值准备、商誉减值准备等项目。根据企业会计准则的规定，不同类别资产的减值，使用不同的准则。

（一）资产减值损失的审计目标

资产减值损失的审计目标一般包括：确定利润表中记录的资产减值损失是否已发生，且与被审计单位有关；确定应当记录的资产减值损失是否均已记录；确定与资产减值损失有关的金额及其他数据是否已恰当记录；确定资产减值损失是否已记录于正确的会计期间；确定资产减值损失是否已记录于恰当的账户；确定资产减值损失是否已按照企业会计准则的规定在财务报表中作出恰当列报。

（二）资产减值损失的实质性程序

资产减值损失的实质性程序通常包括：

（1）获取或编制资产减值损失明细表，复核加计是否正确，并与报表数、总账数和明细账合计数核对是否相符。

（2）检查资产减值损失核算内容是否符合规定。

（3）对本期增减变动情况检查如下：

①对本期增加及转回的资产减值损失，与坏账准备等科目进行交叉勾稽。

②对本期转销的资产减值损失，结合相关资产科目的审计，检查会计处理是否正确。

（4）检查资产减值损失的披露是否恰当。

八、营业外收入的审计

（一）营业外收入的审计目标

营业外收入的审计目标一般包括：确定利润表中记录的营业外收入是否已发生，且与被审计单位有关；确定所有应当记录的营业外收入是否均已记录；确定与营业外收入有关的金额及其他数据是否已恰当记录；确定营业外收入是否已记录于正确的会计期间；确定营业外收入是否已记录于恰当的账户；确定营业外收入是否已按照企业会计准则的规定在财务报表中作出恰当的列报。

（二）营业外收入的实质性程序

营业外收入的实质性程序通常包括：

（1）获取或编制营业外收入明细表，复核加计是否正确，并与报表数、总账数及明细账合计数核对是否相符。

（2）检查营业外收入的核算内容是否符合会计准则的规定。

（3）抽查营业外收入中金额较大或性质特殊的项目，审核其内容的真实性和依据的充分性。

（4）对营业外收入中各项目，包括非流动资产处理利得、非货币性资产交换利得、债务重组利得、政府补助、盘盈利得、接受捐赠利得等相关账户记录核对相符，并追查至相关原始凭证。

（5）检查营业外收入的列报是否恰当。

九、营业外支出的审计

（一）营业外支出的审计目标

营业外支出的审计目标一般包括：确定利润表中记录的营业外支出是否已发生，且与被审计单位有关；确定所有应当记录的营业外支出是否均已记录；确定与营业外支出有关的金额及其他数据是否已恰当记录；确定营业外支出是否已记录于正确的会计期间；确定营业外支出是否已记录于恰当的账户；确定营业外支出是否已按照企业会计准则的规定在财务报表中作出恰当的列报。

（二）营业外支出的实质性程序

营业外支出的实质性程序通常包括：

（1）获取或编制营业外支出明细表，复核加计是否正确，并与报表数、总账数及明细账合计数核对是否相符。

（2）检查营业外支出内容是否符合会计准则的规定。

（3）对营业外支出的各项目，包括非流动资产处理损失、非货币性资产交换损失、债务重组损失、盘亏损失、公益性捐赠支出等，与固定资产、无形资产等相关账户记录核对相符，并追查至相关原始凭证。

（4）检查是否存在非公益性捐赠支出、税收滞纳金、罚金、罚款支出、各种赞助会费支出，必要时进行应纳税所得额调整。

（5）对非常损失应详细检查有关资料、被审计单位实际损失和保险理赔情况及审批文件，检查有关会计处理是否正确。

（6）检查营业外支出的列报是否恰当。

本章小结

筹资活动是指企业为满足生存和发展的需要，通过改变企业资本及债务规模和构成而筹集资金的活动。投资活动是指企业为享有被投资单位分配的利润，或为谋求其他利益，将资产让渡给其他单位而获得另一项资产的活动。

筹资涉及的主要业务活动有筹资的审批授权；签订合同或协议；取得资金；计算利息或股息；偿还本息或发放股利。投资涉及的主要业务活动有投资的审批授权；取得投资；取得投资收益；转让债券或其他投资等。

筹资活动涉及的凭证及账簿记录包括债券；股票；债券契约；股东名册；公司债券存根簿；承销或包销协议；借款合同或协议；有关的记账凭证；有关会计科目的会计账簿等。投资活动涉及的主要凭证及账簿记录：股票或债券；经纪人通知书；债券契约；被投资企业的章程及有关投资协议；股票或债券登记簿；有关的记账凭证；有关会计科目涉及的会计账簿等。

而熟悉筹资与投资业务循环相关的内部控制制度是注册会计师进行内部控制测试，评价被审计单位风险及设计适当的进一步审计程序的基础。筹资循环的内部控制包括筹资的授权审批控制；职责分离控制；会计控制；实物保管的控制；筹资业务在资产负债表上能够得到恰当的披露等。投资循环的内部控制包括合理的职责分工；健全的资产保管制度；完善的会计核算制度；严格的记名登记制度；完善的定期盘点制度等。

该循环主要账户的审计包括：筹资业务涉及的借款业务、应付债券、所有者权益各项目的实质性程序；投资业务涉及的交易性金融资产、可供出售金融资产、持有至到期投资、长期股权投资等项目的实质性程序。

该循环其他相关账户的审计包括：其他应收款、其他应付款、长期应付款、所得税费用、递延所得税资产、递延所得税负债、资产减值损失、营业外收入和营业外支出的实质性程序等。

本章的重点是在熟悉筹资和投资业务活动的基础上，如何恰当判断需进行哪些内部控制测试程序，如何根据内部控制测试情况并结合筹资与投资循环相关科目的特点，设计进一步审计程序，以便获取充分、适当的审计证据，对被审计单位筹资与投资活动发表恰当的审计意见。

筹资活动审计

投资活动审计
银行借款审计
所有者权益审计
应付债券审计

一、问答题

1. 筹资循环包括哪些主要业务活动？在办理具体业务时，主要应用哪些账户和凭证？
2. 筹资循环的审计目标是如何表述的？
3. 筹资循环的内部控制分别包括哪些主要环节？如何进行控制测试？
4. 注册会计师需对筹资循环涉及的哪些主要会计科目进行实质性程序？
5. 投资循环包括哪些主要业务活动？在办理具体业务时，主要应用哪些账户和凭证？
6. 投资循环的审计目标是如何表述的？
7. 投资循环的内部控制分别包括哪些主要环节？如何进行控制测试？
8. 注册会计师需对投资循环涉及的哪些主要会计科目进行实质性程序？

二、业务题

1. 资料：注册会计师周放2008年2月11日在对星火公司2007年财务报表进行审计时，从星火集团的会计账簿、凭证、报表及有关记录中，除发现以下问题外，其他审核无误。

（1）在审计实收资本时，发现2007年该公司由于扩大生产经营的需要，吸收了新的投资——大地实业有限公司的投资。投资前星火公司的账面价值如下：实收资本50000000元（金鑫公司和未来公司各占50%），资本公积10000000元，盈余公积8000000元，未分配利润2000000元。协议规定：大地公司投资14000000元，占注册资本的20%，该公司已办理增资手续。大地公司实际投入货币资金14000000元，已全部存入银行。该公司财务处理为：

借：银行存款　　　　　　　　　　14000000
　　贷：实收资本　　　　　　　　　　14000000

（2）2006年经批准该公司出资1000000元成立一全资子公司——名新公司，注册资本已到位，名新公司财务处理为：

借：银行存款　　　　　　　　　　1000000
　　贷：实收资本——星火公司　　　　1000000

但周放在审计往来账时，却发现名新公司成立不久之后，根据一张转账支票存根，作如下财务处理：

借：其他应付款——星火公司　　　　1000000
　　贷：银行存款　　　　　　　　　　1000000

经查实，星火公司和名新公司无其他往来存在。

2. 资料：中兴公司2007年度财务报表净利润为1800万元，2008年3月9日对外公布财务报表。注册会计师李军审计中兴公司2007年度会计报表时，发现：

（1）由于验资后中兴公司长期占用被投资单位N公司的资金，公司根据占用资金数额冲减了长期股权投资——N公司的账面价值。

（2）E公司系中兴公司于2007年1月1日在国外投资设立的联营公司，其2007年度会计报表反映的净利润为3600万元。中兴公司占E公司45%的股权比例，对其财务和经营政策具有重大影响，故在2007年度会计报表中采用权益法确认了该项投资收益1620万元。E公司2007年度会计报表未经任何注册会计师审计。

（3）中兴公司拥有K公司一项长期股权投资，账面价值500万元，持股比例30%。2007年12月31日，中兴公司与Y公司签署投资转让协议，拟以450万元的价格转让该项长期股权投资，已收到价款300万元，但尚未办理产权过户手续。中兴公司以该项长期股权投资正在转让之中为由，不再计提减值准备。

要求：针对上述事项，注册会计师应当提出什么建议？

业务题参考答案

1. 注册会计师的审计意见如下：

（1）大地公司投入资本超过应投入的注册资本（12500000元）的部分应计入“资本公积”，所以应调整：

借：实收资本　　1500000

　　贷：资本公积　　1500000

此外，大地公司少投资160万元。因星火公司原有资本公积10000000元，盈余公积8000000元，未分配利润2000000元，大地公司也必须追加投资：（20000000/80%）×20%=500（万元），因大地公司已追加150万元，故还应追加投资350万元才公平。

（2）从名新公司2笔经济业务可以看出：星火公司的投资可能是假投资。该公司在名新公司成立不久收回了投资，使名新公司成了一个空壳公司。名新公司应尽快追回投资。

2.（1）由于中兴公司不能随意冲减长期股权投资，且不同性质的科目不能随意冲销。注册会计师应当建议中兴公司把占款与长期股权投资的冲销原渠道冲回，但需要在财务报表附注中披露关联方占用资金的事项。

（2）因为E公司2007年度财务报表未经任何注册会计师审计且在海外，注册会计师无法获取充分、适当的审计证据证实2007年度财务报表中采用权益法确认了该项投资收益1620万元，审计范围受到广泛的限制（中兴公司的年利润才1800万元），注册会计师考虑发表无法表示意见的审计报告。

（3）由于尚未办理产权转移手续，不知道股权转让是否完成。注册会计师应当追加审计程序，以查明中兴公司长期股权转让是否真正完成。如果查明股权转让确实已经完成了，应当建议中兴公司处置该项长期股权投资；如果股权转让尚没有真正完成，应当建议中兴公司根据长期股权投资的可收回性计提减值准备。

第十一章 DI SHI YI ZHANG

货币资金审计

本章要点

- 了解货币资金与各业务循环的关系和审计范围
- 熟悉货币资金的内部控制及其测试方法
- 掌握库存现金的实质性程序
- 掌握银行存款的实质性程序

现代审计主要是财务报表审计。在前面第七章~第十章中均是从业务循环的角度阐述如何对一个企业的业务活动进行审计。而在业务循环审计中为了突出重点同时也为避免重复，没有详细阐述货币资金项目的审计，本章将介绍货币资金审计。

DIYIJIE 第一节 货币资金审计概述

货币资金审计，是指注册会计师对企业货币资金业务的收付和结存情况所进行的审计。货币资金是企业进行生产经营活动不可缺少的重要资产，具有支付手段和流通手段的职能，流动性极强，因而也易成为犯罪分子贪污舞弊的直接对象。所以加强货币资金的审计监督对于维护财经纪律，打击犯罪行为，保证资产的安全完整具有十分重要的意义。

一、货币资金与各业务循环的关系

货币资金是指企业处于货币形态的资金。货币资金是企业资产中流动性最强的一种资产。任何企业进行生产经营活动都必须持有一定数额的货币资金，持有货币资金是企业生产经营活动的基本条件，货币资金在企业的会计核算中占有重要的位置。根据货币资金存放地点及其用途的不同，货币资金分为库存现金、银行存款及其他货币资金。

货币资金是企业资金运动的起点和终点，它与前述的各个业务循环交易都有直接或间接的关系，可以说，货币资金是各个循环的枢纽。在销售和收款循环中会涉及到货币资金的流入，在采购和付款循环、生产和存货循环中会涉及到货币资金的流出，在筹资与投资循环中会涉及到货币资金的流入与流出，货币资金与各业务循环的关系如图 11－1 所示。

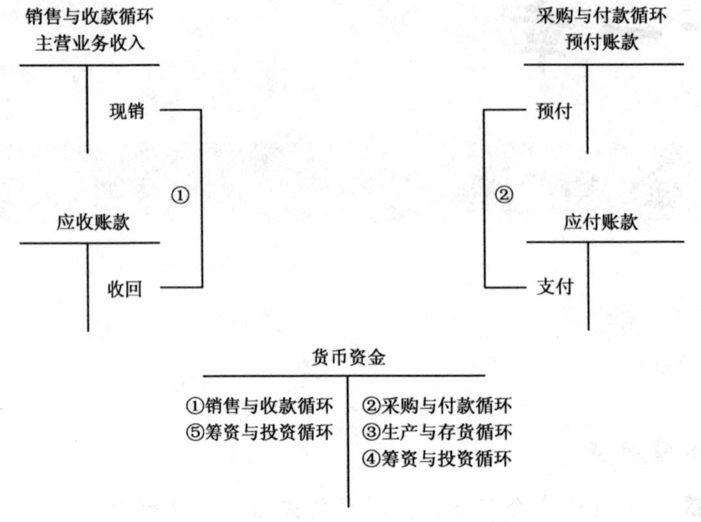

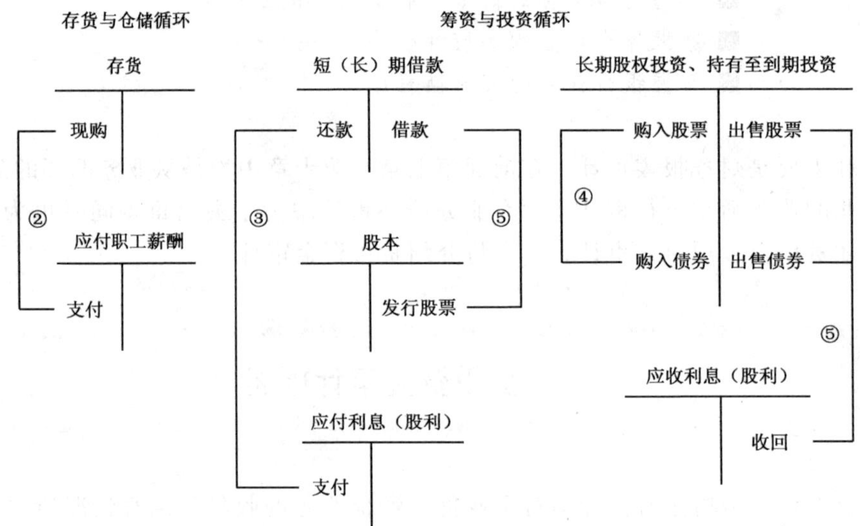

图 11－1　货币资金与各交易循环的关系

二、货币资金的审计范围

货币资金的审计范围是指货币资金所涉及的领域和所需审查的资料，不仅包括库存现金和存入银行或其他金融机构的存款，还包括企业到外地进行临时或零星采购而汇往采购地开立的采购专户款项所形成的外埠存款和企业为取得银行汇票而存入银行款项所形成的银行汇票存款等。具体包括：

（1）企业有关货币资金的内部控制制度的健全性及有效性。

（2）证实货币资金收入与支出活动的合规性、合法性及其余额的真实性、正确性的凭证、账簿和报表资料。主要有：第一，有关的原始凭证主要有进账单、收据、借款单等。第二，有关的记账凭证有收款凭证、付款凭证。第三，有关的账簿主要有库存现金日记账和总账、银行存款日记账和总账、备用金或其他应收款明细账和总账。第四，报表项目主要有货币资金项目。第五，其他资料有现金盘点表、银行对账单、银行存款余额调节表、与被审计单位开户银行往来询证函等。

DIERJIE 第二节 货币资金内部控制测试

注册会计师应先对货币资金进行内部控制测试，以确定实质性程序的性质、时间和范围。

一、货币资金的内部控制

由于货币资金是企业流动性最强的资产，最容易出现差错，因此，企业必须加强对货币资金的管理，建立完善的货币资金内部控制制度，以确保货币资金收支的正确性、会计记录的完整性、资金保管的安全性。

良好的货币资金内部控制制度应包括下述内容：

（一）职责分工

要求现金由出纳部门专人负责保管。当日现金收入要及时送存银行；出纳部门保证其安全性；现金的保管与会计记录的岗位分离；银行对账单的核对与出纳的岗位分离；货币资金收支业务与会计记录的岗位分离等。

（二）授权批准

在收付货币资金前，必须经过业务负责人批准。如，出差人员借支差旅费、购买办公用品等货币资金的支出必须经过授权。

（三）凭证和记录

要求货币资金的收入和支出应有合理、合法的凭据；货币资金的收入和支出应及时、准确入账；支票应连续编号、空白支票应严格保管，作废支票应加盖“作废”戳记；收付资金必须以经会计人员审核无误的原始凭证及据此编制的记账凭证为依据，会计人员对有关凭证进行审核后，出纳员方可收付资金；应根据已完成的货币资金收付业务及已编号并加盖货币资金收付戳记的记账凭证，每日按顺序及时准确地记入货币资金日记账。

（四）定期盘点与核对

要求定期盘点库存现金，并与库存现金日记账、总账核对；定期核对银行存款日记账和银行对账单，并编制银行存款余额调节表，以做到账实相符。

二、货币资金的内部控制测试

（一）了解货币资金内部控制

注册会计师可以通过检查企业有关内部控制手册、流程图，或者询问被审计单位会计、出纳等相关人员，来了解货币资金内部控制制度的设计和实际执行情况。对于小企业，由于其业务流程比较简单，可以采用文字表述的方式对被审计单位内部控制制度的健全程度和执行情况进行书面描述。对于大企业，由于其规模较大，内部控制制度较复杂，通常采用调查表和流程图的方式进行了解。若年度审计工作底稿已有以前年度的流程图，注册会计师可根据调查结果进行修正，以供本年度审计之用。了解货币资金内部控制时，注册会计师应当注意检查货币资金内部控制是否建立并严格执行。

（二）对货币资金内部控制进行初步评价

对货币资金内部控制的初步评价主要包括下述内容：

（1）款项的收支是否按规定的程序和权限办理。

（2）是否存在与本单位经营无关的款项的收支情况。

（3）是否存在出租、出借银行账户的情况。

（4）出纳与会计的岗位、职责是否严格分离。

（5）货币资金是否妥善保管，是否定期进行盘点、核对等。

对货币资金内部控制进行初步评价的目的在于确定注册会计师是否应该依赖内部控制。如果准备依赖，则应对内部控制实施控制测试，否则应直接实施实质性程序。

（三）抽取并检查收款凭证，检查相关会计记录

为测试货币资金收款的内部控制，注册会计师应选取适当的收款凭证作为样本，进行如下检查：

（1）核对收款凭证与存入银行账户的日期和金额是否相符。

（2）核对库存现金、银行存款日记账的收入金额是否正确。

（3）核对收款凭证与银行对账单是否相符。

（4）核对收款凭证与应收账款等相关明细账的有关记录是否相符。

（5）核对实收金额与销货发票等相关凭据所列金额是否一致。

（四）抽取并审查付款凭证，检查相关会计记录

为测试货币资金付款的内部控制，注册会计师应选取适当的货币资金付款凭证作为样本进行如下检查：

（1）检查付款的授权批准手续是否符合规定。

（2）核对库存现金、银行存款日记账的付出金额是否正确。

（3）核对付款凭证与银行对账单是否相符。

（4）核对付款凭证与应付账款等相关明细账的有关记录是否一致。

（5）核对实付金额与购货发票等相关凭据所列金额是否相符。

（五）抽取一定期间的现金、银行存款日记账与总账核对

（1）抽取一定期间的库存现金、银行存款日记账，检查其有无计算错误，加总是否正确无误。如果注册会计师在检查中发现问题较多，说明被审计单位货币资金的会计记录不够可靠。

（2）根据日记账提供的线索，核对总账中的库存现金、银行存款、应收账款、应付账款等有关账户的记录是否相符。

（六）抽取一定期间银行存款余额调节表，查验其是否按月正确编制并经复核

为证实银行存款记录的正确性，注册会计师必须抽取一定期间的银行存款余额调节表，将其与银行对账单、银行存款日记账及总账进行核对，确定被审计单位是否按月正确编制并复核银行存款余额调节表。

（七）检查外币资金的折算方法是否符合有关规定，是否与上年度一致

对于有外币现金、外币银行存款的被审计单位，注册会计师应检查外币库存现金日记账、外币银行存款日记账及“财务费用”、“在建工程”等账户的记录，确定企业有关外币库存现金、外币银行存款的增减变动是否采用交易发生日的即期汇率将外币折算为记账本位币，或者采用按照系统合理的方法确定的、与交易发生日即期汇率近似的汇率折合为记账本位币，选用汇率的方法是否前后期保持一致；检查企业的外币货币资金账户的余额是否按期末即期汇率折合为记账本位币金额，折算差额的会计处理是否正确。

（八）评价货币资金的内部控制

在完成上述程序后，即可对货币资金的内部控制进行评价。评价时，注册会计师可针对货币资金内部控制制度可信赖的程度以及存在的薄弱环节和缺点，据以确定在货币资金实质性程序中对哪些环节可以适当减少审计程序，哪些环节应增加审计程序，需要重点检查，以减少审计风险。

DISANJIE 第三节 货币资金的实质性程序

由于企业内部控制存在固有的缺陷，即使评估的控制风险较低，会计报表也可能存在错报或漏报，所以在对货币资金内部控制评价的基础上，注册会计师仍然要对该项目进行实质性程序。

一、库存现金的实质性程序

（一）库存现金的审计目标

库存现金包括企业的人民币和外币。现金是企业资产中流动性最强的一种资产。尽管其在企业资产总额中比重不大，但企业发生舞弊事件大都与现金有关，因此，注册会计师应该重视库存现金的审计。

库存现金的审计目标一般应包括：

（1）确定被审计单位资产负债表的货币资金项目中的库存现金在资产负债表日是否确实存在，是否为被审计单位所拥有。

（2）确定被审计单位在特定期间内发生的现金收支业务是否均记录完毕，有无遗漏。

（3）确定库存现金余额是否正确。

（4）确定库存现金在资产负债表上的披露是否恰当。

（二）库存现金的实质性程序

库存现金的实质性程序一般包括：

1. 核对库存现金日记账与总账的余额

核对库存现金日记账与总账的余额是否相符，是注册会计师测试现金余额的起点。如果不相符，应查明原因，要求被审计单位作出适当调整，并进行记录。

2. 监盘库存现金

监盘库存现金是证实资产负债表所列现金是否存在的一项重要程序，是现金实质性程序

中的重要步骤。盘点库存现金的时间和人员应视被审计单位的具体情况而定，但必须有出纳员和被审计单位会计主管人员参加，由注册会计师进行监督盘存。盘点库存现金可采取以下步骤和方法：

（1）制定库存现金的盘点程序。对库存现金进行盘点，应实施突击性的检查，时间最好选择在上午上班前或下午下班时进行。盘点的范围一般包括企业各部门经管的现金。如企业现金存放部门有两处或两处以上，应同时进行盘点，如不能同时盘点，应将其予以封存。在盘点现金前，应由出纳员将现金集中起来存入保险柜，必要时可加以封存，然后由出纳员把已办妥现金收付手续的收付款凭证登入库存现金日记账，并加计累计数结出库存现金余额。

（2）审阅库存现金日记账并与现金收付凭证相核对。一方面检查日记账的记录与凭证的内容和金额是否相符；另一方面了解凭证日期与日记账日期是否相符或接近。

（3）盘点库存现金。盘点保险柜的现金实存数，同时填制"库存现金监盘表"（格式参见表 11－1），分币种、面值列示盘点金额。若有冲抵库存现金的借条、未提现的支票、未作报销的原始凭证，应在"库存现金监盘表"中注明或作出必要的调整。企业财会部门主管人员、出纳人员和注册会计师必须在"库存现金监盘表"中签字确认。

表 11－1　　　　　　**库存现金监盘表**

被审计单位：________	索引号：________
项目：　库存现金监盘表	财务报表截止日/期间：________
编制：________	复核：________
日期：________	日期：________

<table>
<tr><th colspan="6">检查盘点记录</th><th colspan="7">实有库存现金盘点记录</th></tr>
<tr><th colspan="2" rowspan="2">项　目</th><th rowspan="2">项次</th><th rowspan="2">人民币</th><th rowspan="2">美元</th><th rowspan="2">某外币</th><th rowspan="2">面额</th><th colspan="2">人民币</th><th colspan="2">美元</th><th colspan="2">某外币</th></tr>
<tr><th>张</th><th>金额</th><th>张</th><th>金额</th><th>张</th><th>金额</th></tr>
<tr><td colspan="2">上一日账面库存余额</td><td>①</td><td></td><td></td><td></td><td>1000 元</td><td></td><td></td><td></td><td></td><td></td><td></td></tr>
<tr><td colspan="2">盘点日未入账传票收入金额</td><td>②</td><td></td><td></td><td></td><td>500 元</td><td></td><td></td><td></td><td></td><td></td><td></td></tr>
<tr><td colspan="2">盘点日未入账传票支出金额</td><td>③</td><td></td><td></td><td></td><td></td><td></td><td></td><td></td><td></td><td></td><td></td></tr>
<tr><td colspan="2">盘点日账面应有余额</td><td>④ = ① + ② − ③</td><td></td><td></td><td></td><td>100 元</td><td></td><td></td><td></td><td></td><td></td><td></td></tr>
<tr><td colspan="2">盘点日实有库存现金数额</td><td>⑤</td><td></td><td></td><td></td><td>50 元</td><td></td><td></td><td></td><td></td><td></td><td></td></tr>
<tr><td colspan="2">盘点日应有与实有差异</td><td>⑥ = ④ − ⑤</td><td></td><td></td><td></td><td>20 元</td><td></td><td></td><td></td><td></td><td></td><td></td></tr>
<tr><td rowspan="6">差异原因分析</td><td>白条抵库（张）</td><td></td><td></td><td></td><td></td><td>10 元</td><td></td><td></td><td></td><td></td><td></td><td></td></tr>
<tr><td></td><td></td><td></td><td></td><td></td><td>5 元</td><td></td><td></td><td></td><td></td><td></td><td></td></tr>
<tr><td></td><td></td><td></td><td></td><td></td><td>2 元</td><td></td><td></td><td></td><td></td><td></td><td></td></tr>
<tr><td></td><td></td><td></td><td></td><td></td><td>1 元</td><td></td><td></td><td></td><td></td><td></td><td></td></tr>
<tr><td></td><td></td><td></td><td></td><td></td><td>角币和分币</td><td></td><td></td><td></td><td></td><td></td><td></td></tr>
<tr><td></td><td></td><td></td><td></td><td></td><td>合计</td><td></td><td></td><td></td><td></td><td></td><td></td></tr>
</table>

续表

检查盘点记录						实有库存现金盘点记录						
项目		项次	人民币	美元	某外币	面额	人民币		美元		某外币	
							张	金额	张	金额	张	金额
追溯调整	报表日至审计日库存现金付出总额											
	报表日至审计日库存现金收入总额											
	报表日库存现金应有余额											
	报表日账面汇率											
	报表日余额折合本位币金额											
本位币合计												

出纳员：　　　　会计主管人员：　　　　监盘人：　　　　检查日期：

审计说明：

（4）资产负债表日后进行盘点时，应调整至资产负债表日的金额。注册会计师应将库存现金的盘点数与库存现金日记账余额进行核对，如有差异，应查明原因，并作出记录或适当调整。对于应调整账面数的事项，应根据不同情况区别对待：如果是资产负债表日后发生的业务，则对被审计期间会计报表的数额没有影响；如果是资产负债表日前发生的业务，在调整账面数的同时，还需要调整被审计期间会计报表的相关余额。

（5）编制“货币资金审定表”，确认资产负债表日库存现金的实有数。

3. 抽查大额现金收支事项

注册会计师应抽查大额现金收支事项，确定原始凭证内容是否完整，有无授权批准，并核对相关账户的记录情况，有无与被审计单位生产经营业务无关的收支事项，如有应查明原因，并作相应的记录。

4. 检查现金收支的正确截止

被审计单位资产负债表上的库存现金数额，应以结账日实有数额为准。因此，注册会计师必须验证现金收支的截止日期。通常，注册会计师可以对结账日前后一段时期内现金收支凭证进行审计，以确定是否存在跨期事项。

5. 检查外币现金的折算是否正确

对于有外币现金的被审计单位，注册会计师应检查被审计单位对外币现金的收支是否按所规定的汇率折合为记账本位币金额；外币库存现金期末余额是否按期末即期汇率折合为记账本位币金额；外币折合差额是否按规定记入相关账户。

6. 确定库存现金在资产负债表上的披露是否恰当

根据有关会计制度的规定，企业的库存现金在资产负债表中的“货币资金”项目反映，注册会计师应在实施上述审计程序后，确定库存现金账户的期末余额是否恰当，据以确定库存现金在资产负债表上的披露是否恰当。

二、银行存款的实质性程序

（一）银行存款的审计目标

银行存款是指企业存放在银行或其他金融机构的货币资金。按照国家有关规定，凡是独立核算的企业都必须在当地银行开设账户。企业在银行开设账户以后，除按核定的限额保留库存现金外，超过限额的现金必须存入银行；除了在规定的范围内可以用现金直接支付的款项外，在经营过程中所发生的一切货币收支业务，都必须通过银行存款账户进行结算。

银行存款的审计目标主要包括：

（1）确定被审计单位资产负债表中的银行存款在资产负债表日是否确实存在，是否为被审计单位所拥有。

（2）确定被审计单位在特定期间内发生的银行存款收支业务是否均已记录完毕，有无遗漏。

（3）确定银行存款的余额是否正确。

（4）确定银行存款在资产负债上的披露是否恰当。

（二）银行存款的实质性程序

银行存款的实质性程序一般包括：

1. 核对银行存款日记账与总账的余额

注册会计师首先应核对银行存款日记账与总账的余额是否相符。如有差异，应查明原因，要求被审计单位作出适当调整，并进行记录。在核对过程中，应认真加计银行存款日记账的收入合计数与支出合计数，查明有无人为增加支出合计数，减少收入数，以掩盖挪用或贪污的情况。

2. 实施分析性程序

注册会计师应比较本年度与以前年度的银行存款余额调节表中的各个项目，以分析是否存在异常项目；比较年末余额与前几个月的月末余额，以检查是否存在异常的增减变动，分析重大差异的原因；计算定期存款占银行存款的比例，了解被审计单位是否存在高息资金拆借，并分析高息拆借资金的安全性，检查高额利差的入账情况；计算存放于非银行金融机构的存款占银行存款的比例，并分析其安全性。

3. 取得并检查银行存款余额调节表

审查银行存款余额调节表是证实资产负债表所列银行存款是否存在的重要程序，同时也可获得银行存款余额真实性、完整性的有关证据。注册会计师进行银行存款余额调节表审查时，应对被审计单位编制的所有银行存款余额调节表进行审核，也可以由注册会计师自己编制银行存款余额调节表，这主要取决于检查风险的可接受水平。注册会计师对银行存款余额调节表的审计程序主要包括：

（1）验算调节表的数字计算是否正确。

（2）审查、验证未达账项的真实性，并作出相应的记录。

①对于金额较大的未兑现支票、可提现支票以及注册会计师认为重要的未提现支票，列示未提现支票清单，注明开票日期和收票人姓名和单位。

②追查截止日期银行对账单上的在途存款，并在银行存款调节表上注明存款日期。

③追查截止日仍未兑现的大额支票和其他已签发1个月以上的未兑现支票。

④注册会计师可通过会计年度结束日后10天内的银行对账单，验证在途存款和未兑现支票的真实性。如发现未兑现的支票仍没有兑现，应追查是否存在异常现象。在检查中应将长期的未达账项作为审计的重点，并注意截止日期银行对账单已收、企业未收的款项性质及款项来源。

(3) 核对银行存款总账余额、银行对账单加总金额。

4. 函证银行存款余额

函证银行存款余额是证实资产负债表所列银行存款是否存在的重要程序。注册会计师在执行审计业务过程中，可以被审计单位名义向有关单位发函询证，以验证被审计单位的银行存款是否真实、合法、完整。通过向往来银行的函证，不仅可以了解企业资产的存在，而且还可了解企业所欠银行的债务；同时，函证还可用于发现企业未登记的银行借款。函证时，注册会计师应向被审计单位在本年存过款（含外埠存款、银行汇票存款、银行本票存款、信用卡存款、信用证保证金存款）的所有银行发函，其中包括企业存款账户已结清的银行，因为有可能存款账户已结清，但仍有银行借款或其他负债存在。银行询证函的格式见表11－2所示。

表11－2　　银行询证函

____××____（银行）

本公司聘请的××会计师事务所正在对本公司××年度财务报表进行审计，按照中国注册会计师审计准则的要求，应当询证本公司与贵行的相关信息。下列信息出自本公司记录，如与贵行记录相符，请在本函下端“信息证明无误”处签章证明；如有不符，请在“信息不符”处列明不符项目及具体内容；如存在与本公司有关的未列入本函的其他重要信息，也请在“信息不符”处列出详细资料。回函请直接寄至××会计师事务所。

通信地址：××　　邮编：

电话：　　传真：　　联系人：

截止20××年12月31日，本公司与贵行相关的信息列示如下：

1. 银行存款

账户名称	银行账号	币种	利率	余额	起止日期	是否被质押、用于担保或存在其他使用限制	备注

除上述列示的银行存款外，本公司并无在贵行的其他存款。

注：“起止日期”一栏仅适用于定期存款，如为活期和保证金存款，可只填写“活期”或“保证金”字样。

2. 银行借款

借款人姓名	币种	本息余额	借款日期	到期日期	利率	借款条件	抵（质）押品/担保人	备注

除上述列示的银行借款外，本公司并无在贵行的其他借款。

注：此项仅函证截至资产负债表日本公司尚未归还的借款。

3. 截至函证日之前12个月内注销的账户

账户名称	银行账号	币种	注销账户日

除上述列示的账户外，本公司并无截至函证日之前12个月内在贵行注销的账户。

4. 委托存款（略）
5. 委托贷款（略）
6. 担保（略）

……

（被审计单位盖章）
20××年×月×日

以下供被询证银行使用

结论：

1. 信息证明无误 （银行盖章） 年 月 日 经办人：	2. 信息不符，请列明不符事项及具体内容（对于在本函前述第1项至第×项中漏列的其他重要信息，请列出详细资料）。 （银行盖章） 年 月 日 经办人：

银行询证函应编制一式两份，经被审计单位盖章后，由注册会计师亲自寄发询证函，并要求银行将函证结果直接寄给会计师事务所。注册会计师应向被审计单位的所有开户银行发函，即使年末存款余额为零的账户也要发函确认。在收到回函后，注册会计师应针对表中的疑问和未被确证的内容与银行取得联系，进一步确证。应将银行函证后银行存款余额与银行存款余额调节表中的银行存款余额相核对，如果发现差异，则应进一步调查原因并记入审计工作底稿中。

5. 抽查大额银行存款收支的原始凭证

注册会计师应抽查大额银行存款（含外埠存款、银行汇票存款、银行本票存款、信用证存款）收支的原始凭证，重点审查其内容是否完整，有无授权批准，并核对相关账户的进账情况。如有与被审计单位生产经营业务无关的收支事项，应查明原因并作相应的记录。

6. 检查银行存款收支的正确截止

被审计单位资产负债表上银行存款的数额，应是截止报表编制日止的存款金额，包括报表编制日前开出的未兑现支票，但不包括报表编制日后收到的款项；同样，企业年终前开出的支票，不得在年后入账。为了确保银行存款收付的正确截止，注册会计师应当在清点支票及支票存根时，确定各银行账户最后一张支票的号码，并且应查实该号码之前的所有支票均已开出。在结账日后收到或开出的支票，不得作为结账日的存款收付入账。

7. 检查外币银行存款的折算是否正确

对于有外币银行存款的被审计单位，注册会计师应检查被审计单位对外币银行存款的收支是否按所规定的汇率折合为记账本位币金额；外币银行存款期末余额是否按期末即期汇率折合为记账本位币金额；外币折合差额是否按规定记入相关账户。

8. 确定银行存款在资产负债表上的披露是否恰当

按照会计制度的规定，企业的银行存款在资产负债表"货币资金"项目下反映。注册会计师应在实施上述审计程序，编制"银行存款明细表"、"银行存单检查表"、"对银行存款余额调节表的检查"、"银行存款函证结果汇总表"、"货币资金审定表"、"货币资金收支检查情况表"等审计工作底稿后，确定银行存款账户的期末余额是否恰当，确定"库存现金"、"银行存款"、"其他货币资金"账户的期末余额合计数与资产负债表上"货币资金"项目的数字是否相符，据以确定资产负债表上"货币资金"项目中的数字披露是否恰当。

三、其他货币资金的实质性程序

其他货币资金包括企业到外地进行临时或零星采购而汇往采购地银行开立采购专户的款项所形成的外埠存款、企业为取得银行汇票按照规定存入银行的款项所形成的银行汇票存款、企业取得银行本票按照规定存入银行的款项而形成的银行本票存款、信用卡存款和信用证保证金存款等。

（一）其他货币资金的审计目标

（1）确定被审计单位资产负债表中的其他货币资金在会计报表日是否确实存在，是否为被审计单位所拥有。

（2）确定被审计单位在特定期间内发生的其他货币资金收支业务是否均已记录完毕，有无遗漏。

（3）确定其他货币资金的余额是否正确。

（4）确定其他货币资金在会计报表上的披露是否恰当。

（二）其他货币资金的实质性程序

（1）核对明细账期末合计数与总账数是否相符。

（2）函证外埠存款户、银行汇票存款户、银行本票存款户期末余额。

（3）对于外币其他货币资金，检查其折算汇率是否正确。

（4）抽查一定数量的原始凭证作为样本进行测试，检查其经济内容是否完整，有无适当的审批授权，并核对相关账户的进账情况。

（5）抽取资产负债表日后的大额收支凭证进行截止测试，如有跨期收支事项，应作适当调整。

（6）确定其他货币资金的披露是否恰当。

本章小结

货币资金是指企业处于货币形态的资金，是企业资金运动的起点和终点，它与其他各个业务循环交易都有直接或间接的关系，是各个业务循环的枢纽。本章主要阐述了货币资金与各业务循环的关系，货币资金的审计目标、审计范围、内部控制测试、实质性程序等内容。

货币资金的审计目标是：确定货币资金的真实性；确定货币资金会计记录的完整性；确定货币资金余额的正确性；确定货币资金在会计报表上的披露是否恰当。

货币资金的审计范围具体包括：企业有关货币资金的内部控制制度的健全性及有效性；证实货币资金收入与支出活动的合规性、合法性及其余额的真实性、正确性的凭证、账簿和报表资料。

货币资金内部控制制度包括：职责分工；授权批准；凭证和记录；定期盘点与核对。内部控制测试的步骤主要有：了解货币资金内部控制；对内部控制进行初步评价；抽取并检查收款凭证，检查相关会计记录；抽取并审查付款凭证，检查相关会计记录；抽取一定期间的现金、银行存款日记账与总账核对；抽取一定期间银行存款余额调节表，查验其是否按月正确编制并经复核；检查外币资金的折算方法是否符合有关规定，是否与上年度一致；评价货币资金的内部控制。

库存现金的实质性程序一般包括：核对库存现金日记账与总账的余额；监盘库存现金；抽查大额现金收支事项；检查现金收支的正确截止；检查外币现金的折算是否正确；确定库存现金在资产负债表上的披露是否恰当。

银行存款的实质性程序一般包括：核对银行存款日记账与总账的余额；实施分析性程序；取得并检查银行存款余额调节表；函证银行存款余额；抽查大额银行存款收支的原始凭证；检查银行存款收支的正确截止；检查外币银行存款的折算是否正确；确定银行存款在资产负债表上的披露是否恰当。

本章的重点是要求学生掌握货币资金实质性程序，了解货币资金内部控制测试的内容。本章的难点是货币资金实质性程序的内容。

货币资金审计
货币资金内部控制
库存现金的监盘
银行存款的询证

一、问答题

1. 货币资金的内部控制包括的内容有哪些？

2. 如何进行库存现金的盘点？

3. 如何控制对银行存款的余额测试？

4. 简述银行存款审计的程序与方法。

二、业务题

1. 资料：2009年1月10日上午8时，注册会计师张伟、李红参加了对新兴公司库存现金的清点工作，其清查结果如下：

（1）实点库存现金（人民币）情况如下：

100元币32张，　　　　2元币120张

50元币23张　　　　1元币160张

10元币45张　　　　角币及分币96.20元

5元币96张

（2）查明截止当年1月8日的库存现金日记账账面余额为6270.40元。

（3）查出1月9日已经办理收款手续尚未入账的收款凭证金额700元。

（4）查出1月9日已经办理付款手续尚未入账的付款凭证金额合计424元。

（5）查出2008年12月20日出纳员以白条借给某职工现金500元。

（6）银行核定该公司库存现金限额为5000元；2008年12月31日资产负债表中库存现金一项列报的金额为6901.40元。

（7）经核实1月1~9日的收付款凭证和现金日记账，获知1~9日的现金收入为5628元，现金支出数为5983元，正确无误。

要求：

（1）根据清点结果编制库存现金盘点表。

（2）指出现金管理中存在的问题，提出改进意见。

2. 资料：注册会计师在对某企业银行存款进行审计时，发现以下情况：12月31日银行存款日记账账面余额是67875元，开户银行送来的对账单中银行存款余额是64500元，经查对发现以下几笔未达账项：

（1）12月30日，委托银行收款7250元，银行已入该企业账户，收款通知尚未送达企业；

（2）12月29日，该企业开出转账支票一张，计1200元，企业已减少存款，银行尚未入账；

（3）12月30日，银行已代付企业电费1125元，银行已经入账，企业尚未收到付款通知；

（4）12月30日，企业收到外单位的转账支票一张，计9000元，企业已收款入账，银行尚未记账。

要求：

(1) 编制银行存款余额调节表。

(2) 假定银行对账单所列企业银行存款余额正确无误，试问在编制银行存款余额调节表时发现的错误数额是多少？属于什么性质的错误？12 月 31 日银行存款日记账账面的正确余额是多少？

业务题参考答案

1.

库存现金盘点表

被审计单位：新兴公司　　　　盘点日期：2009 年 1 月 10 日上午 8：00

会计期间：2008. 12. 31

项目	金额	备注
一、盘点日账面库存余额	6270. 40	1
盘点日未入账传票收入金额	700	2
盘点日未入账传票支出金额	424	3
盘点日账面应有余额	6546. 40	4 = 1 + 2 − 3
二、盘点日实有库存现金数额	5776. 20	5
盘点日应有与实有差异	770. 20	6 = 4 − 5
三、差异原因分析	770. 20	7
其中：1. 白条抵库数	500	
2. 短缺数	270. 20	
四、追溯调整		
报表日至审计日库存现金付出总额	5983	8
报表日至审计日库存现金收入总额	5628	9
报表日库存现金应有余额（实际占用现金数）	6901. 40	10 = 5 + 7 + 8 − 9
报表日账面应存数（账面数）	6901. 40	11
五、报表日应存数与实存数的差异	0	11 − 10

会计主管：× ×　　　　出纳员：× ×

审计说明：

（1）2008 年 12 月 31 日库存现金账实相符。

（2）2009 年 1 月现金短缺 270. 20 元。

编制：× × ×　　　　复核：× × ×

日期：2009 年 1 月 10 日　　　　日期：2009 年 1 月 10 日

建议：

(1) 现金账实不符，短缺 270. 20 元，应查明原因。

(2) 白条抵库。出纳员以白条借给某职工 500 元，应及时收回交库。

（3）库存现金超限额。超出限额 6901.40 元（实际数）－5000 元＝1901.40 元，应及时送存银行。

2.

银行存款余额调节表

××××年12月31日

项　目	金额	项　目	金额
企业银行存款账面余额	67875	开户银行对账单余额	64500
加：银行已收、企业未收的款项	7250	加：企业已收，银行未收的款项	9000
减：银行已付、企业未付的款项	1125	减：企业已付，银行未付的款项	1200
减：企业记账差错数	1700		
调节后的存款余额	72300	调节后的存款余额	72300

假设银行对账单所列银行存款余额正确无误，则记账差错为 1700 元，属企业多记收入或少记支出，12 月 31 日企业银行存款日记账账面正确余额为 67875－1700＝66175（元）。

第十二章

DI SHI ER ZHANG

审计报告

本章要点

- 掌握审计报告的定义和作用
- 了解审计报告的特征
- 掌握评价财务报表合法性和公允性应考虑的因素
- 了解审计报告的类别
- 掌握标准审计报告的概念及要求
- 掌握非标准审计报告出具的条件和格式
- 熟悉审计报告的要素

DIYIJIE 第一节 审计报告概述

一、审计报告的含义和作用

(一) 审计报告的含义

审计报告是指注册会计师根据中国注册会计师审计准则的规定，在实施审计工作的基础上对被审计单位财务报表发表审计意见的书面文件。审计报告是审计工作的最终结果，是对审计工作的全面总结，是评价被审计单位财务报表合法性和公允性的重要工具，是向审计服务需求者传达所需信息的重要手段，也是表明注册会计师完成了审计任务并愿意承担审计责任的证明文件。审计报告具有以下特征：

1. 注册会计师应当按照审计准则的规定执行审计工作

审计准则是用以规范注册会计师执行审计业务的标准，包括一般原则与责任、风险评估与应对、审计证据、利用其他主体的工作、审计结论与报告以及特殊领域审计等六个方面的内容，涵盖了注册会计师执行审计业务的整个过程和各个环节。

2. 注册会计师在实施审计工作的基础上才能出具审计报告

注册会计师应当实施风险评估程序，以此作为评估财务报表层次和认定层次重大错报风险的基础。风险评估程序本身并不足以为发表审计意见提供充分、适当的审计证据，注册会计师还应当实施进一步审计程序包括实施控制测（必要时或决定测试时）和实质性程序。注册会计师通过实施上述审计程序，获取充分、适当的审计证据，得出合理的审计结论，作为形成审计意见的基础。

3. 注册会计师通过对财务报表发表意见履行业务约定书约定的责任

财务报表审计的目标是注册会计师通过执行审计工作，对财务报表的合法性和公允性发表审计意见。因此。在实施审计工作的基础上，注册会计师需要对财务报表形成审计意见，并向委托人提交审计报告。

4. 注册会计师应当以书面形式出具审计报告

审计报告具有特定的要素和格式，注册会计师只有以书面形式出具报告，才能清楚表达对财务报表发表的审计意见。注册会计师应当根据审计证据得出的结论，清楚表达对财务报表的意见。财务报表至少应当包括资产负债表、利润表、所有者（股东）权益变动表、现金流量表和附注。无论是出具标准审计报告，还是非标准审计报告，注册会计师一旦在审计报告上签名并盖章，就表明对其出具的审计报告负责。

审计报告是注册会计师对财务报表合法性和公允性发表审计意见的书面文件，注册会计师应当将已审计的财务报表附于审计报告后，以便于财务报表使用者正确理解和使用审计报告，并防止被审计单位替换、更改已审计的财务报表。

（二）审计报告的作用

注册会计师签发的审计报告，主要具有鉴证、保护和证明三方面的作用。

1. 鉴证作用

注册会计师签发的审计报告，不同于政府审计和内部审计的审计报告，是以超然独立的第三者身份，对被审计单位财务报表合法性、公允性发表意见。这种意见，具有鉴证作用，得到了政府及其各部门和社会各界的普遍认可。政府有关部门，如财政部门、税务部门等了解、掌握企业的财务状况和经营成果的主要依据是企业提供的财务报表。财务报表是否合法、公允，主要依据注册会计师的审计报告作出判断。股份制企业的股东，主要依据注册会计师的审计报告来判断被投资企业的财务报表是否公允地反映了财务状况和经营成果，以进行投资决策等。

2. 保护作用

注册会计师通过审计，可以对被审计单位财务报表出具不同类型审计意见的审计报告，以提高或降低财务报表信息使用者对财务报表的信赖程度，能够在一定程度上对被审计单位的财产、债权人和股东的权益及企业利害关系人的利益起到保护作用。如投资者为了减少投资风险，在进行投资之前，必须要查阅被投资企业的财务报表和注册会计师的审计报告，了解被投资企业的经营情况和财务状况。投资者根据注册会计师的审计报告作出投资决策，可以降低其投资风险。

3. 证明作用

审计报告是对注册会计师审计任务完成情况及其结果所作的总结，它可以表明审计工作的质量并明确注册会计师的审计责任。因此，审计报告可以对审计工作质量和注册会计师的审计责任起证明作用。通过审计报告，可以证明注册会计师在审计过程中是否实施了必要的审计程序，是否以审计工作底稿为依据发表审计意见，发表的审计意见是否与被审计单位的实际情况相一致；审计工作的质量是否符合要求。通过审计报告，可以证明注册会计师审计责任的履行情况。

二、审计意见的形成

(一) 评价根据审计证据得出的审计结论

注册会计师应当评价根据审计证据得出的结论，以作为对财务报表形成审计意见的基础。在对财务报表形成审计意见时，注册会计师应当根据已获取的审计证据，评价是否已对财务报表整体不存在重大错报获取合理保证。

注册会计师对审计结论的评价贯穿于审计的全过程。

(1) 注册会计师应当根据实施的审计程序和获取的审计证据，评价对认定层次重大错报风险的评估是否仍然适当。

(2) 财务报表审计是一个累积和不断修正信息的过程。随着计划的审计程序的实施，如果获取的信息与风险评估时依据的信息有重大差异，注册会计师应当考虑修正风险评估结果，并据以修改原计划的其他审计程序的性质、时间和范围。

(3) 在实施控制测试时，如果发现被审计单位控制运行出现偏差，注册会计师应当了解这些偏差及其潜在后果，并确定已实施的控制测试是否为信赖控制提供了充分、适当的审计证据，是否需要实施进一步的控制测试，或实施实质性程序以应对潜在的错报风险。

(4) 注册会计师不应将审计中发现的舞弊或错误视为孤立发生的事项，而应当考虑其对评估的重大错报风险的影响。在完成审计工作前，注册会计师应当评价是否已将审计风险降至可接受的低水平，是否需要重新考虑已实施审计程序的性质、时间和范围。

(5) 在形成审计意见时，注册会计师应当从总体上评价是否已经获取充分、适当的审计证据，以将审计风险降至可接受的低水平。注册会计师应当考虑所有相关的审计证据，包括能够印证财务报表认定的审计证据和与财务报表认定相矛盾的审计证据。

(二) 评价财务报表的合法性

在评价财务报表是否按照适用的会计准则和相关会计制度的规定编制时，注册会计师应当考虑下列内容：

1. 评价所选择和运用的会计政策

评价被审计单位所选择和运用的会计政策，主要从两方面进行：

(1) 合法性，即评价被审计单位所选择和运用的会计政策是否符合适用的会计准则和相关会计制度；

(2) 合理性，即评价被审计单位所选择和运用的会计政策是否适合于被审计单位的具体情况。

2. 评价管理层作出的会计估计是否合理

会计估计是指被审计单位以最近可利用的信息为基础对结果不确定的交易或事项所作的判断。由于会计估计的主观性、复杂性和不确定性，管理层作出的会计估计发生重大错报的可能性较大。因此，注册会计师评价管理层作出的会计估计，主要是判断管理层作出的会计估计是否合理，确定会计估计的重大错报风险是否是特别风险，是否采取了有效的措施予以应对。

3. 评价财务报表所反映信息的质量

企业财务报表应当具备可靠性、相关性、可理解性、可比性等质量要求。

评价财务报表的相关性，主要是评价被审计单位提供的财务信息是否与财务报表使用者的经济决策需要相关，是否有助于财务报表使用者对被审计单位过去、现在或者未来的情况作出评价或预测。

评价财务报表的可靠性，主要是评价被审计单位是否以实际发生的交易或事项为依据进行会计确认、计量和报告，如实反映符合确认和计量要求的各项会计要素及其他相关信息，保证财务信息真实可靠、内容完整。

评价财务信息的可比性，主要是评价被审计单位提供的财务信息是否具有可比性。即评价被审计单位不同时期发生的相同或者相似的交易或事项，是否采用了一致的会计政策。如果会计政策发生了变更，还应当评价其会计政策是否确需变更，并是否已在附注中作出了充分说明。评价被审计单位所采用的会计政策是否与同行业其他企业对相同或者相似的交易或事项所采用的会计政策一致，财务信息是否口径一致，并相互可比。

评价财务报表的可理解性，主要是评价被审计单位提供的财务信息是否清晰明了，表述清楚，便于财务报表使用者理解和使用。

注册会计师应当根据《企业会计准则——基本准则》的规定，考虑财务报表是否符合信息质量特征。

4. 评价财务报表的披露

评价财务报表的披露，主要是评价被审计单位财务报表作出的披露是否充分，是否使财务报表的使用者能够理解重大交易或事项对被审计单位财务状况、经营成果和现金流量的影响。

通过实施上述四个方面的评价，注册会计师就可形成被审计单位财务报表合法性的审计意见。

（三）评价财务报表的公允性

财务报表的公允性是指被审计单位财务报表在所有重大方面是否公允地反映了其财务状况、经营成果和现金流量。在评价财务报表是否作出公允反映时，注册会计师应当考虑下列内容：

1. 评价财务报表的整体合理性

评价财务报表的整体合理性，即评价经管理层调整后的财务报表是否与注册会计师对被审计单位及其环境的了解一致。在完成审计工作后，如果财务报表存在重大错报，注册会计师应当要求管理层进行调整。管理层作出调整或拒绝调整后，注册会计师可以确定已审计财务报表是否还存在重大错报，并形成恰当的审计意见。为了进一步确定已审计财务报表是否符合被审计单位的实际情况，注册会计师尚需对财务报表作出总体复核，并判断是否与其对被审计单位及其环境的了解一致。

2. 财务报表的列报与内容的合理性

评价财务报表的列报与内容的合理性，即评价被审计单位财务报表的列报、结构和内容是否合理。在我国，企业会计准则和相关会计制度中对财务报表的列报、结构和内容作了规定。注册会计师应当根据《企业会计准则第 30 号——财务报表列报》及其指南，评价被审计单位提供的财务报表的列报、格式和内容是否与规范要求一致即可。

3. 评价财务报表的真实性

评价财务报表反映的真实性，即评价财务报表是否真实地反映了交易和事项的经济实质。

通过实施上述三个方面的评价，注册会计师就可以形成对被审计单位财务报表公允性的审计意见。

三、审计报告的类型

审计报告可按不同的标准进行分类。

（一）按照审计报告的性质可分为标准审计报告和非标准审计报告

标准审计报告是指包括标准措辞的引言段、管理层对财务报表的责任段、注册会计师的责任段、审计意见段的无保留意见的审计报告，不附加说明段、强调事项段或任何修饰性用语。

非标准审计报告，是指标准审计报告以外的其他审计报告，包括带强调事项段的无保留意见的审计报告和非无保留意见的审计报告。非无保留意见的审计报告包括保留意见的审计报告、否定意见的审计报告和无法表示意见的审计报告。

（二）按照审计报告使用的目的可分为公布目的的审计报告和非公布目的的审计报告

公布目的的审计报告，一般是用于对企业股东、投资者、债权人等非特定利益相关者公布的附送财务报表的审计报告。

非公布目的审计报告，一般是用于经营管理、合并或业务转让、融通资金等特定目的而实施审计的审计报告。这类审计报告是分发给特定使用者的，如经营者、合并或业务转让的关系人、提供贷款的金融机构等。

（三）按照审计报告的详略程度可分为简式审计报告和详式审计报告

简式审计报告，又称短式审计报告。它是指注册会计师对应公布的财务报表进行审计后所编制的简明扼要的审计报告。简式审计报告反映的内容是非特定多数的利害关系人共同认为的必要审计事项，它具有记载事项为法令或审计准则所规定的特征，具有标准格式。因而，简式审计报告一般适用于公布目的，具有标准审计报告的特点。

详式审计报告，又称长式审计报告。它是指对审计对象所有重要的经济业务和情况都要作详细说明和分析的审计报告。详式审计报告主要用于指出企业经营管理存在的问题和帮助企业改善经营管理，故其内容要较简式审计报告丰富得多、详细得多。详式审计报告一般适用于非公布目的，具有非标准审计报告的特点。

DIERJIE 第二节 审计报告的基本要素

根据《中国注册会计师审计准则第 1501 号——审计报告》和《中国注册会计师审计准则第 1502 号——非标准审计报告》的规定，注册会计师根据审计结果和被审计单位对有关问题的处理情况，形成不同的审计意见，出具四种基本类型的审计报告，即无保留意见的审计报告、保留意见的审计报告、否定意见的审计报告和无法表示意见的审计报告。当注册会计师出具的无保留意见的审计报告不附加说明段、强调事项段或任何修饰性用语时，该报告称为标准审计报告。非标准审计报告，是指标准审计报告以外的其他审计报告，包括带强调事项段的无保留意见的审计报告和非无保留意见的审计报告。非无保留意见的审计报告包括保留意见的审计报告、否定意见的审计报告和无法表示意见的审计报告。

不论是何种类型的审计报告都应当包括下列要素：

一、标题

审计报告的标题应当统一规范为“审计报告”，以突出业务性质，并与其他业务报告相区别。

二、收件人

审计报告的收件人是指注册会计师按照业务约定书的要求致送审计报告的对象，一般是指审计业务的委托人。审计报告应当载明收件人的全称。对于股份有限公司，审计报告收件人一般可用“××股份有限公司全体股东”；对于有限责任公司，收件人可用“××有限责任公司董事会”；对于合伙企业，收件人可用“××合伙企业全体合伙人”；对于独资企业，收件人可直接用“××公司（企业）”。

三、引言段

审计报告的引言段应当说明被审计单位的名称和财务报表已经过审计，并包括下列内容：

（1）指出构成整套财务报表的每张财务报表的名称。

（2）提及财务报表附注。

（3）指明财务报表的日期和涵盖的期间。根据企业会计准则的规定，整套财务报表的每张财务报表的名称分别为资产负债表、利润表、所有者（股东）权益变动表和现金流量表。由于附注是财务报表不可或缺的重要组成部分，也应提及。由于财务报表有反映时点的，有反映期间的，注册会计师应在引言段中指明财务报表的日期或涵盖的期间。

四、管理层对财务报表的责任段

管理层对财务报表的责任段应当说明，按照适用的会计准则和相关会计制度的规定编制财务报表是管理层的责任，这种责任包括下列内容：

（1）设计、实施和维护与财务报表编制相关的内部控制，以使财务报表不存在由于舞弊或错误而导致的重大错报。

（2）选择和运用恰当的会计政策。

（3）作出合理的会计估计。

五、注册会计师的责任段

注册会计师的责任段应当说明下列内容：

（1）注册会计师的责任是在实施审计工作的基础上对财务报表发表审计意见。注册会计师按照中国注册会计师审计准则的规定执行了审计工作。中国注册会计师审计准则要求注册会计师遵守职业道德规范，计划和实施审计工作以对财务报表是否不存在重大错报获取合理保证。

（2）审计工作涉及实施审计程序，以获取有关财务报表金额和披露的审计证据。选择的审计程序取决于注册会计师的判断，包括对由于舞弊或错误导致的财务报表重大错报风险的评估。在进行风险评估时，注册会计师考虑与财务报表编制相关的内部控制，以设计恰当的审计程序，但目的并非对内部控制的有效性发表意见。审计工作还包括评价管理层选用会计政策的恰当性和作出会计估计的合理性，以及评价财务报表的总体列报。

（3）注册会计师相信已获取的审计证据是充分、适当的，为其发表审计意见提供了基础。

如果接受委托，结合财务报表审计对内部控制有效性发表意见，注册会计师应当省略第（2）项中“但目的并非对内部控制的有效性发表意见”的术语。

六、审计意见段

审计意见段应当说明，财务报表是否按照适用的会计准则和相关会计制度的规定编制，是否在所有重大方面公允反映了被审计单位的财务状况、经营成果和现金流量。

七、注册会计师的签名和盖章

审计报告应当由2名具有相关业务资格的注册会计师签名并盖章。合伙会计师事务所出具的审计报告，应当由1名对审计项目负最终复核责任的合伙人和1名负责该项目的注册会计师签名盖章；有限责任会计师事务所出具的审计报告，应当由会计师事务所主任会计师或其授权的副主任会计师和1名负责该项目的注册会计师签名盖章。

注册会计师在审计报告上签名并盖章，有利于明确法律责任。审计报告必须由负责审计项目的注册会计师签名盖章，未经授权，其他人员不得代行签章，会计师事务所也不得指定他人签名盖章。

八、会计师事务所的名称、地址及盖章

审计报告应当载明会计师事务所的名称和地址，并加盖会计师事务所公章。注册会计师在审计报告中载明会计师事务所地址时，标明会计师事务所所在的城市即可。

九、报告日期

审计报告应当注明报告日期。审计报告的日期不应早于注册会计师获取充分、适当的审计证据（包括管理层认可对财务报表的责任且已批准财务报表的证据），并在此基础上对财务报表形成审计意见的日期。注册会计师在确定审计报告日期时，应当考虑：第一，应当实施的审计程序已经完成。第二，应当提请被审计单位调整的事项已经提出，被审计单位已经作出调整或拒绝作出调整。第三，管理层已经正式签署财务报表。审计报告的日期不应早于管理层签署已审计财务报表的日期。

当被审计单位存在可能导致对持续经营能力产生重大疑虑的事项或情况，或者存在可能对财务报表产生重大影响的不确定事项（持续经营问题除外），但不影响已发表的审计意见时，注册会计师应当在审计意见段之后增加强调事项段，以提请财务报表使用者对此予以关注。

当出具非无保留意见的审计报告时，注册会计师应当在注册会计师的责任段之后、审计

意见段之前增加说明段，描述其对财务报表发表保留意见、否定意见或无法表示意见的理由，并在可能情况下，指出其对财务报表的影响程度。

DISANJIE 第三节 标准审计报告

一、出具标准审计报告的条件

当注册会计师出具的无保留意见审计报告不附加说明段、强调事项段或任何修饰用语时，该报告称为标准审计报告。标准审计报告报包含的审计报告要素齐全，属于无保留意见，且不附加说明段、强调事项段或任何修饰用语，否则，不能称为标准审计报告。

无保留意见是指注册会计师对被审计单位的财务报表，依照《中国注册会计师审计准则》的要求进行审计后确认：被审计单位采用的会计处理方法遵循了会计准则及有关规定；财务报表反映的内容符合被审计单位的实际情况；财务报表内容完整，表达清楚，无重要遗漏；报表项目的分类和编制方法符合规定要求，因而对被审计单位的财务报表无保留地表示满意。无保留意见意味着注册会计师认为财务报表的反映是公允的，能满足非特定多数的利害关系人的共同需要，并对发表的意见负责。标准无保留意见也是被审计单位最希望获得的审计意见，可以使审计报告的使用者对被审计单位的财务状况、经营成果和现金流量具有较高的信赖。

如果认为财务报表符合下列所有条件，注册会计师应当出具无保留意见的审计报告：

(1) 财务报表已经按照适用的会计准则和相关会计制度的规定编制，在所有重大方面公允反映了被审计单位的财务状况、经营成果和现金流量；

(2) 注册会计师已经按照中国注册会计师审计准则的规定计划和实施审计工作，在审计过程中未受到限制。

二、标准审计报告的格式

当出具标准无保留意见的审计报告时，注册会计师应当以“我们认为”作为意见段的开头，并使用“在所有重大方面”、“公允反映”等术语。

标准无保留意见的审计报告意味着，注册会计师通过实施审计工作，认为被审计单位财务报表的编制符合合法性和公允性的要求，合理保证财务报表不存在重大错报。

标准审计报告的参考格式如下：

审计报告

ABC股份有限公司全体股东：

我们审计了后附的ABC股份有限公司（以下简称ABC公司）财务报表，包括20××年12月31日的资产负债表，20××年度的利润表、股东权益变动表和现金流量表以及财务报表附注。

一、管理层对财务报表的责任

按照企业会计准则和《××会计制度》的规定编制财务报表是ABC公司管理层的责

任。这种责任包括：(1) 设计、实施和维护与财务报表编制相关的内部控制，以使财务报表不存在由于舞弊或错误而导致的重大错报；(2) 选择和运用恰当的会计政策；(3) 作出合理的会计估计。

二、注册会计师的责任

我们的责任是在实施审计工作的基础上对财务报表发表审计意见。我们按照中国注册会计师审计准则的规定执行了审计工作。中国注册会计师审计准则要求我们遵守职业道德规范，计划和实施审计工作以对财务报表是否不存在重大错报获取合理保证。

审计工作涉及实施审计程序，以获取有关财务报表金额和披露的审计证据。选择的审计程序取决于注册会计师的判断，包括对由于舞弊或错误导致的财务报表重大错报风险的评估。在进行风险评估时，我们考虑与财务报表编制相关的内部控制，以设计恰当的审计程序，但目的并非对内部控制的有效性发表意见。审计工作还包括评价管理层选用会计政策的恰当性和作出会计估计的合理性，以及评价财务报表的总体列报。

我们相信，我们获取的审计证据是充分、适当的，为发表审计意见提供了基础。

三、审计意见

我们认为，ABC 公司财务报表已经按照企业会计准则和《××会计制度》的规定编制，在所有重大方面公允反映了 ABC 公司 20××年 12 月 31 日的财务状况以及 20××年度的经营成果和现金流量。

××会计师事务所	中国注册会计师：×××
（盖章）	（签名并盖章）
	中国注册会计师：×××
	（签名并盖章）
中国××市	20××年×月×日

DISIJIE 第四节 非标准审计报告

非标准审计报告，是指标准审计报告以外的其他审计报告，包括带强调事项段的无保留意见的审计报告和非无保留意见的审计报告。非无保留意见的审计报告包括保留意见的审计报告、否定意见的审计报告和无法表示意见的审计报告。

一、带强调事项段的无保留意见的审计报告

（一）审计报告的强调事项段

审计报告的强调事项段是指注册会计师在审计意见段之后增加的对重大事项予以强调的段落。强调事项应当同时符合两个条件：第一，可能对财务报表产生重大影响，但被审计单位进行了恰当的会计处理，且在财务报表中作出充分披露。第二，不影响注册会计师发表的审计意见。

除以下两种情形以及其他审计准则规定的增加强调事项段的情形外，注册会计师不应在

审计报告的审计意见段之后增加强调事项段或任何解释性段落，以免财务报表使用者产生误解。

1. 对持续经营能力产生重大疑虑

当存在可能导致对持续经营能力产生重大疑虑的事项或情况、但不影响已发表的审计意见时，注册会计师应当在审计意见段之后增加强调事项段对此予以强调。

注册会计师可以从被审计单位财务方面、经营方面及其他方面的各种迹象判断是否存在可能导致对持续经营假设产生重大疑虑的事项或情况。

（1）被审计单位在财务方面存在的可能导致对持续经营假设产生重大疑虑的事项或情况。主要包括：第一，无法偿还到期债务。第二，无法偿还即将到期且难以展期的借款。第三，无法继续履行重大借款合同中的有关条款。第四，存在大额的逾期未缴税金。第五，累计经营性亏损数额巨大。第六，过度依赖短期借款筹资。第七，无法获得供应商的正常商业信用。第八，难以获得开发必要新产品或进行必要投资所需资金。第九，资不抵债。第十，营运资金出现负数。

（2）被审计单位在经营方面存在的可能导致对持续经营假设产生重大疑虑的事项或情况主要包括：第一，关键管理人员离职且无人替代。第二，主导产品不符合国家产业政策。第三，失去主要市场、特许权或主要供应商。第四，人力资源或重要原材料短缺。

（3）被审计单位在其他方面存在的可能导致对持续经营假设产生重大疑虑的事项或情况主要包括：第一，严重违反有关法律法规或政策。第二，异常原因导致停工、停产。第三，有关法律法规或政策的变化可能造成重大不利影响。第四，经营期限即将到期且无意继续经营投资者未履行协议、合同、章程规定的义务，并有可能造成重大不利影响。第五，因自然灾害、战争等不可抗力因素遭受严重损失。

2. 重大不确定事项

当存在可能对财务报表产生重大影响的不确定事项（持续经营问题除外）、但不影响已发表的审计意见时，注册会计师应当考虑在审计意见段之后增加强调事项段对此予以强调。不确定事项是指其结果依赖于未来行动或事项，不受被审计单位的直接控制，但可能影响财务报表的事项，如未决诉讼等。

3. 其他审计准则中规定应当增加强调事项段的情形有：

《中国注册会计师审计准则第 1324 号——持续经营》中规定，如果被审计单位管理层认为编制财务报表时运用持续经营假设不再适当，则应选用其他基础编制财务报表。在这种情况下，如果注册会计师认为管理层选用的其他编制基础是适当的，且财务报表已作出充分披露，则可以出具无保留意见的审计报告，并考虑在审计意见段之后增加强调事项段，提醒财务报表使用者关注管理层选用的其他编制基础。

《中国注册会计师审计准则第 1332 号——期后事项》中规定，在财务报表报出后，如果知悉在审计报告日已经存在的、可能导致修改审计报告的期后事项，注册会计师应当考虑是否需要修改财务报表，并与被审计单位管理层讨论。如果管理层修改了财务报表，注册会计师应当针对修改后的财务报表出具新的审计报告。新的审计报告应当增加强调事项段，提请财务报表使用者注意财务报表附注中对修改原财务报表原因的详细说明，以及注册会计师出具的原审计报告。

《中国注册会计师审计准则第 1511 号——比较数据》中提及在两种情况下可以在审

计报告中增加强调事项段：第一，当以前针对上期财务报表出具的审计报告为非无保留意见的审计报告时，如果导致非无保留意见的事项虽已解决，但对本期仍很重要，注册会计师可在审计报告中增加强调事项段提及这一情况。第二，注册会计师在对本期财务报表进行审计时，可能注意到影响上期财务报表的重大错报，而以前未就该重大错报出具非无保留意见的审计报告。如果上期财务报表未经更正，也未重新出具审计报告，但比较数据已在本期财务报表中恰当重述和充分披露，注册会计师可以在审计报告中增加强调事项段说明这一情况。

《中国注册会计师审计准则第 1521 号——含有已审计财务报表的文件中的其他信息》中规定，如果注册会计师在阅读其他信息（即被审计单位在年度报告、招股说明书等文件中包含的除已审计财务报表和审计报告以外的其他财务信息和非财务信息）时，发现其他信息与已审计财务报表中的信息存在重大不一致，应当确定已审计财务报表或其他信息是否需要修改。如果需要修改其他信息而被审计单位拒绝修改，注册会计师应当考虑在审计报告中增加强调事项段说明该重大不一致，或采取其他措施。

由于增加强调事项段是为了提醒财务报表使用者关注某些事项，并不影响注册会计师的审计意见，为了使财务报表使用者明确这一点，注册会计师应当在强调事项段中指明，该段内容仅用于提醒财务报表使用者关注，并不影响已发表的审计意见。

（二）带强调事项段的无保留意见审计报告的格式

带强调事项段的无保留意见审计报告的参考格式如下：

审计报告

ABC 股份有限公司全体股东：

我们审计了后附的 ABC 股份有限公司（以下简称 ABC 公司）财务报表，包括 20 × × 年 12 月 31 日的资产负债表，20 × × 年度的利润表、股东权益变动表和现金流量表以及财务报表附注。

一、管理层对财务报表的责任

按照企业会计准则和《× × 会计制度》的规定编制财务报表是 ABC 公司管理层的责任。这种责任包括：（1）设计、实施和维护与财务报表编制相关的内部控制，以使财务报表不存在由于舞弊或错误而导致的重大错报；（2）选择和运用恰当的会计政策；（3）作出合理的会计估计。

二、注册会计师的责任

我们的责任是在实施审计工作的基础上对财务报表发表审计意见。我们按照中国注册会计师审计准则的规定执行了审计工作。中国注册会计师审计准则要求我们遵守职业道德规范，计划和实施审计工作以对财务报表是否不存在重大错报获取合理保证。

审计工作涉及实施审计程序，以获取有关财务报表金额和披露的审计证据。选择的审计程序取决于注册会计师的判断，包括对由于舞弊或错误导致的财务报表重大错报风险的评估。在进行风险评估时，我们考虑与财务报表编制相关的内部控制，以设计恰当的审计程序，但目的并非对内部控制的有效性发表意见。审计工作还包括评价管理层选用会计政策的恰当性和作出会计估计的合理性，以及评价财务报表的总体列报。

我们相信，我们获取的审计证据是充分、适当的，为发表审计意见提供了基础。

三、审计意见

我们认为，ABC公司财务报表已经按照企业会计准则和《××会计制度》的规定编制，在所有重大方面公允反映了ABC公司20××年12月31日的财务状况以及20××年度的经营成果和现金流量。

四、强调事项

我们提醒财务报表使用者关注，如财务报表附注所述，ABC公司在20××年发生亏损××万元，在20××年12月31日，流动负债高于资产总额××万元。ABC公司已在财务报表附注，充分披露了拟采取的改善措施，但其持续经营能力仍然存在重大不确定性。本段内容不影响已发表的审计意见。

××会计师事务所	中国注册会计师：×××
（盖章）	（签名并盖章）
	中国注册会计师：×××
	（签名并盖章）
中国××市	20××年×月×日

二、非无保留意见审计报告

（一）出具非无保留意见审计报告的总体条件

当存在下列情形之一时，如果认为对财务报表的影响是重大的或可能是重大的，注册会计师应当出具非无保留意见的审计报告。

1. 注册会计师与管理层的分歧

注册会计师与管理层在会计政策选用方面的分歧，主要体现在四个方面：一是管理层选用的会计政策不符合适用的会计准则和相关会计制度的规定；二是管理层选用的会计政策不符合具体情况的需要（相应地，财务报表整体列报与注册会计师获得的对被审计单位及其环境的了解不一致）；三是管理层选用了不适当的会计政策，导致财务报表在所有重大方面未能公允反映被审计单位的财务状况、经营成果和现金流量；四是管理层选用的会计政策没有按照适用的会计准则和相关会计制度的要求得到一贯运用，即没有一贯地运用于不同期间相同的或者相似的交易和事项。

注册会计师与管理层在会计估计方面的分歧，主要体现在六个方面：一是管理层没有对所有应当进行会计估计的项目作出会计估计；二是管理层没有识别出可能影响作出会计估计的相关因素；三是管理层没有充分收集作出会计估计所依赖的相关数据；四是没有正确会计估计依据的假设；五是管理层没有依据数据、假设和其他因素对事项的金额作出正确估计；六是管理层没有按照适用的会计准则和相关会计制度的规定作出充分披露。

注册会计师与管理层在财务报表披露方面的分歧，主要体现在：管理层没有按照适用的会计准则和相关会计制度的要求披露所有的信息，或者没有充分、清晰地披露所有信息，使财务报表使用者不能了解重大交易和事项对被审计单位财务状况、经营成果和现金流量的影响。

2. 审计范围受到限制

审计范围可能受到下列两方面的限制：

（1）客观环境造成的限制。例如，由于被审计单位存货的性质与位置特殊等原因导致注册会计师无法实施存货监盘等。在客观环境造成限制的情况下，注册会计师应当考虑是否可能实施替代审计程序，以获取充分、适当的审计证据。

（2）管理层造成的限制。例如，管理层不允许注册会计师观察存货盘点，或者不允许对特定账户余额实施函证等。在管理层造成限制的情况下，注册会计师应当提请管理层放弃限制。如果管理层不配合；注册会计师应当考虑这一事项对风险评估的影响以及是否可能实施替代审计程序，以获取充分、适当的审计证据。

（二）保留意见的审计报告

1. 签发保留意见审计报告的条件

保留意见是指注册会计师对财务报表的公允反映有所保留的审计意见。如果认为财务报表整体是公允的，但还存在下列情形之一，注册会计师应当出具保留意见的审计报告：

（1）会计政策的选用、会计估计的作出或财务报表的披露不符合适用的会计准则和相关会计制度的规定，虽影响重大，但不至于出具否定意见的审计报告；

（2）因审计范围受到限制，不能获取充分、适当的审计证据，虽影响重大，但不至于出具无法表示意见的审计报告。

保留意见审计报告的基本内容除了包括标准无保留意见审计报告的基本内容外，还应当在意见段之前增加说明段，清楚地说明发表保留意见的所有原因，并尽可能说明保留事项对被审计单位财务状况、经营成果和现金流量的影响程度。

当出具保留意见的审计报告时，注册会计师应当在审计意见段中使用“除……的影响外”等术语。如果因审计范围受到限制，注册会计师还应当在注册会计师的责任段中提及这一情况。

应当指出的是，只有当注册会计师认为财务报表就其整体而言是公允的，但还存在对财务报表产生重大影响的情形，才能出具保留意见的审计报告。如果注册会计师认为所报告的情形对财务报表产生的影响极为严重，则应出具否定意见的审计报告或无法表示意见的审计报告。因此，保留意见的审计报告被视为注册会计师在不能出具无保留意见的审计报告情况下最不严厉的审计报告。

如果会计政策的选用、会计估计的作出或财务报表的披露不符合适用的会计准则和相关会计制度的规定，注册会计师在判断其影响是否重大时，应当考虑该影响所涉及的金额或性质并与确定的重要性水平进行比较。

注册会计师因审计范围受到限制而出具保留意见的审计报告，取决于无法实施的审计程序对形成审计意见的重要性。注册会计师在判断重要性时，应当考虑有关事项潜在影响的性质和范围以及在财务报表中的重要程度。当注册会计师因审计范围受到限制而出具保留意见的审计报告时，意见段的措辞应当表明保留意见是针对审计范围对财务报表可能产生的影响而不是针对审计范围限制本身。

2. 保留意见审计报告的格式

（1）因会计政策选用不恰当而发表保留意见的审计报告。

审计报告

ABC 股份有限公司全体股东：

我们审计了后附的 ABC 股份有限公司（以下简称 ABC 公司）财务报表，包括 20××年 12 月 31 日的资产负债表，20××年度的利润表、股东权益变动表和现金流量表以及财务报表附注。

一、管理层对财务报表的责任

按照企业会计准则和《××会计制度》的规定编制财务报表是 ABC 公司管理层的责任。这种责任包括：（1）设计、实施和维护与财务报表编制相关的内部控制，以使财务报表不存在由于舞弊或错误而导致的重大错报；（2）选择和运用恰当的会计政策；（3）作出合理的会计估计。

二、注册会计师的责任

我们的责任是在实施审计工作的基础上对财务报表发表审计意见。我们按照中国注册会计师审计准则的规定执行了审计工作。中国注册会计师审计准则要求我们遵守职业道德规范，计划和实施审计工作以对财务报表是否不存在重大错报获取合理保证。

审计工作涉及实施审计程序，以获取有关财务报表金额和披露的审计证据。选择的审计程序取决于注册会计师的判断，包括对由于舞弊或错误导致的财务报表重大错报风险的评估。在进行风险评估时，我们考虑与财务报表编制相关的内部控制，以设计恰当的审计程序，但目的并非对内部控制的有效性发表意见。审计工作还包括评价管理层选用会计政策的恰当性和作出会计估计的合理性，以及评价财务报表的总体列报。

我们相信，我们获取的审计证据是充分、适当的，为发表审计意见提供了基础。

三、导致保留意见的事项

如财务报表附注×所述，ABC 公司对 20××年 10 月购入的×类固定资产没有计提折旧。如果按照 ABC 公司固定资产折旧政策，应当计提折旧费用×万元，相应地 ABC 公司 20××年 12 月 31 日的累计折旧应当增加×万元，固定资产账面净值减少×万元，20××年度净利润减少×万元。

四、审计意见

我们认为，除了×类固定资产没有计提折旧对财务报表产生的影响外，ABC 公司财务报表已经按照企业会计准则和《××会计制度》的规定编制，在所有重大方面公允反映了 ABC 公司20××年 12 月 31 日的财务状况以及 20××年度的经营成果和现金流量。

××会计师事务所　　　　　　　　中国注册会计师：×××
（盖章）　　　　　　　　　　　　（签名并盖章）
　　　　　　　　　　　　　　　　中国注册会计师：×××
　　　　　　　　　　　　　　　　（签名并盖章）
中国××市　　　　　　　　　　　20××年×月×日

（2）因审计范围受到限制而发表保留意见的审计报告。

审计报告

ABC股份有限公司全体股东：

我们审计了后附的ABC股份有限公司（以下简称ABC公司）财务报表，包括20××年12月31日的资产负债表，20××年度的利润表、股东权益变动表和现金流量表以及财务报表附注。

一、管理层对财务报表的责任

按照企业会计准则和《××会计制度》的规定编制财务报表是ABC公司管理层的责任。这种责任包括：(1) 设计、实施和维护与财务报表编制相关的内部控制，以使财务报表不存在由于舞弊或错误而导致的重大错报；(2) 选择和运用恰当的会计政策；(3) 作出合理的会计估计。

二、注册会计师的责任

我们的责任是在实施审计工作的基础上对财务报表发表审计意见。除本报告“三、导致保留意见的事项”所述事项外，我们按照中国注册会计师审计准则的规定执行了审计工作。中国注册会计师审计准则要求我们遵守职业道德规范，计划和实施审计工作以对财务报表是否不存在重大错报获取合理保证。

审计工作涉及实施审计程序，以获取有关财务报表金额和披露的审计证据。选择的审计程序取决于注册会计师的判断，包括对由于舞弊或错误导致的财务报表重大错报风险的评估。在进行风险评估时，我们考虑与财务报表编制相关的内部控制，以设计恰当的审计程序，但目的并非对内部控制的有效性发表意见。审计工作还包括评价管理层选用会计政策的恰当性和作出会计估计的合理性，以及评价财务报表的总体列报。

我们相信，我们获取的审计证据是充分、适当的，为发表审计意见提供了基础。

三、导致保留意见的事项

ABC公司20××年12月31日的应收账款余额×万元，占资产总额的×%。由于ABC公司未能提供债务人地址，我们无法实施函证以及其他替代审计程序，以获取充分、适当的审计证据。

四、审计意见

我们认为，除了前段所述未能实施函证可能产生的影响外，ABC公司财务报表已经按照企业会计准则和《××会计制度》的规定编制，在所有重大方面公允反映了ABC公司20××年12月31日的财务状况以及20××年度的经营成果和现金流量。

××会计师事务所	中国注册会计师：×××
（盖章）	（签名并盖章）
	中国注册会计师：×××
	（签名并盖章）
中国××市	20××年×月×日

（三）否定意见的审计报告

1. 签发否定意见审计报告的条件

所谓发表否定意见是指与无保留意见相反，提出否定财务报表公允地反映被审计单位财务状况、经营成果和现金流量的审计意见。

如果认为财务报表没有按照适用的会计准则和相关会计制度的规定编制，未能在所有重大方面公允反映被审计单位的财务状况、经营成果和现金流量，注册会计师应当出具否定意见的审计报告。

否定意见审计报告的基本内容除了包括标准无保留意见审计报告的基本内容外，还应当在审计报告的“注册会计师责任段”之后、“审计意见段”之前增加说明段，清楚地说明导致所发表意见的所有原因，并在可能情况下，指出其对财务报表的影响程度。

当出具否定意见的审计报告时，注册会计师应当在审计意见段中使用“由于上述问题造成的重大影响”、“由于受到前段所述事项的重大影响”、“财务报表没有按照……的规定编制，未能在所有重大方面公允反映”等专业术语。

2. 否定意见审计报告的格式

否定意见的审计报告格式如下：

审计报告

ABC股份有限公司全体股东：

我们审计了后附的ABC股份有限公司（以下简称ABC公司）财务报表，包括20××年12月31日的资产负债表，20××年度的利润表、股东权益变动表和现金流量表以及财务报表附注。

一、管理层对财务报表的责任

按照企业会计准则和《××会计制度》的规定编制财务报表是ABC公司管理层的责任。这种责任包括：(1) 设计、实施和维护与财务报表编制相关的内部控制，以使财务报表不存在由于舞弊或错误而导致的重大错报；(2) 选择和运用恰当的会计政策；(3) 作出合理的会计估计。

二、注册会计师的责任

我们的责任是在实施审计工作的基础上对财务报表发表审计意见。我们按照中国注册会计师审计准则的规定执行了审计工作。中国注册会计师审计准则要求我们遵守职业道德规范，计划和实施审计工作以对财务报表是否不存在重大错报获取合理保证。

审计工作涉及实施审计程序，以获取有关财务报表金额和披露的审计证据。选择的审计程序取决于注册会计师的判断，包括对由于舞弊或错误导致的财务报表重大错报风险的评估。在进行风险评估时，我们考虑与财务报表编制相关的内部控制，以设计恰当的审计程序，但目的并非对内部控制的有效性发表意见。审计工作还包括评价管理层选用会计政策的恰当性和作出会计估计的合理性，以及评价财务报表的总体列报。

我们相信，我们获取的审计证据是充分、适当的，为发表审计意见提供了基础。

三、导致否定意见的事项

如财务报表附注所述，ABC公司的长期股权投资未按企业会计准则的规定采用权益法核算。如果按权益法核算，ABC公司的长期投资账面价值将减少×万元，净利润将减少×万元，从而导致ABC公司由盈利×万元变为亏损×万元。

四、审计意见

我们认为，由于受到前段所述事项的重大影响，ABC 公司财务报表没有按照企业会计准则和《××会计制度》的规定编制，未能在所有重大方面公允反映 ABC 公司 20××年 12 月 31 日的财务状况以及 20××年度的经营成果和现金流量。

××会计师事务所　　　　　　　　中国注册会计师：×××
（盖章）　　　　　　　　　　　（签名并盖章）
　　　　　　　　　　　　　　　中国注册会计师：×××
　　　　　　　　　　　　　　　（签名并盖章）
中国××市　　　　　　　　　　20××年×月×日

（四）无法表示意见的审计报告

1. 签发无法表示意见审计报告的条件

无法表示意见是指注册会计师说明其对被审计单位的财务报表不能发表意见，亦即对财务报表不发表包括肯定、否定和保留的审计意见。

一般来说，如果审计范围受到限制可能产生的影响非常重大和广泛，不能获取充分、适当的审计证据，以至于无法对财务报表发表审计意见，注册会计师应当出具无法表示意见的审计报告。典型的审计范围受到限制的情况有：第一，未能对存货进行监盘。第二，未能对应收账款进行函证。第三，未能取得被投资企业的财务报表。第四，内部控制极度混乱，会计记录缺乏系统性和完整性等。

只有当审计范围受到限制可能产生的影响非常重大和广泛，不能获取充分、适当的审计证据，以至于无法确定财务报表的合法性与公允性时，注册会计师才应当出具无法表示意见的审计报告。无法表示意见不同于否定意见，它通常仅仅适用于注册会计师不能获取充分、适当的审计证据。如果注册会计师发表否定意见，必须获得充分、适当的审计证据。无论是无法表示意见还是否定意见，都只有在非常严重的情形下采用。

当出具无法表示意见的审计报告时，注册会计师应当删除注册会计师的责任段，并在审计意见段中使用“由于审计范围受到限制可能产生的影响非常重大和广泛”、“我们无法对上述财务报表发表意见”等术语。

2. 无法表示意见审计报告的格式

审计报告

ABC 股份有限公司全体股东：

我们接受委托，审计后附的 ABC 股份有限公司（以下简称 ABC 公司）财务报表，包括 20××年 12 月 31 日的资产负债表，20××年度的利润表、股东权益变动表和现金流量表以及财务报表附注。

一、管理层对财务报表的责任

按照企业会计准则和《××会计制度》的规定编制财务报表是 ABC 公司管理层的责任。这种责任包括：（1）设计、实施和维护与财务报表编制相关的内部控制，以使财务报表不存在由于舞弊或错误而导致的重大错报；（2）选择和运用恰当的会计政策；（3）作出合理的会计估计。

二、导致无法表示意见的事项

ABC公司未对20××年12月31日的存货进行盘点，金额为×万元，占期末资产总额的40%。我们无法实施存货监盘，也无法实施替代审计程序，以对期末存货的数量和状况获取充分、适当的审计证据。

三、审计意见

由于上述审计范围受到限制可能产生的影响非常重大和广泛，我们无法对ABC公司财务报表发表意见。

××会计师事务所 （盖章）	中国注册会计师：××× （签名并盖章） 中国注册会计师：××× （签名并盖章）
中国××市	20××年×月×日

本章小结

本章的内容为审计报告。审计报告是指注册会计师根据中国注册会计师审计准则的规定，在实施审计工作的基础上对被审计单位财务报表发表审计意见的书面文件。注册会计师应当评价根据审计证据得出的结论，以作为对财务报表形成审计意见的基础。审计报告主要具有鉴证、保护和证明三方面的作用。

审计报告是注册会计师对财务报表合法性和公允性发表审计意见的书面文件。评价财务报表的合法性应考虑的要素包括：评价所选择和运用的会计政策；评价管理层作出的会计估计是否合理；评价财务报表所反映信息的质量；评价财务报表的披露。评价财务报表的公允性应考虑的要素包括：评价财务报表的整体合理性；财务报表的列报与内容的合理性；评价财务报表的真实性。

审计报告的要素包括：标题；收件人；引言段；管理层对财务报表的责任段；注册会计师的责任段；审计意见段；注册会计师的签名和盖章；会计师事务所的名称、地址和盖章；审计日期。

当被审计单位存在可能导致对持续经营能力产生重大疑虑的事项或情况，或者存在可能对财务报表产生重大影响的不确定事项（持续经营问题除外），但不影响已发表的审计意见时，注册会计师应当在审计意见段之后增加强调事项段，以提请财务报表使用者对此予以关注。

当出具非无保留意见的审计报告时，注册会计师应当在注册会计师的责任段之后、审计意见段之前增加说明段，描述其对财务报表发表保留意见、否定意见或无法表示意见的理由，并在可能情况下，指出其对财务报表的影响程度。

本章的重点是非标准审计报告部分，重在各种非标准审计报告适用的条件。

审计报告

强调事项段

不确定事项

标准审计报告

非标准审计报告

一、问答题

1. 注册会计师出具的审计报告如何分类？

2. 标准（无保留意见）审计报告的适用条件有哪些？

3. 注册会计师在出具审计意见时，如何考虑重大不确定事项对审计意见的影响？

4. 在什么情况下，注册会计师应当出具保留意见的审计报告？

5. 在什么情况下，注册会计师应当出具否定意见的审计报告？

6. 在什么情况下，注册会计师应当出具无法表示意见的审计报告？

二、业务题

1. 资料：注册会计师李刚于2007年3月20日完成了对A股份有限公司的2006年度财务报表的审计，现正在草拟审计报告。在复核审计工作底稿时，发现下述情况：

（1）应收账款项目无法进行函证，也无法实施其他替代审计程序。

（2）存货计价方法由后进先出法改为先进先出法，已在会计报表附注中说明。

（3）自2007年1月起，股市大幅度下跌，A公司如果在3月20日将短期股票投资转让，将导致大约300万元的损失。

要求：针对上述情况，请指出李刚应分别发表何种审计意见，并说明理由。

2. 资料：某会计师事务所的注册会计师王磊在审计时代股份有限公司2006年度的资产负债表时，发现该公司反映的预付账款项目为借方余额400万元，其中：预付账款——A公司15万元，B公司－20万元。其中A公司的15万元是2006年5月为采购A公司产品所预付，事后获悉A公司因转产已不能再提供该产品。坏账准备计提20%。

要求：针对上述问题王磊应提出何种审计处理意见？若需提出调整建议，请列示调整分录。审计调整分录均不考虑对税费、损益的影响。

3. 资料：某会计师事务所的注册会计师李阳负责对M股份有限公司2007年度财务报表进行审计，于2008年3月20日完成了审计工作，M公司于2008年3月25日对外公布2007年度审计报告。

注册会计师确定M公司2007年度财务报表层次的重要性水平为220万元，并分配至各财务报表项目，其中应收账款项目的重要性水平为20万元。经审计，注册会计师发现M公司存在以下事项：

M公司原采用应收账款余额百分比法核算坏账，坏账准备按应收款项（包括应收账款和其他应收款）余额的10%计提。为更合理地核算坏账，M公司董事会决定自2007年度起改按账龄分析法计提坏账准备：账龄1年以内的（包括1年，以下类推），按其余额的10%计提；账龄1~2年的，按其余额的20%计提；账龄2~3年的，按其余额的40%计提；账龄3年以上的，按其余额的80%计提。M公司尚未根据董事会的决定按账龄分析法核算坏账，其2007年年末未经审计的应收账款账面余额为借方余额15000万元，坏账准备余额为贷方余额1800万元。（假设其他应收款项目的年末余额和经审计的年初余额均为零。）

M公司2007年应收账款账龄资料

账龄	1年以内	1~2年	2~3年	3年以上	合计
年末账面余额（万元）	8000	2000	3000	2000	15000

要求：(1) 针对审计发现的上述事项，如果不考虑审计重要性水平，注册会计师分别应提出何种审计处理建议，若需提出调整建议的，请列示审计调整分录（包括报表重分类分录，无需考虑对所得税，期末结转损益及对2007年度利润分配的影响）。

(2) 针对审计发现的上述事项，假定M公司拒绝注册会计师按照要求（1）提出的适当处理建议，如果考虑审计重要性水平，注册会计师应发表何种审计意见。

业务题参考答案

1. (1) 保留意见的审计报告。应收账款项目无法进行函证，也无法实施其他替代审计程序，这样使得注册会计师的审计范围受到的局部限制，无法取得应收账款项目真实、正确的审计证据，注册会计师无法对此发表意见。

(2) 标准审计报告。被审计单位如果改变了会计处理方法，而这种改变能使得被审计单位所提供的会计信息更加相关、可靠，并且在报表附注中作了较为详细的披露的情况下，这种改变就是合理的。

(3) 带强调事项的无保留意见的审计报告。被审计单位所持股票如果在3月20日出售将会导致300万元左右的损失，属于重大不确定事项，所以注册会计师应在不改变原审计意见的前提下，在审计意见段之后增加强调事项段对此加以说明。

2. (1) 对已无望再收到货物的预付账款，应提请时代公司作如下审计调整分录：

借：其他应收款——A公司 15

　　贷：预付账款——A公司 15

(2) 对预付账款的贷方明细账余额，应提请时代公司作如下重分类调整：

借：预付账款——B公司 20

　　贷：应付账款——B公司 20

(3) 按照时代公司计提坏账准备的会计政策作如下审计调整分录：

借：资产减值损失 3（15×20%）

　　贷：坏账准备 3（15×20%）

3. (1) M公司存在的事项（1）由于属会计估计变更，按照《企业会计准则——会计政策，会计估计变更及会计差错更正》的规定，采用未来适用法，注册会计师应提请 M 公司作如下调整分录，并在财务报表附注中披露会计估计变更的内容和理由。

会计估计变更的影响数：

2007 年 12 月 31 日与应收账款相关的坏账准备余额应为 4000 万元（8000 × 10% + 2000 × 20% + 3000 × 40% + 2000 × 80%），扣除原余额 1800 万元后，应补提坏账准备 2200 万元，故注册会计师应提请 M 公司作如下调整分录：

借：资产减值损失　　2200

　贷：坏账准备　　2200

（2）注册会计师应当发表否定意见的审计报告。由于注册会计师确定的应收账款的重要性水平为 20 万元，而注册会计师发现的错报为 2200 万元，属于重大错报，如果被审计单位拒绝调整，必将影响其财务报表的公允性。

参考文献

1. 中国注册会计师协会拟订，中华人民共和国财政部发布．中国注册会计师执业准则2006. 北京：经济科学出版社2006年版。

2. 中国注册会计师协会编．中国注册会计师执业准则指南2006. 北京：中国财政经济出版社2006年版。

3. 中国注册会计师协会编．审计．北京：经济科学出版社2008年版。

4. 中国注册会计师协会编．审计．北京：经济科学出版社2009年版。

5. 吴良海、王锴主编．审计学．北京：清华大学出版社、北京交通大学出版社2007年版。

6. 赵保卿主编．审计学．北京：经济科学出版社2006年版。

7. 奚淑琴主编．审计实务与案例．北京：中国财政经济出版社2009年版。

8. 李晓慧主编．审计学：实务与案例．北京：中国人民大学出版社2008年版。

9. 丁瑞玲、吴溪主编．审计学（新版）．北京：经济科学出版社2008年版。

10. 周勤业主编．审计学．北京：中国财政经济出版社2000年版。

后 记

经全国高等教育自学考试指导委员会同意，由经济管理类专业委员会负责高等教育自学考试经济管理类专业教材的组织与编写工作。

《审计学》自学考试教材由丁瑞玲担任主编，参加编写的有中央财经大学的赵雪媛、关新红、廉秋英和王淑芳。

参加本教材审稿会讨论会并提出修改意见的有对外经济贸易大学王素荣教授、中央财经大学奚淑琴教授和邢俊英教授。全书由丁瑞玲修改定稿。在此，一并表示感谢。

全国高等教育自学考试指导委员会
经济管理类专业委员会
2009 年 5 月